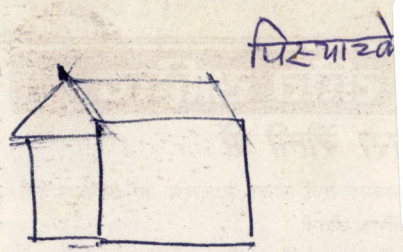

तमाम मैदान मिल कर बना है
एक सफेद चादर बिस्तर का
जिसका न कहीं छोर
जो फैला है चारों ओर—ठीक मेरी देह सा
आकाश भी लगभग तुम जैसा है
कभी-कभी लगता है—मैं आकाश हूं
पसरा हुआ पर खाली
और देखता हूं ठीक पृथ्वी की तरह
तुमने पसार रखे हैं, अपने हाथ
जहां भी उतरूं, वहीं है तुम्हारा आलिंगन।
होता है भ्रम ज़मीन और आसमान के
मिलने का कहीं दूर
काश! तुम्हीं उड़ आओ प्रवास से
ओ मेरे विहंग
मैं यहां से हटूंगा नहीं
कि कहीं चांद डूब न जाए
कि कहीं मेरे लौटते समय
रास्ता न दिखे सूरज के प्रकाश में

उड़िया कवि-श्री रमाकान्त रथ

स्वामी ज्ञानभेद रचित साहित्य

कथा-उपन्यास शैली में

प्रामाणिक, रोचक, रोमांचक, बोधगम्य, रसपूर्ण, उत्सवमय तथा जीवन रूपांतरण का आमंत्रण देती।

ओशो की प्रामाणिक जीवनी

एक फक्कड़ मसीहा : ओशो

सम्पूर्ण गाथा नौ खंडों में

(प्रत्येक खंड की पृष्ठ संख्या लगभग 400)

खंड एक : ओशो के स्वर्णिम बचपन तथा किशोरावस्था की कहानी।

खंड दो : ओशो के बुद्धत्व उपलब्ध होने तथा कॉलेज यूनीवर्सिटी जीवन की कथा।

खंड तीन : आचार्यश्री के रूप में अध्यापन करते हुए ध्यान और साधना शिविरों के साथ प्रवचन देते हुए धर्माचार्यों से हुए विवाद की रोमांचक कहानी।

खंड चार : ओशो द्वारा पूरे भारत का भ्रमण करते हुए समग्र जीवन में क्रांति के शंखनाद तथा प्रमुख साधना शिविरों की रोमांचक व बोधमय कथा।

खंड पांच : भगवानश्री का सम्बोधन स्वीकार करते हुए नवसंन्यास का शुभारंभ एवं माउंट आबू, आनंदशिला आदि साधना शिविरों में नए जुड़े विदेशी संन्यासियों एवं बम्बई प्रवास की अनूठी बोधमय दास्तान।

खंड छ : पूना कम्यून के उद्‌भव और विकास तथा विभिन्न हिन्दी, अंग्रेजी प्रवचनमालाओं के साथ 1980 तक की सभी घटनाओं की कथा।

खंड सात : अमेरिका में रनजनीशपुरम कम्यून के उद्‌भव, विकास तथा पतन के साथ ओशो की गिरफ्तारी तथा अमेरिका से ओशो के भारत लौटने की रोमांचक कहानी।

खंड आठ : ओशो की विश्वयात्रा, मिस्ट्री स्कूल के शुभारम्भ तथा सुमिला से पुनः पूना कम्यून लौटने तक के घटनाक्रम की अनूठी व रोमांचक दास्तान।

खंड नौ : 1987 से ओशो के परिनिर्वाण तक की संपूर्ण कथा।

यह सद्‌ग्रन्थ ओशो के ही समर्पित संन्यासी।

स्वामी ज्ञानभेद

ओशो की सभी हिन्दी अंग्रेजी की प्रवचनमालाओं, 'ज्योतिशखा', 'युक्रान्त', 'संन्यास', 'आनंदिनी', 'भगवान श्री रजनीश', 'रजनीश टाइम्स', 'रजनीश न्यूज लेटर' तथा ओशो टाइम्स आदि पत्रिकाओं के सभी अंकों का स्वाध्याय कर तथा उनके परिवार के सदस्यों, बचपन के मित्रों तथा जीवन जागृति केंद्र के उनके पुराने सहयोगियों से साक्षात्कार लेकर उद्‌भूत हुआ है। प्रत्येक खंड आपको ध्यान और प्रेम में डूबने का, रूढ़ियों, अंधविश्वासों और संस्कारों से मुक्त होने, जीवन के उत्सव आनंद में डूबने तथा जोरबा से बुद्ध बनने को प्रेरित और आमंत्रित करता है।

सद्‌गुरु ओशो के जीवन की प्रत्येक घटना एक सिखावन है। आपके मर्मस्थल को स्पर्श कर जाए तो एक घटना ही आपका रूपांतरण कर सकती है।

देश-भर में ओशो संन्यासियों, ओशो प्रेमियों और प्रबुद्ध लोगों ने इसका हार्दिक स्वागत करते हुए इसे कृष्ण चरित्र की कथा सरितसागर की भांति एक अनुपम भागवत ग्रंथ माना गया है।

इसमें ओशो की हिन्दी, अंग्रेजी की सभी प्रमुख प्रवचनमालाओं का सार और सर्वत्र उनकी देशना व्याप्त है।

ओशो प्रेमियों द्वारा प्रत्येक खंड संग्रहणीय एवं उपहार में देने के लिए अनुपम भेंट।

पुस्तकें V.P.P. से मंगवाएं, तीन पुस्तकें एक साथ मंगवाने पर डाक व्यय फ्री। डाक व्यय प्रति पुस्तक 20/-

डायमंड पाकेट बुक्स (प्रा.) लि.

X-30, ओखला इंडस्ट्रियल एरिया, फेज-II, नई दिल्ली-110020

फोन : 011-51611861-865 फैक्स : 011-51611866

ई-मेल : sales@diamondpublication.com वेबसाइट : www.diamondpublication.com

कुंडलिनी और समाधि

[विज्ञान-भैरव-तंत्र के कुछ महत्वपूर्ण आणविक प्रयोग, उनके
गूढ़ रहस्य तथा कुंडलिनी जागरण]

स्वामी ज्ञानभेद

डायमंड बुक्स

© लेखकाधीन

I.S.B.N. : 81-288-0798-6

प्रकाशक	: डायमंड पांकेट बुक्स (प्रा.) लि.
	X-30, ओखला इण्डस्ट्रियल एरिया,
	फेज–II, नई दिल्ली-110 020
फोन	: 011-51611861-865
फैक्स	: 011-5161866, 26386124
ई-मेल	: sales@diamondpublication.com
वेबसाइट	: www.diamondpublication.com
संस्करण	: 2004
मूल्य	: रु. 150/-
लेजर टाइपसेटिंग	: टैक्ट कम्प्यूटर ग्राफिक्स,
	कृष्णा नगर, दिल्ली-51
प्रिंटर	: आदर्श प्रिंटर्स, नवीन शाहदरा,
	दिल्ली-32

Kundlini aur Samadhi   Rs. 150/-

By Swami Gyanbhed

भूमिका

पेशे से डॉक्टर होते हुए भी मैं सत्य का खोजी हूं। उसी की तलाश में भटकते हुए ओशो से जुड़ा। ओशो का संन्यासी बनकर ही उनकी प्रामाणिक जीवनी एक फक्कड़ मसीहा ओशो के विभिन्न खण्डों को पढ़ते हुए एक दिन अनायास स्वामी ज्ञानभेद से मुलाकात हो गई। वह मुझे अपने ग्रंथों से भी अधिक प्रीतिकर लगे। उनसे हुई चार-पांच छोटी-छोटी मुलाकातों में ही उनका ओशोमय जीवन, ओशोमय सोच और ओशोमय भावों से आपूरित संवेदना का अनुभव कर मैं परम तृप्ति और आनन्द में डूब गया।

तभी अचानक एक दिन स्वामीजी ने मुझसे अपने नए ग्रंथ 'ध्यान प्रेम की छांव में' की भूमिका लिखने का आग्रह किया। मैंने प्रतिरोध करते हुए कहा भी—''मैं अपने में इसको लिखने की पात्रता हरगिज नहीं पाता। फिर आपको भूमिका लिखवाने की आवश्यकता क्या है? पूरा ओशो संसार आपसे भली-भांति परिचित है।'' स्वामीजी एक रहस्यमय मुस्कान बिखेरते हुए बोले—''पूना कम्यून के निकट एक गंदे नाले को वनस्पति शास्त्रियों ने नहीं, साधारण संन्यासियों ने ही नंदन कानन में परवर्तित कर दिया। कोई भी अपने अंदर छिपी रहस्यमय शक्तियों से भली-भांति परिचित नहीं होता। फिर आपने तो ध्यान में गहरे उतर कर उस अतीन्द्रिय आनन्द को प्राप्त किया है। आप झिझकें नहीं। भूमिका आपको लिखनी ही है। यह मेरा नहीं, अस्तित्व का आदेश है। ओशो ने भी अन्य लोगों से अपने ग्रंथों की भूमिकाएं कुछ विशेष प्रयोजन से ही लिखवाईं।

मेरे अन्दर जो भी अघट घटा था, स्वामीजी की पारखी दृष्टि से वह कैसे बच सकता था। आदेश शिरोधार्य कर मैंने रात देर तक जाग-जाग कर धीमे-धीमे 'ध्यान प्रेम की छांव में' की पाण्डुलिपि ध्यान और प्रेम में डूबते हुए पढ़ी। मुझे शिद्दत से महसूस हुआ कि स्वामी जी ने जो जाना और अनुभव किया है उसकी भावपूर्ण अभिव्यक्ति बेजोड़ और अनुपम है।

इस ग्रंथ के द्वारा वे भारतीयों साधकों के लिए पूना थेरेपी उपचार के द्वारा ओशो के प्रवचनों में बिखरे सूत्रों द्वारा खोलते हुए उस महत्वपूर्ण कार्य का शुभारम्भ कर रहे हैं जिसे ओशो ने सहजयोग प्रवचनमाला में व्यक्त किया था। इन सूत्रों के द्वारा साधक स्वयं अपना निरीक्षण करते हुए अपनी शारीरिक और मानसिक आवश्यकताओं के अनुसार अपनी अंर्तमुखी, बर्हिमुखी प्रवृत्ति, रजस, तमस या सत गुणों की उपस्थिति का अनुभव कर अपने लिए सही मार्ग और उपयुक्त ध्यान विधियां चुनकर अपने दीये आप बन सकते हैं।

स्वामीजी ने प्राइमल थेरेपी, सम्मोहन, बैलेंसिंग, मालिश तथा विज्ञान भैरव तंत्र के जिन रहस्यमय आणविक प्रयोगों का उल्लेख किया है, मुझे कुछ मित्रों सहित उनके निर्देशन में उन प्रयोगों को करने का सौभाग्य भी मिला है। जो साधक वर्षों से ध्यान करते हुए कुछ भी न घटने के कारण, हताशा का अनुभव कर रहे हैं, उनके लिए और समर्पित वेदनशील नये साधकों के लिए भी पांच-पांच मिनट के यह प्रयोग अद्‌भुत रूपान्तरणकारी है।

कुण्डलिनी जागरण के लिए स्वामीजी द्वारा बताए प्रयोग, अत्यंत सरल और सुगम हैं जिनमें से दो चार का उल्लेख तो ओशो ने भी अपने प्रवचनों में भी नहीं किया है और संभवत: 'तंत्र के रहस्यमय संसार' के अंतर्गत थेरेपी ग्रुप्स में उनका रहस्य थोड़े से चुने लोगों को ही बतलाया हो। हिन्दी वर्णमाला के स्वरों का दस चक्रों पर प्रयोग करने से पन्द्रह मिनट में ही ऊर्जा के ऊर्ध्वगमन का सहज अनुभव कर मैं स्वयं विस्मय विमूढ़ हो गया।

हमारा अहंकार यह भरोसा कर ही नहीं पाता कि पांच दस मिनट के प्रयोग हमको स्वयं के होने का या सत्य का साक्षात्कार करवा सकते हैं। विज्ञान-भैरव-तंत्र और आरेंज बुक के ध्यान प्रयोग अद्‌भुत रूपान्तरणकारी हैं। आज की व्यस्तता और भागदौड़ में एक-एक घंटे के दो-तीन प्रयोग नियमित रूप से नित्य करना साधारण लोगों के लिए कठिन है पर प्रेमपूर्ण, सजग और संवेदनशील होकर पांच-दस मिनटों के तीन-चार प्रयोगों को नियमित रूप से करना आसान है।

जिसकी सारी चेतना बाहर से मिनट कर अन्दर केन्द्रित हो जाती है, जिसे अपने होने की अनुभूति हो जाती है, जो पिघल कर शरीर और मन के पार अपनी और विश्व चेतना के अद्वैस्वरूप की अनुभूति करता है, तब उसे अनुभव होता है कि बात कितनी सरल और सहज थी। पर उस सरल सहज अनुभूति को अभिव्यक्त करते हुए जो बहुत दुरूह है, अस्तित्व के संकेत से जो दूसरों के रूपान्तरण के लिए करुणाकार उसे अभिव्यक्त करता

मुझे विश्वास है कि यह ग्रंथ रत्न साधकों को मार्गदर्शन देते हुए उन्हें 'अप्पदीपो भव' बनने में सहयोगी और एक मील का पत्थर सिद्ध होगा। ध्यान और प्रेम के संबंध में ओशो की सभी हिन्दी अंग्रेजी प्रवचनमालाओं का यह सारसूत्र और अमृत होने के साथ-साथ यह स्वामीजी के भी अनुभवों का निचोड़ है।

मैं अस्तित्व के प्रति कृतज्ञ हूं कि मुझे स्वामीजी के इस सारगर्भित ग्रन्थ और उन्हें जो मिला है उसे औरों को बांटने की भावपूर्ण विकलता को प्रेमी मित्रों से परिचित कराने का सौभाग्य मिला। मैं सद्गुरु ओशो के चरणों में श्रद्धापूर्ण नमन करते हुए, पूरे अस्तित्व के प्रति अहोभाव व्यक्त करता हूं।

स्वामी अन्तर निर्मन्तु

(डॉ. पी. के. गुप्ता)

133/9 पी. 1 ट्रांसपोर्ट नगर,

कानपुर

फोन : 2614769, मोबाइल: 3125744

महापरिनिर्वाण दिवस 2003

कुंडलिनी और समाधि : एक परिचय

स्वामी प्रेम निशीथ की कलम से

स्वामी ज्ञानभेद द्वारा रचित इस नवीनतम कृति 'कुंडलिनी और समाधि' पढ़ते हुए कई बार यह भाव आया कि यह पुस्तक किनके लिये लिखी गयी है, क्योंकि पुस्तक को दरकार है एक स्तरीय बौद्धिक क्षमता की, लेकिन साथ ही ऐसे पाठकों की जो बुद्धि की क्षमताओं का उपयोग करते हुए, हृदय की गहराइयों में विषयवस्तु को उतार सकते हों। तंत्र एक रहस्यमय विज्ञान है, लेकिन विज्ञान होते हुए भी वो तर्क का विषय नहीं है। इसकी रहस्यमय गहराइयों में प्रवेश करने के लिए संवेदनशीलता, सजगता, स्वीकार भाव, सहजता और साहस ही माध्यम है।

सफ़र कठिन है तुम इतना भी कर सको तो चलो,
हयातो-मौत की हद से गुजर सको तो चलो।

खयालो-ख्वाब, तसव्बुर सभी हैं, जुर्म वहां,
कि खुद की जहन से अपने उतर सको तो चलो।

—'नक्श' इलाहाबादी

तंत्र अतिक्रमण का विज्ञान है।

मनुष्य की चित्त संघर्ष की भाषा आसानी से समझ पाता है और संघर्ष अहंकार को तुष्टि प्रदान करता है। इसीलिये योग में आकर्षण है। योग चित्त वृत्तियों का निरोध है।

तंत्र समग्र को स्वीकार करते हुए गहरी संवदेना, सजगता, प्रेम और बोध के साथ चित्तवृत्तियों का अतिक्रमण करके उसी लक्ष्य की ओर बढ़ता है जिधर योग दमन करके बढ़ता है।

योग निषेध है। तंत्र विधेय है।

योग द्वैत की भाषा में सोचता है।

तंत्र अद्वैत और अभेद की बात कहता है।

विज्ञान भैरव तंत्र में शिव और देवी के मध्य संवाद है। यहां संबंध गुरु शिष्य का नहीं, बल्कि प्रेमियों के बीच का है। शिष्य का संबंध जब तक गुरु के प्रति अगाध प्रेम का न बने, शिष्य चूकता ही जायेगा। शिष्य के लिये स्त्रैण ग्राहकता जरूरी है।

विज्ञान भैरव तंत्र बौद्धिक या दार्शनिक न होकर विज्ञान है।

सत्य क्या है? इसकी फिक्र न कर, सत्य को कैसे उपलब्ध हों इसकी फ्रिक है। तंत्र का अर्थ है खालिस विधि the technique.

तंत्र का संक्षिप्त इतिहास

तंत्र का संक्षिप्त इतिहास में लेखक ने बहुत सरल शब्दों में तंत्र के विषय में प्रचलित उन जन धारणाओं पर प्रहार करने की चेष्टा की है जिनके चलते तंत्र को समाज विरोधी मान लिया गया और लाखों तांत्रिकों की हत्या करके उनके उपासना स्थलों को नष्ट कर दिया गया।

लेखक का ये प्रयास वंदनीय है, क्योंकि तंत्र के संबंध में काफी भ्रामक प्रचार उसके मूल रूप को न समझने और उसके उद्भव इतिहास को न जानने के कारण है।

तंत्र के संक्षिप्त इतिहास के प्रकरण में लेखक तंत्र के उद्भव तक जानने की कोशिश करते हुए प्रारंभिक तीन परम्पराओं का उल्लेख करता है।

(1) वैदिक, (2) तापस और (3) भौतिकतावादी

इन प्रारंभिक तीन परम्पराओं का संक्षिप्त विवरण देते हुए लेखक ब्राह्मण तंत्र उसकी शाखाओं वैष्णव, शैव और शाक्त तंत्रों के विषय में पाठकों का ज्ञानवर्धन करता है। दक्षिणाचार और वामाचार पर प्रकाश डालते हुए लेखक बौद्धतंत्र, बाउल साधना सभी पर उल्लेखनीय सामग्री प्रस्तुत करते हुए पाठकों के समक्ष तंत्र का एक वास्तविक चित्र प्रस्तुत कर पाता है।

आगे के अध्याय में 'वामाचार', 'पंचमकार' आदि का उल्लेख करते हुए लेखक बहुत खूबी से तंत्र-विज्ञान के वास्तविक आशय को संप्रेषित कर सकने में सफल है।

तंत्र के प्रयोग और ओशो की मौलिक दृष्टि

तंत्र के रहस्यमय विज्ञान पर ओशो की अनूठी दृष्टि और उनके द्वारा व्यावहारिक स्तर पर ओशो कम्यून, पूना में संचालित प्रयोगों पर लेखक ने विहंगम दृष्टिपात किया है। ये काम जनता में व्याप्त तमाम भ्रामक धारणाओं का निवारण कर सके तो इसे लेखक की उपलब्धि ही माना जायेगा।

संवेदनशीलता, स्वीकारभाव और सजगता तंत्र प्रयोगों के लिये बहुत ही महत्वपूर्ण घटक है। स्वामी ज्ञानभेद ने ''संवेदनशीलता विकसित करने के कुछ प्रयोग'' दिये हैं जो सरल और प्रभावशाली हैं।

'कुंडलिनी और समाधि' पुस्तक में स्वामी ज्ञानभेद द्वारा 'शब्द ब्रह्म द्वारा समाधि' शीर्षक अध्याय के अंतर्गत शब्द और ध्वनि की विस्तार से व्याख्या करते हुए, श्री जयदेव सिंह और श्री ब्रजबल्लभ की विज्ञान भैरव तंत्र टीका के आधार पर भी संस्कृत वर्णमाला के बारह मूल स्तरों से निकलने वाली ध्वनि और शरीर के बारह चक्रों पर उसके प्रभाव का विस्तृत उल्लेख किया है। यह पूरा अध्याय लेखक के गहन परिश्रम और लगन से ही फलीभूत हो सकता था। यह पूरा अध्याय पुस्तक की उपादेयता को हजार गुणा बढ़ाने में सक्षम है।

लेखक अपनी व्याख्या में कहता है–''अक्षरों को ब्रह्म कहा गया है। सभ्यता का विकास ही भाषा से हुआ है। भाषा शब्दों का समूह है। शब्द ध्वनि है। विचार एक विशेष क्रम और ढांचे से बंधे शब्द हैं। ध्वनि से शब्द बनते हैं और शब्दों से विचार।''

ध्वनियों के प्रभाव को और अधिक स्पष्ट करते हुए लेखक कहता है–''प्रपात के गिरने, नदी की कलकल, पक्षियों की चहचहाने और बांस वन में टकराती हवा से उत्पन्न ध्वनियां मौन रह कर गहरे ध्यान में जाने में सहयोगी हैं।''

ध्वनि का यही विज्ञान ही तो मंत्रों का जन्मदाता है। मंत्रों के शब्द विन्यास का उचित उच्चारण एक विशिष्ट ध्वनि निर्मित करके एक विशेष वातावरण और भाव का सृजन कर सकता है।

विज्ञान-भैरव-तंत्र की टीकाओं के आधार पर लेखक ने वर्णमाला के सभी अक्षरों और उनका किस तत्व से संबंध है इसका उल्लेख किया है। आगम शैव तंत्र श्री श्री परात्रिशिंका पुस्तक से संकलित सभी व्यजंनों का पूर्ण विवरण, इस पुस्तक में संजोकर लेखक ने इस अत्यंत गुप्त विद्या को प्रबुद्ध पाठकों तक पहुंचाने का भागिरथी प्रयास किया है।

कुंडलिनी शक्ति

सात चक्र

सात शरीर

और उनकी सम्भावनायें–

'कुंडलिनी और समाधि' पुस्तक के आखिर में कुछ शीर्षक कुंडलिनी-शक्ति और शरीर के सात चक्रों से संबंधित है। आध्यात्मिक साधना के संदर्भ में आज कुंडलिनी जागरण आदि शब्द बहुत प्रचलित हो रहे हैं। सूक्ष्म शरीर में स्थित सात चक्रों को अब किसी न किसी रूप में वैज्ञानिक आधार मिल रहा है। मेरुदंड (रीढ़ की हड्डी) जो कुछ समय पहले तक भौतिक शरीर का आलम्बन मात्र समझी जा रही थी, अब उसके सूक्ष्म यात्रा पथ पर संज्ञान विज्ञान भी ले रहा है। पूर्व के मनीषियों ने हजारों वर्ष पहले ही सात शरीरों, सात चक्रों और ऊर्जा के ऊर्ध्वगमन आदि के विषय में कहा-सुना और इसकी तुलना सर्प गति से करते हुए समझाने की कोशिश की है।

कुछ लोग चार चक्रों की, कुछ सात चक्रों की और कुछ लोग नौ चक्रों की बात करते हैं। यह अपने-अपने व्यक्तिगत अनुभव पर आधारित है। सार की बात तो यह है कि स्थूल शरीर के समानान्तर सूक्ष्म शरीर और उसके चक्र की बातें तब तक सिर्फ बाते ही हैं जब तक आत्म-अनुभव न बनें। साधनायें चाहें तंत्र की हों या योग की सारी साधना कामऊर्जा की मूलाधार से सहस्त्रसार तक की यात्रा की ही आयोजन है। सभी साधनाएं अंततः 'कुंडलिनी और समाधि' का ही उपक्रम हैं।

सात शरीर, सात चक्र उनका भेदन और कुंडलिनी शक्ति के उर्ध्वगमन प्रयोग और अनुभव का विषय हैं, दर्शन का नहीं, लेकिन आज का मनुष्य इतना बुद्धि केन्द्रित है, इतना तार्किक है कि बौद्धिक खुजलाहट का निस्तारण हुये बगैर प्रयोग में उतरने को कोई क्यों राजी होगा? कुंडलिनी शक्ति एक अवधारणा नहीं वरन् एक वैज्ञानिक सत्य है। किसी भी वैज्ञानिक अवधारणा को जांचने-परखने का उपाय प्रयोग से गुजरना है, तभी वो सत्यापित होता है।

प्रस्तुत पुस्तक में स्वामी ज्ञानभेद ने यथासंभव बुद्धि के तल पर साधक को जितना कुछ दिया जा सकता है, देने का प्रयास किया है। इसके लिये उन्होंने रेखाचित्र और चार्ट आदि का सहारा भी लेने से गुरेज नहीं किया है। निश्चित ही इस तरह के साधन, विषय को बोधगम्य तो बनाते ही हैं।

इन अध्यायों में लेखक ने 'प्राणवायु', नाड़ियां, जाप का महत्व, श्वांस की प्रक्रिया और व्यक्तित्व परिवर्तन, मनोगत समाधि की झलक और त्रिनेत्र साधना जैसे अनेका-अनेक आयामों को कुंडलिनी-जागरण के साथ जोड़ते हुए 'कुंडलिनी और समाधि' की संभावनाओं को पाठक के हृदय तक पहुंचाने का बहुत सार्थक प्रयास किया है।

अगर इस पुस्तक को पढ़ने के पश्चात् आम आदमी के भ्रमों का विसर्जन हो पाता है और साधक के अंदर गहन प्रयोगों में उतर कर आत्मअनुभव की अभीप्सा पैदा हो पाती है तो लेखक का यह ईमानदार प्रयास सार्थक हो सकेगा, और मैं हृदय से कामना करता हूं कि ऐसा ही हो। इसी शुभकामना के साथ और 'कुंडलिनी और समाधि' कृति के लिए लेखक को बधाई देते हुए, मैं प्रबुद्ध पाठकों को इस पठन-पाठन के लिए आमंत्रित करते हुए अपार हर्ष अनुभव कर रहा हूं।

प्रेम निशीथ

प्रेम निशीथ

258-जे, आदर्श नगर
(जे.के. कालोनी)
कानपुर-208010
दूरभाष-2460028

अपनी बात

शून्य में जब छलांग लग जाती है तो शब्दों का संसार बचता ही नहीं। पर जब तक यह छलांग न लगे, शब्द अर्थपूर्ण है। कैसे शून्यता की झलकें मिलें, कैसे उस विराट मौन शून्य में चेतना समाहित हो जाये, इस संबंध में अपने अनुभव को शब्दों द्वारा अभिव्यक्त करते हुए उसके सार्थक संकेत दिए जा सकते हैं।

संसार के मध्य रहते हुए किसी के लिए भी चौबीस घंटे शून्य समाधि में बने रहना संभव नहीं। शरीर को बनाए रखने के लिए आवश्यक कर्मों के लिए संसार में लौटना ही होता है। जो मिला है, उसे दूसरे प्यासों में बांटने का भाव भी करुणा से उद्भूत होता है।

ओशो कहते हैं–यह ठीक ऐसा ही है जैसे बाहर की धूप और गर्मी से जी अकुलाने लगे तो अपने अंदर शीतर शांत मौन शून्य की सहज समाधि में उतर जाओ और जब अंदर शीत से कंपकंपी छूटने लगे और धूप की उष्णता का आनंद लेना चाहो तो फिर बाहर संसार की धूप में या परिधि पर आ जाओ।

मुझे शून्यता की अनूठी झलकें और स्वाद मिला है यह कहने में मुझे कोई झिझक नहीं, पर शून्यता के पार भी परम शून्यता का रहस्यमय लोक है, जिसका अनुभव गूंगे का गुण है। परम शून्यता को शब्दों द्वारा अभिव्यक्त किया ही नहीं जा सकता। सारे अनुभव मन और इन्द्रियों के हैं। इन सभी अनुभवों का द्रष्टा या निरीक्षणकर्त्ता भी बनी बचता। मंजिल कभी आती ही नहीं। चरैः वेति चरैः वेति। बढ़ते ही चलो, आगे और निरन्तर आगे.....।

नये साधकों अथवा उन साधकों और प्रेमियों को जिन्हें वर्षों ध्यान करते हुए भी कुछ घटा नहीं अथवा जिनका रुपान्तरण नहीं हुआ, मेरे ठोकरें खा-खा कर विकसित होने के अनुभव उनके लिए सहायक हो सकें, इसलिए यह ग्रंथ लिखने का भाव ओशो अनुकम्पा से हृदय में जागृत हुआ। ओशो के अंर्तयात्रा में सहायक तथा विकसित होने के सूत्र उनकी 750 हिन्दी अंग्रेजी प्रवचनमालाओं में जहां-तहां बिखरे हुए हैं।

उनकी आत्मकथा 'एक फक्कड़ मसीहा–ओशो' लिखने के पूर्व और लेखन के अंतरालों में मुझे उनके अधिकतर प्रवचनों को टेप पर सुनने या पढ़ने का सौभाग्य मिला। प्रवचनों के मध्य साधना में विकसित होने वाले छोटे-छोटे उपायों को मैं पढ़ना या सुनना बंद कर उन्हें करने में लग जाता था। गल्तियां होती थी। ठोंकरे भी लगती थीं। पर ओशो तथा अस्तित्व की अनुकम्पा से प्रकृति सान्निध्य में एक लम्बी अवधि रहने के दौरान अकेलेपन और मौन में रस आने लगा। सद्‌गुरु की करुणा और प्रसाद से शून्यता की झलकें मिलनी शुरू हो गईं। दो-तीन वर्ष बात करते गुजर गये। तभी अचानक एक दिन उन अनुभवों को लिपिबद्ध करने की अज्ञात प्रेरणा से लेखनी स्वत: गतिशील हो उठी।

चूंकि मुख्यत: मैं विज्ञान भैरव तंत्र के प्रयोगों द्वारा ही विकसित हुआ था अत: विज्ञान भैरव तंत्र के मूल शैव अद्वैत तंत्र की गहराई में जाने का भाव ही मुझे विज्ञान भैरव तंत्र की सभी टीकाओं और अद्वैत शैव ग्रंथों की ओर ले गया। प्रतिभिज्ञादर्शन, परात्रिंशिका इच्छा, ज्ञान और क्रिया, स्वच्छन्द तंत्र, शिव सूत्र तथा तंत्र से संबंधित मैं विपुल साहित्य सागर में जैसे डूब गया। यह विज्ञान भैरव तंत्र के स्त्रोत या जड़ों तक जाने का प्रयास था। जितना समझा उनका प्रयोग किया। उन अनूठे अनुभवों में आपको सहभागी बनाने का ही यह प्रयासरहित प्रयास है।

दो ही तरह के लोग हैं संसार में, दु:खी या सुखी। रजस प्रधान या तमस प्रधान। बहुत अधिक क्रियाशील या बहुत आलसी। पुरुष और स्त्रियां। पुरुष प्राय: रजसगुण प्रधान हैं–सक्रिय, हिंसक, क्रोधी, कर्मठ, बुद्धि प्रधान परिश्रमी और अहंकार से भरे। स्त्रियां प्राय: प्रेमपूर्ण, संवेदनशील, कोमल, उदार, हार्दिक और सहनशील। इसलिए परमात्मा को पाने के दो ही मार्ग हैं–सांख्य निष्ठा के अंतर्गत स्त्रैण-मार्ग, द्रष्टा और साक्षी का मार्ग। झेन सद्‌गुरुओं का कुछ भी न करने का मार्ग। दूसरा मार्ग है योग निष्ठा का मार्ग, कुछ करने का श्रम का मार्ग। जप, तप, भक्ति, ध्यान और साधना का मार्ग।

पर आज के युग में तीसरी तरह के लोग भी हैं। न बहुत कर्मठ और न आलसी। स्त्रियां आर्थिक रूप से स्वतंत्र होने की होड़ में अधिक क्रियाशील, बुद्धिमान, कुछ कठोर और पुरुष जैसी होती जा रही हैं और पुरुष दो महायुद्धों और आतंकवाद के बाद कुछ कम सक्रिय आराम तलब, अनाक्रमक और प्रेमपूर्ण होते जा रहे हैं। आज के कम्प्यूटर और टेक्नोलॉजी के युग में सभी लोग बहुत अधिक तनावपूर्ण, व्यस्त, उद्विगन, चिंतित, तनावग्रस्त और बेचैन हैं। वे ऊबे हुए शांति और सुकून खोज रहे हैं।

इसीलिए विज्ञान-भैरव-तंत्र के पांच-पांच मिनट के आणविक प्रयोगों की आज के युग में बहुत अधिक आवश्यकता है क्योंकि अनेक ऐसे हैं

जिनके पास डेढ़ घंटे के ध्यान प्रयोग करने का न समय है और न धैर्य। इनके लोकप्रिय न हो सकने का कारण, उन्हें ध्यान कराने से पूर्व वो जमीन तैयार न करना है, जो साधक के अंकुरण के लिए बहुत आवश्यक है।

ओशो ने विज्ञान भैरव तंत्र की प्रश्नोत्तर प्रवचनमाला एवं प्रारम्भिक प्रवचन में वे सभी सूत्र दिए हैं जो आपको भूमि तैयार करने में सहायता देते हैं। उन सभी को सार रूप में संकलित कर प्रस्तुत करते हुए मैं आनन्दित हूं।

इन्हें करने के लिए स्त्रैण-चित्त पुरुषों, प्रौढ़ों और स्त्रियों की संवेदनशील, सृजनात्मक, श्रद्धायुक्त और सजग हो, आवश्यकता है। जो लोग वर्षों ध्यान करते हुए रुपान्तरण न होने पर प्रयास कर-कर हार चुके हैं और उनका कर्त्ताभाव मिट चुका है, उनके लिए भी यह प्रयोग अमृत सदृश्य है। विशेष रूप से स्त्रियों, प्रौढ़ और स्त्रैण चित्त निरहंकारी पुरुषों के लिए यह जीवन-संजीवनी प्रयोग हैं जो उन्हें उनके होने अथवा आत्मदर्शन में सहायक हैं।

यों विज्ञान-भैरव-तंत्र की 112 विधियां हैं और उन्हें समझने के लिए तंत्र-सूत्र के मोटे-मोटे छः ग्रंथ हैं। सभी विधियां यो केवल चार-पृष्ठों में समा जाती हैं पर बोधपूर्ण समझे बिना परिणाम की आशा करना व्यर्थ है। यह छोटे-छोटे प्रयोग चेतना के विस्फोट के आणविक प्रयोग हैं। पांच मिनट में ही शरीर मन के पिघलने, भारहीन होने और निर्विचार होकर समाधि लग जाती है।

112 प्रयोगों में से मैंने उन सरलतम प्रयोगों का उल्लेख किया है जिनका प्रयोग कर मैं स्वयं विकसित हुआ हूं। इन प्रयोगों को करते हुए बार-बार त्रुटियां होने से मैं कई बार अटका-भटका और भ्रमित भी हुआ हूं पर ओशो की करुणा और अनुकम्पा से भ्रम के बादल स्वतः छंट गए और और अंदर चांदनी जैसा अमृतमय शीतल उजास फैल गया। तन मन पिघल कर जैसे अस्तित्व में लीन हो गए। खण्ड से अखण्ड का झरोखा खुल गया। विज्ञान-भैरव तंत्र के प्रयोगों द्वारा कुण्डलिनी जागरण भी सरलता से होता देख मैं विस्मय विमूढ़ हो गया।

कुण्डलिनी जागरण शक्तिपात द्वारा भी होता है। यह जागरण श्वास की चोट और मंत्र की चोट से भी होता है। सद्‌गुरु ओशो की करुणा और कृपा से शक्तिपात द्वारा भी मुझे कुण्डलिनी जागरण का अनुभव हुआ। वह प्रसाद एक विशेष कार्य कराने के लिए ही बरसा था। उस कार्य के पूर्ण होने पर फिर मैं श्वास की चोट द्वारा ऊर्जा के ऊर्ध्वगमन के प्रयोग वर्षों इधर-उधर आश्रमों और घर के एकान्त में करता रहा। कुण्डलिनी ध्यान में मात्र ऊर्जा के ऊर्ध्वीकरण का कभी-कभी अनुभव हुआ, पर वह कुण्डलिनी जागरण नहीं था।

इसके लिए जगह-जगह की यात्राएं सैकड़ों ग्रंथ पढ़े। प्रयोगों में बहुत अटका-भटका। अंत में प्रयासरहित प्रयास से प्रसाद के द्वारा ही बरसा। अभी भी यात्रा समाप्त नहीं हुई है। अपने ही अंदर जागी कुण्डलिनी जब एक चक्र से दूसरे चक्र की ओर गतिशील होती है तो अपने ही अंदर के पुरुष का अपने ही अंदर स्त्री से अतर्संभोग होता है और उस चक्र से संबंधित नकारात्मक भावों का विधायक भावों में रूपान्तरण होता है। यह यात्रा कभी समाप्त होती ही नहीं। हम निरन्तर विकसित होते जाते हैं।

अत: रजस प्रधान युवा साधकों के लिए भी यह उपयोगी ही नहीं, उनकी भटकन को मिटाकर पथनिर्देशिका भी बन सकती है।

अभी भी मैं वही का वही ज्ञानभेद हूं। न मैं बुद्धत्व को उपलब्ध हुआ हूं और न वह रहस्यमय जान सका हूं, जिसे जानने के बाद फिर कुछ और जानना शेष नहीं रह जाता। जो मेरे अनुभव और अनुभूतियां हैं, वे गलत हैं, मैं यह भी नहीं कहता। परम-रहस्य के कुछ झरोखों का कुछ क्षणों के लिए सद्गुरु अनुकृपा से मैंने दर्शन किया द्वंद रहित अद्वैत और अखण्ड का मुझे थोड़ा सा स्वाद मिला, अधिक से अधिक सांसारिक भाषा में यही कहा जा सकता है। संसार में हम सभी मन और इन्द्रियों के द्वारा होने वाले अनुभवों रूप, रस, स्वाद, गंध और स्पर्श से ही परिचित हैं। सभी अनुभव मन के ही अनुभव होते हैं। सभी अनुभवों के पार विचारों, भावों और अनुभवों का द्रष्टा बनने का अनुभव, जो अंतर्मुखी इन्द्रियों या चेतना के द्वारा किया जाता है, वही परम शून्यता है। उस शून्यता में रूप, स्वाद, स्पर्श, गंध, रस कुछ भी न होकर बहुत कुछ था। परम आनन्द का प्रसाद था।

पर सभी अनुभवों के पार का यह अनुभव इन्द्रियों के अंतर्मुखी होने पर अमन की ही स्थिति में होता है। मन के दर्पण पर उसकी एक छवि अंकित हो जाती है। स्मृति और उस छवि के आधार पर हम उसका जो भी वर्णन या व्याख्या करते हैं वह आधी अधूरी और संकेत मात्र ही होती है। पर आंखें खोलकर अधिक समय तो संसार में ही बिताना होता है। तब रूप आकर्षित भी करता है। कामवासना भी उठती है। रस, गंध और स्वाद भी लुभाते हैं। क्रोध भी उठता है। जो आवरण ओढ़कर बगुला भक्त होने का नाटक रच रहा है और लोगों को भ्रमित कर रहा है उसकी मैं आलोचना और निंदा भी करता हूं।

कुण्डलिनी जागरण को ओशो ने साधना में इसे सर्वाधिक महत्त्वपूर्ण माना है। उनकी दृष्टि में ऊर्जा के ऊर्ध्वगमन का मार्ग सबसे सरल और सहज मार्ग है। पर मार्ग हठयोग न होकर राजयोग है। शीर्षासन लगाकर, बंध-बांधकर, नौली धौती, वमन, एनिमा और प्राणायाम आदि सभी कठिन उपायों को छोड़कर ओशो के ऊर्ध्वगमन का अति सरल मार्ग प्रशस्त करते

हैं। यह विषय इतना व्यापक है और प्रयोग करने में जिन नई-नई स्थितियों का सामना करना होता है, उन सभी को दृष्टिगत रखते हुए इन नाजुक और संवेदनशील विषय पर अपने थोड़े से अनुभव के आधार पर ही कुछ कहने का साहस जुटा रहा हूं। यद्यपि ''जिन खोजा तिन पाइयां'' प्रवचनमाला, कुण्डलिनी का पूरा मार्गदर्शक नक्शा और बोधपूर्ण दिशा निर्देश है, उसी को संक्षेप में सार सूत्रों की ओर ही मैं आपका ध्यान आकर्षित करना चाहता हूं, जिससे वह साधना में आपका सहयोगी बने। पर सबसे सरल विधि है–विज्ञान-भैरव-तंत्र के प्रयोग। शब्द ब्रह्म द्वारा परब्रह्म की अनुभूति सर्वाधिक सुगम और सरल है। वर्णमाला के अ, आ, इ, ई, उ, ऊ, ए, ऐ, ओ, औ, अं, अ: स्वरों बीज मंत्रों का उच्चारण, उनकी भाव दशाओं के डूबना ऊर्जा को सरलता से ऊर्ध्वगामी बनाने में सहायक है।

इन प्रयोगों की शास्त्रीय पुनरावृत्ति न कर मैं उन्हें करते स्वयं जिस भांति विकसित हुआ हूं, यह उसकी अनुभूति जन्य अभिव्यक्ति है।

ओशो की करुणा, प्रेरणा, आशीर्वाद और अनुकम्पा से ही यह असम्भव कार्य पूर्ण देख मैं स्वयं विस्मय-विमूढ़ हूं।

मैं पूरे अस्तित्व के प्रति आभारी और कृतज्ञ हूं जो अपनी ऊर्जा और प्रेम की मुझ पर निरन्तर वर्षा करता रहा हूं।

मैं विशेष रूप से आभारी हूं इटावा ओशो ध्यान केन्द्रों के संचालकों स्वामी ज्ञान आशू, संदीप गुप्ता, मेरठ ध्यान केन्द्र के कर्णधारों स्वामी ध्यान योग, सतीश, रवि रस्तोगी, बाराबंकी, बरनाला, पटियाला और इलाहाबाद के ओशो संन्यासियों और कानपुर के स्वामी ध्यान वैराग्य, मां आनन्द दीप्ति, स्वामी अन्तर निर्मन्तु, श्री सतीश सेठ और स्वामी ज्ञान जसूर का जिन्होंने ध्यान-शिविर और सत्संग आयोजित कर मुझे विज्ञान भैरव तंत्र और आरेंज बुक के ध्यान प्रयोगों को करवाने की सुविधाएं उपलब्ध कीं और प्रेमी मित्रों को वह सब कुछ बांटने का मुझे अवसर मिला, जिसे बांटकर मैं अपने को भारमुक्त होने का सुखद अनुभव कर रहा हूं।

अपने सान्निध्य में गहन अभीप्सा से भरे साधकों को ध्यान में विकसित होता अनुभव कर मैं आनन्दित हूं और इस कारण भी ओशो का अस्तित्व द्वारा प्रसाद स्वरूप दी गई अमूल्य सम्पदा को इस पुस्तक द्वारा अन्य प्यासों तक पहुंचाने का यह लघु-प्रयास है।

स्वामी अन्तर निर्मन्तु (डॉ. पी.के. गुप्ता) ने अपनी अत्यधिक व्यस्तता के बावजूद जो मेरे सान्निध्य में विज्ञान भैरव तंत्र तथा कुण्डलिनी जागरण के प्रयोग भी करते रहे हैं, इस ग्रंथ की पाण्डुलिपि को रात देर तक जागते हुए जिस गहन अभीप्सा से पढ़कर और पचाकर जो सुंदर और भावपूर्ण भूमिका लिखी है, उसके प्रति उनका आभारी हूं। आभारी इसलिए भी हूं

क्योंकि वे मेरे शरीर की व्याधियों के डॉक्टर हैं और मैं उनके मन की व्याधियों का।

अस्तित्व की अनुकम्पा और ओशो की करुणा से मैं ध्यान की गहराइयों में अवश्य पहुंचा हूं, कुण्डलिनी के भी ऊर्ध्वगमन का मैं आनन्द ले रहा हूं पर इसके बावजूद मंजिल अभी दूर है। अंतर्यात्रा का प्रारम्भ तो होता है पर इसका कोई अंत नहीं है। मैं केवल यही कह सकता हूं कि मैं विकसित हुआ हूं और विकसित हो रहा हूं। अपने अंदर ही ब्रह्म अवचेतन की पाताल जैसी अनन्त गहराइयां हैं और जितनी गहराई में प्रवेश हो सके, विकसित होकर चेतना उतने ही अधिक ऊंचे शिखरों पर पहुंचती है और शिखर भी अनन्त है।

स्वामी धर्म वेदांत तथा स्वामी प्रेमनिशीथ के प्रति भी उनके मूल्यवान सुझावों के लिए आभारी हूं।

धर्म वेदांत जी ने डॉ. जयदेवसिंह की विज्ञान भैरव तंत्र के अंग्रेजी अनुवाद और टीका के साथ अद्वैत शैव तंत्र के परात्रिशिंका शास्त्र तथा स्वर विज्ञान जैसे सारगर्भित ग्रंथ उपलब्ध कराने की अनुकम्पा की। उनका सान्निध्य और सत्संग मुझे विकसित करने में बहुत सहायक रहा है।

ओशो शांति सदन ध्यान केंद्र जमुनिया (छिंदवाड़ा) के संचालक स्वामी कृष्णदास भारती, मां आर्या तथा उस आश्रम को खरीदने वाले ध्यानप्रेमी सुराणा जी का भी आभारी हूं जिन्होंने मुझे प्रकृति सान्निध्य और एकान्त में विकसित होने की सुविधा दी।

अपनी श्रीमती जी चन्द्रकान्ता का भी आभारी हूं जिनके निरन्तर ताने और उपालम्भ मुझे आत्म निरीक्षण और संतुलित बनाने में सहायता करते रहे हैं पर जिनके चट्टान जैसे व्यक्तित्व के नीचे बहती प्रेम सरिता बहू अनीता के साथ मुझे दैनिक जीवन में वह सभी सुविधाएं उपलब्ध कराती रही है, जो सृजनात्मक होने में सहायक है।

अंत में अपने प्रकाशक श्री नरेन्द्र कुमार के प्रति आभार व्यक्त करते हुए, जिनके सहयोग से ही सुंदरतम रूप में सभी ग्रंथ आप तक पहुंचते हैं, मैं पूरे अस्तित्व के प्रति कृतज्ञता और अहोभाव व्यक्त करते हुए अपनी लेखनी को विराम देता हूं।

प्रेम सहित।

स्वामी ज्ञानभेद

21 सितम्बर 2003

18 एम.आई.जी, बर्रा-6
कानपुर (उ.प्र.) 208027
फोन नं : 2285030

अनुक्रमणिका

द्वितीय खण्ड : त्रिनेत्र-अंदर केन्द्र की ओर जाने का प्रवेश द्वार

प्रथम खंड

उदात्त-तंत्र का रहस्यमय
आत्म रूपांतरण का विज्ञान

1. विज्ञान भैरव-तंत्र के प्रयोगों में न सेक्स है, न यह श्मशान भूत-प्रेत या डाकिनी की पंचमकार की साधनाएं – यह हैं पांच-दस मिनटों के रूपान्तरणकारी आणविक प्रयोग

इतने लम्बे शीर्षक की आवश्यकता इसीलिए हुई, क्योंकि जनसाधारण में और शिक्षित स्त्री वर्ग में भी कहीं कहीं यह पूर्व धारणा अचेतन में इतनी गहरी प्रविष्ट हो गई है कि वे सब तंत्र नाम से ही चौंक जाते हैं। यह समझ कर कि यह साधनाएं भी संभवतः, मदिरा, मैथुन, मांस आदि पंचमकार से संबंधित अथवा श्मशान में मुर्दे पर बैठकर भूत प्रेत और पिशाच को सिद्ध करने की मंत्र साधनाएं होगीं, वे इन्हें न पढ़ते हैं और न इनका प्रयोग करते हैं।

प्रायः ध्यान शिविरों में भी यह ध्यान प्रयोग यदा-कदा ही कराये जाते हैं। विशेष रूप से जो साधक छः माह या एक वर्ष तक सक्रिय, कुण्डलिनी, नटराज, नादब्रह्म, नो माइन्ड या देववाणी ध्यान प्रयोग कर चुके हैं, उनके लिए तो यह आणविक प्रयोग अद्‌भुत रूपान्तरणकारी हैं। ध्यान-शिविरों में इन प्रयोगों को न कराये जाने का मुख्य कारण यह है कि उन शिविरों में काफी नये साधक भी आते हैं जो बिना होशपूर्ण रेचन के सहज सरल और श्रद्धावान नहीं होते, जब कि इन प्रयोगों के लिए यह अति आवश्यक है कि साधक सद्‌गुरु के प्रति पूर्ण समर्पित श्रद्धावान और सहज सरल हों। वह संकल्पवान, सजग और होशपूर्ण हों। यह पात्रता अर्जित करने के लिए उक्त ध्यान प्रयोगों को कम से कम 21 दिनों तक निरन्तर करना अति आवश्यक है।

यह सत्य है कि वामाचार तंत्र की साधनाएं पंचमकार, मंत्र और

उच्चाटन, मारण, वशीकरण की भी हैं पर विज्ञान-भैरव-तंत्र के सभी प्रयोग मन को अमन बनाने और अपने केन्द्र पर पंहुच कर आत्म जागरण के अभिनव प्रयोग हैं।

यह अद्वैत-शैव-तंत्र के वे आणविक प्रयोग हैं जो प्रेम के क्षणों में पार्वती के पूछे जाने पर, शिव द्वारा करुणावश साधकों के आत्म-रूपान्तरण के लिए बतलाए गए। अद्वैत तंत्र के अनुसार प्रत्येक मनुष्य अर्द्धनारीश्वर है। उसके अंदर ही स्त्रैण (निष्क्रिय) तथा पुरुष (सक्रिय) ऊर्जाएं दोनों हैं। जब दोनों ऊर्जा संतुलित और लयबद्ध हो जाती है तो उनके अंतर्संभोग से ही शिखर अनुभव होने के साथ नकारात्मक क्रोध, घृणा, हिंसा और भय का रूपान्तरण क्षमा, प्रेम, करुणा और अभय में होता है।

तंत्र की पंचमकार की उच्चाटन, मारण की मंत्र-साधनाएं न स्वयं कभी ओशों ने की और न उनका समर्थन किया। तंत्र-साधना के विभिन्न अंगों में उन्होंने केवल वही साधनाएं चुनीं जो सरल, सहज और आत्मरूपांतरण के लिए बोधगम्य हों। युगल जोड़ों के लिए संभोग से समाधि वाली कुछ साधनाएं मल्टी-यूनीवर्सिटी के थेरेपी-ग्रुपों में अवश्य कराई जाती थीं पर उनके द्वार कामवासना से दमित भारतीयों के लिए बंद कर दिए गये थे। वे प्रयोग भी कामऊर्जा के ऊर्ध्वकरण और सेक्स को अतिक्रमण कर ब्रह्मचर्य के प्रयोग हैं। पर विज्ञान भैरव तंत्र के प्रयोगों में यह साधनाएं सम्मलित नहीं हैं।

❑❑❑

2. क्या है विज्ञान भैरव-तंत्र के प्रयोगों का रहस्य

विज्ञान-भैरव तंत्र-चेतना के पार जाने की विधि है। विज्ञान का अर्थ है चेतना। भैरव-चेतना के पार की अवस्था का नाम है और तंत्र का अर्थ है-विधि।

विज्ञान भैरव तंत्र का जगत बौद्धिक या दार्शनिक न होकर शुद्ध विज्ञान है। यह सत्य क्या हैं, इसकी फिक्र न कर, सत्य को कैसे उपलब्ध हुआ जाये, इसकी चिंता करता है।

1. 'तंत्र' शब्द का अर्थ ही है-विधि, उपाय या मार्ग। तंत्र को समझने के लिए तुम्हें अनुभव के प्रति अत्यधिक संवेदनशील, तैयार और खुला हुआ होना चाहिए। तंत्र तुम्हारी समग्रता और सजगता चाहता है। बिना अपने को इस बदलाहट के साथ तैयार किये बिना तुम इन प्रयोगों में नहीं उतर सकते।
2. विज्ञान-भैरव-तंत्र के प्रयोगों को करते समय खोपड़ी या बुद्धि को अलग एक ओर हटा दो। सोच-विचार या बौद्धिक चिंतन इसमें सबसे बड़ी बाधा है।

   तंत्र के लिए करना ही जानना है। पार्वती, शिव से पूछती हैं- प्रभो! आपका सत्य क्या है? शिव उत्तर न देकर एक विधि देते हैं। यदि वे इस प्रयोग से गुजर जायें तो उत्तर पा जाएगीं। उत्तर परोक्ष हैं-प्रत्यक्ष नहीं। कोई पूछे-प्रेम क्या है?, तो प्रेम में उतरे बिना प्रेम को नहीं जाना जा सकता। अंधा व्यक्ति पूंछे-प्रकाश क्या है? तो सारे उत्तर व्यर्थ होंगे। तंत्र यह न बताकर कि प्रकाश क्या है, उसका अंधापन देख, उसकी दृष्टि का उपचार करेगा, जिससे उसको दृष्टि मिल सके और वह प्रकाश का अनुभव कर सके।
3. **तंत्र** समाधान न देकर, समाधान को उपलब्ध होने की विधि देता है।
4. **विज्ञान भैरव तंत्र**-शिव और देवी के मध्य संवाद हैं। यह संवाद गुरु-शिष्य के मध्य न होकर, दो प्रेमियों के मध्य हैं। शिष्य जब तक गुरु के प्रति प्रेमी नहीं बनेगा, वह उसे चूक जायेगा। इन्हें अत्यंत

प्रेम से समझें। शिष्य के लिए स्त्रैण-ग्राहकता जरूरी है। स्त्रैण ग्राहकता का अर्थ है–गहरे गर्भ जैसी ग्राहकता। स्त्री प्रेम में जिस क्षण जो ग्रहण करती है वह उसके शरीर का भाग बन जाती है। उसे आत्मसात कर लेती है वह।

तर्क की भाषा मन पर आक्रमण करने जैसी भाषा है। उसमें हिंसा है। विवाद है, संघर्ष हैं। वह अहं केन्द्रित है। तंत्र की भाषा प्रेम की भाषा है। वह करुणा कर तुम्हें बदलने में, तुम्हारी सहायता करना चाहती है।

गहरे प्रेम में, मन विसर्जित हो जाता है। कोई अतीत या भविष्य नहीं रहता। केवल वर्तमान रहता है।

सभी धर्म-देशनाएं, वेदान्त, योग और सांख्य आदि, मूर्च्छा दूर कर होशपूर्ण होने, जागने की बात कहती हैं। पर तंत्र कहता है कि मूर्च्छा-अमूर्च्छा का खेल भी द्वैत का खेल है। चेतन-अचेतन दोनों के पार जाकर वह केवल होने की बात करता है। प्रेम, द्वैत का अतिक्रमण है। वहां देखने में दो अवश्य होते हैं पर प्रेम में पिघल कर वे एक ही हो जाते हैं भीतर।

इस द्वैतहीन प्रेम में ही भैरवावस्था मिलती है, जिसमें से फिर लौटना नहीं होता। भैरव का अर्थ है-प्रेम ही हो जाना। प्रेम ही शिखर है। चेतन-अचेतन, शरीर-आत्मा, संसार और मोक्ष के पार-उस शिखर अनुभव को कैसे प्राप्त करें, उसकी विधि ही तंत्र है।

आध्यात्मिक विधियां स्थूल न होकर अति सूक्ष्म हैं। वे स्थूल हो ही नहीं सकती क्योंकि अध्यात्म की शल्य चिकित्सा, सर्जन के ऑपरेशन मे भी सूक्ष्म है।

जितनी बड़ी चेष्टा होती है, उपलब्धि उतनी ही कठिन हो जाती है। तुम्हारा प्रयास, तुम्हारा तनाव, तुम्हारी व्यस्तता, तुम्हारी कामना और अपेक्षा ही बाधा बन जाती है। प्रयासरहित प्रयास अथवा छोटे से ही प्रयास से काम चल जाता है। मस्तिष्क के आपरेशन के लिए कसाई के गंडासा और छुरे व्यर्थ हैं। उसके लिए अति सूक्ष्म उपकरण चाहिये। जहां सुई की जरूरत है वहां तलवार व्यर्थ है।

पर मनुष्य का पर्वत जैसा अहंकार यह स्वीकार नहीं कर पाता कि कोई छोटी-सी विधि उसका रूपातंरण कर सकती है। कठिनाई और चुनौतियों भरी मुश्किल विधि करने से उसका अंहकार तृप्त होता है। ओशो कहते हैं-ऐसे ही लोगों से मैं कहता हूं कि सक्रिय या कुंडलिनी ध्यान करो। जब करते-करते थक जाओगे और थक कर जब गिर पड़ोगे तब विश्राम में लेट जाना ही ध्यान है।

हम वही शुद्ध परमात्मा पहले से हैं ही और वही हम होना चाहते हैं। केवल उसका हम विस्मरण कर बैठे हैं। जिस चश्मे को हम पूरे घर में खोज रहे हैं उसे हम आंखों से ऊपर माथे पर चढ़ाकर भूल बैठे हैं। तुम्हें शीशा दिखाना पर्याप्त है और चश्मा तुम्हें मिल जायेगा।

हम भिखारी बने मांगे जा रहे हैं और खजाना हमारे झोपड़े में ही गड़ा है। थोड़ी सी मिट्टी हटाकर एक फुट जमीन खोदने की आवश्यकता है और भिखारी सम्राट हो जायेगा। हमारा शरीर मिट्टी से ही बना है। उससे तादात्म्य स्थापित कर उसके अंदर छिपे परमात्मा को हम भूल बैठे हैं। शरीर और मन से जोड़े तादात्म्य की मिट्टी हटे तो पर्दे में छिपा परमात्मा हमारे सामने होगा।

कुछ संदेह करते हैं कि छोटी विधि से इतना बड़ा परिणाम कैसे निकल सकता है, पर वे भूल जाते हैं कि आंखों से न दिखाई देने वाले सूक्ष्म अणु का विखंडन कर कितना बड़ा विस्फोट हो सकता है।

विज्ञान-भैरव-तंत्र की सभी विधियां आणविक हैं। यों यह सरल दिखाई देती हैं पर करने से पता चलता है कि ये इतनी आसान नहीं है। जरा भी सजगता और संवेदनशीलता में कमी होगी, पूरे संकल्प और समग्रता से यदि इन्हें नहीं किया गया तो तुम इनसे चूकते ही रहोगे। श्वास के पार उस केन्द्र तक पंहुचने में बुद्ध को छ: वर्ष लग गये।

जरूरत है-सहज सरल और शुद्ध बनो। शुद्ध बनने का अर्थ है-विचारशुद्धि और भावशुद्धि। पाने की कोई कामना न हो। तुम बुद्धि गिराकर जब तक हृदय से प्रेमपूर्वक, इन्हें खेल समझ कर नहीं करोगे इनसे चूकते ही रहोगे।

बोध और अवधान में अंतर– जब तुम किसी चीज को अवधान देते हो अर्थात् अपनी सामान्य चेतना उस पर केन्द्रित करते हो तो तुम्हें अन्य सभी चीजों से ध्यान हटाकर उस चीज पर एकाग्रता साधनी होती है। अवधान एक तनाव बन जाता है। इसलिए कार चलाते हुए तुम श्वास पर अवधान नहीं दे सकते। बोध पर अवधान देना नहीं होता, अवधानपूर्ण होना होता है। यह मात्र सजग और होशपूर्ण होना है। जब तुम सजग होते हो तो श्वास के साथ-साथ कार के गेयर, एक्सीलेटर और सामने गुजरते यातायात के प्रति सजग बने रहते हो। बोध सर्वग्राही है और अवधान-एकांतिक।

3. विज्ञान-भैरव-तंत्र की सभी 112 विधियां-चेतना को केन्द्रित करने की विधियां

क्या चेतना का केन्द्रित होना ही समाधि है? समस्त चेतना किस चक्र पर केन्द्रित की जाये?

ओशो कहते हैं- शरीर अथवा मन (परिधि) या बाहर बिखरी हुई चेतना ही संसार है और स्वयं अपने भीतर केन्द्रित चेतना ही समाधि है। विज्ञान भैरव तंत्र प्रवचनमाला में 17 नवम्बर 1972 को इस संबंध में उत्तर देते हुए ओशो कहते हैं-"समाधि, चेतना का केन्द्रित होना मात्र नहीं है। चेतना को केन्द्रित करना एक विधि है जो समाधि के लिए सहायक है। केन्द्रित करना मार्ग है, मंजिल नहीं। जो समाधि को उपलब्ध होता है, उसका कोई केन्द्र बचता ही नहीं। वह खण्ड से अखण्ड हो जाता है। पूरे अस्तित्व में लीन हो जाता है। जैसे बूंद समुद्र में मिल जाती हैं।

जेकेब बोहेम कहता है कि इस दिव्य अनुभव में या तो केन्द्र सर्वत्र होता है या कहीं नहीं होता। यह दोनों बातें वस्तुत: एक ही हैं। हालांकि यह विरोधाभास लगता है लेकिन मार्ग मंजिल नहीं है और न विधि उसका परिणाम या फल है।

विज्ञान-भैरव-तंत्र की सभी 112 विधियां चेतना को केन्द्रित करने की विधियां है। जब तुम किसी एक बिंदु पर चेतना को केन्द्रित कर देते हो तो विस्फोट होता है। जैसे सूर्य की किरणें, एक कान्वैक्स लैंस द्वारा एक कागज के बिन्दु पर केंद्रित कर दी जायें तो कागज जलने लगता है। बिंदु पर चेतना के केन्द्रित होते ही विस्फोट होता है और फिर केन्द्र बचता ही नहीं। या यों कहें कि केन्द्र सर्वत्र, हर जगह होता है।

यह ऊर्जा बिखरी हुई है, यदि वह किसी एक बिंदु पर केन्द्रित नहीं है, तो विस्फोट हो ही नहीं सकता। विस्फोट के लिए केन्द्रित-ऊर्जा चाहिए। जैसे ही तुम्हारी समस्त चेतना किसी एक बिंदु पर केन्द्रित होती है तुम

आध्यात्मिक रूप से आणुविक बन जाते हो और चेतना का विस्फोट होता है। विज्ञान पदार्थ का विस्फोट करने में सक्षम है तो धर्म, चेतना का विस्फोट है।

लेकिन धर्म में परिणाम की, विस्फोट की बात ही नहीं की जाती केवल विधि दी जाती है। यदि तुम विधि का अनुसरण करोगे तो परिणाम स्वयं आयेगा ही। चेतना के आणुविक विस्फोट को अभिव्यक्त करना संभव ही नहीं है। भाषा उसे अभिव्यक्त कर ही नहीं सकती। इसीलिए केवल विधि दी जाती है धर्म में।

विधि, वैज्ञानिक प्रक्रिया है। उसे करने से तुम्हारी चेतना एक बिंदु पर केन्द्रित हो जाती है। केन्द्रित होना, विधि का परिणाम है। यदि तुम केन्द्रित नहीं होते तो अवश्य ही तुम विधि को करते हुए कहीं चूक रहे हो। विधि और केन्द्रित होना दोनों वैज्ञानिक प्रक्रियाएं हैं पर विस्फोट होना काव्यात्मक है। प्रत्येक व्यक्ति को इस विस्फोट का अनुभव अलग-अलग तरह से होता है। प्रत्येक उसे भिन्न-भिन्न ढंग से अभिव्यक्त करता है। पर अनुभव करने वाला प्रत्येक बुद्ध यह जरूर कहता है कि जो कुछ उसने अनुभव किया है उसे ज्यों का त्यों अभिव्यक्त करने का कोई उपाय नहीं। केवल उसके कुछ संकेत दिये जा सकते हैं।

शुद्ध प्रेम में विचार-प्रक्रिया स्वत: शांत हो जाती है। केवल हृदय धड़कता है। शांत, मौन एक दूसरे के निकट बैठे हुए जब प्रेमी और प्रेमिका, स्वयं का विस्मरण कर भूत-भविष्य भुला कर क्षण-क्षण का आनन्द उठाते हैं वही ध्यान का प्रारम्भ है। ऐसे ध्यानपूर्ण गहन प्रेम में फिर शरीर भी प्रेम का वाहन बन जाता है। संभोग भी समाधि बन जाता है। पर उसमें ऊर्जा से मुक्त होने की बैचेनी, सांसों का तूफान और आतुरता नहीं होती। दोनों संभोग के सर्वोच्च शिखर की अनुभूति करते हैं जिसमें परम तृप्ति, अहोभाव और कृतज्ञता होती है। पर बिना समर्पण बिना 'मैं' के विसर्जन में यह परमतृप्ति मिलती ही नहीं।

देवी, शिव के प्रेम में बिना कुछ किये ही, सम्पूर्ण समर्पण से शिवत्व को उपलब्ध हो चुकी है। वह केवल जन-कल्याण के लिए ही शिव अथवा भैरव से वह उपाय पूंछ रही हैं। उपाय उन लोगों के लिए हैं जो श्रद्धा को, सर्मपण को उपलब्ध नहीं हुए हैं। जनसाधारण के लिए सम्पूर्ण समर्पण और 'मैं' का विसर्जन अति कठिन है।

तंत्र-गुरु के प्रति प्रेम पर महत्त्व देता है। गुरु की कृपा दृष्टि, उसकी मुद्रा, उसके संकेत और उसकी करुणा ही धीमे-धीमे शिष्य को समर्पण

के लिए राजी करती है। उसे मस्तिष्क से हृदय तल पर लाती है। उसे तर्क के वितर्क के लिए राजी करती है। तर्क है-सासांरिक विषयों पर या बाह्य जगत पर अथवा दूसरों पर विचार विमर्श। भूत या भविष्य में परिभ्रमण। वितर्क है स्वयं पर अपने अंदर उतर कर एक ही विचार कि कैसे शिवत्व को उपलब्ध हुआ जाये।

गुरु के निकट पूर्वाग्रहों, पूर्व धारणाओं और विचारों से मुक्त होकर अंदर से खाली होना होगा। गुरु के प्रेम में धीमे-धीमे डूबना होगा। केवल हृदय का प्रेम ही द्वैत से मुक्त कर सकता है। द्वैतहीन प्रेम ही में एकाकार होकर शिवत्व की झलक मिलती है।

भैरव प्रेम में जीते हैं। प्रेम ही उनका आवास है। वह स्वयं प्रेम ही हैं। वह चेतन-अचेतन के पार, प्रेम-घृणा के पार, शरीर और आत्मा के पार, और सभी द्वंद्वों के पार हैं। इस सर्वोच्च शिखर को उपाय से उपलब्ध करने के लिए ही यह 112 विधियां हैं।

तंत्र को इसीलिए समझा ही नहीं गया अथवा गलत समझा गया क्योंकि वह नीति-अनीति के पार अति नैतिकता की बात करता है। वह अच्छे-बुरे, साधु-असाधु, ज्ञानी-अज्ञानी, चोर-अचोर पापी-पुण्यात्मा किसी में कोई भेद ही नहीं करता। वह मनुष्य मात्र को ज्यों का त्यों स्वीकार करता है। वह उपदेश नहीं देता। नियम, अनुशासन नहीं थोपता। वह सीधे विधि देता है।

तंत्र कहता है-मन एक सूक्ष्म पदार्थ या मान्यता के अतिरिक्त और कुछ भी नहीं और यह बदला जा सकता है अथवा विसर्जित किया जा सकता है। मन, अमन बना कि पूरा संसार बदल जाता है। सब कुछ रूपांतरित हो जाता है।

जीवन एक चमत्कार है। अगर हमने उसके रहस्य को नहीं जाना तो इससे प्रकट है कि हमें उसके पास पंहुचने की विधि नहीं मालूम। हम द्वंद्व में फंसे हैं। हमारे शरीर और मन में संतुलन नहीं है। वे लयबद्ध नहीं है। यह सभी 112 विधियां संतुलन लाने और अस्तित्व के प्रति लयबद्ध होने की ही विधियां हैं।

बुद्धों के इन संकेतों को केवल तभी समझा जा सकता है जब तुम बहुत विनम्र, प्रेमपूर्ण और संवेदनशील। तुम्हारा हृदय पूरा खुला और ग्रहणशील हो। यदि तुम तर्कपूर्ण होकर उसे बुद्धि से समझने का यत्न करोगे तो उसे चूक ही जाओगे।

यह अभिव्यक्ति बहुत नाजुक है। विज्ञान भैरव तंत्र की सभी 112 विधियां, केवल मात्र संकेत देती हैं-इन विधियों का प्रयोग करो।

बौद्ध तंत्र

बौद्ध तंत्र निश्चित ही निर्वाण-तंत्र और शाक्त तंत्र का आधार लेकर, बौद्ध तंत्राचार्यों द्वारा बौद्ध-परम्पराओं का भी समावेश करते हुए भिन्न रूप में विकसित हुआ। पर इसे समझने के लिए थोड़ा सा बौद्ध इतिहास जानना उपयोगी होगा।

251 B.C. में सम्राट अशोक ने बौद्ध सम्प्रदाय की तीसरी संगति भिक्षु तिस्स की अध्यक्षता में आयोजित की जिसमें बौद्ध-परम्पराओं से भिन्न आचरण करने वाले बौद्धों को संघ से निष्कासित कर दिया गया।

निष्कासित भिक्षुओं ने एकत्रित होकर नालन्दा में अपने तंत्र मार्ग को और परमार्जित किया और अपना संघ बना लिया। यह लोग तारा की उपासना करते थे और इनके द्वारा महायान विकसित हुआ।

नालंदा हीनयान के विरोधियों का गढ़ बन गया और तभी विज्ञानवाद का उत्कर्ष हुआ। चतुर्थ संगति 78 ई. में सम्राट कनिष्क ने बुलाई। बुद्ध के निर्वाण के 500 वर्ष बाद मैत्रेयनाथ व असंग ने चौथी व पांचवी सदी से बौद्ध धर्म में तांत्रिक-विचारों का समावेश किया।

400 से 700 ई. तक बौद्धों में तांत्रिक साधना गुरु-शिष्य परम्परा के रूप में गुप्त रूप से चलती रही। तभी पंच मकारों की साधना का भी समावेश करते हुये नाथपंथी सिद्धों ने बज्रयान का शुभारम्भ किया। जो कालचक्र यान तथा कालांतर से सहजयान के रूप में विकसित हुआ।

700 ई. से दसवीं सदी तक 84 सिद्धों ने इसे जन-जन में फैला दिया। इसी अवधि में 'मंजुश्री कल्प' तथा 'गुह्य समाजतंत्र' दो ग्रंथों द्वारा इस मत का प्रचार और प्रसार हुआ।

900 से 1100 ईसवीं के मध्य इन बौद्ध तंत्र के ग्रंथों का चीनी और तिब्बती भाषा में अनुवाद हुआ।

यही साधना 700 ई. में बज्रयान के रूप में विकसित हुई। इसी के अंतर्गत 84 सिद्धों का नाथपंथ भी आता है।

बज्रयान से ही कालचक्र यान और सहजयान का विकास हुआ। 700 ई. से 1000 ई. के मध्य चौरासी सिद्धों ने इसका जन-जन में प्रचार किया। इसी अवधि में बौद्ध तंत्र ग्रंथों का चीनी व तिब्बती भाषा में अनुवाद हुआ। आचार्य शांति रक्षित और पद्मसम्भव बौद्ध तंत्र के उस युग के प्रसिद्धतम तांत्रिक थे।

इस अवधि में पद्मवज्र, इंद्रभूति, सहयोगिनी-चिंता, प्रज्ञोपाय-विनिश्चय सिद्ध तथा कालाचक्र-तंत्र प्रमुख तांत्रिक-ग्रंथ लिखे गये। पंचमकार की साधना द्वारा यह सिद्ध-तांत्रिक, अंतर्द्धान होने, हवा में उड़ने, जल पर चलने

तथा अणिमा और लघिमा आदि सिद्धियों का भी यदा-कदा प्रदर्शन करते थे।

चौरासी सिद्धों के समय ही ब्राह्मण और बौद्ध तंत्र का वैयक्तिक आदान-प्रदान हुआ। बौद्धों ने शैव-तांत्रिकों की साधना प्रणाली और शब्दावली, तथा शैवों ने भी बौद्ध तांत्रिक-प्रणाली आत्मसात कर ली। मत्सयेन्द्रनाथ की कौल-साधना, बौद्धों के लिए सहज बन गई। कुछ का मानना है कि नाथपंथ, तांत्रिक बौद्धमत का ही उपमत है, पर कई नाथपंथी शिव उपासक भी बने रहे।

हठयोग प्रदीपका में 30 और वर्णरत्नाकर में 77 सिद्धों का उल्लेख है। राहुल सांकृत्यायन ने 84 सिद्धों का उल्लेख किया है।

मत्स्येन्द्रनाथ और गोरखनाथ ने कामरूप से कौलयोगिनी मत को भी अपनी साधना में समाहित कर लिया। इनकी साधना को हठ•योग भी कहा जाता है।

बौद्ध-तंत्र के क्रिया-तंत्र तथा चर्या-तंत्र दो प्रमुख अंग थे।

पंचमकार द्वारा वीर भाव तथा दिव्य भाव से चक्र पूजा कर, वामाचार ने आत्मोपलब्धि का मार्ग प्रशस्त किया।

उनका मानना था कि सिद्धों में इतनी उत्कट शक्ति आ जाती है कि सांसारिक भावनाएं और पदार्थ उन्हें स्पर्श नहीं कर पाते। इन लोगों ने मंत्र विद्या में प्राकृत भाषा में सरबर-मंत्र का प्रयोग किया। इन मंत्रों में बज्र डाकिनी या बज्रतारा तथा निकृष्ट कोटि की तामसिक देवियों से प्रार्थना की जाती थी।

बौद्ध धर्म ने तंत्र की गुह्योपासना और कर्मकाण्ड को अपनाकर पूरे एशिया और यूरोप तक पंहुचा दिया।

तंत्र एक सामाजिक और धार्मिक क्रांति

गौतम बुद्ध और महावीर ने वैदिक परम्परा से विद्रोह कर धर्म को नूतन आधार दिया। महावीर ने परमात्मा की सत्ता से इन्कार कर केवल आत्मा को माना। बुद्ध ने आत्मा को भी स्वीकार नहीं किया। उन्होंने वेद, उपनिषद, सभी शास्त्रों, यज्ञ आदि के कर्मकाण्डों और पूरी वैदिक परम्परा से विद्रोह किया। वर्णाश्रम प्रथा को धवस्त कर उन्होंने धर्म का द्वार सभी जाति और वर्णों के लिए खोल दिया। संस्कृत के स्थान पर उन्होंने अभिव्यक्ति के लिए जनसाधारण के बोलचाल की पाली प्राकृत भाषा को चुना।

तंत्राचार से पूर्व वेदाचार और तंत्रमूलक वैष्णावाचार ही समाज का आचरण था, जो आत्मज्ञान की साधना थी। शूद्र और सभी जाति की स्त्रियां वेदाचार से बहिष्कृत थीं। उन्हें शास्त्र सुनने तक का अधिकार नहीं था। उन्हें

ढोल, गंवार और पशु सदृश्य समझा जाता था। इस व्यवस्था में कालान्तर में इतनी क्रूरता आ गई कि भूल से भी वेद का श्रवण कर लेने पर शूद्र के कानों में पिघला-सीसा भर दिया जाता था। उन्हें पूजाघरों में जाने की आज्ञा नहीं थी। वह अछूत और अस्पर्श समझे जाते थे।

वेदाचार, नीति, नियम और अनुशासन का मार्ग था। वह सहज स्वाभाविक मनोभावों के दमन का मार्ग था। योग को चित्त वृत्ति निरोध का मार्ग कहा जाता था। पूर्व वैदिक परम्परा से मांसभक्षण तथा सुरा को साधना पद्धति से बहिष्कृत कर दिया।

वेद वाक्य को प्रमाण मानने वाले युग में, तांत्रिकों ने सम्पूर्ण आगम को शिवमुख निर्गत माना। तंत्र का परमलक्ष्य शिव-शक्ति था। वेद विरुद्ध इस साहसिक प्रयोग को केवल सिद्धांत रूप में मान लेना ही पर्याप्त नहीं था, बल्कि व्यवहारिक क्षेत्र में चमत्कार, सिद्धि तथा शक्ति से प्रमाणित करने की भी आवश्यकता थी। इसके बिना समाज का बड़ा वर्ग उसे स्वीकार करने को तैयार नहीं होता। इसीलिए तंत्राचार में सिद्धों और तांत्रिकों ने अलौकिक सिद्धियों और चमत्कारों से तंत्र को परिपुष्ट किया।

सांसारिक बंधनों को स्वीकार करते हुए, उनसे मुक्त रहना तंत्र की चरम सिद्धि थी। चूंकि तंत्र सामाजिक क्रांति के रूप में उदित होकर धर्म के माध्यम से जनमानस में प्रवेश कर रहा था इसलिए वेदाचार के विरुद्ध उन्होंने वेद वर्जित दमन को शमन की स्वीकृति दी और ऐन्द्रिक सुखों को स्वीकार किया।

उन्होंने स्त्री के साथ संभोग को मात्र दैहिक सुख या संतानोत्पत्ति के लिए ही नहीं, पारलौकिक साधना या सम्यक् योग के लिए स्वीकार कर स्त्री को शक्ति या देवी की प्रतिष्ठा दी। उसे साधना में बराबर का सहयोगी माना। उस युग में निम्न वर्ग को साधना में उच्चतम स्थान देने का साहस तंत्रमार्ग ने दिखाया।

बुद्ध के समय भी यद्यपि शूद्रों के लिए भिक्षु बनने के द्वार खुले हुए थे पर घर परिवार की आर्थिक धुरी होने तथा शिक्षा के संस्कार न होने से अधिकतम शूद्र सक्रिय रूप से बौद्ध धर्म के भागीदार न हो सके थे। बुद्ध के शरीर छोड़ने के बाद महायान और तंत्रचार ने ही शूद्रों को अपनी ओर आकर्षित किया।

ब्राह्मण के लिए निषिद्ध सुरापान, शूद्रों के लिए सम्मत था। तंत्र ने मदिरा या वारुणि को साधना में मान्यता देकर शूद्राचार को ही संस्कृत करने का बीड़ा उठाया। तंत्र की मान्यता है कि कोई भी व्यक्ति जन्म से ही उच्च या नीच नहीं होता।

तंत्र ने पदार्थों की विवेचना के स्थान पर मन के उदात्तीकरण पर जोर दिया। फलस्वरूप दलित वर्ग और स्त्रियों को तंत्र ने अस्तित्व बोध देकर हीनभावना से मुक्त किया।

तंत्र के उदय से वेदाचार और वैष्णवाचार का हतप्रभ होना स्वाभाविक था। एकरसता, रूढ़िवादिता और जड़ता के कारण वैष्णवाचार निष्प्रभावी होता गया और तंत्र का वर्चस्व बढ़ता गया। वैष्णव मंदिरों में भी तंत्र सम्मत मिथुन प्रतीक, जलहरी में प्रतिष्ठित शिवलिंग की मूर्ति, वैष्णव मंदिरों का भी एक अंग बन गई। दक्षिण और उड़ीसा के मंदिरों में मिथुन मूर्तियां प्रतिष्ठित हो गई।

ब्राह्मण तंत्र

उस समय ब्राह्मण-तंत्र के शैव और शाक्त दो सम्प्रदाय थे। शैव तंत्र को आगम कहते हैं। शैव तंत्र में शिव और शिवा (शक्ति) का द्वित्व और शिव का एकत्व ही तंत्र का वर्णनीय विषय है। एक हजार वर्ष तक तंत्र का वर्चस्व पूरे भारत में ही नहीं, पूरे एशिया में व्याप्त था। शिव, तांत्रिकों के आदि देव थे।

जब वेद मंत्र दुरूह बन गये और यज्ञ तथा मंत्रों के नाम पर ब्राह्मणों ने जनसामान्य का शोषण करना प्रारम्भ कर दिया तो उपनिषदों द्वारा एक नई क्रांति हुई जिसमें जीवन को ही यज्ञ मानकर यज्ञों के कर्मकाण्ड की निंदा की गई। कालांतर में उपनिषद भी जब अगम व दुरूह हो गये तो पुराणों में उसकी टीका की गई या उसे सरल कर जनसामान्य की पंहुच तक बनाया गया। पुराण काल के समय ही तंत्र का उदय छठवीं व सातवीं सदी में हुआ।

तंत्र एक क्रांतिकारी आंदोलन था जिसने स्त्रियों और शूद्रों के लिए अपने द्वार खोल दिए। यह वैदिक धर्म के विरुद्ध एक क्रांति थी। ठीक बौद्ध धर्म की भांति। तंत्र ने पंचमकार के की बात कहकर जनसामान्य को आकर्षित किया।

अभी तक, बौद्ध और जैन परम्परा कामवृत्ति का दमन सिखा रही थी। नीति, नियम, अनुशासन और तप, जनसामान्य द्वारा सहज स्वीकृत नहीं थे। घर परिवार छोड़कर भिक्षु बनने से सामाजिक जीवन क्षत-विक्षत हो रहा था। तंत्र जन सामान्य के लिए एक ताजे हवा की झोंके की तरह था। यह बहुत शीघ्र पूरे दक्षिण व पूर्वी भारत में बहुत लोकप्रिय हो गया। लोग वैदिक तथा वैष्णाचार से विमुख होने लगे। तभी वैष्णव तंत्र का उदय हुआ। बौद्धों के साथ जैनों ने भी तंत्र को स्वीकार किया। बौद्धों, जैन और वैष्णवों के एक वर्ग ने आंशिक रूप में शैव और शाक्त तंत्र का अनुसरण किया।

❑❑❑

5. तंत्र बनाम वामाचार

वामाचार, तंत्र का ही एक सम्प्रदाय है। आज वामाचार का अर्थ लगाया जाता है-उल्टा चलने वाला। वस्तुत: वाम का अर्थ है-प्रिय। चूंकि जनसाधारण में लोकप्रिय, मांस, मंदिरा और मैथुन को वामाचार ने मत्स्य और मुद्रा के साथ स्वीकार किया, इसलिए यह वामाचार कहलाया।

वाम मार्ग-नारी को शक्ति रूप में पूजने की विधि है। वैष्णव मार्गी और वेदांती, माया की उपेक्षा कर, माया पर विजय प्राप्त कर ब्रह्मप्राप्ति या मोक्षलाभ की बात कहते हैं। वे ब्रह्मचर्य और कामवृत्ति के दमन की बात कहते हैं। पर दमन या निग्रह के पथ पर चलने वाले ऋषियों के पतन की अनेक कथाएं प्रचलित हैं। दमन के द्वारा ही पाखण्ड आया।

तंत्र, स्त्री की योनि को जगत की क्रियात्मक शक्ति मानता है। दूर से दिखने वाला योनि-विवर दीपशिखा की भांति होता है। हठयोगी जिस तरह दीपशिखा पर ध्यान केन्द्रित कर शक्ति प्राप्त करते हैं, वाममार्गी स्त्री-योनि की दीपशिखा में मन का नियोग कर आत्मज्ञान करते हैं।

वामाचार ने मनुष्य के जीवन को तीन भागों में विभाजित किया है—

1. पशुभाव
2. वीरभाव
3. दिव्यभाव

पशुभाव, जन्म से सोलह वर्ष की अवस्था तक, वीरभाव सोलह से पचास वर्ष की आयु तक और दिव्यभाव पचास वर्ष से होता है।

शक्ति की उपासना करने वाला प्रत्यक्ष या परोक्षभाव से इन भावों का भोग करता है, फिर भी साधना इसलिए की जाती है जिससे नियत अवस्था के पूर्व ही वह दिव्य-भाव को उपलब्ध हो जाये। यह दिव्यभाव, आत्मदर्शन ही है।

व्यक्ति का जन्म ही एक हिंसक घटना है। वह मां की योनि को फाड़कर जन्म लेता है। रक्तपातपूर्ण जन्म की प्रक्रिया ही पशुभाव के अंतर्गत

आती है। जन्म के बाद भी शिशु मां का दूध पीता है। दूध भी मां का सफेद रक्त ही है क्योंकि दूध में भी वही तत्त्व होते हैं जो रक्त में। केवल रंग का अंतर होता है। वीरभाव और दिव्यभाव क्षीण मात्रा में पूर्व जन्म के संस्कारों से मिलते हैं।

सोलह वर्ष की अवस्था के बाद संभोग की इच्छा प्रकृति रूप में उदित होती है। वह स्नायु और मांसपेशियों को उत्तेजित करती है। वीर भाव में पंचमकार की साधना का आदेश दिया गया है।

देवी का पूजन सदा दिव्य भाव से ही किया जाता है। पशु भाव और वीरभाव की भावभूमि का अतिक्रमण करने के बाद ही दिव्यभाव से परमहंस की स्थिति उपलब्ध होती है। इंद्रियों के विषय से ऊपर उठकर नकारात्मक भावों को साधना द्वारा विधायक भावों में रूपांतरित करके ही दिव्य भाव प्राप्त होता है। प्राणी मात्र के कल्याण का संकल्प ही इस भाव की आधार भूमि है।

सभी स्त्रियों को शक्ति का और पुरुषों को शिव का रूप मानना ही इस भाव की शर्त है। दिव्य भाव में न कोई शत्रु होता है न मित्र। कीचड़ और चन्दन में, श्मशान और महल में, स्वर्ण और मिट्टी में उसके लिए कोई भेद नहीं रह जाता। वह द्वंदातीत हो जाता है।

योगी इस स्थिति को निग्रह द्वारा, भक्त सर्वात्म समर्पण द्वारा और तांत्रिक इनमें रहते हुए ही, इनसे ऊपर उठकर प्राप्त करते हैं। सारी स्त्रियों को जगतजननी और प्रत्येक पुरुष को शिव रूप मानने वाला विश्वात्म-भाव को प्राप्त कर लेता है।

वामाचार की मान्यता है कि इन्द्रियों के प्रिय पदार्थों को ही अर्चना का माध्यम बनाने से स्खलन नहीं होगा और साधक वासना की कीचड़ में भी उससे अलिप्त कंवल की भांति विकसित हो सकता है।

मदिरा का सेवन वीरभाव में मादकता या नशे के लिए नहीं किया जाता। ऐसी भावना रखने वाले को दीक्षित नहीं किया जाता। वही मदिरापान वीरभाव में सम्मत है जिसमें इन्द्रियां चंचल न हों और पूरा होश बना रहे।

वामाचार इंद्रियों की तृप्ति और शरीर सुख को तो स्वीकार करता है पर उच्छृंखलता और विषय-सुख को स्वीकार नहीं करता। वीरभाव से संभोग करना भी शक्ति की उपासना है। पर तंत्र स्खलनरहित संभोग की बात कहता है जो अति कठिन साधना है। इसके लिए दृढ़ संकल्प की आवश्यकता है। बिना विचार और भावशुद्धि के यह दृढ़ सकंल्प उत्पन्न ही नहीं हो सकता। इस स्थिति के लिए दमित वृत्तियों का रेचन कर सहज सरल होना आवश्यक है।

My friends

Wanda Dipa

Ve best my friend

Bruna Bitencourt

24/02/08

Fernando Jery crezy

No go home

you not go home!

पंचमकारों का सेवन करते समय गुरु, मंत्र, मन, देवता और ध्यान तत्व का पालन करना आवश्यक है। तत्त्वदर्शी सिद्ध गुरु ही चक्र-पूजन में ऐसा संयोजन करता है जिसमें मदिरा मांस के तामसी प्रभाव को नष्ट कर उसे सात्विक भाव से ओत-प्रोत कर सके। सम्भोग को स्खलनरहित होने में सहयोगी बना सके।

चक्र पूजा में साधक रात्रि में किसी विशिष्ट एकान्त स्थान में नग्न बैठकर पांच चक्रों में वीर भाव से इतना मदिरापान करते हैं जिसे पीकर भी वह होशपूर्ण बने रहें। साधक एक दूसरे की दिव्य भाव से पूजा करते हैं जिससे व्यक्ति-बोध नष्ट होकर देव-बोध उत्पन्न हो।

प्रत्येक साधक भैरवी रूपी साधिका के ललाट पर चन्दन का लेप करता है। चक्र के मध्य में स्त्री को बिठाकर उसकी शक्ति या काली के रूप में पूजा करता है। फिर उसे मांस और मदिरा अर्पित की जाती है। उसके संकेत पर वह स्वयं भी प्रसाद स्वरूप उसका सेवन करता है।

लज्जा, घृणा, दंभ और शारीरिक-सुख की लालसा चक्रपूजा में निषिद्ध है।

तंत्र की मान्यता है कि विनाशक अस्त्र ही रक्षा भी करने की सामर्थ्य रखते हैं। जो शक्ति, साधक का अवरोध बनती है, वही उसे मुक्त भी कर सकती है। इसी दृष्टि से तंत्र में नारी मुक्तिदात्री बनी और संभोग-मुक्ति मार्ग।

तंत्राचार में स्त्री से सहवास करते हुए मंत्र का जाप साधक की धारण-शक्ति को बढ़ाता है। संभोग में विभिन्न मुद्राएं जो शरीरिक स्थितियों या विभिन्न आसनों द्वारा साधी जाती हैं उससे रति-क्षमता तो बढ़ती ही है पर साथ में श्वास शांत रख वह स्खलन रहित संभोग का प्रार्ग प्रशस्त करती हैं। साधक-साधिका संभोग में रत रहते हुए भी संसार की परिचालन क्रिया से लयबद्ध होकर अद्वैत की अनुभूति करते हैं। संसार में विद्यमान महासंभोग की प्रतीति ही मैथुन का दर्शन है। मैथुन, तंत्र की दृष्टि से एक कला और साधना है। कला का अर्थ यहां सौन्दर्य-बोध से है।

तंत्र के अनुसार क्रिया से प्रबल भावना या धारणा है। यह भावना या धारणा ही क्रिया को सार्थक या निरर्थक बनाती है। तांत्रिक संभोग में संभोग रहना आवश्यक है पर उसे परिचालित करने वाली भावना उसे देह के स्तर में से उठाकर आध्यात्मिक धरातल पर ले जाती है।

चौरासी सिद्धों में से अनेक ने संभोग के द्वारा ही अलौकिक सिद्धियां प्राप्त कीं। वे शक्ति सम्पन्न बने। तंत्र व्यक्ति को कामी नहीं बनाता। वह कामवासना का अतिक्रमण है।

पूरा संसार ही दो परस्पर विरोधी वृत्तियों के कारण ही अस्तित्व में है और क्रियाशील भी है। इसे सत और असत, स्थिर और चंचल, पुरुष और स्त्री, प्रकाश और अंधकार आदि कोई भी नाम दें, पर यही विकासवाद का आधार है।

निर्गुण शिव ही अपनी संकल्पशक्ति से विकसित हुआ पृथ्वी तत्त्व तक व्याप्त हो जाता है और इस अवस्था में आकर पुनः अपने मूल स्वरूप को प्राप्त करने के लिए आकुल होता है। वह प्रयत्न करता है और मुक्त हो जाता है। जब तक परातत्त्व से साक्षात्कार नहीं होता, सत् और असत् का यह द्वंद चलता ही रहता है।

तंत्र सभी द्वंद्वों का अतिक्रमण है। तंत्र, धर्म कम, विज्ञान अधिक है। वह प्रयोग और विधियों की बात करता है। उसका लक्ष्य व्यक्ति का रूपांतरण है। वह नीति अनीति की चिंता नहीं करता। वह अतिनैतिक है। उसकी घोषणा है कि इस अस्तित्व में कुछ भी न अच्छा है और न बुरा। जो भी है, उसका कुछ न कुछ उपयोग है। तंत्र विष को अमृत बनाने की कीमिया देता है।

वह मन को अमन बनाने की विधि देता है। मन की छिपी शक्तियों को जगाकर वह अलौकिक और दिव्य शक्तियों द्वारा जनकल्याण करता है। पर इसके ही साथ तंत्र ने भूत प्रेत, पिशाचिनी और डाकनियों द्वारा प्राप्त सिद्धियों से उच्चाटन, मारण और वशीकरण के द्वारा जनसामान्य में भय उत्पन्न किया। तांत्रिक लालच में इन सिद्धियों का दुरुपयोग करने लगे।

कालान्तर में वामाचार भी साधना पथ से हटकर विलास और उद्दाम-भोग का प्रतीक बन गया। इससे समाज में अव्यवस्था और अनाचार फैलने लगा। यही इसके विनाश का कारण बना। राजसत्ता पर वैदिक तथा वैष्णव आचार प्रभावी होने पर, तांत्रिकों की हत्या की जाने लगी। तांत्रिक ग्रंथ और मठ नष्ट कर दिए गये।

पंचमकार, पांच तत्वों से संबधित हैं।

यह सभी स्वीकार करते हैं कि यह संसार पंच तत्त्वों से निर्मित है और शब्द, स्पर्श, रूप, रस और गंधादि पांच तन्मात्राओं के रूप में उसका सूक्ष्म स्वरूप प्रकट होता है।

वामाचार की चक्रपूजा में पांचों तत्त्वों की प्रतिष्ठा की जाती है, जो शक्ति के तत्त्वमाया रूप की पूजा है। साधक, मंत्र-जाप, भावना या धारणा तथा संकल्प शक्ति से महामाया का साक्षात्कार करता है।

दिव्यभाव तक की साधना चक्रपूजा में हो जाती है और इसके बाद कौलाचार की स्थिति में साधक का प्रवेश हो जाता है। कौलाचार विरह की सी जीवनमुक्त अवस्था है।

मांस-पृथ्वी का, मदिरा-जल का, मैथुन वायु का (चूंकि प्राण को आज्ञाचक्र में थिर करके स्खलनरहित संभोग किया जाता है और वायु ही पृथ्वी और आकाश के मिलन का सेतु है), प्रतीक है। सहस्त्रार रूपी आकाश में ब्रह्मरंध्र में चित्त रूपी मीन को लक्ष्य बनाने से मीन, आकाश का प्रतीक है। मुद्रा व आसन शक्ति रूपी अग्नि को प्रज्वलित करते हैं अत: मुद्राएं, अग्नि का प्रतीक हैं। वामाचार की साधना, पंचतत्त्वों और उनकी पंच तन्मात्राओं के अतिक्रमण करने की और चित्त को परमशुद्ध करने की साधना है जिसमें रज व तम के साथ सत् का भी अतिक्रमण कर गुणातीत अवस्था उपलब्ध की जाती है।

❑❑❑

6. अद्वैत शैव-तंत्र का संक्षिप्त इतिहास

शैव धर्म संसार के प्राचीनतम धर्मों में से एक है। सर जान मार्शल ने अपनी सुप्रसिद्ध पुस्तक "मोहनजोदड़ो एण्ड दि इण्डस सिविलाइजेशन" में इस बात का उल्लेख किया है कि हड़प्पा तथा मोहनजोदड़ो की खुदाई से ज्ञात होता है कि उस ताम्र पाषाणयुग में अथवा उससे से पूर्व शैव धर्म विद्यमान था।

भारत में शैव धर्म की तीन विधाएं हैं। कर्नाटक में यह वीर शैव, तमिलनाडु में शैव सिद्धांत तथा काश्मीर में अद्वैत शैव धर्म के रूप में प्रचलित है।

काश्मीर का अद्वैत शैव धर्म ही कालांतर में केवल उपासना और अनुष्ठान की पद्धति मात्र रह गया और लोग उसकी दार्शनिक पृष्ठभूमि भूल गये।

दार्शनिक पक्ष का निरूपण आचार्य सोमानंद, उत्पल, भट्टकल्लट तथा अभिनवगुप्त ने प्रतिभिज्ञा तथा स्पन्द शास्त्र के ग्रंथों में किया है। इनके मुख्य ग्रंथ निम्न हैं-

1. स्पन्द सूत्र अथवा स्पन्दकारिका--आचार्य भट्ट कल्लट द्वारा इसमें शिवसूत्र के प्रतिपादित मुख्य सिद्धांतों का विस्तृत विवेचन है। इस ग्रंथ की रामकंठ, उत्पल तथा क्षेमराज ने दीपिकाएं अथवा टीकाएं लिखी हैं।
2. प्रत्यभिज्ञा शास्त्र में शैव दर्शन के मुख्य सिद्धांतों की सतर्क विस्तृत व्याख्या की गई है।

इस शास्त्र का मूल ग्रंथ सोमानंद की 'शिवदृष्टि' है। सोमानंद के शिष्य उत्पलदेव ने ईश्वर प्रत्यभिज्ञा लिखी। इन पर लिखी टीकाएं और व्याखाएं ही उपलब्ध हैं जिनमें निम्न प्रमुख हैं।

(अ) उत्पलदेव कृत वृत्ति

(ब) अभिनवगुप्त कृत प्रत्यभिज्ञा विमर्शिनी

(स) क्षेमराज कृत प्रत्यभिज्ञा हृदयम्

(द) अभिनवगुप्त कृत तंत्रालोक तथा तंत्रालोक सार। (12 खंड)

3. शैव दर्शन को आगम शास्त्र भी कहते हैं जो गुरु-शिष्य परम्परा से चला आ रहा है और इसे दैवी-ज्ञान माना जाता है। साधना पक्ष के आध्यात्मिक रहस्यों को निम्न छः ग्रंथों में प्रकट किया गया है।

1. विज्ञान भैरव तंत्र

2. स्वच्छंद तंत्र

3. मालिनी विजय

4. मृगेन्द्र

5. रुद्रयामल

6. शिवसूत्र

ओशो ने लोक कल्याण के लिए विज्ञान भैरव तंत्र तथा शिवसूत्र को पुनरूज्जीवित किया है। उनके प्रवचन उक्त ग्रंथों की टीकाएं न होकर साधकों के रूपांतरण के सरल उपाय हैं। विज्ञान भैरव तंत्र के प्रयोगों को पढ़ने मात्र से प्रयोग करना निष्फल है, जब तक कि विज्ञान भैरव तंत्र के ओशो के प्रश्नोत्तर प्रवचनों को हृदयंगम कर बोध तथा समझ से स्वयं को उनके लिए तैयार न किया जाये।

काश्मीर में प्राचीन काल से तंत्र के भिन्न-भिन्न साधना मार्ग प्रचलित रहे हैं। प्रत्येक मार्ग को आचार कहा जाता है। इनमें प्रमुख हैं–वेदाचार, शैवाचार (द्वैत शैव) वामाचार, दक्षिणाचार, कुलाचार, मताचार, और त्रिकाचार। कुलाचार और त्रिकाचार अद्वैत प्रधान सम्प्रदाय हैं।

संक्षिप्त इतिहास

कहा जाता है कि वैदिक परम्परा से भी पूर्व भी शैव-सिद्धांतों का प्रचलन तथा प्रचार के रूप में कथन श्रवण द्वारा ही होता रहा। कलियुग आने पर ऋषि मुनि और गुरु जब पर्वतों की गिर-कंदराओं में छिप कर परम साधना में लीन हो गये तो कालांतर में यह साधना लुप्त होने लगी। तब कहा जाता है भगवान शिव ने कैलाश पर्वत पर श्री कंठ के रूप में प्रकट होकर जीवों के पुनरुत्थान के लिए शैव शास्त्रों का उपदेश दिया और पन्द्रह पीढ़ियों तक गुरु-शिष्य परम्परा के रूप में यह क्रम चलता रहा। योग्य शिष्य न मिलने पर कहा जाता है गुरु ने विवाह कर अपने पुत्र संगमादित्य को

अपना शिष्य बनाया। चार पीढ़ियों तक पिता-पुत्र के रूप में गुरु शिष्य क्रम जारी रहा, पर सोमानंद ने पुन: गुरु शिष्य परम्परा प्रारम्भ की। सोमानंद से उत्पल देव, लक्ष्मण गुप्त, अभिनवगुप्त और क्षेमराज के रूप में यह क्रम चलता रहा और इन आचार्यों ने ही शैव शास्त्रों को लिपिबद्ध किया। उन्होंने आगम शास्त्रों रुद्रयामल, विज्ञान भैरव तंत्र तथा शिवसूत्र आदि पर टीकाएं लिखीं।

यह भी कहा जाता है कि पिता-पुत्र के रूप में जब गुरु शिष्य क्रम से यह ज्ञान हस्तांतरित किया जा रहा था तो नरसिंह गुप्त की वंशपरम्परा में सुगुप्त का जन्म हुआ जिन्होंने श्री नगर से बारह मील दूर हार्वन के निकट महादेव पर्वत पर शिव की आराधना की। तब शिव ने प्रसन्न होकर उन्हें स्वप्न दिया कि दाछी ग्राम की वनस्थली में एक विशाल शिला पर शिवसूत्र खुदे हुए हैं। उनका ही मनन कर शैव शासन का प्रचार करो। वसुगुप्त ने ऐसा ही किया। 'शंकर-मल' के नाम से दाछी ग्राम के वन में यह शिला आज भी मौजूद है। वसुगुप्त ने स्पन्द सूत्रों की रचना की जिसकी व्याख्या भट्ट कल्लट ने की।

वसुगुप्त और सोमानंद का अभिर्भाव आठवीं या नौवीं सदी में हुआ, जब कि कुल शाखा का समय चौथी पांचवी शताब्दी कहा जाता है। अभिनवगुप्त दसवीं-ग्यारहवीं सदी में हुए जिन्होंने प्रतिभिज्ञा विमर्शिनी, परमार्थसार आदि ग्रंथ लिखे। परमार्थसार में ही विज्ञान भैरव तंत्र के रहस्यों का उद्घाटन टीका के रूप में अभिनवगुप्त ने किया है। वह इसी को शिव विज्ञानोपनिपषद और रुद्रयामलसार भी कहते थे। उन्हीं के शिष्य क्षेमराज ने शिवसूत्र पर विमर्शिनी के साथ स्वच्छंद-तंत्र पर भी टीका लिखी। इसी परम्परा में श्रीशिवोपाध्याय अठारहवीं सदी के प्रसिद्ध शैव संत थे जिन्होंने विज्ञान भैरवतंत्र की विवृत्ति लिखी। उन्हीं के शिष्य आनन्दभट्ट ने भी टीका लिखी। पर यह दोनों ही आचार्य, शंकराचार्य के वेदांत से बहुत प्रभावित थे अत: इनकी टीकाओं में वह धार नहीं जो अभिनवगुप्त व क्षेमराज के अधूरे ग्रंथों से ध्वनित होती है। इन दोनों आचार्यों के ग्रंथ व टीकाएं पूर्ण रूप से उपलब्ध नहीं है। ओशो ने विज्ञान भैरव तंत्र की टीका न कर उसे पुनरुज्जीवित ही किया है।

7. ओशो द्वारा तंत्र का प्रयोग और
तंत्र को कुछ नई देन

ओशो ने विज्ञान-भैरव-तंत्र की 112 विधियों को समझाते हुए तंत्राचार के उस भाग पर पर्याप्त प्रकाश डाला है जो आत्मरूपांतरण में सहायक है।

उन्होंने परिवार और समाज द्वारा दिए संस्कारों से मुक्त होने के लिए शरीर शुद्धि, विचार शुद्धि और भाव शुद्धि के बहुमूल्य सूत्र दिए। होशपूर्ण रेचन के कई नये ध्यान प्रयोग और विधियां दीं जिससे साधक सहज-सरल और अंदर से खाली व निर्भार हो सकें।

उन्होंने विभिन्न चक्रों को सक्रिय करने के लिए पृथक-पृथक ध्यान प्रयोग निर्मित किए। प्रणव ध्वनि द्वारा रूपांतरण के लिए उन्होंने नादब्रह्म ध्यान और ध्वनि ध्यान दिए। 'शिवसूत्र' पर बोलते हुए उन्होंने आत्मरूपांतरण के लिए 'ओम्' ध्यान की बहुमूल्य विधि दी। 'ओम्' ध्यान की दूसरी विधि उन्होंने कैवल्य उपनिषद् पर बोलते हुए दी। इन सभी का विस्तृत उल्लेख में "बुद्धत्व खड़ा बाजार में" ग्रंथ के अंतर्गत कर चुका हूं।

तंत्र की दृष्टि के अनुसार उन्होंने स्त्रियों को सर्वाधिक प्रतिष्ठा दी और किसी भी वय की स्त्री को 'मां' का सम्बोधन दिया। वह प्रत्येक स्त्री को जगतजननी आदि शक्ति के रूप में ही सम्मान देते हैं। उन्होंने इंटरनेशनल कम्यून के सचिव पद पर हर बार एक नारी को ही प्रतिष्ठित किया। उनके द्वार प्रत्येक जाति, धर्म, देश, वर्ण, रंग के आस्तिक-नास्तिक हर व्यक्ति के लिए हर समय खुले रहे।

"संभोग से समाधि" प्रवचनमाला द्वारा उन्होंने लुप्त तंत्र को पुनर्जीवित करते हुए माउण्ट आबू के ध्यान साधना शिविरों तथा उससे पूर्व भी ध्यान करते हुए वस्त्रों से मुक्त होकर निवर्सन ध्यान करने की शुरुआत की।

पूना कम्यून की स्थापना के बाद 'सहजयोग', प्रवचनमाला द्वारा नाथपंथ के सिद्धों सरहपा, मारपा और तिलोपा पर बोलते हुए उन्होंने

तंत्राचार का शुभारम्भ किया। अंग्रेजी भाषा में उन्होंने 'तंत्रा विज़न' तथा 'तंत्रा दि सुप्रीम अंडर स्टैडिंग' के नाम से दो बहूमूल्य प्रवचनमालाओं द्वारा तिलोपा और सरहपा की महामुद्रा के रहस्य उद्घाटित किए।

मल्टी यूनिवर्सिटी द्वारा संचालित थेरेपी उपचारों में उन्होंने तंत्र से संबंधित निम्न विधियों को सम्मलित किया।

1. श्वास द्वारा ऊर्जा जगाने की विधि
2. श्वास, सम्मोहन और विश्राम के द्वारा जाति स्मरण के प्रयोग
3. नाड़ी संस्थान का उपचार
4. चक्रों को सक्रिय करने के लिए विशेष मालिश की विधियां
5. प्रेम में पिघलना और प्रगाढ़ मित्रता के संबंध स्थापित करना।
6. अपने अंदर के पुरुष और अंदर की स्त्री से साक्षात्कार
7. तंत्र के सघन प्रयोग केवल स्त्री-पुरुष युगल के लिए
8. स्त्री और पुरुषों के लिए तांत्रिक दृष्टि से विकसित करना
9. लीला थेरेपी आदि के सघन प्रयोग जो स्त्री पुरुष नग्न होकर गुरु के निर्देशानुसार करते थे।

ओशो ने तंत्र की उच्चाटन, मारण, स्तम्भन, और परकाया प्रवेश जैसी सिद्धियों की बात ही नहीं की। जिस शक्ति को पाकर साधक दूसरे को हानि पंहुचा सके, वह साधनाएं को उन्होंने जानबूझ कर स्वयं भी नहीं की, और कहा–यदि कहीं कोई चमत्कार घट जाये तो उस पर ध्यान मत दो। हमेशा आगे बढ़ते रहो। चरैः वेति, चरैः वेति। मंजिल कहीं है ही नहीं। यात्रा पथ अनन्त है। हांलाकि ओशो के आसपास अनेक चमत्कार घटे। उन्होंने साधकों को शीघ्र विकसित करने के लिए कई बार सामूहिक शक्तिपात किया। ऊर्जा दर्शन में लोगों को सामूहिक-ऊर्जा दी। पर केवल इसलिए जिससे वे ध्यान में शीघ्र विकसित हो सकें।

वह ध्यान के साथ प्रेम पर भी निरन्तर बल देते रहे।

शैव तंत्र के साथ उन्होंने वैष्णव तंत्र का प्रयोग आहार के संबंध में किया। उन्होंने पंचमकारों में मदिरा मांस को हटाकर शाकाहारी हल्के और सुपाच्य भोजन पर बल दिया। उन्होंने अभक्ष्य पदार्थों का सेवन वर्जित कर दिया। ओशो सौंदर्य के उपासक थे। उन्होंने पूरी जीवन शैली को स्वच्छ, पवित्र और कलात्मक बनाने पर जोर दिया। पर मदिरा पान जिन विदेशी साधकों की जीवन शैली बन गया था और जिसे सीमित मात्रा में लेकर उन्हें नशा नहीं होता था, उसकी उन्होंने छूट दे दी। पर साधना के दौरान उनका जोर मदिरा न सेवन करने पर ही था।

जिन कारणों से पूर्व में तंत्र बदनाम होकर अपनी गरिमा खोकर नष्ट हो चुका था, ओशो ने उन सभी कारणों को हटाकर तंत्र को नवजीवन दिया।

पहले मल्टी यूनिवर्सिटी के थेरेपी उपचारों के द्वार सभी भारतीयों के लिए भी खुले हुए थे पर विदेशी साधकों द्वारा बार-बार भारतीय साधकों के आचरण के कारण प्रयोगों में पड़ने वाली बाधा के कारण भारतीयों के लिए यह द्वार बंद कर दिए गये और 'सहजयोग' प्रवचनमाला के समय ओशो ने घोषणा की-मैं शीघ्र भारतीयों के विकास के लिए उन्हीं की भाषा में पृथक कुछ सस्ती कुनकुनी चिकित्साओं के साथ एक पृथक कम्यून बनाऊंगा क्योंकि भारतीय सर्वाधिक कामवासना से दमित हैं और उन्हें इन प्रयोगों की और भी अधिक आवश्यकता है। इस अधूरे कार्य को पूरा करने का दायित्व पूना कम्यून पर है।

पर फिर भी ओशो ने करुणाकर भारतीयों के लिए तंत्र की दूसरी दृष्टि दी। प्रत्येक मनुष्य अर्द्धनारीश्वर है। उसके अंदर स्त्रैण और पुरुष दोनों ऊर्जाएं हैं। वह किन प्रयोगों द्वारा इन दोनों ऊजाओं को संतुलित और लयबद्ध करके अंतर्संभोग द्वारा महामुद्रा को उपलब्ध हो सकता है।

□□□

8. विज्ञान-भैरव-तंत्र : एक संक्षिप्त परिचय

जब ओशो ने विज्ञान-भैरव-तंत्र पर प्रवचनमाला प्रारम्भ की, उस समय अंग्रेजी में पाल रेप्स द्वारा संस्कृत से अंग्रेजी में किया गया अनुवाद ही उपलब्ध था। यह अनुवाद भी परिशिष्ट के रूप में उसने "ज़ैन फ्लैश, ज़ेन बोन्स" पुस्तक के अंत में दिया था।

कहा जाता है-श्रीनगर में शंकराचार्य मंदिर की पहाड़ी में यह सूत्र संस्कृत में किसी पहाड़ी पर भी उत्कीर्ण हैं। संभवत: यह छठी सदी के अंत या सातवीं सदी के प्रारम्भ में लिपिबद्ध किया गया।

इसमें वर्णित सभी 112 विधियां आत्मरूपांतरण की आणविक विधियां हैं। 5-5 मिनट की इन विधियों के अंतर्गत कितना रहस्य छिपा है, यह ओशो यदि स्पष्ट नहीं करते तो यह सूत्र अगम अगोचार ही बने रहते। यह श्लोक या विधियां तो मात्र बीज हैं, उन बीजों में छिपी अनंत सम्भावना को ओशो ने प्रकट किया है।

इन प्रयोगों में कहीं भी पंचमकार की साधना नहीं है। कह सकते हैं यह **वैष्णव या उदात्त तंत्र** की अभिव्यक्ति है।

हां! पंचमकार में मैथुन या संभोग के द्वारा (वह भी सामूहिक चक्र में न कर युगल एकांत में भी कर सकते हैं) रूपांतरण की कुछ विधियां अवश्य दी गई हैं। पर चूंकि तंत्र यह भी मानता है कि हर मनुष्य अर्द्धनारीश्वर है और उसमें स्त्रैण व पुरुष की दोनों ऊर्जाएं है, इसलिए साधक अपने ही अंदर इन ऊर्जाओं को संतुलित कर अपने ही अंदर की स्त्री या पुरुष से अंतर्संभोग कर वर्त्तुल उत्पन्न कर सकता है।

शैवागम में विज्ञान-भैरव तंत्र एक महत्त्वपूर्ण प्राचीन तंत्र का प्रमुख ग्रंथ है जो द्वंदातीत योग के द्वारा चेतना के रूपांतरण का परम विज्ञान है।

विज्ञान भैरव तंत्र की टीकाकार अभिनवगुप्त इसे शिवविज्ञान उपनिषद कहते हैं। वामननाथ की अद्वै सम्पत्ति वर्त्तिका (779-813 A.D.) में विज्ञान भैरव तंत्र का प्रथम उल्लेख मिलता है। इसके बाद अभिनवगुप्त, क्षेमराज, योगराज और आनन्द ने इसकी टीकाएं कीं।

"विज्ञान भैरव और डिवाइन कांशसनसेन" के नाम से श्री जयदेवसिंह ने अंग्रेजी भाषा में जो ग्रंथ लिखा, वह 1979 में मोतीलाल बनारसीदास दिल्ली द्वारा प्रकाशित किया गया है। इसमें विज्ञान भैरव तंत्र के संस्कृत पाठ के साथ उसका अंग्रेजी अनुवाद और विस्तृत टीका भी दी गई है जिसमें पूर्व में की गई टीकाओं का सार भी है। शैव आचार्य लक्ष्मणजू के सान्निध्य में, श्री सिंह ने विज्ञान भैरव तंत्र के सभी 112 सूत्रों को सीखा और आत्मसात किया।

क्षेमराज ने अपनी उद्योता टीका में भैरव शब्द का आध्यात्मिक अर्थ प्रकट करते हुए लिखा है कि यह शब्द 'भ', 'र' तथा 'व' तीन अक्षरा से मिलकर बना है। 'भ' का अर्थ है-भरण। अर्थात् सृष्टि का पालन-पोषण। उसे संभालना। 'र' का अर्थ है-रवण। उसका नष्ट करना। प्रलय। 'व' का अर्थ है वमन। अर्थात् सृष्टि को उत्पन्न करना। उसे प्रक्षेपित करना। 'तंत्रलोक' में अभिनवगुप्त कहते हैं कि भैरव ही सृष्टा है, जिससे पूरी सृष्टि उद्भूत हुई है। वही 'विश्वरूपता' है और उसकी ब्रह्मचेतना ही 'प्रकाश' और 'विमर्श' के रूप में शाश्वत रूप से प्रकट हो रही है। भैरव चेतना है प्रमा शिव। शिव और शक्ति, भैरव और भैरवी एक दूसरे के पूरक हैं। शक्ति, शिव की अभिव्यक्ति है। हर साधक का ध्येय या लक्ष्य भैरव की ब्रह्मचेतना में लीन हो जाना है।

भैरव का मूल स्वभाव या स्वरूप जानना ही महाबोध या विज्ञान है। इसके गुण हैं-चित्त और चैतन्य। इच्छा, ज्ञान और क्रिया से पूर्णरूपेण स्वतंत्र हो जाना ही, भैरव को जानना है।

देवी, भैरव के संबंध में लोक में विख्यात वक्तव्यों के आधार पर उनकी परावस्था के बाबत जो उनके स्वभाव की सर्वोच्च स्थिति है जानना चाहती है।

भैरव सभी लोक प्रचलित वक्तव्यों को नकारते हुए कहते हैं-"हे देवी! भैरव की परावस्था दिक्, काल और देस (दिशा, समय और स्थान) के पार है। वह शब्दों के द्वारा अव्याख्य है। उसे कोई पूर्ण निर्विचार और विकल्परहित होकर ही, अपने 'मैं' को पूर्णतय: विसर्जित कर, शुद्ध चैतन्य होकर ही अनुभव कर सकता है।

विज्ञान है, निर्विकल्प और पूर्ण चेतना की वह स्थिति जहां व्यक्ति सभी विचारों से मुक्त हो जाता है। परादेवी या भैरवी, भैरव की शक्ति है, जो उससे पृथक नहीं है। जैसे अग्नि और सभी वस्तुओं को भस्म करने की उसकी शक्ति में कोई अंतर नहीं है उसी तरह भैरव और भैरवी भी पृथक नहीं है।

देवी पूंछती है-आपकी इस सर्वोच्च परवस्था को कैसे उपलब्ध किया जा सकता है?

शिव इसके लिए एक-एक कर 112 उपाय या विधियां बतलाते हैं। यह 112 विधियां 112 धारणाएं हैं।

पतंजलि का धारणा से तात्पर्य है-एक विशिष्ट स्थान पर चित्त को थिर करना। विज्ञान भैरव तंत्र में चित्त की एकाग्रता का अर्थ पर्याप्त व्यापक है। यह पूरा योग है। यह दिव्यता से संबंधित होना है और जिन उपायों से संबंध स्थापित किया जा रहा है, उनके प्रति पूर्ण सजग और श्रद्धावान रहना है। विज्ञान भैरव तंत्र में योग का अर्थ है-पूर्ण सजगता, अपनी स्वयं की चेतना का अस्तित्वगत चैतन्य में पूर्ण रूपांतरण।

भैरव या शिव ने 112 उपायों के चार मुख्य विभाजन किए हैं-

1. शिवागम या अनुपाय
2. शाम्भव
3. शाक्त
4. आणव

अनुपाय का अर्थ ही है-बिना उपाय। साधन रहित। जयरथ ने इसे इष्ट उपाय अथवा कम से कम उपाय करना बताया है। गुरु द्वारा इस स्थिति में प्रवेश करने का कोई सरल संकेत।

शेष तीन विशिष्ट विधियां हैं। जिसके द्वारा एक स्थिति से दूसरी स्थिति में प्रवेश किया जा सकता है।

विज्ञान भैरव तंत्र में योग की परम्परागत मुद्राओं, योगासनों, प्राणशक्ति, कुंडलिनी जागरण, मंत्रजाप, भक्ति ज्ञान और ध्यान के साथ भावना का भी समावेश है। इसके अंतर्गत अनौपचारिक विधियां-जैसे अंधेरी रात में अंधेरे को देखना, पर्वत, शिखरों अथवा सांसों की गति का देखना, निद्रा और जागरण के बिंदु के प्रति होशपूर्ण रहना आदि भी सम्मलित हैं।

इन सभी विधियों का लक्ष्य है-भैरव की शक्ति से तादात्म्य स्थापित करना और अस्तित्वगत चेतना से एकाकार होना। हृदय, अमृत, तत्व या महासत्व, स्वरूप, आत्मा और शून्यता के द्वारा निम्न चार उपायों से यह लक्ष्य प्राप्त किया जा सकता है।

1. पूर्ण रूप से अंदर हृदय में प्रवेश कर सब कुछ आत्मसात करना।
2. विचार प्रक्रिया की रचना को समझ कर विकल्पों को पृथक-पृथक द्रष्टा बन देखते हुए निर्विचार निर्विकल्प संबंधरहित होश को प्राप्त करना।

3. काल्पनिक अंहकार और 'मैं' को बोधपूर्ण समझ कर उससे मुक्त होना जो कि संस्कारों और प्रकृति द्वारा निर्मित है और दिव्य आत्मस्वरूप में प्रतिष्ठित होना।
4. चित्त को विसर्जित कर अस्तित्वगत चित् को उपलब्ध होना।

यह चार विधियां ही विज्ञान भैरव तंत्र के योग का सार हैं और सभी 112 विधियां इन्हीं के अंतर्गत ही आती हैं।

विज्ञान-भैरव-तंत्र में धारणा का प्रमुख आधार प्राण

भारत की दृष्टि में शरीर और मन के मध्य, अथवा यों कहा जाये कि पदार्थगत भौतिक ऊर्जा और मनस ऊर्जा के बीच प्राण ही दोनों को जोड़ता है। प्राण ही दोनों के मध्य सेतु है। प्राण ही प्रमुख जैविक ऊर्जा है। यही ऊर्जा मन की तरंगों को भी मन तक पंहुचाती है। प्राण को नियंत्रित कर मन को नियंत्रित कर प्राण पर नियंत्रण किया जा सकता है और मन को नियंत्रित कर प्राण पर नियंत्रण हो जाता है।

शैवागम के अनुसार प्राण, चेतना या सम्वित नहीं है लेकिन सृष्टि प्रक्रिया में चेतना ही सर्व प्रथम प्राण के रूप में रूपांतरित होती है। प्राण की यह जैविक ऊर्जा अपने को श्वास के माध्यम से अभिव्यक्त करती है। पर वायु, प्राण नहीं है। वायु की आत्मा अथवा उसमें सूक्ष्म रूप से छिपी ऊर्जा ही प्राण है। श्वास के द्वारा प्राण ऊर्जा प्रभावित होती है। वायु को प्राण भी कहा जाता है और प्राण वायु भी। ली जाने वाली श्वास को अपान और छोड़ी जाने वाली श्वास को प्राण कहा जाता है।

धारणा, श्वास के इन दो ध्रुवों का प्रयोग करती है। नासिका से बारह अंगुल की दूरी पर बाहर जो स्थान है, वहीं प्राण छोड़ने का बिंदु है और शरीर के अंदर हृत बिंदु ही अपान वायु का छोर है। इन्हीं दोनों बिंदुओं पर चेतना को थिर करने की विधि से ही भैरव का अनुभव होता है।

सुषुम्ना में प्राणशक्ति को जागृत करने के लिए कई धारणाओं का प्रयोग किया जाता है।

नाद का उच्चार, प्राण की स्वाभाविक प्रकृति है। उच्चार का अर्थ है-ऊपर उठे, सूक्ष्म, अस्पष्ट नाद की अभिव्यक्ति। इसे वर्ण कहा जाता है।

'तंत्र लोक' में इसके संबंध में अभिनवगुप्त कहते हैं-नाद या ध्वनि तरंगों के रूप में एक ही शाश्वत अनाहत नाद है जो स्वाभाविक सहज रूप में निरन्तर अकारण गूंज रहा है। 'अ' से लेकर 'क्ष' तक वर्णमाला के सभी अक्षरों का जन्म इसी अनाहत नाद के एक ही वर्ण से हुआ है। इस नाद का उच्चार ही प्राण है।

सृष्टि बीज और सम्हार बीज इसके दो मुख्य रूप हैं। 'सा' सृष्टि बीज या वह रहस्यमय अक्षर है जो मृत्यु को व्यक्त करता है और 'हां' सम्हार बीज या वह अक्षर है जो दिव्य प्रेरणा या जीवन देता है। श्वास 'सा' की ध्वनि के साथ छोड़ी जाती है। श्वास छोड़ना ही मृत्यु है और 'हा' की ध्वनि के साथ श्वास अंदर ली जाती है, जो जीवन है। अत: अव्यक्त रूप में हर व्यक्ति श्वास छोड़ते और लेते समय 'हम् साह' मंत्र का दिन भर में 21600 बार जाप करता है। चूंकि यह जाप निरन्तर चल रहा है अत: यह अजपाजाप है। 'हा'+'सा,' अर्थात् 'मैं वहीं हूं', मैं शिव या दिव्य हूं'। 'मैं ही आदि प्राण हूं, जिससे चेतना का अभिर्भाव हुआ।

कुंडलिनी शक्ति के जागरण में इस प्राणिक मंत्र का प्रयोग दो प्रकार से किया जाता है।

पहला मार्ग है-अनुसंधान अथवा निरंतर लम्बी अवधि तक इस गूंजते अजपाजाप की अनाहत ध्वनि अतिसजग और होशपूर्ण हो। और दूसरा मार्ग है-सोऽम् या ओम् मंत्र का निरंतर जाप करना। पहले मुंह से ध्वनि निकालते हुए किया जाय। फिर मौन कंठ जाप और तत्पश्चात् अंत:करण या हृदय से जाप। कुछ वर्षों के अभ्यास से साधक के बिना किए भी बिना प्रयास यह जाप निरन्तर स्वमेव चलता रहता है। फलस्वरूप प्राण और अपान का प्रवाह इडा और पिंगला नाड़ियों में संतुलित तथा लयबद्ध होकर प्रवाहित होता रहता है। फलस्वरूप सुषुम्ना नाड़ी में कुंडलिनी शक्ति जागृत होकर ऊपर उठती है। कुंडलिनी के ऊपर उठते हुए भी अनाहत नाद की सहज व अनवरत ध्वनि की गूंज पृथक-पृथक चक्र में पृथक रूप से सुनाई देती है।

ओशो है ओऽम्+सोहम्:-भगवान श्री रजनीश द्वारा 'ओशो' नाम स्वीकार किये जाना अत्यंत रहस्यपूर्ण है। वह प्रवचनों में सदा कहा करते थे-मैं 'नो बडी' हूं। तुम लोग मेरे शरीर के दीये से नहीं, मेरे दीये की ज्योति से प्रेम करो। उनके द्वारा 'भगवान' सम्बोधन स्वीकार किये जाना भी एक 'डिवाइस्' या विधि थी जिससे साधक उन्हें समर्पण कर 'मैं' से मुक्त हो सकें और अपनी भगवत्ता का स्मरण कर स्वयं भगवान बन सकें।

भगवान श्री के देह से मुक्त होने पर प्रसिद्ध पत्रकार व राजनेता श्री बसंतसाठे ने पूना आश्रम में कुछ समय गुजारने के बाद कहा था कि ओशो कोई शब्द न होकर ओऽम् की तरह ध्वनि मात्र है। 'ओ' से संकेत ओहम् तथा 'सो' से इशारा 'सोहम्' की ओर है। आती जाती श्वास के साथ यही मंत्र निरन्तर गूंज रहा है।

झेन सद्गुरुओं द्वारा 'ओशो' का प्रयोग इसीलिए किया गया जिससे इस ध्वनि के सतत स्मरण से शिष्यों की इडा व पिंगला नाड़ियों में अनाहत

नाद का स्वर लयबद्ध हो सके और ऊर्जा का सहज ऊर्ध्वगमन हो सके। ओम् की अपेक्षा 'शो' शब्द में एक धमक या चोट है जो नाभि चक्र को अधिक सक्रिय करती है और यह गूंज हारा चक्र तक जाती है। ओशो का अजपाजाप करते हुए मैं स्वयं विकसित हुआ हूं अंत: साधकों से भी अनुरोध है कि वह इसका प्रयोग करके देखें। 'ओशो' नाम नहीं, कोई शब्द नहीं, यह ध्वनि मात्र है। 'सा' 'हा' सोहम् और ओऽम् की ध्वनि। यह श्वास के सरगम पर आदि काल से निरन्तर गूंज रही है। इसे झेन सद्गुरुओं ने पहचाना। ओशो ने जाना। इसका अर्थ है–बूंद का सागर में विलुप्त हो जाना।

भावना–मनुष्य के मन में सभी भांति के विचार या विकल्प आते रहते हैं। अच्छे भी और बुरे भी। साधना के लिए साधक को गहन कल्पना या भाव करना होना है कि "मैं शिव चेतना हूं'। यह शुद्ध विकल्प सभी विचारों को हटा देता है और केवल एक शुद्ध विचार या विकल्प रह जाता है कि 'मैं शिव हूं'।

सद्गुरु का सान्निध्य सहायता करता है कि 'मैं शिव हूं' भावना में से 'मैं' को मिटाने की। यह मनोवैज्ञानिक और अंहमूलक 'मैं' विलुप्त होकर आत्मस्वरूप का सच्चा बोध होता है। तभी निर्वाण उपनिषद का ऋषि कहता है कि आत्मवान पुरुष का विचार ही उसका दंड होता है। वह सभी भांति के अशुद्ध विचारों और विकल्पों से मुक्त होकर केवल एक ही विचार, कि 'मैं' ही शुद्ध चैतन्य स्वरूप ब्रह्म हूं' उसके अंदर निरंतर गूंजता रहता है।

स्वयं विज्ञान भैरव तंत्र में शिव कहते हैं– "जिसका मन, सभी संवेदनाओं के साथ हृदय के अंतर्आकाश या मध्य के रिक्त स्थान में, जो हृदय कमल के दो बाउल के बीच स्थित हो, थिर हो जाता है और सिवाय चैतन्य के जो सब कुछ छोड़ देता है, वह परम सौभाग्यशाली है।"

तंत्र कहता है कि शरीर के मध्य भाग में अर्थात् दोनों चूचकों के बीच के स्थान के आकाश शरीर में एक सूक्ष्म कमल दो बाउल की आकृति वाला है। उसके ऊपर का भाग कमल आकृति की पंखड़ियों की भांति है और नीचे का भाग कमल पुष्प के नीचे के भाग की तरह। इस खोखले कंवल के अंदर रिक्त स्थान को चित् कहते हैं जो कभी भी object या वस्तु नहीं है। वह मात्र विषय है, प्रमाता है। वह प्रमेय या वस्तु नहीं है। यही आत्मगत शुद्ध 'मैं' है। ऊपर के बाउल का भाग शुद्ध ज्ञान या प्रमाण है। वह विषय के समान है नीचे का बाउल प्रमेय या वस्तु का द्योतक है। उनका मध्य भाग ही प्रमाता या आत्मा है।

यह भावना ही 'शुद्ध विद्या' है जिसके द्वारा मनौवैज्ञानिक रूप से संस्कारगत उत्पन्न 'मैं' अर्थात् अहंकार से मुक्त होकर आत्मगत शुद्ध 'मैं' की अनुभूति होती है।

शून्य–'प्राण', 'जाप', 'भावना' की धारणा की तरह शून्यता की धारणा भी चैतन्य या शिव की अनुभूति के लिए चौथा मार्ग है। विज्ञान भैरव तंत्र के 5 प्रयोग इसमें सहायक हैं।

स्वच्छंद तंत्र छः प्रकार की शून्यताओं की बात कहता है–

1. ऊर्ध्व या उच्च शून्य–इसका क्षेत्र शक्ति है।
2. आधा शून्य–इसका क्षेत्र हृदय है।
3. मध्य शून्य–इसका क्षेत्र कंठ, त्रिनेत्र और ब्रहरंध्र है।
4. व्यापिनी शून्य
5. समना
6. उन्मना

इन सभी से ऊपर परम शिव की स्थिति है जो सूक्ष्मतम उच्च शून्य है जो सभी स्थितियां से मुक्त है जहां मन, अमन हो जाता है।

❑❑❑

9. तंत्र में धारणा

विज्ञान-भैरव-तंत्र के प्रयोगों को शैव-आचार्य धारणा ही कहते हैं। जिस प्रयोग या विधि को करने से साधक को अपने होने की अनुभूति हो जाये, जो भैरव का स्वभाव है, वही प्रयोग धारणा है।

इसी परिभाषा को और स्पष्ट करते हुए अभिनवगुप्त कहते हैं कि जब साधना में प्राण, अपान (बाहर जाती व अंदर आती श्वास) और उदान (ऊर्ध्वगामी वायु) मध्य (सुषुम्ना) में मिलते हैं और चेतना को थिर करने से जब सभी विकल्प मिट कर मध्य दशा विकसित होती है तो श्वास का आना जाना थम जाता है और इसी दशा में स्वयं के होने का बोध होता है।

तंत्राचार्य शिवोपाध्याय कहते हैं कि धारणा चूंकि मध्यदशा की सहायता लेती है अत: यह आणव उपाय है, और चूंकि यह निर्विकल्प भाव से आता है, अत: यह साम्भव उपाय है।

शास्त्रीय परिभाषा से भिन्न सामान्य बोलचाल में धारणा का अर्थ धारण करने से है। इसका दूसरा अर्थ कल्पना करने से भी है। कुछ तंत्र प्रयोगों में कहा जाता है कि कल्पना करो कि तुम्हारी हड्डी मांस मज्जा पिघल कर मात्र ऊर्जा का वर्तुल बन गया है। तंत्र केवल वही कल्पना या धारणा करने को कहता है जो यथार्थ है पर माया या दृष्टि दोष के कारण हम उसे अनुभव करने में असमर्थ है। धारणा वही सामर्थ्य देती है कि हम अपने वास्तविक स्वरूप को अनुभव कर सकें।

योग में पतंजलि जिस धारणा का उल्लेख करते हैं उसका अर्थ है कि विशेष स्थान या वस्तु पर चित्त को स्थिर करना। पर तंत्र में धारणा का अर्थ पर्याप्त व्यापक है। धारणा वही सामर्थ्य देती है कि हम अपने वास्तविक स्वरूप को अनुभव कर सकें।

धारणा को तंत्र उपाय भी मानता है और दिव्य चेतना से एकाकार होना भी।

इन विधियों में कल्पना और भावना का प्रयोग भी किया गया है। 'तंत्रसार' में अभिनवगुप्त कहते हैं कि मनुष्य के चित्त में अनेक विचार और विकल्प उत्पन्न होते हैं। यदि वह केवल एक विचार या विकल्प पर केन्द्रित हो जाये कि वह शुद्ध चैतन्य या शिवस्वरूप ही है तो इस शुद्ध विकल्प या विचार को उत्पन्न करने में भावना, कल्पना और उसकी श्रद्धा ही सृजनात्मक रूप से सहायक होती है।

जब सभी विकल्प गिर जाते हैं, सभी विचार तिरोहित हो जाते हैं और केवल एक शुद्ध विकल्प बच रहता है, तो धीमे-धीमे वह शुद्ध विकल्प भी स्वतः विसर्जित हो जाता है और मात्र बोध रह जाता है। यह गहन भावना से ही होता है। भावना में एक आध्यात्मिक निष्क्रिय चेतना, गहन श्रद्धा-भावना और चित्त को एक ही विषय में नियोजित करने की अभीप्सा होती है। गहन भावना में ही मनौवैज्ञानिक अस्मिता और अहं मिटाने की क्षमता है। भावना ही सूक्ष्म से सूक्ष्मतम तक ले जाती है।

विज्ञान-भैरव-तंत्र की विधियों को इसीलिए धारणा कहा गया है। इन धारणाओं में गहरे उतरने के लिए श्रद्धा, भावना और गहन अभीप्सा चाहिए। गुरु के प्रति पूर्ण समर्पण का भाव चाहिए। अपने झूठे अहं को मिटाने की तैयारी चाहिए।

ऐसी ही चित्तवृत्ति लेकर साधक जब यह भाव, कल्पना या धारणा करता है कि उसकी हड्डी, मांस मज्जा सभी पिघल कर वह मात्र ऊर्जा का एक वर्त्तुल रह गया है तो कुछ ही क्षणों में उसका चित्त भी विसर्जित हो जाता है।

तंत्र का अमृत बीजः सौः (स्+औ+अः सौः)

यह अमृत बीज, शक्ति भाव की आत्मा वाले मनुष्य का भैरवीय हृदय कहा जाता है।

प्राण और अपान की गति जब हृत्कमल में शांत होकर सुषुम्ना जागृत हो जाये तो इस अमृत बीज का उच्चार मुक्ति और सिद्धि प्रदाता है। इसे तीसरा ब्रह्म भी कहा गया है। पर इसका प्रभाव गुरु कृपा से ही होता है। ऊर्ध्व द्वादशान्त में (ब्रह्मरंध्र) इसका मौन अजपाजाप आत्मसाक्षात्कार की ओर ले जाता है।

1. ओंकार और अंकार कर बिचला = (औ)
2. तथा स्वरों में चौदहवां तिथीश का अंतिम-अंकार का अंतिम विसर्ग = (अः)
3. तीसरा ब्रह्म

षकार और हकार का बिचला = (स्)

'स्' ध्वनि में स्वभाव से ही परम आनन्दमय अमृत की व्यापकता है। संभोग के प्रारम्भ, मध्य और अंत में, स्त्री के गुह्यांग के संकोच विकास के क्षणों में भी सीत्कार, सिसकार 'स्' ध्वनि से ही प्रकट होती है। सच्चाई, सुख, सम्पत्ति, सत्ता, सत्य और समाधि शिव सभी लौकिक व पारलौकिक सम्पदा की अभिव्यक्ति 'स्' के द्वारा ही होती है।

संगीत के सात सुरों का यही प्रथमाक्षर है।

◻◻◻

10. विज्ञान-भैरव-तंत्र के ध्यान प्रयोगों की विशेषता और उन्हें प्रारम्भ करने से पूर्व बरती जाने वाली सावधानियां

विज्ञान-भैरव तंत्र के प्रयोगों की विशेषता उनकी तरलता है। उनका प्रयोग करते समय साधक अपनी शरीर रचना के अनुसार उन्हें अपने ढंग से कर सकता है। इसका अर्थ मात्र इतना ही है कि वह विधि का प्रयोग करते समय आसन और उन मुद्राओं का प्रयोग कर सकता है जो उसे रूपांतरण में सहयोगी लग रहे हों। वह एक के बाद उसी क्रम में दूसरा प्रयोग भी कर सकता है। किसी प्रयोग में अन्य उपयोगी विधि का प्रयोग भी जोड़ सकता है, बिना उस प्रयोग में कुछ कम किये बगैर।

दि. 14.11.72 के प्रवचन में तंत्र सूत्रों पर प्रवचन के दौरान ओशो कहते हैं—"सच तो यह है कि प्रत्येक व्यक्ति इतना अनूठा है कि उसके लिए एक अलग विधि की जरूरत पड़ेगी और थोड़े हेर-फेर के साथ विधि उसके लिए उपयुक्त हो सकती है।"

इसी प्रवचन में ओशो कहते हैं—

"जब मैं तुमसे किसी विधि की चर्चा और व्याख्या करता हूं तो तुम अपने ढंग से उसे प्रयोग में ला सकते हो।"

निम्न उदाहरण से यह बात स्पष्ट हो जायेगी।

विज्ञान-भैरव-तंत्र की बारहवीं विधि है—

"जब किसी बिस्तर या आसन पर हो तो अपने को वजन शून्य हो जाने दो-मन के पार"

उन्नीसवीं विधि है—

"पांवों या हाथों को सहारा दिए बिना सिर्फ नितम्बों पर बैठो। अचानक केन्द्रित हो जाओगे।"

ओशो कहते हैं–इन दोनों प्रयोगों को सिद्धासन या पद्मासन में बैठने से ही पृथ्वी का गुरुत्कार्षण कम से कम होता है और उन्नीसवीं विधि पृथ्वी पर अर्थात् कच्ची मिट्टी की जमीन पर नग्न होकर सिद्धासन या पद्मासन लगाकर करने से परिणाम सामने आता है।

मन का भी वजन होता है लेकिन चेतना वजन शून्य है और इस चेतना को अनुभव करने के लिए तुम्हें वजन शून्य अनुभव करना होगा।

विज्ञान भैरव तंत्र की 75वीं विधि है–

जागते हुए, सोते हुए, स्वप्न देखते हुए, अपने को प्रकाश समझो।

पांचवी विधि है–**अपना ध्यान तृतीय नेत्र पर एकाग्र करो।**

उक्त चार विधियों को मिलाकर ध्यान करने में ही मुझे आत्यन्तिक अनुभव हुए। बारहवीं विधि वस्तुतः किसी भी ध्यान में बैठने की कला सिखाती है। दोनों नितम्बों पर समान भार डालकर कम से कम भारहीनता की स्थिति में बैठना, शरीर के दाएं भाग की पुरुष ऊर्जा (सक्रिय) तथा बाएं भाग की स्त्रैण (निष्क्रिय) ऊर्जा का संतुलन निर्मित कर देता है। यह संतुलन निर्विचार होने में, अमन की स्थिति में पंहुचने में सहायता देता है। पांचवी विधि के अनुसार अवधान को तृतीय नेत्र पर केन्द्रित करते हुए पुतलियों की गति रुकते ही निर्विचार के साथ द्रष्टा भाव भी उपलब्ध हो जाता है। अब 75वीं विधि के अनुसार शरीर को प्रकाश समझने का भाव करते ही शरीर पिघलने लगता है और सब कुछ ऊर्जा का एक वर्तुल और प्रकाश पुंज बन जाता है। इस प्रकाश को कामकेन्द्र पर कल्पना के साथ अनुभव करने पर ऊर्जा का ऊर्ध्वगमन होने लगता है और हमें विचारों तथा भावों का द्रष्टा बने रहने का भी अवसर मिलता है। यह पांच-पांच मिनट के ध्यान प्रयोग एक के बाद एक किये जाने से 15 मिनट की अवधि में हम ध्यान की गहराइयों में प्रविष्ट हो जाते हैं। शरीर और मन से तादात्म्य टूट कर अस्तित्व में घुल जाने की अनुभूति होती है।

पर पांच मिनट की जो विधि दी गई है उसमें कोई संशोधन न करें। उस विधि में न कुछ कम करें और न जोड़ें। हां, उस विधि को पूरा करने के बाद दूसरी विधि प्रारम्भ कर सकते हैं।

ओशो ने 'दि बुक ऑफ सीक्रेट' अर्थात् 'विज्ञान-भैरव-तंत्र' पर जब 1972 में प्रवचनमाला प्रारम्भ की थी तो वुडलैण्ड मुम्बई में केवल उन चुने संन्यास में दीक्षित, अंग्रेजी भाषा के जानकार उन्हीं लोगों को आमंत्रित किया गया था जो ओशो को काफी समय से सुनते आ रहे थे और उनके प्रति समर्पित और प्रेमपूर्ण थे।

अत्यंत प्रेम के गहन क्षणों में, जब व्यक्ति प्रेम में पिघलकर निराकार और अरूप हो जाता है, उसकी अस्मिता खो जाती हैं, 'मैं' नहीं रह जाता- वह इन विधियों में प्रवेश कर द्वैत के पार हो सकता है।

इन सूत्रों के अधिक लोकप्रिय न होने का मुख्य कारण यही है कि लोग समर्पित और प्रेमपूर्ण नहीं हैं। वे बुद्धिवादी हैं। उनका समर्पण नहीं घटा। वे शिष्य होने की कला नहीं सीख पाये। उन्हें अंदर से झुकना नहीं आया। उनके अंदर का हिमखण्ड अभी पिघला नहीं। वे संवेदनशील नहीं हुए।

तभी झेन संत हयाकूजो अपने शिष्यों से कहा करता था-जब ध्यान करते हुए तुम्हारा सिर खो जाए तभी मेरे पास आना। इसीलिए ओशो ने बुद्धाहाल के बाहर यह बोर्ड लगवाया है कि अपनी खोपड़ी अथवा बुद्धि जूतों के साथ उतार कर ही अंदर प्रवेश करो।

जब तक सिर है, सिखावन संभव नहीं है। सिर सदा बीच में आ जाता है।

इसीलिए जब पार्वती शिव से पूंछती हैं-प्रभो! आपका सत्य क्या है? आप कौन हैं? यह विस्मय भरा विश्व क्या है? इसका बीज क्या है? विश्वचक्र की धुरी क्या है?

तब शिव उत्तर में विधि बतलाते हैं-हे देवी! यह अनुभव दो श्वासों के बीच घटित हो सकता है। दो श्वासों के बीच के अंतराल को अनुभव करो।

आती-जाती श्वास के दो बिंदुओं के बीच होशपूर्ण होने से यह घटना घटती है। इस अंतराल को होशपूर्ण अनुभव करने के लिए बहुत सूक्ष्म दृष्टि और अत्यधिक सजगता की जरूरत है।

जब पार्वती प्रश्न पूंछ रही हैं-वे प्रेम में पिघल कर अरूप और निराकार हो गई हैं। शिव तो निराकार हैं ही। इसीलिए सदियों तक शिव पार्वती की मूर्तियां नहीं बनाई गई। सिर्फ ज्योतिर्लिंग का प्रतीक ही प्रयुक्त किया गया। समाधि के क्षणों में ज्योति का एक प्रकाश स्तम्भ मात्र रह जाता है। देवी स्वयं प्रेम में पिघलकर वह अनुभव कर चुकी है पर यह प्रश्न वह लोककल्याण के लिए पूंछ रहीं हैं।

यह पूरा अस्तित्व आश्चर्यों से भरा अति रहस्यमय है। पार्वती बच्चों की तरह आश्चर्य से इसे निहारती प्रेम के सघन क्षणों में प्रश्न कर रही हैं। प्रेम में सभी शिशुवत हो जाते हैं। अल्हड़, अबोध निर्दोष, अज्ञानी और विस्मयविभूत।

पहले देवी ने पूछा-आपका सत्य क्या है? यह प्रश्न करते समय रूप, आकार विद्यमान था। अचानक देवी को बोध हुआ-शिव तो निराकार हो गये। समस्त विश्व या अस्तित्व ही हो गए। तब वे पूंछती हैं-आपका विस्मय भरा विश्व क्या है? बीज क्या है? विश्व चक्र की धुरी या केन्द्र क्या है? रूपों पर छाये लेकिन रूप के परे यह जीवन क्या है? देश, काल, नाम और प्रत्यय के परे जाकर हम इसमें कैसे पूर्णतः प्रवेश करें? मेरे संशय निर्मूल करें।''

देवी उत्तर नहीं, मन का रूपान्तरण चाहती हैं। वे दूसरों के मन को प्रकट करने के लिए ही प्रश्न पूंछ रही हैं। उन्हें उत्तरों की नहीं, संशय कैसे निर्मूल हों, प्रश्न करने वाला मन कैसे विसर्जित हो, इसी की अभीप्सा है। वह मनुष्य के द्वंद्व और द्वैतों से ग्रस्त पीड़ित मन को अमन बनाने के लिए यह पूंछ रही हैं।

तंत्र-धर्म नहीं विज्ञान है। किसी आस्था या विश्वास की जरूरत नहीं। प्रयोग करने का अतिसाहस चाहिए। इसीलिए तंत्र की विधियों को बौद्धों, जैनों और सूफियों ने भी अपनाया।

तुम अज्ञान में हो, द्वंद्व में हो, तुम सोए हो-यह तुम्हारा रोग है और तंत्र रोग का इलाज करता है। पर तंत्र तकनीकी ज्ञान नहीं। इस प्रशिक्षण से काम नहीं चलेगा, केवल रूपांतरण सहायक है।

1. तंत्र द्वैत के पार जाता है इसलिए उसका दृष्टिकोण अति नैतिक है अर्थात वह नीति-अनीति की चिंता नहीं करता। इसके लिए नैतिकता कोई खास जरूरी नहीं है। तुम जहां भी हो, जैसे भी हो, अच्छे-बुरे पापी-पुण्यात्मा, स्त्री-पुरुष, हिन्दू-मुसलमान, सभी स्वीकृत हो।

तंत्र यह शिक्षा नहीं देता-कि यह करो, वह मत करो। वह कहता है-जो कुछ अस्तित्व में है, उसका कोई अर्थ, कोई उपयोग है। वह न अच्छा है न बुरा। काम ऊर्जा हो या क्रोध या हिंसा, तंत्र सभी को समग्रता से स्वीकार करता है। वह विष को अमृत बनाने की कीमियां या विधि देता है। यह विधि ही औषधि है।

तंत्र कहता है-मन सूक्ष्म पदार्थ के अतिरिक्त और कुछ भी नहीं हैं और यह बदला जा सकता है। मन बदला कि पूरा संसार बदल जाता है। यह संसार मन का ही प्रक्षेपण है।

तंत्र का आत्यान्तिक लक्ष्य है-मन, अमन हो जाये। तब संसार को बिना मन के माध्यम से देखो। अ-मन की अवस्था का ही नाम भैरव है।

2. विधि को बुद्धि से नहीं हृदय से समझो और फिर तीव्रता से पूरी निष्ठा से, पूरी ऊर्जा के साथ उसमें डूब जाओ। ठीक ऐसे जैसे तुम किसी खेल में पूरी तरह खो जाते हो। इन्हें करते समय गंभीर मत रहना। वरना चूक जाओगे।

3. एक विधि लो-उसके साथ तीन दिन खेलो। अगर तुम्हें उसके साथ निकटता की अनुभूति हो, तुम कुछ स्वस्थ होना महसूसो तो उस विधि को नियमित रूप से तीन महीने तक करो।

4. यदि तुम्हें अपने रोग की ठीक विधि मिल गई, तुम उसके साथ लयबद्ध हो गये तो तीन मिनट में ही रूपान्तरण का अनुभव होता है।

5. योग और तंत्र-यद्यपि दोनों विधियां देते हैं पर दोनों बुनियादी रूप से भिन्न हैं। योग में चित्तवृत्ति का निरोध है, संघर्ष है। उसमें शरीर को इन्द्रियों को, वृत्ति और इच्छा को मारना होगा। तंत्र की दृष्टि में योग गहरा आत्मघात है।

   तंत्र जो जैसा है-उसे सहज स्वीकार करता है। तंत्र परम स्वीकार है। तंत्र में बिना लड़े, कामऊर्जा का उपयोग करना है। वासना में भी तंत्र सजगता से उतरने की बात कहता है-उससे लड़ने की नहीं।

6. कामवासना या यौन को इसकी स्वाभाविकता में समग्रता से स्वीकार करो। पक्ष या विपक्ष में जो भी धारणाएं हो, उन्हें गिराकर उसके प्रति सहज हो जाओ।

   जो भी ऊर्जा तुम्हारे पास है-उसका उपयोग करो। पहले उसे स्वीकारो, फिर खोजो कि यह ऊर्जा है क्या? जो कुछ हमने जाना है वह उधार ज्ञान है। हम कामवासना में भी दमित और अपराधी मन से जल्दबाजी में गुजरे हैं। इसलिए जितना हम उसे छोड़ना या नकारना चाहते हैं, उससे उतना ही उलझ जाते हैं।

   कामकृत्य को, यौन या वासना को संवेदनशीलता और गहरी सहानुभूति से समझो। काम ऊर्जा के पास इस तरह जाओ जैसे कोई कवि फूलों के पास जाता है। प्रेमपूर्ण होकर, अहिस्ता-अहिस्ता परम धैर्य और आह्लादित होकर। तभी तुम उसके प्रति सजग और बोधपूर्ण हो सकोगे।

   प्रेम, बोध और गहरी संवेदना के साथ, सजगता से उसके साथ यात्रा करो। तब प्रत्येक कामना अपने ही अतिक्रमण का वाहन बन जाती है। शरीर ही मंदिर बन जाता है और संसार ही निर्वाण बन जाता है।

पर इन प्रयोगों को प्रेमपूर्ण करते हुए दृढ़ संकल्प की भी आवश्यकता है। बिना संकल्प के समग्रता से विधि से उतरा ही नहीं जा सकता।

7. तंत्र कहता है-शरीर और आत्मा, संसार और परमात्मा दो नहीं हैं। दो की तरह केवल मन के कारण भासते हैं। प्रतीत होते हैं।

   स्त्री और पुरुष दो नहीं-एक ही हैं। स्त्री के अंदर पुरुष और पुरुष के अंदर स्त्री है। प्रत्येक व्यक्ति अर्द्धनारीश्वर है। यह दोनों ऊर्जाएं मन को चंचल होने के कारण, अस्थिर और असंतुलित होने के कारण दुखी:, संतप्त और बैचेन बनाये हुए हैं। इन्हें संतुलित और लयबद्ध कर इनके एकत्व को जो वास्तव में एक ही हैं, अनुभव करो।

8. मन का विस्तार ही अंहकार है। कुछ पाने या कुछ होने की कामना ही अंहकार का एक नया केन्द्र निर्मित कर देती है। मन ही दो में से, द्वंद्व में से, किसी एक को चुनता है और संघर्ष शुरू हो जाता हैं। शरीर को संसार को, वासना को, सभी को समग्र रूप से स्वीकारो। संघर्ष करो ही मत। अन्यथा अंहकार का नया केन्द्र खड़ा हो जायेगा और यदि संघर्ष नहीं, चुनाव नहीं तो फिर अंहकार की कोई सम्भावना नहीं।

9. अस्तित्व में जो भी ऊर्जाएं हैं-काम, क्रोध या लोभ की, उनके प्रति मैत्रीपूर्ण बनो। उनका स्वागत करो। उनके प्रति कृतज्ञता का अनुभव करो। ये ही करुणा, क्षमा और प्रेम के स्त्रोत हैं। वे रूपांतरित होकर विष से अमृत बन सकते हैं।

   काम कृत्य में ऐसे उतरो जैसे वह प्रार्थना या एक ध्यान हो। उसकी पवित्रता का अनुभव करो।

   तुम जिसे ठीक से जान लेते हो, उसी से मुक्त हो जाते हो। वह फिर ऐसे ही छूट जाता है जैसे वृक्ष से पुराने पत्ते झर जाते हैं।

10. अपने मन की गहराइयों में उतर कर आंतरिक रुकावटें दूर करो। अचेतन मे दमित ग्रंथियों का रेचन कर पहले सहज, सरल और निर्दोष बनो। क्रोध, घृणा, वासना और भय से मुक्त हो जाओ। ध्यान से पहले तभी बुद्ध कहते थे कि छः माह तक श्मशान जाकर वहां निरन्तर जलती चिताओं को देखो जिससे मृत्यु का भय विलीन हो जाये।

कामनाएं दुष्पूर हैं-इसका तुम्हें बोध हो। कामवासना को स्वीकार कर तुम उसकी निंदा भाव और अपने अंदर के अपराध बोध से मुक्त हो जाओ।

विज्ञान-भैरव-तंत्र के प्रयोगों के साथ मैं इनका उल्लेख इसलिए कर रहा हूं जिससे साधक अपने को इन प्रयोगों के लिए तैयार कर सके। ध्यान-प्रयोगों के साथ ओशो उसकी रूपरेखा पहले ही स्पष्ट कर चुके हैं।

साधक को स्वयं अपना ही सूक्ष्म अध्ययन करना आवश्यक है। वह अपने शरीर, मन, हृदय और अचेतन का निरीक्षण करते हुए अपनी आवश्यकताओं का आकलन कर अपनी साधना की रूपरेखा का चुनाव कर सकता है।

तंत्र के प्रयोगों के लिए हृदय के द्वार खोलकर संवेदनशील बनना होगा। अपने से ही प्रेम कर सृजनात्मक और खेलपूर्ण होना होगा। उसे अपने को ऊर्जा ग्रहण करने के योग्य बनाना होगा। आंखें, कान बंद कर और अधिक से अधिक मौन रहते हुए बाहर जाती ऊर्जा को रोकना तथा बाहर प्रकृति प्रदत्त ऊर्जा, जो जल, वायु, सूर्य, पृथ्वी और वृक्षों से निरन्तर बरस रही है, ग्रहण करना होगा। कैवल्य उपनिषद में ओशो इस प्रक्रिया को ही योग का प्रत्याहार कहते हैं।

अपने ध्यान सूत्रों में शरीर शुद्धि, भाव शुद्धि और विचार शुद्धि पर जोर देते हुए ओशो ने भारतीय साधकों को ध्यान के लिए तैयार करने की पूरी विधियां बतला दी हैं।

तंत्र की विधियों के लिए सर्वाधिक आवश्यक है अतीत के संस्कारों से मुक्त होकर अपने ही अंदर की सक्रिय व निष्क्रिय (स्त्रैण व पुरुष) ऊर्जाओं के बोध के साथ उनका संतुलन साधकर लयबद्ध होना। समझ और होशपूर्ण रेचन से ही अतीत के संस्कारों से मुक्ति संभव है।

जो साधक तर्कपूर्ण और बुद्धिजाल में उलझे हैं जिनका ओशो के प्रति पूर्ण समर्पण नहीं है, श्रद्धा नहीं है, जो प्रेमपूर्ण, संवेदनशील और सजग नहीं हैं, उनके लिए विज्ञान भैरव तंत्र की विधियों में डूबकर रूपांतरण होना संभव नहीं है।

संवेदनशीलता बढ़ाने के कुछ प्रयोग

घर में आराम कुर्सी पर शिथिल होकर बैठ जायें। सजगता से जितनी भी संवेदनाएं घट रही हैं उन्हें देखें। उनका अनुभव करें।

1. कुर्सी पर आपके शरीर का दबाव कहां और कितना है?
2. कुर्सी से नितम्बों के और हाथों के स्पर्श से कितना विश्राम मिल रहा है?

3. जमीन पर रखे पैर पृथ्वी से किस तरह ऊर्जा ले रहे है? उनकी स्थिति बदलकर उसके अंतर को महसूस करें।
4. खिड़की से आती हवा का स्पर्श आपको किस तरह प्रभावित कर रहा है? क्या उसमें फूलों की गंध है? अथवा रसोईघर में सब्जी छोकें जाते समय आ रही मसालों की गंध है? उस गंध को जो भी आ रही हो-महसूसें।
5. बाहर से जो भी आवाजें आ रही हों-वाहनों के गुजरने की, बच्चों की किलकारियों की, रसोईघर के बर्तनों की उन्हें सुनते समय अनुभव करें अपने अंदर उठती प्रतिक्रियाओं और कम्पनों को। यदि पन्द्रह मिनट नित्य एक सप्ताह बैठकर इस प्रकार का प्रयोग किया जाये तो संवेदनशीलता बढ़ती है।

यह प्रयोग केवल तभी सहायक हैं-

- जब आप इन्हें भक्तिपूर्वक परम श्रद्धाभाव से करें।
- अपनी बुद्धि को विसर्जित कर हृदय को केन्द्र बनायें।
- संवेदनशील और प्रेमपूर्ण बनें।
- तथाकथित धर्म, समाज द्वारा दिए मूढ़ संस्कारों से मुक्त हों तभी शरीर और मन का अतिक्रमण संभव है।
- अकेलेपन में आनन्द लें।
- मृत्यु के भय से मुक्त हों।
- जब आप सतत् सजग और जागरूक हों।
- मौन-शिविर में सम्मलित होने के लिए, सत्य को स्वयं को जानने की गहरी अभीप्सा, अनंत धैर्य और दृढ़ संकल्प की आवश्यकता है।

यदि गहन अभीप्सा और संकल्प है-

- तो विज्ञान-भैरव-तंत्र के प्रयोग ही आपके केन्द्र को मस्तिष्क से हृदय तक लाने में सक्षम हैं।
- यह प्रयोग आपको संवेदनशील और प्रेमपूर्ण भी बना सकते हैं।
- मृत्यु के भय से भी दूर कर सकते हैं।
- आपको सजग, जागरूक, होशपूर्ण और तटस्थ द्रष्टा होने की कला भी सिखा सकते हैं।

पर सीखने के लिए ग्राह्यता और खुला हृदय चाहिए। अस्तित्व के प्रति, ओशो के प्रति और विज्ञान-भैरव-तंत्र के आणविक-प्रयोगों के प्रति सहज श्रद्धा चाहिए।

यदि आपके अंदर अभीप्सा, संकल्प और श्रद्धा है, यदि आप अपने अभी तक व्यतीत किए जीवन से ऊबे हुए हैं और अपने रूपांतरण के लिए उत्सुक हैं-

तो इस साधना-सत्संग में आपका स्वागत है।

झेन सदगुरु इक्यू की द्वैत से मुक्ति की परम घोषणा

तुम जन्म और मृत्यु के पार हो ही। अत: जन्म मृत्यु के संबंध में विचार करना ही व्यर्थ है। यह विचार छोड़ते ही स्वत: सारे भ्रम गिर जाते हैं।

ओशो की घोषणा-प्रेम और ध्यान के चक्र से भी बाहर आओ।

प्रेम के चक्र से बाहर आने में ध्यान तुम्हारी सहायता करेगा और ध्यान के चक्र से भी बाहर आने के लिए जीवन के प्रति श्रद्धा तुम्हारी सहायता करेगी।

प्रेम और ध्यान चेष्टा करने से नहीं घटते, वे स्वयं घटते हैं। प्रेम और ध्यान से मुक्त होने पर ही सच्चा प्रेम और ध्यान स्वत: घटेंगे। इसके लिए एकमात्र बाधा है-तुम्हारी चेष्टा करना और तुम्हारा कर्त्ता-भाव।

◼◼◼

11. योग की विधि होते हुए भी तंत्र के प्रयोग योग से भिन्न हैं

तंत्र और योग बुनियादी रूप से भिन्न हैं, यद्यपि दोनों का लक्ष्य एक ही है। तंत्र की तरह योग भी क्रिया, उपाय या विधि पर निर्भर है, पर दोनों के ढंग और प्रक्रियाएं भिन्न-भिन्न हैं। योग में संघर्ष है, चित्तवृत्तियों का निरोध है। होश के साथ दमन है। पर तंत्र में लड़ना या संघर्ष नहीं, सर्व स्वीकार भाव है। भोगना है पर होशपूर्वक। इसमें दमन नहीं, सजग निरीक्षण से उस वृत्ति के पार जाने की सहज विधि है।

तंत्र की दृष्टि में योग गहरा आत्मघात है क्योंकि शरीर की वृत्ति और इच्छा सभी को मारना या नष्ट करना होता है योग में। तंत्र अतिक्रमण करने का विज्ञान है। तंत्र, कामऊर्जा का उपयोग करता है उसे सीढ़ी बनाता है। वह कहता है-अन्य ऊर्जाओं की तरह कामऊर्जा भी तटस्थ है। उसका सही उपयोग करने से वह मित्र बन जाती है।

योग कहता है-कामवासना पाप है। उसे छोड़ो, उसका दमन करो। उसे नष्ट करो। वासनाशून्य बनो। तंत्र कहता है-कामवासना से लड़ो मत, उसके प्रति जागो। कामना में पूरी सजगता से प्रवेश करो, और उसके भीतर से गुजर कर भी तुम उससे अछूते बने रहते हो।

मनुष्य का चित्त लड़ने की और संघर्ष की भाषा बखूबी समझता है। संघर्ष करने से उसके अंहकार की तुष्टि होती है। इसीलिए योग में एक आकर्षण और प्रभाव है। साधारण मन, कामवासना के दमन के कारण काम का भूखा है, कामान्ध है। पागल और अस्वस्थ है और इसीलिए योग का आकर्षण है।

तंत्र समग्र स्वीकार की बात कर कामऊर्जा का उपयोग ही साधना के लिए करता है, पर गहरी संवेदना, सजगता, प्रेम और बोध के साथ।

योग निषेध है, तंत्र विधेय। योग द्वैत की भाषा में सोचता है। योग का अर्थ ही है-दो चीजों को जोड़ना। दो चीजों पर जुआ रखना। तंत्र अद्वैत और

अभेद की बात कहता है। वह कहता है-यदि द्वैत है तो तुम कितना भी प्रयत्न करो, कितना ही दो को जोड़ो पर वे एक नहीं हो सकते । गांठ रहेगी ही। संघर्ष जारी रहेगा।

यदि संसार और परमात्मा दो हैं। तो वे एक में जोड़े नहीं जा सकते। यदि तुम्हारा शरीर और आत्मा दो हैं तो वे दो ही रहेंगे, उन्हें जोड़ने का कोई उपाय नहीं। यदि वे यथार्थ में दो न होकर केवल दो की तरह भासते हैं, केवल तभी बोध से वे एक लगेंगें। तंत्र कहता है-इस एक्य को स्वीकारो। संसार को, शरीर को सभी को स्वीकारो। अन्य दूसरा केन्द्र निर्मित मत करो। दूसरा केन्द्र अंहकार के सिवाय और कुछ भी नहीं है। उससे यदि लड़ोगे तो अंहकार मिटेगा कैसे? योगी निरहंकारिता की बात निरंतर करते हैं पर उनकी संघर्ष करने की विधि ही अंहकार उत्पन्न करती है।

यदि हम कामवासना से लड़ते नहीं और तंत्र का स्वीकार भाव अपनाते हैं तो साधारण लोग भोग की बात से ही घबरा जाते हैं। भोग में रहकर साधना कैसी?

पर तंत्र का भोग, हमारे भोग से नितांत भिन्न है। तंत्र कहता है-भोगो, पर होशपूर्वक। सजग होकर। तंत्र यह नहीं कहता कि क्रोध मत करो। क्रोध पूरी समग्रता से करो। क्रोध ही बन जाओ, पर उसके प्रति हर क्षण सजग बने रहो। इसी सजगता और होश में क्रोध रूपांतरित होकर करुणा बन जाता है। ओशो कहते हैं-यदि तुम क्रोध के दमन में सफल भी हुए तो तो मृत हो जाओगे। दमन से क्रोध तो अंदर अचेतन में कहीं गहरे चला जायेगा और करुणा का जन्म नहीं होगा। क्रोध भी बीज रूप में रहेगा और अनुकूल परिस्थिति मिलते ही ज्वालामुखी-सा फूट पड़ेगा। यदि तुमने कामवासना का दमन किया तो प्रेम का भी जन्म नहीं होगा। कामरहित होते ही तुम मृत होकर प्रेमरहित भी हो जाओगे।

तंत्र के लिए सभी कुछ पावन है। वह कहता है-काम, क्रोध, लोभ या मोह को तुम यदि दुश्मन मान लेते हो तो उनसे सतत संघर्ष ही रहेगा इसलिए उन्हें भी परमात्मा का वरदान मानो। उन्हें खुले हृदय से संवेदनशील होकर बोधपूर्वक स्वीकारो और फिर उनमें समग्रता और सजगता से प्रवेश करो। संभोग में ऐसे उतरो-जैसे परमात्मा के मंदिर में पूजा करने के लिए प्रवेश कर रहे हो। उसे ध्यान और प्रार्थना बना लो। तभी तंत्र के मंदिरों में मिथुन मूर्तियां अंकित हैं। यह तंत्र की अद्‌भुत और बहुत गहरी अद्वैतवादी दृष्टि है। केवल अपंग और अस्वस्थ मन के कारण ही तंत्र प्रभावी न हो सका।

ओशो कहते हैं-महावीर योगमार्गी थे, लेकिन उन्होंने कामवासना का दमन नहीं किया। उन्होंने उसे जाना, जीया और वह उनके लिए व्यर्थ हो गया। बुद्ध भी योगी थे। पर भोग, भोग कर उन्होंने भोग की व्यर्थता भली-भांति जान ली और उससे मुक्त हो गये। इसलिए योग से भी पंहुचा जा सकता है पर प्रचलित योगमार्ग से नहीं, जो रुग्ण चित्त की दमन की व्याख्या है। तंत्र और योग दोनों में स्वस्थ और स्वाभाविक चित्त की आवश्यकता है। बुनियादी रूप से दो तरह के चित्त के लोग हैं-पुरुष चित्त और स्त्री-चित्त। यह विभाजन जैविक या सेक्स से नहीं, मनोवैज्ञानिक विभाजन है। जो लोग हिंसक, आक्रामक, रजोगुणी और बर्हिमुखी स्वभाव के अर्थात् पुरुष चित्त वाले हैं उनका मार्ग योग है और जो लोग स्त्रैण चित्त है-ग्रहणशील, निष्क्रिय, प्रेमपूर्ण और अहिंसक हैं उनके लिए तंत्र-साधना सहज है।

तंत्र का षडंग योग-आजकल योग शब्द को पांतजल योग-दर्शन तक ही सीमित कर दिया गया है जब कि योग मार्ग पतंजलि से पूर्व भी था। बौद्ध, वैष्णव और शैव तंत्र में पंतजलि के अष्टांग योग में से यम, नियम और आसन इन तीन अंगों को छोड़ दिया गया है, और अनुस्मृति को बौद्ध तंत्र में तथा तर्क को शैव तंत्र में योग के एक अंग के रूप में मान्यता मिली है। अनुस्मृति का अर्थ है-बार-बार स्मरण अथवा अनुरूप स्मृति।

योग के इस अंग तर्क का तात्पर्य है-यह देखना कि किसी भी प्रमाण की प्रवृत्ति सही ढंग से हो रही है या नहीं? विज्ञान भैरव तंत्र में संबंध सावधानता, कह कर इस ओर इंगित किया गया है। अर्थात् प्रत्येक वृत्ति में सजगता और होशपूर्ण रहना ही तंत्र की प्रमुख विशेषता है।

तंत्र और प्राणयाम

यद्यपि तंत्र में प्राणायाम का प्रयोग है, पर यह योग-तंत्र और प्राणायाम-योग के प्राणायाम की भांति जटिल नहीं है, जिसके लिए किसी योग्य गुरु के सतत शिक्षण और निरीक्षण की आवश्यकता हो। इसमें न तो बलपूर्वक श्वास को रोककर कुम्भक या पूरक करना है और न रेचक ही।

केवल आती-जाती श्वास के प्रति सजग और होशपूर्ण रहना है। विज्ञान भैरव तंत्र या कहीं भी ओशो ने पूरक, कुम्भक और रेचक की बात ही नहीं की और न इसका अभ्यास करना बताया। केवल सक्रिय ध्यान में उन्होंने दोनों नथुनों से तेजी से श्वास छोड़ना अर्थात रेचक बताया।

योग के नियमों के अनुसार पूरक प्राणायाम से चौगुना कुम्भक करना चाहिए और कुम्भक से भी दुगना समय रेचक को देना चाहिए। पूरक

प्राणायाम का अर्थ है-बाएं नथुने से श्वास भीतर खींचना और रेचक का अर्थ है-दाएं नथुने से धीमे-धीमे श्वास बाहर निकालना।

श्वास दोनों नथुनों से लेते हुए अंदर रोकना कुम्भक है। इन तीनों क्रियाओं को नासापुट द्वारा उलट-पुलट कर करना ही प्राणायाम है।

ओशो कहते हैं-केवल श्वास उलीचने पर ही ध्यान दो। जितनी श्वास की आवश्यकता है वह शरीर के रोम रोम और मुख के सभी छिद्रों से सहज रूप में प्राप्त हो ही जाती हैं।

ओशो ने प्राण, अपान, उदान किसी भी प्राणायाम से संबंधित पारभाषिक शब्दों का प्रयोग न करते हुए केवल श्वास लेने, छोड़ने और उसके प्रति निरन्तर सजग और होशपूर्वक रहने की ही बात की। इस प्रकार ओशो ने योग के अंग प्राणायाम को भी तंत्र में माना है।

विज्ञान भैरव तंत्र की टीकाएं शैवाचार्य अभिनवगुप्त और क्षेमराज ने की थीं पर उनकी पूर्ण टीकाएं उपलब्ध नहीं है। शिवोपाध्याय तथा भट्ट आनंद ने सत्रहवीं सदी में जो टीकाएं कीं, वे शंकराचार्य के अद्वैत वेदान्त से प्रभावित है।

ओशो ने विज्ञान भैरव तंत्र की कोई टीका न करते हुए सही अर्थों में शैव तंत्र की शास्त्रीयता और परम्पराओं से उसे मुक्त करते हुए एक नया क्षितिज और विस्तृत आकाश दिया है।

ओशो ने शिव बनकर ही प्रेमी मित्रों के सारे संशय दूर किए हैं। पर ओशो ने पाल रेप्स की 'ज़ेन फ्लैश ज़ेन बोन्स' पुस्तक में ही विज्ञान-भैरव-तंत्र का अंग्रेजी अनुवाद पढ़ा था। यह उन्होंने स्वयं स्वीकार किया है कि वह संस्कृत के ज्ञाता नहीं थे। पाल रेप्स ने ज़ेन परम्परा को तो डॉ. सुज़ूकी के अंग्रेजी ग्रंथों द्वारा बखूबी हृदयंगम किया था, पर उन्होंने विज्ञान-भैरव तंत्र का जो अनुवाद किया है, उससे स्पष्ट है कि वह अद्वैत शैव तंत्र को पूर्णतय: हृदयगंम ही न कर सके। चूंकि विज्ञान भैरव तंत्र की विधियों से सूफियों और बौद्धों ने ध्यान प्रयोगों को लिया है, अत: यह सम्भव है पालरेप्स ने विज्ञान-भैरव-तंत्र का अनुवाद मूल संस्कृत पाठ से न कर किसी अन्य भाषा से किया हो। यदि यह भी स्वीकार कर लिया जाये कि उन्होंने संस्कृत से ही अनुवाद किया फिर भी स्पष्ट है कि उन्होंने शैव-अद्वैत-तंत्र को गहराई से नहीं जाना।

ऐसा नहीं है कि ओशो ने विज्ञान भैरव तंत्र के प्रयोगों में कुण्डलिनी और योग को पूरी तरह बहिष्कृत कर दिया हो। प्रयोग संख्या 70 में उन्होंने मेरुदण्ड में उठती प्राणशक्ति को गति करती प्रकाश-किरण समझो वाला

प्रयोग भी दिया है। ओशो ने कुण्डलिनी जागरण को The Meditation an Art of Ectasy प्रवचनों में सर्वाधिक उपयोगी और सरल विधि बतलाया है। "जिन खोजां तिन पाइयां" के सारे प्रवचन कुण्डलिनी के संबध में ही हैं। उन्होंने योग में से दमन, और यम नियम निकाल कर पंतजलि योग को नये संदर्भों और आज के युग के मनुष्य की आवश्यकताओं के अनुरूप एक नया आयाम और नई दिशा दी है।

श्री जयदेवसिंह ने शैव आचार्य श्री लक्ष्मणजू महाराज के चरणों में बैठकर शैव दर्शन का ज्ञान अर्जित कर विज्ञान भैरव तंत्र के प्रयोग भी किए हैं। अत: उनका अंग्रेजी अनुवाद Viznana Bhairaw or Divine consciousness जब 1979 में मोती लाल बनारसीदास द्वारा प्रकाशित हुआ तो 1998 तक ही उसके चार संस्करण प्रकाशित हो चुके थे। उन्होंने मूल संस्कृत पाठ देते हुए फुटनोट में शिवोपाध्याय तथा अन्य शैव आचार्यों द्वारा संस्कृत में की टीकाओं का भी उल्लेख किया है। श्री बृजवल्लभ द्विवेदी की विज्ञान भैरव की हिन्दी टीका 1998 में मोती लाल बनारसीदास वाराणसी ने ही प्रकाशित की है। उन्होंने क्षेमराज और शिवोपाध्याय की संस्कृत टीकाओं के आधार पर हिन्दी अनुवाद प्रस्तुत कर टीकाकारों के विरोधी विचारों का भी समन्वय किया है।

अब पूना आश्रम में भी विज्ञानभैरव तंत्र के सूत्रों का संस्कृत में सस्वर पाठ करने के बाद अंग्रेजी में उसका प्रयोग समझाते हुए, उत्सवों के दिनों में तीन-चार प्रयोगों को एक साथ गूंथकर एक घंटे का प्रयोग कराया जाता है। मां अमृत साधना द्वारा कराये गये 3-4 प्रयोगों में मुझे भाग लेने का सौभाग्य प्राप्त हुआ है।

श्वास तथा कुण्डलिनी जागरण से संबंधित प्रयोगों का उक्त उल्लखित टीकाओं से सार लेकर मैं ओशो के प्रयोगों के साथ उनका भी उल्लेख कर रहा हूं जिससे साधक विकसित हो सकें।

❑❑❑

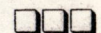

12. आज्ञाचक्र या हृदयचक्र, किसी भी केन्द्र पर चेतना थिर होते ही तुम नाभि केन्द्र पर स्वतः पंहुच जाते हो

दिनांक 13.11.72 को विज्ञान-भैरव-तंत्र के प्रश्नोत्तर प्रवचन में तीसरा प्रश्न अत्यंत महत्त्वपूर्ण है।

क्या सिर और हृदय के केन्द्रों के विकास से, नाभि केन्द्र का विकास और उस पर एकाग्रता पृथक और स्वतंत्र है? क्या सिर और हृदय के केन्द्रों के विकास के साथ ही नाभि केन्द्र विकसित होता है? क्या इन तीनों केन्द्रों के विकास के लिए पृथक-पृथक विधियां और उपाय हैं?

ओशो उत्तर देते हुए कहते हैं-"सिर और हृदय के केन्द्रों को ही विकसित किया जा सकता है। नाभि केन्द्र की तो खोज की जा सकती है, उसे विकसित नहीं किया जा सकता। वह विकसित ही है।

सिर और हृदय के केन्द्रों को समाज, सभ्यता और शिक्षा विकसित करते हैं। पर तुम नाभि से ही मां के गर्भ से जुड़े थे। नाभि केन्द्र तो जन्म से ही तुम लेकर उत्पन्न हुए हो। तुम बिना नाभि केन्द्र के जीवित ही नहीं रह सकते।

सिर और हृदय के चक्रों को विकसित करने की कई विधियां हैं। कैसे संवेदनशील हुआ जाये? कैसे विधायक रूप से अधिक तर्कपूर्ण हुआ जाये? कैसे प्रेम को विकसित किया जाये? आइन्सटाइन का मस्तिष्क केन्द्र विकसित था और मजनूं का हृदय केन्द्र। हर मनुष्य आइन्सटाइन या मजनूं नहीं बन सकता, पर हर व्यक्ति बुद्ध हो सकता है क्योंकि नाभि चक्र प्रत्येक जन्म से ही सक्रिय है। प्रत्येक व्यक्ति जन्म से ही बुद्ध है, पर वह इसके प्रति सजग नहीं है। मूर्च्छित है। मूर्च्छा हटते ही, सजगता और होशपूर्ण होते ही वह बुद्ध हो सकता है।

विज्ञान भैरव तंत्र की 112 विधियां नाभि केन्द्र के विकास के लिए नहीं, उसके प्रति सजग और होशपूर्ण होने के लिए हैं। ध्यान, बुद्ध होने में सहायता नहीं करता। वह तुम्हें अपने बुद्ध होने के प्रति सजग और होशपूर्ण बनाता है।"

इसी प्रश्न के अंतर्गत एक और प्रश्न पूछा गया। "क्या सभी बुद्ध नाभि केन्द्रित होते हैं? ओशो ने कहा–"कृष्णमूर्ति ने अपनी अभिव्यक्ति के लिए मस्तिष्क का प्रयोग किया। तभी दोनों की अभिव्यक्तियां परस्पर विरोधी प्रतीत होती हैं। पर अनुभव दोनों का एक ही है। वेदव्यास, उपनिषद के ऋषियों, नानक और कबीर ने उसे श्लोकों और गीतों में गाकर प्रकट किया, चैतन्य ने नाचकर, मीरा ने नाचते-गाते और बुद्ध, कृष्णामूर्ति ने उसे मस्तिष्क द्वारा अभिव्यक्त किया।

ओशो ने इस अनुभव को मस्तिष्क, हृदय और मौन द्वारा अभिव्यक्त किया। उन्होंने हर उपाय से, उस अनुभव को अभिव्यक्त किया। कबीर और झेन सद्गुरुओं की विरोधाभासी अटपटी वाणी द्वारा, ऋषियों की काव्यात्मक भाषा द्वारा मीरा और चैतन्य की तरह नाचते गाते और उत्सव मनाते हुए भी उन्होंने उसे अभिव्यक्त किया। उसे उन्होंने अपनी मुद्राओं और संकेतों द्वारा व्यक्त किया। तुम्हें यह विरोधीभासी इसलिए लगता है क्योंकि विरोधाभास कहीं और नहीं, तुम्हारे ही अंदर है। तुम्हारे मस्तिष्क और हृदय में लयबद्धता नहीं है। संतुलन नहीं है। मस्तिष्क और हृदय के मध्य सेतु निर्मित कर, दोनों को लयबद्ध कर ही तुम इसे समझ सकोगे।

सिर, हृदय, मेरुदण्ड या पैर के पंजे आदि कहीं भी चेतना थिर करो तुम नाभि पर पंहुच जाते हो।

दिनांक 15.11.72 के प्रश्नोत्तर प्रवचन में त्रिनेत्र, नाभिकेन्द्र या हृदयकेन्द्र के संबंध में सभी भ्रम दूर करते हुए ओशो ने कहा–

–"जब भी तुम त्रिनेत्र, हृदय, मेरुदण्ड की चांदी जैसी रेखा या किसी भी बिंदु पर केन्द्रित होते हो, तुम नाभि केन्द्र पर ही आ जाते हो। केवल केन्द्रित होना ही मुख्य है। तुम्हारी चेतना अंदर किसी भी बिंदु पर केन्द्रित होती है तुम नाभि पर स्वत: पंहुच जाते हो। नाभि ही अस्तित्व, जन्म से मिला पूर्ण विकसित केन्द्र पहले से ही है। तुम उसे भूले हुए हो। चेतना अंदर कहीं भी थिर हो, वह स्वमेव नाभिकेन्द्र को खोज लेती है।

मस्तिष्क का केन्द्र संदेह और नकार पर तथा हृदय केन्द्र प्रेम, श्रद्धा और समर्पण पर आधारित है। जब कोई इतना अधिक नकार और संदेह से

भर जाता है कि स्वयं पर भी संदेह होने लगता हैं अर्थात् संदेह पर भी संदेह होने लगता है, तो उसी क्षण नाभि केन्द्र पर उसकी चेतना थिर हो जाती है।

हिन्दू सात चक्रों की, बौद्ध नौ चक्रों की, तिब्बती साधु तेरह चक्रों की बात करते हैं। तंत्र केन्द्रित होने के लिए सेक्स सेन्टर की बात करता है। ताओवादी पैर के पंजे को केन्द्र बनाने के लिए कहते हैं।

घटना प्रत्येक केन्द्र पर चेतना केन्द्रित होने पर घट जाती है। तंत्र की 112 विधियों में चेतना को कामकेन्द्र, हृदय, त्रिनेत्र मेरुदण्ड की रजत् रज्जु, आदि विभिन्न केन्द्रों पर थिर करने के प्रयोग हैं। यह प्रयोग भिन्न-भिन्न स्वभाव, रुचियों और पृथक-पृथक तरह के व्यक्तियों के लिए हैं। जिस विधि से जो लयबद्ध हो जाये, घटना घट जाती है।

काम केन्द्र पर चेतना को थिर करने का तंत्र का अभिनव प्रयोग

मनुष्य के रूपांतरण के लिए तंत्र द्वारा कामकेन्द्र का चुनाव सर्वाधिक वैज्ञानिक विधि है। पर नीतिवादियों के लिए यह असह्य है। इसीलिए उन्होंने तंत्र के ग्रंथ नष्ट किए। तांत्रिकों की हत्या की। उनके मठ जलाये। उसके संबंध में दुष्प्रचार किया।

ओशो ने तंत्र की लुप्त विधियों को पुनर्जीवित किया। ओशो कहते हैं-"कामकेन्द्र पर समग्र चेतना थिर करने से काम केन्द्र ऊर्जामय, सक्रिय और प्रकाशित हो उठता है। तुरंत कामुकता नष्ट हो जाती है। कामकेन्द्र में तुम जीवन्त ऊर्जा को पूरे शरीर में व्याप्त होने का अनुभव करते हो। तुम शरीर के पार अस्तित्वगत ऊर्जा से एक हो जाते हो। । तुम तुरंत नाभि केन्द्र पर आ जाते हो। काम केन्द्र पर चेतना थिर करके तुम्हें नदी में बहने जैसा अनुभव होता है। तुम ऊर्जा के प्रवाह में बहने लगते हो। तुम्हारा प्रेम रूपांतरित होकर प्रार्थना बन जाता है।

पर काम को केन्द्र बनाना उन सभी के लिए कठिन है, जो संस्कारों और परम्पराओं से बंधे हैं। यदि सेक्स के प्रति निन्दा और अपराध का भाव है, दमन है तो यह विधि काम न करेगी।

❑❑❑

होशपूर्ण रेचन अर्थात दमित मनोवेगों को बाहर उलीचने के अद्भुत प्रयोग

जब आप तनावग्रस्त, चिंतित, अशांत और अद्विग्न हों, तो पहले गहरी श्वास बाहर छोड़ कर पेट को भीतर खींच लें या उसे सिकोड़ते हुए कम से कम तीन चार सेंकड रुककर यह भाव करें कि श्वास बाहर उलीचने के साथ-साथ आपने अपने सारी अशांति, तनाव और चिंताएं भी बाहर उलीच दी हैं।

फिर श्वास लेते समय भाव करें कि गहरी श्वास के साथ सुबह की सारी ताजगी और जीवन आपके अंदर प्रविष्ट हो रहा है। श्वास लेकर भी तीन चार सेकंड रुककर ही श्वास उलीचें।

सूर्योदय के समय खुले आकाश के नीचे अथवा खुले हवादार कमरे में पांच मिनट श्वास लेने और उलीचने में चित्त की मनोदशा बदलने लगती है।

"सक्रिय ध्यान का दूसरा चरण दमित मनोवेगों के रेचन का है। मैं तुम्हें सचेतन रूप से पागल हो जाने को कहता हूं ....
सक्रिय ध्यान के प्रथम तीन चरणों में साक्षी सतत बना रहना चाहिए।"
– ध्यान योगः प्रथम और अंतिम मुक्ति"

13. विज्ञान भैरव तंत्र के प्रयोगों द्वारा होशपूर्ण रेचन

अपने को तुम जैसी भी हो समग्र रूपेण स्वीकार करो। कामी या क्रोधी हो तो रोम-रोम से मान लो कि मैं कामी हूं। क्रोधी हूं। उसके साथ जियो उसकी जड़ तक पंहुचो। समग्र स्वीकार करने से तुम अतिक्रमण करते हो और केन्द्र पर फेंक दिए जाते हो।

क्रोध को पूरी समग्रता में प्रकट होने दो। कोष कोष, आग की क्रोध की ज्वाला बन जाये। अतीत और भविष्य भस्म हो जायें।

क्रोध की पूर्णत: पर पंहुच कर–जाग कर, सजग बोधपूर्ण हो जाओ। तुम उसके पार हो जाओगे।

तुम अपनी कामवासना से भयभीत हो। क्रोध से भयभीत हो। तुम समग्रता से काम या क्रोध की गहराई में उतरे ही नहीं। तुम्हारा मन सदा मौजूद रहता था। उनके दबे संस्कार उन्हें समग्रता से काम या क्रोध में उतरने से रोक रहे हैं।

स्वीकार करने अर्थ है कि क्रोध कृत्य नहीं है, तुम ही क्रोध हो। कामवासना कृत्य नहीं है, तुम ही कामवासना हो। लोभ कृत्य नहीं है, तुम ही लोभ हो। इसे स्वीकार करने का अर्थ है-अपनी प्रतिमा को उखाड़ फेंकना। अभी तक स्वीकार न कर हम क्रोध करने के बाद क्षमा मांग लेते थे। पश्चाताप कर लेते थे और भले मानव का फिर आवरण ओढ़ लेते थे। क्रोधी कामी और लोभी होना स्वीकार कर तुम उससे विपरीत होने की चेष्टा छोड़ दो।

जो गहरे में हिंसा से भरा है वह बाहर से भले ही अहिंसा का व्रत ले ले, पर वह अपने ही शरीर को सता रहा है। किसी की हत्या भले ही न कर रहा हो पर उसका अर्थिक शोषण कर दूसरों को सता रहा है। उसका हिंसा का रूप बदल गया है।

लोभी व्यक्ति यदि दान भी कर रहा है तो परलोक के लिए बैंक बैंलेस जमा कर रहा है। पुण्य कमा रहा है। साधु महात्मा स्वर्ग और पुण्य का लोभ देकर उसे उकसा रहे हैं। तंत्र कहता है कामी चित्त अकाम को उपलब्ध नहीं हो सकता। वह दबा भले ही ले उस पर उसका विस्फोट किसी अप्रत्यक्ष ढंग से होगा। पर काम, लोभ या क्रोध की वृत्ति को स्वीकार करते ही, दिखावे के लिए नहीं, समग्रता से स्वीकार करते ही अंहकार तुरंत विसर्जित हो जाता है। स्वभाव की अस्वीकृति या पलायन से पांखड और अंहकार का जन्म होता है। जिसने अपनी पशुता स्वीकार कर ली, उसने पशुता के पार जाने का पहला कदम उठा लिया। समग्रता से स्वीकार करते ही तुम केन्द्र पर फेंक दिए जाते हो क्योंकि तुम स्वभाव से अलग नहीं हो सकते। आदर्श पालन कर, पलायन कर या मुखौटे लगाकर तुम केन्द्र से बचने की चेष्टा कर रहे थे। तुम दूसरों की निंदा कर रहे थे। तंत्र कहता है- न अपनी निंदा करें और न दूसरों की। तथ्य के साथ जियो और उसकी वृत्ति की जड़ में उतरो। उस जड़ को जानते ही तुम उसके मालिक बन जाओगे।

विधि—क्रोध को रोको मत। उसके बाहर मत खड़े रहो। उसकी गहराई में कूद पड़ो। क्रोध को समग्रता में प्रकट होने दो। क्रोध ही बन जाओ। जब रोयां-रोयां प्रत्येक कोष क्रोध से जलने लगे तो तब अचानक सजग और बोधपूर्ण हो जाओ। ध्यान कराने वाला तुम्हें जब सजग होने को कहे तो होशपूर्ण होकर क्रोध की जड़ को देखो। तुम क्रोध का अतिक्रमण कर जाओगे। ऐसा हर वृत्ति के साथ करो।

कामवासना से मुक्ति—तुम कामवासना से भयभीत हो। तुम कभी समग्रता से संभोग में उतरे ही नहीं। तुम्हारा मन वहां हमेशा मौजूद रहा। तुम्हारा सोच विचार चलता ही रहा। तुम विभाजित हो गये। पत्नी या प्रेमिका से भी संभोग करते समय तुम किसी अन्य प्रेमिका या सुंदर स्त्री के संबंध में सोचते रहे।

तुम समग्रता से संभोग करते इसलिए डरते हो कि स्त्री तुम्हारी पशुता से तुम्हारी प्रतिमा खंडित न कर ले। तुमने कामकृत्य भी अपने को नियंत्रण में रखते हुये किया। जब तक शरीर का रोम-रोम एक-एक कोष, रेशा-रेशा, पूरा तुम्हारा अस्तित्व ही काममय न हो जाये तब तक संभोग अधूरा है। इस संभोग में तुम्हारा अचेतन का विस्फोट नहीं हुआ है।

कामकृत्य की जड़ में जाकर उस अनुभव से गुजरने पर ही उसका अतिक्रमण हो जाता है।

पर यह तभी होता है जब स्त्री भी प्रेमपूर्ण हो और वह भी इस प्रयोग में सारी लज्जा भय छोड़कर समग्रता से उतरे।

ओशो कहते हैं कामवासना, क्रोध, भय कोई भी भाव जगाने पर तुम्हें पहले उसे प्रकट होने देना है कि फिर सजग होकर उस भाव के उद्‌गम की ओर यात्रा करनी है, जहां से भाव उठ रहा है। जब वह जड़ या स्त्रोत मिल जाये तो उसके साथ केन्द्रित होकर रहो।

ऊर्जा मात्र ऊर्जा है और तटस्थ है। इसी ऊर्जा को मन के विचार भाव, प्रेम, घृणा, कामवासना या क्रोध में बदल देते हैं। ये एक ही ऊर्जा के विभिन्न रूप हैं जिन्हें रूप मन देता है। यह भाव अचेतन में पहले से हैं, मन के संकेत मात्र से ऊर्जा उनमें प्रवेश कर जाती है।

वि.भै.त. की 25वीं विधि-जैसे ही कुछ करने की वृत्ति हो, रुक जाओ। (रेचन की अद्‌भुत विधि)

जो भी भाव उठे, क्रोध, घृणा या भय का, उसमें अचानक ठहर जाओ और मृतवत हो जाओ। हिलो-डुलो मत। संवेगों को इजाजत मत दो कि वे शरीर को अथिर करें। मुट्‌ठियां बंद हैं तो बंद ही रहें। दांत भिंचे हैं तो भिंचे ही रहें। पुतलियां छत को घूर रही हैं तो घूरती ही रहें और पलक भी न झपे। श्वास भी रुक जाये। रुककर, ठहर कर, आंदोलित हुए बिना तुमने जिस भाव को देख लिया-तुम उसके मालिक बन जाओगे।

26वीं विधि कहती है–**जब कोई भी कामना उठे, उसके पक्ष या विपक्ष में विचार मत करो कि वह अच्छी या बुरी, अर्थात् उस पर विमर्श करो। फिर अचानक छोड़ दो।**

बिना किसी धारणा के, जो शिक्षा, संस्कारों और पालन-पोषण से मिलती हैं, तटस्थता और निष्पक्षता से देखना ही विमर्श है। इस तरह देखने भर से तुम्हारा पूरा आस्तित्व उस कामना में संलग्न होकर कामवासना या क्रोध की लपट बन जायेगा। अब कामवासना ज्ञानेन्द्रिय या मस्तिष्क पर सीमित न होकर तुम्हारे शरीर के रोएं-रोएं में फैल जाएगी। तुम्हारा तंतु-तंतु कामावेग से कांपते शरीर और तुम्हारे थिर केन्द्र में जमीन आसमान की दूरी उत्पन्न हो जाती है। तुम तटस्थ द्रष्टा हो जाते हो और तब तुम्हें लगता है कि तुम नहीं-कोई दूसरा देख रहा है।

कामना को पक्षपातरहित तथागत देखना कठिन जरूर है पर अंसभव नहीं। कामवासना को व्याख्या के बिना देखना, निष्पक्ष निरीक्षक बनना ही कठिन है। **यह सजगता त्रिनेत्र पर अवधान करके मेरे अनुभव से प्राप्त हो जाती है।**

उसे छोड़ो भी अचानक तो यह ख्याल न आये कि वह बुरी है इसलिए उसे छोड़ रहा हूं। तब ध्यान नहीं दमन होगा।

वृत्ति के साथ सक्रिय रहते हुए, चाहे वह नाचना, भोजन करना या चलना हो, चाहे वह क्रोध, कामवासना का भाव हो, अचानक ठहर जाने या रुक जाने से एक अंतराल उत्पन्न होता है। चूंकि तुम और तुम्हारा शरीर गतिवान था इसलिए अचानक रुक जाने पर भी मोमेंटम के कारण शरीर गति करना चाहता है, वह इस आकस्मिक ठहराव के लिए तैयार नहीं है, लेकिन चूंकि तुम रुक गये हो, इससे एक अंतराल पैदा हो गया। तुम अपने क्रिया से भरे संवेगित शरीर को, जो ठहराव के कारण अचानक रुक गया है, शरीर के संवेग को सहयोग न देने के कारण उससे पृथक होकर केन्द्र पर पंहुच जाते हो।

अचानक रुकना तुम्हें शरीर और कर्म के जगत से अलग कर देता है। तुम कर्म के बाहर हो जाते हो और तुम केन्द्र पर पंहुच जाते हो।

25वीं स्टॉप मेडीटेशन की विधि यदि समूह में किसी गुरु के द्वारा या अन्य के द्वारा कराई जाये तभी प्रभावी होगी। अगर तुम अपने से ही मन ही मन 'स्टॉप' कहोगे तो अपने को धोखा देकर कुछ न कुछ सुविधायुक्त स्थिति बना लोगे।

रेचन के साथ-साथ यह केन्द्र पर पंहुचने की भी अचूक विधियां हैं।

ओशो कहते हैं-अनेक लोग ध्यान में इसीलिए चूक जाते हैं क्योंकि वे निष्क्रिय होने की, ध्यान में जाने की चेष्टा करते हैं। पहले तुम दिन में सक्रिय रहे और रात में तुम्हारी निष्क्रियता भी कम सक्रिय है। सोते हुए भी मन सक्रिय रहता है इसीलिए स्वप्न आते हैं। स्वप्न का अर्थ है कि शरीर तो थक कर सो गया है पर अचेतन मन क्रियाशील है।

अचानक रुकना तुम्हें पूर्ण निष्क्रियता में ले जाने का प्रयोग है जब चेतन-अचेतन मन दोनों ठहर जायें। एक अंतराल उत्पन्न हो जाये जिससे तुम अपने केन्द्र पर पंहुच सको जो पूरी तरह निष्क्रिय और थिर है।

छींकने का एहसास होते ही रुक जाओ-छींक भी अचानक आती है, पर कुछ क्षण पूर्व उसके आने की आहट सुनाई देने लगती है। तुम छींक तो नहीं रोक सकते हो पर अपने आप को रोक सकते हो। इसलिए छींक रोकने की कोशिश न कर स्वयं अचल हो जाओ। सांस भी रोक लो। देखोगे छींक की वृत्ति वापस लौट गई और छींक नहीं आई। उसकी वृत्ति के जाने के साथ तुम्हारे भीतर सूक्ष्म ऊर्जा मुक्त होकर तुम्हें तुम्हारे केन्द्र पर ले गई।

छींकने से फालतू और व्यर्थ ऊर्जा तुम बाहर फेंक कर हल्का अनुभव करते हो। यह विधि उसी फालतू ऊर्जा का सही उपयोग है।

ऊर्जा सदा गतिमान रहती है। वह या बाहर जाती है या अंदर जाती है। कभी ठहरती नहीं।

ऊर्जा का रूपांतरण-तुम्हें अचानक क्रोध आये, तुम किसी को मारना चाहो या सामने रखी कोई चीज तोड़ने की वृत्ति हो, तो तुरंत अपने मित्र, पत्नी या बच्चे को गले लगाकर चूमने लगो। शुरू में यह अभिनय जैसा लगेगा। पर कुछ दिनों में तुम अपनी ऊर्जा को रूपांतरित होता अनुभव करोगे। क्रोध, प्रेम में रूपांतरित हो जायेगा। प्राय: पति-पत्नी, संभोग में उतरने से पूर्व लड़ाई झगड़ा और कुछ लोग मारपीट तक करते है। बिना हिंसा किए संभोग में उतर नहीं सकते। तुम्हारे प्रेम में, घृणा, क्रोध और हिंसा सभी समाहित है। इसलिए प्रेम घृणा और घृणा प्रेम बनती है। क्रोध आने पर करुणामय बुद्ध की प्रतिमा को देख करुणा, प्रेम और क्षमा का स्मरण करो। ऊर्जा रूपांतरित हो जायेगी।

❑❑❑

14. अतीत से मुक्त होने की विधि

विज्ञान भैरव तंत्र की **बाइसवीं विधि है-प्रतिक्रमण विधि।** अपने अवधान को ऐसी जगह रखो, जहां तुम अतीत की किसी घटना को देख रहे हो और अपने शरीर को भी। रूप के वर्तमान लक्षण खो जाएंगे और तुम रूपांतरित हो जाओगे।

अतीत में हुई किसी एक घटना का पहले विस्तार से स्मरण करो, जिसने तुम्हें सर्वाधिक उत्तेजित आंदोलित किया हो।

वह किसी के साथ प्रेम की, अपने अपमान की या किसी प्रियजन की मृत्यु की कोई भी घटना हो सकती है। उसे याद कर अपने अंर्तस्क्रीन पर ऐसे देखो जैसे तुम दूर बैठे कोई फिल्म देख रहे हो। तुम्हें अपना रूप आकृति उस कृत्य को करते हुए जरूर दिखाई देगी। पर पहले उस घटना' से तादात्म्य तोड़कर भाव करो जैसे तुम अभिनय कर रहे हो किसी नाटक में और उस बनी फिल्म को दूर बैठे देख रहे हो। फिर कुछ दिनों बाद यह भाव भी आ जायेगा कि वह तुम नहीं, तुम्हारे स्थान पर कोई दूसरा व्यक्ति है, जो प्रेम, घृणा या क्रोध कर रहा है या अपमानित हो रहा है और तुम मात्र द्रष्टा हो। तुम्हारा उस घटना से कोई लेना देना नहीं।

सोने से पहले बिस्तरे में लेटे हुए भी यह विधि सरलता से की जा सकती है।

यह मन को खोलने का, निग्रंथ करने का अद्‌भुत उपाय है। प्रतिक्रमण की यह विधि अनिद्रा के रोगियों के लिए भी लाभदायक है। बहुत पहले की नहीं, बिस्तरे में लेट कर सुबह से शाम तक घटी घटनाओं का स्मरण कर बिना उनसे तादात्म्य जोड़े, उनकी पूरी फिल्म देखो।

यह गहरे रेचन की विधि है जो अद्‌भुत ताजगी और नया स्वास्थ्य देगी।

जिनके लिए कामवासना एक रोग बन गई है और दमन अत्यधिक है उनके लिए भी यह विधि बहुत उपयोगी है।

वे आधा घंटा एक घंटा कामवासना के विचारों को ही ध्यान बना लें। जिससे सेक्स करना चाहा था और नहीं कर सके, पहले स्मृति द्वारा उस स्थिति को अपने अंतर पटल पर उभारें। उन्हीं क्षणों को फिर से जीयें। यदि वह घटना चार वर्ष पूर्व हुई थी तो चार वर्ष पूर्व की स्थिति को ज्यों का ज्यों ताजा करें। पर उस घटना से तादात्म्य न जोड़ें। दूर खड़े तटस्थता से घटना की पूरी रील देखते रहें। तटस्थता व द्रष्टा भाव तभी रह सकेगा जब विधि से पूर्व अपने अवधान को त्रिनेत्र पर थिर कर लें और आंखों की गति रुक जाये।

प्रतिदिन तीन महीने तक यह विधि करते हुए दमित कामवासना विसर्जित हो जायेगी।

तनाव देकर शिथिल करें-जो लोग सदा निराश तनावग्रस्त, हिंसक व क्रोधी स्वभाव के हों वे इस ध्यान को प्रतिदिन 15 मिनट करें। 5-5 मिनट तीन बार।

पहले शरीर के जिस अंग में तनाव हो पहले उसी अंग को सिकोड़ कर उसे तनाव के चरम शिखर तक ले जाना है। फिर पूरे शरीर को तनाव देकर एक ज्वालामुखी उत्पन्न करें तनाव का।

तनाव के बाद विश्राम में जाते हुए सजग होकर श्वास के मार्ग को देखते रहें। श्वास तीव्र होने पर उसके मार्ग का अनुसरण करना, उसके अंतराल में रुकना और उसके मोड़ की पहचान सुगम और सरल हो जाती है।

जितनी धीमी श्वास होगी, उतना उस पर ध्यान रखना मुश्किल होगा और श्वास जितनी तीव्र होगी, ध्यान रखना आसान होगा।

इसीलिए मूर्च्छा तथा नींद तोड़ने के लिए ही सक्रिय ध्यान का प्रथम चरण है। श्वास की चोट इतनी तीव्र हो कि सोना मुश्किल हो जाये। साधारण नींद के साथ भीतर की मूर्च्छा और नींद पर भी इसकी चोट हो। इसका दूसरा तात्पर्य है-शरीर में अधिक से अधिक प्राण ऊर्जा का संग्रह। बाहर जाने वाली ऊर्जा को रोककर (आंखों में पट्टी बांध, कानों में रुई ठूंसकर तथा कम बोलकर) बाहर सूर्य की, पृथ्वी और वायु की अधिक से अधिक ऊर्जा ग्रहण करें।

शरीर को यदि शुद्ध रखना है तो यह स्मरण निरन्तर रखना होगा कि मैं शरीर नहीं हूं। तभी शरीर भीतरी रूप से भी शुद्ध होता है।

कामातुर मन-चाहे कामवासना में न भी उतरे फिर भी चौबीस घंटे अपने शरीर की विद्युत और प्राण ऊर्जा को बाहर फेंकता रहता है और इसलिए दीनता, आत्मग्लानि और आत्मदुर्बलता को उपलब्ध होता है। मनुष्य की जननेंद्रिय, विद्युत संग्रह के केन्द्र हैं।

रेचन या ध्यान समस्त इंन्द्रियों को एकाग्र करके किया जाये।

सभी इंन्द्रियों को एकाग्र करने की विधि–यदि मैं भीतर हृदय के केन्द्र को खोज रहा हूं तो सारी इन्द्रियों का उपयोग एक साथ करूं। हर इन्द्रिय के दो भाग होते है–बहिर-इंन्द्रिय और अंतर-इंद्रिय।

आंख बंद कर उस केन्द्र को देखने की कोशिश करूं।

कान बंद कर उस केन्द्र को सुनने की कोशिश करूं।

नाक को अंतर्मुखी कर उस केन्द्र की गंध लेने का प्रयास करूं। मनुष्य को पता नहीं होता कि उसकी कौन-सी इंन्द्रिय अधिक शक्तिशाली और संवेदनशील है?

यदि आंख की अंर्तइंद्रिय (अंतर-चक्षु) कमजोर हैं तो अंदर प्रकाश न दिखाई देगा।

यदि कान की अंर्तइंद्रिय (अंर्त-श्रवण) कमजोर हैं तो सूक्ष्म मंत्र की ध्वनि और अनाहत राग न सुनाई देगा।

इसलिए सभी इन्द्रियों को एकाग्र कर ध्यान करने से जिस इंद्रिय का अंर्तर्भाग मजबूत होता है, छलांग लग जाती है।

समस्त इंन्द्रियों को एकाग्र कर श्रद्धा और भक्ति से गुरु को प्रणाम करने के बाद ही ध्यान करने से वह सफल होता है।

ध्यान के संकल्प का परिणाम–ध्यान में तुम्हारे अंदर उतरने का संकल्प और तुम्हारे बुद्धत्व के स्वभाव का आकर्षण, दोनों एक दूसरे के निकट आते हैं।

तभी एक सूफी फकीर कहता है-**यदि तुम सत्य की ओर एक कदम उठाते हो तो सत्य तुम्हारी ओर एक हजार कदम तुम्हारे निकट आता है। विज्ञान भैरव तंत्र की परम्परागत शास्त्रीय टीकाओं से मुक्त कर ओशो ने उसे प्रवाहमय, उत्सवमय, सरल, सहज और बोधगम्य बनाया।**

शब्द ब्रह्म द्वारा रूपान्तरण

विज्ञान-भैरव-तंत्र का शुभारम्भ देवी (पार्वती) द्वारा शिव से पूंछे गये प्रश्न से होता है-"हे देव! भैरव अर्थात् परम सत्य का स्वरूप क्या है?

यहां यह प्रश्न उठना स्वाभाविक है कि जब अद्वैत तंत्र द्वैत को स्वीकार ही नहीं करता फिर देवी और शिव की अलग-अलग कैसी सत्ता कौन किससे कैसे प्रश्न कर सकता है?

शैव तंत्र कहता है-जैसे अग्नि और उसकी दाहक शक्ति अलग-अलग दो नहीं है उसी तरह देवी भी शिव से पृथक नहीं हैं। बोध भैरव और पराशक्ति एक ही हैं। जैसे दाहक शक्ति से अग्नि की पहचान या प्रत्यभिज्ञा होती है, वैसे ही शक्ति (देवी) की सहायता से ही शिव को पहचाना जा सकता है।

शिव को अर्द्धनारीश्वर भी कहा गया है। तंत्र प्रत्येक मनुष्य में पुरुष (सक्रिय) तथा स्त्रैण (निष्क्रिय) ऊर्जाओं का, पुरुष तथा स्त्री चित्त का होना स्वीकार करता है। दो तरह की ऊर्जाएं और दो प्रकार के चित्त एक ही में समाहित हैं पर भिन्न अभिव्यक्तियों के कारण वे दो भासते हैं, यद्यपि वे हैं एक ही।

शैव शास्त्रकार कहते हैं-सृष्टि, स्थिति, सम्हार, त्रीधान तथा अनुग्रह शिव या भैरव के पांच तत्त्व हैं जिसमें से उसकी शक्ति की अभिव्यक्ति अनुग्रह के द्वारा होती है।

मानव कल्याण के लिए, मनुष्य को उच्चतर सोपानों तक ले जाने के लिए स्वयं भैरव ही मूलभूत आध्यात्मिक सत्यों को सम्प्रेषित करने के लिए अपने अनुग्रह तत्त्व के माध्यम से स्वयं देवी का रोल करते हुए स्वयं ही पश्यन्ती तल पर प्रश्न भी करते हैं और उसी तल पर उसका उत्तर भी प्राप्त करते हैं। प्रश्न और उत्तर दोनों ही मनुष्य की भाषा में बैखरी द्वारा सम्प्रेषित करने का एक उपाय है जिससे मनुष्य रूपांतरित होकर स्वयं भैरव ही हो सके।

उस समय तक तंत्र शास्त्रों में वर्णित आठ उपायों या विधियों की एक-एक कर चर्चा करते हुए देवी पूंछती हैं कि इनमें भैरव या परमार्थिक सत्य का जो स्वरूप वर्णित किया गया है उनमें से कौन-सा विकल्प सही अर्थों में आपको अभिव्यक्त करता है?

क्या आप ही शब्द ब्रह्म है? क्या आप में ही यह नाना विषयों भरा विस्मययुक्त विश्व समाहित है? क्या आप विषय और आप ही विषयी हैं? क्या आप ही प्रकाश को अभिव्यक्त करने वाला अक्षर 'अ' और विमर्श अथवा शक्ति को प्रकट करने वाला अक्षर 'हा' अर्थात् **अहा** अनुभव स्वरूप है? क्या संस्कृत वर्णमाला के 'अ' से 'क्ष' तक सभी अक्षर अहम् के माध्यम से आपकों ही अभिव्यक्त कर रहे हैं?

शैव तंत्र में 'शब्द राशिमय' यह उपाय शाम्भव उपाय कहा जाता है जो मानता है कि अकार तत्त्व व स्वर व्यंजनात्मक मातृका से जगत की सृष्टि हुई। ओऽम् में 'अ' तथा 'उ' स्वरों का 'म्' व्यजंनों की अनुस्वार बिंदु का प्रतिनिधित्व करता है।

'कुल दर्शन, तंत्रालोक, स्वच्छंद तंत्र तथा योगिनी हृदयदीपिका आदि तंत्र शास्त्रों में यही साम्भव उपाय बताया गया है।

2. देवी का दूसरा प्रश्न है-क्या आठ मातृकाओं के मध्य आप ही भैरव स्वरूप नवात्मा हैं?

मंत्रों के अनुसार 'नेत्रतंत्र' में भैरव के नौ रूपों का उल्लेख है।

1 शिव, 2 सदाशिव 3 ईश्वर, 4 विद्या 5 माया 6 कला, 7 नियति, 8 प्रकृति 9 पुरुष। मंत्रों की दृष्टि से भैरव के नौ स्वरूपों का ध्यान क्रमशः 'ह्' ,र्, क्ष्, म्, ल्, व्, य्, ण् व ऊँ अक्षरों के जाप, ध्वनि, भाव और उसके पार जाकर होता है।

3. देवी का तीसरा प्रश्न है-क्या आप ही त्रिशिरों भैरव हैं? त्रिशिरों भैरव का साहित्य उपलब्ध नहीं है पर अन्य ग्रंथों में इसके उल्लेख से ज्ञात होता है कि भैरव की अभिव्यक्ति इस उपाय में शिव, शक्ति और नर के रूप में हुई है।

4. देवी, शैवागम के त्रिपुरा सम्प्रदाय में वर्णित भैरव के शक्तित्रयात्मक स्वरूप का उल्लेख करती हुई पूंछती हैं-क्या आप परा, परापरा और अपरात्मक, इच्छा, ज्ञान और क्रिया का शक्तित्रय हैं?

5. पांचवे प्रश्न में देवी पूंछती हैं-क्या भैरव का मूल स्वरूप नाद बिंदुमय है?

   बिंदु प्रतीक है प्रकाश अथवा शिव का और नाद प्रतीक है विमर्श शक्ति का जो प्रत्येक में व्याप्त है।

6. छठवें प्रश्न में देवी पूंछती हैं-क्या भैरव का स्वभाव अर्द्धचन्द्र निरोधिका से नाद और बिंदु के भी पार नादान्त, शक्ति, व्यापिनी, समना और उन्मना द्वारा अभिव्यक्त होता है?

   कुछ शैव ग्रंथों में शैव प्रणवमंत्र 'हूं' तथा शाक्त प्रणव मंत्र ही अर्थात् बीजाक्षरों के उच्चारण से बिंदु से लेकर उन्मना तक नौ कलाओं का विवेचन किया गया है।

7. सातवें प्रश्न में देवी जानना चाहती है कि क्या भैरव ही वह रहस्यमय शक्ति हैं जो कुंडलिनी जागरण के समय चक्रों में स्वरों की ध्वनि, भाव और अनुभव में व्याप्त हैं अथवा वह प्राण कुण्डलिनी, प्राणशक्ति और सुषुम्ना में अनच्क रूप में अनाहत राग की तरह गुंजरित हो रहे हैं?

8. देवी का अंतिम प्रश्न है-क्या भैरव का मूल स्वभाव शुद्ध अपरवर्तित

परम शक्ति रूपा है? यदि परापर और अपरा शक्ति का स्वरूप निराकार है तो फिर किसकी पूजा और किसका ध्यान किया जाये?

ओशो के विज्ञान-भैरव-तंत्र में देवी द्वारा पूंछे आठ प्रश्नों के स्थान पर केवल अस्तित्व गत प्रेम और विस्मय से पूंछे गए प्रश्न हैं। ओशो ने शास्त्रीय प्रश्नों को व्यर्थ समझ कर उनका उल्लेख ही नहीं किया है क्योंकि इन प्रश्नों के उत्तर में शिव ने कहा है-"कि जैसे स्वप्न में देखी गई या माया अथवा इन्द्रजाल से निर्मित किसी भी वस्तु का कोई अस्तित्व नहीं होता उसी तरह भैरव के स्वरूप की कोई सत्ता है ही नहीं। उसका स्वरूप अवर्णनीय है। वह केवल बोध स्वरूप और स्वानुभवगम्य है। यह विश्व उसी का विलास है।

मिथ्या आडम्बर में रुचि रखने वाली अज्ञानी जीवों के लिए ही शास्त्रों में सकल स्वरूप वर्णित किए गए हैं, जिससे वे गलत मार्गों पर न चले जायें।

शिव से भिन्न किसी अन्य की परमार्थ सत्ता न होने से कौन किसकी पूजा करेगा और कौन किस पर अनुग्रह करेगा? जैसे लहर, सागर से भिन्न नहीं है और लहर से सागर की पहचान होती है उसी तरह शक्ति, शिव से पृथक नहीं।

विज्ञान-भैरव-तंत्र, अनुपाय प्रक्रिया अर्थात् सहज समाधि का प्रतिपादन करता है। यह सहज मन की सभी स्वाभाविक रागात्मक वृत्तियों का बिना जोर-ज़बरदस्ती सहज रूप में परिष्कार कर भैरव के निज स्वरूप का साक्षात्कार कराता है।

ओशो के विज्ञान-भैरव-तंत्र में देवी, शिव से कोई भी शास्त्रीय प्रश्न नहीं पूंछती। पूछ ही नहीं सकती। गहन प्रेम में दार्शनिक प्रश्न पूंछे ही नहीं जा सकते।

देवी पूंछती है-"हे देव! आपका स्वरूप कैसा है? आपका सत्य क्या है?"

शिव इस प्रश्न का उत्तर न देकर बदले में एक विधि देते हैं। देवी यदि इस विधि से गुजर जायें तो परोक्ष उत्तर पा जायेंगी। शिव कोई दार्शनिक समाधान न देकर, समाधान को उपलब्ध होने का उपाय बतलाते हैं।

ओशो के अनुसार विज्ञान भैरव तंत्र दो प्रेमियों के मध्य प्रेमपूर्ण संवाद हैं। जब तक गुरु शिष्य में प्रेमी-प्रेमिका जैसे संबंध न हो, जब तक शिष्य में स्त्रैण ग्राहकता, समर्पण और प्रेम न हो, संवाद संभव ही नहीं है।

तर्क की भाषा आक्रामक, विवादी और हिंसक होती है। उसमें सिद्धांत महत्त्वपूर्ण होते हैं। वह चर्चा रूखी, नीरस और उबाऊ होती है। प्रेमपूर्ण

संवाद में शिष्य गुरु के शब्द सुनता नहीं, उन्हें पीता है। शब्दों से अधिक मौन महत्त्वपूर्ण हो जाता है।

शिव के वचन अति संक्षेप में सूत्र रूप हैं। यह चेतना के पार जाने की विधियां हैं। तंत्र कहता है–यदि तुम मूर्च्छा से अमूर्च्छा की यात्रा करते हो तो यह भी द्वैत की ही यात्रा है। तुम्हें मूर्च्छा-अमूर्च्छा दोनों के पार जाना है।

देवी पूंछती हैं–''आपका सत्य क्या है? यह आश्चर्य भरा जगत क्या है? बीज कौन है? जागतिक चक्र की धुरी कहां है? आकार के परे जीवन क्या है? समय और स्थान से परे होकर हम उसमें पूरी तरह कैसे प्रवेश करें?

मैं प्रश्न तो केवल आपको अपना मन दिखाने के लिए करती हूं। उन पर ध्यान मत दें। मेरा काम उत्तरों से नहीं चलेगा। मेरी जरूरत है कि मेरे संशय निर्मूल हों।''

शब्द ब्रह्म अर्थात् स्वरों के पृथक-पृथक चक्रों पर पृथक बीज मंत्र के अजपाजाप से किस भांति सरलता से कुण्डलिनी जागरण हो सकता है इसका उल्लेख ''शब्द ब्रह्म द्वारा समाधि'' अध्याय में विस्तार से किया गया है। इसे पढ़कर आवश्यकता होने पर सम्पर्क करें।

15. विज्ञान-भैरव-तंत्र की श्वास से संबंधित ओशो की रूपांतरण की चार विधियां

हम जन्म के क्षण से मृत्यु के क्षण तक निरन्तर श्वास लेते रहते हैं। सोते हुए भी श्वास स्वत: चलती रहती है। यह एक सतत प्रवाह है जिसमें कोई अंतराल नहीं। इस संबंध में चार मूलभूत बातें समझ लेने जैसी हैं।

1. श्वास मनुष्य के व्यक्तित्व का अचल तत्त्व है।

2. श्वास जीवन के लिए अत्यंत आवश्यक और आधारभूत है। वही जीवनी-शक्ति और प्राण है।

3. श्वास, मनुष्य और उसके शरीर के बीच एक सेतु या पुल है। साथ ही वह मनुष्य और विश्व के बीच भी एक सेतु है। शरीर, विश्व का एक ही अंग है। श्वास का सेतु टूटते ही मनुष्य की चेतना समय और स्थान के पार किसी अज्ञात आयाम में विलीन हो जाती है। इसीलिए तंत्र कहता है कि श्वास का रहस्य जानकर तुम जीवन स्त्रोत को उपलब्ध कर सकते हो। तुम समय और स्थान का अतिक्रमण कर संसार में होते हुए भी उसके पार जा सकते हो।

4. श्वास के दो छोर या दो बिंदु हैं। पहला छोर, जहां वह शरीर और विश्व को छूती है और दूसरा छोर है-जहां वह तुम्हें और विश्वातीत को छूती है।

इस दूसरे छोर से हम परिचित नहीं। तंत्र इस दूसरे छोर को पाने की विधि बतलाता है जिससे रूपांतरित होकर मनुष्य समय और स्थान से परे दूसरे आयाम में प्रवेश कर जाएं।

योग में प्राणायाम द्वारा श्वसन प्रक्रिया को व्यवस्थित किया जाता है जिससे शरीर स्वस्थ और दीर्घायु हो।

तंत्र में श्वास को व्यवस्थित या लयबद्ध करने का कोई अभ्यास नहीं किया जाता। तंत्र में श्वास के विशेष बिंदुओं के प्रति बोधपूर्ण और सजग रहना मात्र है।

यह बिंदु बहुत सूक्ष्म हैं। इनके लिए अति संवेदनशीलता और सजगता की जरूरत है।

तंत्र के इन प्रयोगों में जैसी भी श्वास चल रही है, उसी के साथ चेतना की यात्रा करते हुए उन बिंदुओं के प्रति बोधपूर्ण होना है। श्वास की गति कम या अधिक करने या उसे व्यवस्थित करने जैसा कोई प्रयास करना ही नहीं है। यह चार प्रयोग निम्न हैं।

1. दो श्वासों के बीच के अंतराल को अनुभव करो।

अनाहत चक्र की सीध में बाहर नासाग्र से बारह अंगुल नीचे वह बिंदु है जहां से श्वास भीतर आती है और उसी बिंदु की सीध में अंदर वह दूसरा बिंदु है जहां से श्वास बाहर जाती है। भीतर आते समय और बाहर जाते समय वह क्षण के एक अंश के लिए ठहर जाती है।

श्वास के भीतर या बाहर के लिए मुड़ने के पहले वह एक क्षण होता है जब तुम श्वास नहीं लेते, उसी क्षण का सूक्ष्मता सजगता और संवेदनशीलता से अनुभव कर लेने में घटना घटनी संभव है; क्योंकि जब तुम श्वास नहीं लेते तो तुम संसार में नहीं हो, समझो मृत हो। बाहर जाने वाली श्वास मृत्यु ही है। वह समय और स्थान से परे विश्वातीत का झरोखा है।

गौतम बुद्ध ने तंत्र से ही यह विपस्सना ध्यान की विधि ली, पर उन्होंने केवल आती-जाती श्वास के प्रति सजग रहने की ही विधि दी। उन्होंने उनके बीच के अंतराल को अनुभव करने की बात इसलिए नहीं की क्योंकि इससे अंतराल के अनुभव की कामना निर्मित हो सकती थी और यह सजगता में, होश साधने में बाधा बन सकती थी।

2. दो श्वासों के बीच संक्रांति-बिंदु को देखो।

जब श्वास नीचे से ऊपर की ओर और ऊपर से नीचे की ओर मुड़े, तो इन दो मोड़ों के द्वारा उपलब्ध हो जाओ।

यह विधि, पहली की ही भांति है, पर अंतर केवल इतना है अंतराल के स्थान पर श्वास के इस मोड़ का अनुभव करना है।

अंदर आने वाली और बाहर जाने वाली श्वास एक वर्तुल या एक माला-सी बनाती है। भीतर आने वाली श्वास आधा और शेष आधा वर्तुल बाहर जाने वाली श्वास बनाती है।

जब श्वास मोड़ लेते हुए घूमती है तो उसे तटस्थ क्षेत्र से गुजरना होता हैं यह ठीक कार के न्यूट्रल-गेयर जैसा स्थान है। मनुष्य का शरीर और मन उसके अस्तित्व के दो गेयर हैं जो गति देते हैं। एक गेयर से दूसरे गेयर में जाते समय न्यूट्रल गेयर आवश्यक है। इसी न्यूट्रल-तटस्थ क्षेत्र में मनुष्य न शरीर है और न मन। वह इन दोनों के पार मात्र अस्तित्व है।

यह मोड़, यही तटस्थ स्थान बहुत सूक्ष्म है। इसके अनुभव के लिए बहुत सूक्ष्म निरीक्षण और संवेदनशीलता की आवश्यकता है।

इस मोड़ के अनुभव से ही "मैं कौन हूं? इसका बोध होता है। **महर्षि रमण** की साधना-विधि-केवल यही जानने की थी कि **मैं कौन हूं?"**

3. दो श्वासों के विलय बिंदु को देखो। जब आती और जाती श्वासें एक दूसरे में विलीन होती हैं, उसी क्षण में ऊर्जा रहित, ऊर्जा पूरित केन्द्र को स्पर्श करो।

ओशो कहते हैं-हम शरीर और केन्द्र में विभाजित हैं। शरीर परिधि है पर हमें केन्द्र का पता नहीं। जब श्वास भीतर प्रवेश कर बाहर की ओर मुड़ने लगती है-वही विलय होने का क्षण है। उस क्षण में न श्वास बाहर जाती है और न अंदर आती है। वह बाहर जाते समय गतिमान है और भीतर आते समय भी गतिवान है। पर जब श्वास न बाहर जाती और न अंदर आती है उस क्षण वह शांत, मौन और अचल है और तुम केन्द्र के निकट हो। यही विलय बिंदु तुम्हारा ही नहीं-विश्व का भी केन्द्र है।

लाओत्से की तानदेन विधि तंत्र से भी अद्भुत है। वह कहता है- छाती से अधूरी सांस न लेकर, पेट से गहरी और धीमी सांस लो जिससे वह केन्द्र का स्पर्श करे। यदि श्वास पेट तक गहरी जाए तो वह कामकेन्द्र को ऊर्जा देती है, उसे स्पर्श करती है जिससे कामकेन्द्र सक्रिय और जीवंत हो उठता है। छोटे बच्चे लेटे-लेटे पेट से सांस लेते हुए इसलिए जननेन्द्रिय से खेलते हैं क्योंकि उनका काम केन्द्र सक्रिय हो जाता है। काम के डर से इसीलिए सभ्यता और नैतिकता हमें छाती से अधूरी सांस लेना सिखाता है।

यह केन्द्र ऊर्जारहित इसलिए है क्योंकि हमारा शरीर और मन इसे ऊर्जा नहीं दे सकते क्योंकि वहां शरीर और मन की ऊर्जा है ही नहीं। शरीर की ऊर्जा है भोजन और पानी। यह केन्द्र जागतिक स्त्रोत, विश्व-ऊर्जा से जुड़ा है इसीलिए इसे ऊर्जापूरित केन्द्र भी कहते हैं।

4. श्वास के ठहरने के क्षण में सजग रहो।

जब श्वास पूरी तरह बाहर गई है और स्वतः ठहरी है या पूरी तरह भीतर आई है और ठहरी है-ऐसे जागतिक विराम के क्षण में व्यक्ति का क्षुद्र अंहकार विसर्जित हो जाता है। केवल अशुद्ध के लिए यह कठिन है।

संकट के समय या किसी कार दुर्घटना के समय अथवा मन की कल्पना से परे किसी आकस्मिक घटना के समय हमारी बाहर की श्वास बाहर और अंदर की श्वास अंदर ही ठहर जाती है। हम श्वास लेना ही भूल

जाते हैं। श्वास अचानक स्वयं ठहर जाती है। उस क्षण मन विसर्जित हो जाता है। इसी क्षण में अगर तुम बोधपूर्ण हो सके तो तुम उपलब्ध हो जाओगे।

उपदेश देते हुए झेन-गुरु का अचानक किसी शिष्य को खिड़की के बाहर फेंक देना, अचानक तलवार से किसी शिष्य की इशारा करती अंगुली को काट देना या अचानक पागलों की तरह चीखना-चिल्लाना यह सभी वो स्थितियां थीं जिन्हें गुरु, शिष्य को केन्द्र पर पंहुचने के लिए प्रयुक्त करते थे।

जब श्वास रुकती है तो मन रुक जाता है और यदि मन ठहर जाता है तो श्वास रुक जाती है।

ओशो कहते हैं-शुद्ध वह है जिसके मन में कोई लोभ या वासना नहीं। कोई महत्वाकांक्षा या दौड़ नहीं। वह सहज सरल है। शुद्ध मन वाले के लिए श्वास अचानक ठहर जाती है और अंहकार विसर्जित हो जाता है।

एक दूसरा व्यक्ति जो कामवासना और लोभ से संभोग में रत है, उसकी श्वास गहरे केन्द्र तक तो पंहुच रही है, पर वह अशुद्ध है। उसकी श्वास तेज है। इसलिए ऐसे व्यक्ति का इससे रूपांतरण नहीं होता। बिना वासना के खेल-खेल में जब दो ध्यानी श्वास शांत रखकर स्खलन रहित संभोग में उतरें तब भी यही घटना घट जाती है।

तभी ओशो कहते हैं-मोक्ष की या समाधि की चाह भी बाधा बन जाती है। चाह मात्र ही अवरोध है।

सहज, सरल, निर्दोष होकर, अतीत और भविष्य का विसर्जन कर अभी यहीं इसी क्षण ठहर जाओ, श्वास भी अपने आप ठहर जायेगा। अंहकार विसर्जित हो जाएगा और तुम परमात्मा को उपलब्ध हो जाओगे।

श्वास के प्रथम चार प्रयोगों द्वारा आत्म रूपांतरण (गुह्य ज्ञान)-ओशो ने विज्ञान-भैरव-तंत्र प्रवचनमाला में विज्ञान भैरव तंत्र के न तो संस्कृत के श्लोकों को उद्धृत किया है और न उसका अंग्रेजी में अनुवाद ही दिया है। ऐसा करने की कोई आवश्यकता थी भी नहीं, क्योंकि ओशो विज्ञान भैरव तंत्र की कोई टीका नहीं कर रहे थे। उन्होंने संस्कृत श्लोक का भाव और बोध लेकर साधकों के सहज रूपांतरण के लिए अपने शब्दों में सहज सरल विधि दी है। उनके करुणामय बोध को प्रभावी करने के उद्देश्य से ही मैं धारणा 1 व 2 का संस्कृत पाठ तथा वर्तमान युग के शैव आचार्य लक्ष्मणजू महाराज के शिष्य श्री जयदेवसिंह द्वारा इन धारणाओं का अंग्रेजी अनुवाद भी निम्न भांति दे रहा हूं। जिससे यह और स्पष्ट और साधकों के लिए उपयोगी हो सके।

(धारणा-1) श्री भैरव उवाच

ऊध्वे प्राणो ह्यधो जीवो विसर्गात्मा परोच्चरेत्!
उत्पत्ति द्वितय स्थाने भरणाद् भरिता स्थितिः !!28!!

Bhairava says:

Para devi or Highest Sakti who is the nature of visarga goes an (ceaselessly) expressing herself upward (urdhva) from the centre of the body of dvadasanta or a distance of twelve fingers in the form of exhalation (prana) and downward (adhah) (from dvadasanta to the centre of body) in the form of inhalation (jiva or apna) by steadly fixation of the mind (bharant) at the two places of their origin (viz. centre of the body in the case of prana and dvadasanta in the case of apana), there is the sitaution of plenitiude (bharitasthitch which is the state of para sakti or nature of Bhairava).

धारणा-2

मरुतोऽन्तर्बहिर्वापि विचद्युग्मानिवर्तनात्!
भैरव्या भैरवस्येत्थं भैरवि व्यज्यते वयुः !!29!!

Of the breath (exhalation or prana) arising from the inner i.e. the centre of the body (heart) there is non return for a split second from the dvadasanta (a distance of twelve fingers from the nose in the outer space) and of the breath (inhalation or apana arising from dvadsant i.e. the outer space, there is non return for a split second from the centre of the body (heart). If one fixes his mind steadily at these two points of pause, one will find that Bhairavi the essential form of Bhairava is manifested at those two points.

विज्ञान-भैरव-तंत्र की परम्परागत टीकाओं को पढ़कर भी कोई साधक बिना गुरु की सहायता के उन्हें करना बहुत कठिन है। गुरु की आवश्यकता अंहकार विसर्जन और बोध के लिए तो है ही पर ओशो के तंत्र सूत्र के प्रवचनों को श्रद्धा तथा सजगता से मनन कर साधक सहज ही उनका प्रयोग कर विकसित हो सकता है।

उदाहरण के लिए विज्ञान-भैरव-तंत्र के प्रथम दो प्रयोगों अथवा प्रथम दो धारणओं को लें। पर इससे पूर्व कुछ बातें समझ लेने जैसी हैं।

विज्ञान भैरव-तंत्र के टीकाकार 112 विधियों या प्रयोगों को 'धारणाएं' कहते हैं। धारणा की व्याख्या करते हुए अभिनवगुप्त कहते हैं-

"जब, प्राण, अपान, व उदान मध्य में मिलते हैं, वहां चेतना को केन्द्रित कर जब मन के सभी विकल्प मिट कर मध्य-दशा विकसित होती है, श्वास का आना-जाना भी थम जाता है और अपने होने की अनुभूति होती है, जो भैरव का स्वभाव है।

आचार्य शिवोपाध्याय के अनुसार धारणा चूंकि मध्यदशा की सहायता लेती है अत: यह 'आणव उपाय' है।

विज्ञान भैरव तंत्र के प्रथम प्रयोग या प्रथम धारणा को समझने के लिए हमें तीन चार पारिभाषिक शब्दों का अर्थ समझना आवश्यक है। संक्षेप में हम दाहिने नथुने से जो श्वास बाहर छोड़ते हैं वह नासिका छिद्र से बारह अंगुल की दूरी पर हृदय के पास शून्य में लुप्त हो जाती है। यह छोड़ी गई श्वास 'प्राण' कही जाती है। योग के शब्दों में यह रेचक कही जाती है।

बाहर हृदय के सामने जिस स्थान पर श्वास शून्य में विलीन होती है, नासिका से बारह अंगुल की दूरी पर होने के कारण वह स्थान 'बाह्य-द्वादशांत' कहा जाता है।

बाएं नथुने से जो श्वास अंदर ली जाती है उसे 'अपान' कहते हैं। अपान की इस आंतर ग्ति को पूरक कहते हैं।

श्वास या प्राण का स्वरूप ही अंदर आना और बाहर जाना है। इस स्वाभाविक व्यापार को तंत्र परा-शक्ति का उच्चारण या स्पन्दन मानता है।

बाह्य द्वादशांत की तरह अंर्त द्वादशांत हृदय में भी है। प्राण, बाह्य-द्वादशांत में और अपान, आन्तर-द्वांदशांत में क्षणभर को विलीन हो जाता है इसी को बाह्य और आन्तर कुम्भक कहते हैं।

प्राणायाम में प्राणवायु की गति को नियंत्रित किया जाता है पर तंत्र प्रयोग में केवल प्राण या अपान का (श्वास-प्रश्वास) केवल मात्र सजगता से निरीक्षण किया जाता है।

विज्ञान भैरव तंत्र की टीकाओं में वर्णित प्रथम धारणा–

"ऊपर हृदय से द्वादशांत तक जाने वाला प्राण और नीचे द्वादशांत से हृदय तक आने वाला अपान, परादेवी का उच्चारण और स्पन्दन है। परादेवी ही इसका निरंतर उच्चारण करती स्पन्दित होती रहती है। यह परा-देवी विसर्ग स्वभाव है अर्थात आन्तर और बाह्य भावों की सृष्टि करना ही इसका स्वभाव है।

प्राण और अपान की सृष्टि के स्थान हृदय और द्वादशांत में नित्य उन्मेषित हो रही प्रथम स्फुरणस्वरूप भैरव की शक्ति की भावना करने से योगी में भैरव-स्वभाव की अभिव्यक्ति हो जाती है और उसका भैरव स्वरूप प्रकट हो जाता है।"

क्या है द्वादशांत?

विज्ञान-भैरव-तंत्र का यह सबसे गुह्य, रहस्यमय परम रूपांतरणकारी महामंत्र है। इसे गुरु, शिष्य की योग्यता को देख दीक्षा के समय ही देते हैं।

इस बारह अंगुल की दूरी का महत्त्व कुण्डलिनी जागरण के समय भी होता है।

ओशो ने विज्ञान भैरव की 112 धारणाओं में द्वादशांत के प्रयोगों को बिना इसके उल्लेख किये कुछ दूसरे ढंग से समझाया है। संभवत: तंत्र के रहस्य विद्यालय में शिष्य की योग्यता को देख कर ही इसका प्रयोग बताया जाता होगा क्योंकि बिना कुण्डलिनी जागरण के इसका कोई उपयोग ही नहीं है।

द्वादशांत के प्रयोगों का 'मैं' पूर्व भी उल्लेख कर चुका हूं। पहले द्वादशांत को विस्तार से समझें-यह है क्या। इसका अर्थ है जहां बारह का अंत होता है। तंत्र में बारह अंगुल की दूरी को ही द्वादशांत कहा जाता है। अपनी ही उंगुलियों के बारह अंगुल की दूरी।

1. **बाह्य द्वादशांत**–नासाग्र से नीचे हृदय की ओर बारह अंगुल दूर बाहर जहां अंदर से बाहर आने वाले श्वास जिसे प्राण कहते हैं, शून्य में विलीन हो जाती है और इसी शून्य से अपान वायु बारह अंगुल यात्रा कर नासिका में प्रवेश करती है।
2. **अंर्त द्वादशांत**–बाह्य द्वादशांत से बारह अंगुल दूर शरीर के अंदर हृदय। पर हृदय रक्त को पम्प करने वाला हृदय न होकर यह तंत्र का हृदय कमल है, जहां बाहर से आने वाली अपान वायु विलीन होकर प्राण वायु प्रश्वास के रूप में प्रकट होकर बाहर जाती है। हृदय कमल भी सिकुड़ता फैलता रहता है और यह भौतिक शरीर में न होकर सूक्ष्म शरीर में होता है। बाहर से आने वाली अपान वायु इसी निरंतर संकुचित और फैलने वाले हृदय कमल में यदि प्रविष्ट हो जाये जिसे सुषुम्ना या मध्य नाड़ी में भी प्रविष्ट होना कहते हैं तो फिर श्वास लेने और छोड़ देने की आवश्यकता ही नहीं रहती और प्राणशक्ति सक्रिय होकर ऊर्ध्वगामी होने लगती है।

   मध्य नाड़ी या सुषुम्नणा को भी द्वादशांत कहते हैं।
3. हृदय कमल से बारह अंगुल दूर कंठ और कंठ से भी बारह अंगुल दूर भ्रू मध्य त्रिनेत्र का स्थान भी द्वादशांत कहा जाता है।
4. भ्रूमध्य से सिर के ऊपर बारह अंगुल दूर चोटी का स्थान, जहां ब्रह्मरंध्र का मुंह खुलता है, बाह्य द्वादशांत कहा जाता है।

   इस पाठ से स्पष्ट है कि विज्ञान भैरव तंत्र के टीकाकार और शैवाचार्य, तंत्र को भी योग ही मानते हैं। उन्होंने पंतजलि के अष्टांग मार्ग में यम, नियम तथा आसन को हटाकर शेष पांच अंगों मार्ग में

यम, नियम तथा आसन को हटाकर शेष पांच अंगों में एक नया अंग 'तर्क' भी जोड़ दिया है। वे प्राणायाम की ही शास्त्रीय शब्दावली प्रयुक्त करते हुए, उन साधकों को संबोधित करते हुए ही धारणा को अभिव्यक्त कर रहे हैं, जो गुरु के सान्निध्य में रहते हुए उनका अभ्यास करेंगें।

ओशो की दृष्टि का मैं पहले ही उल्लेख कर चुका हूं जो तंत्र को योग से भिन्न मानते हैं। योग निषेध हैं और तंत्र विधायक भाव से सर्वस्वीकार की बात कहता है। योग दमन है जबकि तंत्र सहज स्वीकार भाव से सजग निरीक्षण की बात कहता है। योग, आक्रामक अहंकार पूर्ण है जबकि तंत्र में ग्राहकता और प्रेमपूर्ण समर्पित भाव है।

विज्ञान-भैरव-तंत्र की प्रथम धारणा या प्रयोग को ओशो निम्न प्रकार सहज रूप में यों प्रस्तुत करते हैं जिसे पढ़ कर योग का अ ब स भी न जानने वाला सामान्य साधक भी उसका सरलता से प्रयोग कर रूपांतरित हो सके।

देवी पूंछ रही हैं-वह परम अनुभव क्या है जिससे भैरव स्वरूप उपलब्ध हो सके? शिव उत्तर न देकर विधि देते हुए कहते हैं-

"हे देवी! यह अनुभव दो श्वासों के बीच घटित हो सकता है। श्वास के भीतर आने के पश्चात् और बाहर लौटने के ठीक पूर्व श्रेयस और कल्याण है। इन दो बिंदुओं के बीच होशपूर्ण होने से ही वह परम अनुभव प्राप्त होता है।"

इस विधि को वह समझाते हुए वह कहते हैं-श्वास को प्रशिक्षित नहीं करना है। वह जैसी है उसे वैसी रहने दो। पहले भीतर आने वाली श्वास के प्रति होशपूर्ण बनो। उसे देखो। सब कुछ भूल कर आने वाली श्वास और उसके यात्रा पथ को देखो। जब श्वास नासापुटों का स्पर्श करे तो उसे महसूस करो। श्वास की गति के साथ पूरी सजगता से उसके साथ यात्रा करो। छाया की तरह उसके साथ, समानान्तर युगपत चलो। श्वास और सजगता को एक हो जाने दो। तभी अचानक तुम उस अंतराल का अनुभव करोगे जहां श्वास ठहर गई है और इसी ठहराव में श्रेयस का वास है। इसी के द्वारा तुम परम अनुभव को प्राप्त हो सकते हो।

दूसरी विधि ओशो निम्न भांति समझाते हैं-"जब श्वास नीचे से ऊपर की ओर मुड़ती है और जब श्वास ऊपर से नीचे की ओर मुड़ती है-इन दो मोड़ों के द्वारा उपलब्ध हो।

इसे समझाते हुए ओशो कहते हैं-थोड़े फर्क के साथ यह पहले वाली विधि की ही तरह है। अब अंतराल पर जोर न होकर मोड़ पर है। आने और

जाने वाली श्वास दो सामानान्तर रेखाओं की तरह न होकर एक वर्तुल बनाती है। भीतर आने वाली श्वास आधा वर्तुल बनाती है और शेष आधा वर्तुल बाहर जाने वाली श्वास बनाती है। भीतर जाते हुए श्वास न्यूट्रल गेअर से होकर मोड़ का बोध हो सकता है।

विज्ञान-भैरव-तंत्र की टीकाओं में दूसरी धारणा निम्न तरह से अभिव्यक्त की गई है—

हे भैरवी! प्राण और अपान नामक पवन के आधारभूत स्थान आन्तर आकाश हृदय और बाह्य आकाश द्वादशांत से प्रत्यावृत्ति के अभाव में एक क्षण के लिए उसकी वृत्ति अंतर्मुख हो जाती है। तब ऐसी प्रतीति होता है मानो प्राण और अपान कहीं विलीन हो गये हैं। इस स्थिति को शास्त्र में 'मध्य दशा' के नाम से जाना गया है।

आचार्य शिवोपाध्याय की संस्कृत टीका में इस धारणा का हिन्दी अनुवाद निम्न भांति है—

''सकल प्रलयाकल प्रभूति सभी प्रभाता जीवों के प्राण की पूरक, कुम्भक और रेचक अवस्थाएं स्वाभाविक रूप से बिना प्रयत्न के निरंतर गतिशील रहती हैं। हृदय स्थित कमलकोष से प्राण का उदय होता है। नासिका मार्ग से बाहर निकल कर यह बारह अंगुल चल कर अंत में आकाश में विलीन हो जाता है। इसीलिए योगशास्त्र में यह द्वादशांत के नाम से प्रसिद्ध है। प्राण की इस स्वाभाविक बाह्य गति को रेचक नाम से जाना जाता है। बाह्य द्वादशांत से अपान का उदय होता है और नासिका मार्ग से चलकर यह हृदय स्थित कमलकोष में विलीन हो जाता है। अपान की यह स्वाभाविक आन्तर गति 'पूरक' कही जाती है। प्राण द्वादशांत में और अपान हृदय में क्षणमात्र के लिए विलीन हो जाता है। यही प्राण की कुम्भक अवस्था कही जाती है।

बाहर और भीतर दोनों स्थानों में निष्पन्न होने से बाह्य और आन्तर के भेद से यह दो तरह की होती है। मनुष्य के श्वास-प्रश्वास की निरंतर चलने वाली स्वाभाविक प्रक्रिया से निष्पन्न होने वाली इन रेचक, पूरक तथा बाह्य एवं आन्तर कुम्भक अवस्थाओं का निरंतर सावधानी से निरीक्षण करने वाला योगी फिर आवागमन के चक्कर में नहीं पड़ता।''

आचार्य शिवोपाध्याय, योग वासिष्ठ के अनुसार आठ प्राणायामों की तथा शैव शास्त्रों में प्रमाता के सात भेदों का रहस्य समझाते हुए इस विधि को और जटिल बना देते हैं।

जब सहज स्वाभाविक रूप से आती जाती श्वास का मात्र सजगता से निरीक्षण करना है तो पूरक, रेचक, कुम्भक की शास्त्रीय स्थिति समझ कर आठ प्राणायामों को समझने का सार क्या है? सरलतम विधि को जटिलतम बनाकर प्रस्तुत करना यह पांडित्य का प्रदर्शन भर है।

ओशो जैसे बुद्ध ने विज्ञान भैरव तंत्र के प्रयोगों को, तंत्र के नाजुक स्वर को आत्मसात कर जो सहज सरल अभिव्यक्ति दी है वह मौलिक और सरलता से समझ में आने वाली है और उससे सहज रूपांतरण सम्भव है।

पर द्वादशान्त की प्रक्रिया समझने से श्वास का यात्रापथ स्पष्ट हो जाता है, जिसे जानने में बुद्ध को भी कई वर्ष लगे थे।

निम्न चार्ट द्वारा श्वास के इस यात्रा-पथ को समझना और सुगम हो जायेगा।

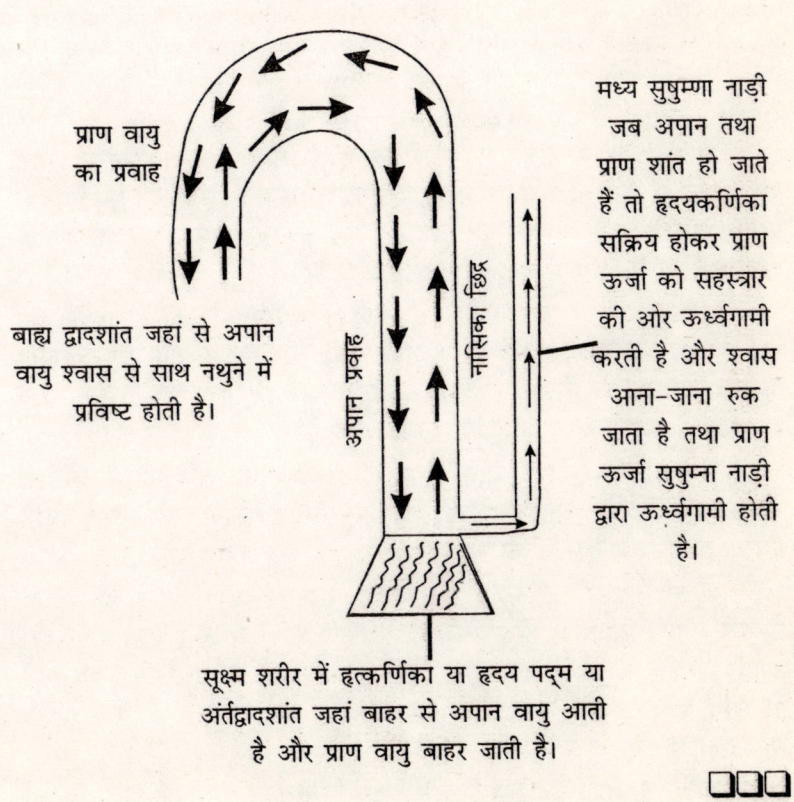

प्राण वायु का प्रवाह
अपान प्रवाह
मध्य सुषुम्णा नाड़ी जब अपान तथा प्राण शांत हो जाते हैं तो हृदयकर्णिका सक्रिय होकर प्राण ऊर्जा को सहस्त्रार की ओर ऊर्ध्वगामी करती है और श्वास आना-जाना रुक जाता है तथा प्राण ऊर्जा सुषुम्ना नाड़ी द्वारा ऊर्ध्वगामी होती है।
बाह्य द्वादशांत जहां से अपान वायु श्वास से साथ नथुने में प्रविष्ट होती है।
सूक्ष्म शरीर में हृत्कर्णिका या हृदय पद्म या अंर्तद्वादशांत जहां बाहर से अपान वायु आती है और प्राण वायु बाहर जाती है।

□□□

16. द्वादशांत के बिना श्वास प्रश्वास के चेतना थिर कर, परम अनुभव की प्राप्ति

When the body of the yogi is penetrated by consciousness in all parts and his mind which has became firm by one pointedess (dradhibahlationa) is disslolve in the dvadshant, situated in the body, then that yogi. Whose intellect has became firm experiences the caharacteristic of Reality (Dharma 27- verse 50)

Translation of Vigyan Bharavatantra by Sri Jai Dev Singh

अपने शरीर में, सब तरफ से रोमकूपों के भीतर भी, चैतन्यरूपी देवता के प्रविष्ट हो जाने से शरीर स्थित द्वादशांत में एकाग्रता प्राप्त मन दृढ़तापूर्वक प्रविष्ट हो जाता है अथवा द्वादशांत, अर्थात सुषुम्ना नामक पध्य नाड़ी के शमन्यसतिशून्य धाम में यह लीन हो जाता है।

द्वादशान्त या सुषुम्ना में लीन हो जाने के कारण मन की वासनाओं का क्षय हो जाने से योगी का चित्र एकाग्रता की ओर दृढ़तापूर्वक बढ़ता जाता है और अन्ततः वह विश्रान्ति दशा में पहुंच जाता है जहां कि उसके हृदय में परातत्त्व का प्रकाश आलोकित हो उठता है।

शिवोपाध्याय की विज्ञान भैरव तंत्र की टीका के आधार पर श्री बृजवल्लभ द्विवेदी द्वारा हिन्दी में प्रकाशित टीका के अनुसार उक्त प्रयोग (पर इसका क्रम इस टीका में धारण नं. 27 है) प्रयोग वही है।

गौतम बुद्ध ने विपस्सना का प्रयोग विज्ञान भैरव तंत्र से ही लिया। उन्होंने केवल आती-जाती श्वांस के निरक्षण की बात की बात ही कही। उन्होंने श्वांस के मोड़, द्वादशान्त, सुषम्ना या ऊर्जा के उर्ध्वगमन की बात ही नहीं की। उनका ख्याल था कि इनके जिक्र से साधक कामना या महत्वाकांक्षा के जाल में पड़ सकते हैं।

ओशो ने अपनी अभिव्यक्ति में इड़ा, पिंगला, सुषुम्ना या द्वादशांत का उल्लेख जानबूझ इसीलिए नहीं किया है जिससे योग तथा प्राणायाम न जानने

वाले साधक इन शब्दों से भ्रमित न हो जायें। तंत्र के प्रयोगों में श्वास का नियमन या नियंत्रण न होकर सहज रूप से उसका निरीक्षण मात्र है। ओशो ने विज्ञान भैरव तंत्र के सूत्र का शब्दार्थ प्रस्तुत न कर सरल भावार्थ दिया है।

तंत्र का बोध कंवलवत है। काम, क्रोध के विष को भी उसका कोई विरोध नहीं। वह उन्हें भी अमृत बनाने की कीमिया जानता है। वह उनमें भी प्रवेश करता है पर सजगता और होश से उसके पार ले जाता है।

इसी के ठीक बाद का 6वां प्रयोग है–

If one fixes one's mind at dvadsanta again and again (pratksanam) howsoever and wheresoever, the fluctuation of this mind will diminish and in "few days, he will acquire an extraordinary status.

(Translated by Jaidev Singh Dhararna 28)

तंत्र सूत्र में यही प्रयोग क्रम संख्या संख्या 4 पर है। ओशो कहते हैं–"जब श्वास पूरी तरह बाहर गई है और स्वत: ठहरी है, या पूरी तरह भीतर आई है और ठहरी है-ऐसे जागतिक-विराम के क्षण में व्यक्ति का क्षुद्र अंहकार विसर्जित हो जाता है। केवल अशुद्ध के लिए यह कठिन है।

अशुद्ध वही है जो श्वास के प्रति बोधपूर्ण नहीं है। अशुद्ध वह है जिसे अभी तक श्वास के मुड़ने के बिंदु का बोध नहीं है, जहां वह शुद्ध अस्तित्व होता है। कार दुर्घटना के समय जब अचानक व्यक्ति की अंदर की श्वास अंदर और बाहर की श्वास बाहर रुक जाती है, वह अचानक मध्य में (सुषुम्ना) में प्रविष्ट हो जाता है। पर बोधपूर्ण न होने से चूक जाता है।"

एक बार जब चेतना द्वादशांत में थिर हो जाये, घटना घट जाती है।

श्वास के यह तीनों प्रयोग, तीनों द्वादशांत की खोज हैं। पहला द्वादशांत शरीर के बाहर हृदय के निकट, नासिका छिद्रों से ठीक बारह अंगुल नीचे शून्य में स्थित है, जहां अंदर से आने वाली प्राण वायु शून्य में विलीन होती है। इसे बाह्य द्वादशांत कहते है। अर्त द्वादशांत शरीर के अंदर वह हृदय कमल है, जो शरीर का केन्द्र है, जहां बाहर से व्यान आकर एक पल के लिए ठहरती है और प्रण बन बाहर की ओर गति करती है।

तीसरा द्वादशांत, ब्रह्मरंध्र है, भ्रूमध्य से बारह अंगुल दूर चोटी के स्थान पर है। जब व्यान सुषुम्ना में प्रविष्ट होकर ऊर्ध्वगामी हो जाती है, उदान वायु उसे ब्रह्मरंध्र तक ले जाती है। फिर श्वास लेने और छोड़ने की आवश्यकता ही नहीं होती। श्वास लेना जीवन और छोड़ना मृत्यु है। जब समाधि में हो, तो सांसारिक दृष्टि से न तुम जीवित हो और न मृत। जीवित रहने के लिए रोमकूपों के द्वारा ही श्वास आ जा रही है। श्वास बिल्कुल शांत हो गई, जैसे चल ही नहीं रही।

तंत्राचार्य शिवोपाध्याय इस स्थिति को 'असामान्य परा भैरव' की स्थिति कहते हैं। वह कहते हैं-द्वादशांत में (कोई भी द्वादशांत) प्रति क्षण बार-बार मन को एकाग्र करने के प्रयत्न से मन की वृत्तियां क्षीण होने लगती हैं। उसकी चंचलता शांत होने लगती है और थोड़े ही समय में योगी अपने भीतर विलक्षणता का अर्थात् असामान्य परा भैरव का अनुभव करने लगता है।

□□□

—

17. प्राणशक्ति को मध्यमा (सुषुम्ना) में जागृत करने के तीन उपाय

विज्ञान-भैरव-तंत्र के प्रथम चार प्रयोग आती-जाती श्वास अर्थात् अपान और प्राण वायु के सजगता पूर्ण निरीक्षण के प्रयोग हैं। भीतर जाती श्वास (अपान) एक क्षण के लिए अंदर रुकती है। यह न्यूट्रल गेअर जैसा स्थान है। इस क्षण न श्वास बाहर जा रही है और न अंदर आ रही है। इसी तरह जब श्वास नासिका-छिद्र से बारह अंगुल नीचे हृदय के सामने बाह्य द्वादशांत में जाती है वह एक क्षण के लिए वहां भी रुकती है और एक क्षण बाद शून्य में विलीन हो जाती है और शून्य से ही अपान वायु फिर अंदर प्रवेश करती है।

आती-जाती श्वास के साथ सजगतापूर्वक यात्रा करते हुए इन दोनों अंतरालों पर रुक कर ही परम अनुभव होता है।

दूसरी विधि में अंदर से बाहर और बाहर से अंदर आती श्वास के मोड़ पर होशपूर्ण रहना है। तीसरे प्रयोग में जब अंदर की श्वास अंदर और बाहर की श्वास बाहर रुक जाये, तो इसी क्षण सजगता से निरीक्षण करते हुए हृदय कमल (सुषुम्ना) में प्रवेश सम्भव है, जब फिर श्वास लेने या छोड़ने की आवश्यकता ही नहीं होती। प्राणशक्ति जागृत होकर उसका ऊर्ध्वगमन होने लगता है।

कहा जाता है गौतम बुद्ध को भी श्वास का यात्रा पथ बोधपूर्वक जानने में वर्षों लग गये थे। पर शैव तंत्र ने श्वास के यात्रा-पथ को भली-भांति समझा। चार चित्रों के द्वारा इसे स्पष्ट किया गया है।

जिन लोगों ने प्राणायाम नहीं किया है (श्वास उलीचने का कपालभाति प्राणायाम भी) उनकी श्वास नासिका से नीचे बारह अंगुल दूर लगभग हृदय के सामने ही बाह्य द्वादशांत पर आकर शून्य में विलीन हो जाती है और वहीं से अपान वायु प्रविष्ट होती है। जिन लोगों ने प्राणायाम या तानदेन आदि

प्रयोग किये हैं उनकी श्वास का विस्तार होने से छोड़े जाने वाली वायु नाभि या मूलाधार चक्र तक जाती है। ऐसी स्थिति में उनका बाह्य द्वादशांत चौबीस या छत्तीस अंगुल होगा। श्वास अंदर किस बिंदु तक जाती है इसका अनुभव स्वयं किया जा सकता है। बाहर जाने वाली श्वास के सामने तिनके में रूई लपेट कर रखने से रूई के स्पन्दन से ज्ञात हो सकता है कि श्वास कहां तक नीचे जा रही है।

प्राणशक्ति को सक्रिय कर उसके ऊर्ध्वगमन के लिए शाक्त उपाय क्रम, शाम्भव तथा आणव उपाय तीनों दिये जा रहे हैं।

शाक्त उपाय क्रम

यह पहले ही स्पष्ट किया जा चुका है कि बाह्य द्वादशांत वह स्थान है जो नासापुट से हृदय की ओर बारह अंगुल नीचे बाहर की ओर है, जहां अंदर से निकली प्राण वायु शून्य में समाहित हो जाती है और वहीं से अपान वायु दाहिने नासापुट में प्रवेश कर अंदर जाती है।

सुषुम्णा नाड़ी में कन्द-पद्म और गुह्य पद्मों में निरन्तर सिकुड़ने और खुलने (संकोच-प्रसार) का क्रम ठीक उसी प्रसार होता रहता है जैसे गधी या घोड़ी की जननेंद्रिय सिकुड़ती फैलती रहती है।

ली जाने वाली श्वास शीतल होती है और इसका प्रवाह अमृतरस के प्रवाह जैसा शांतिदायक और आनन्ददायक होता है। शास्त्रीय भाषा में इसी कारण इसे 'पूर्ण चन्द्रमा' कहते हैं।

साधक को हृदय कमल समझे जाने वाले कन्द स्थान या गुह्य स्थान पर चेतना को थिर करते हुए हृदयबीज का अनुसंधान करते रहना चाहिये। जैसे ही अपान वायु बाहर से अंदर प्रवेश करे, साधक को उसका प्रवाह धीमे-धीमे कन्द या गुह्य हृदयकमल की ओर धकेलने का प्रयास करना चाहिए। चूंकि कंद या गुह्य पद्म में निरंतर संकोच तथा प्रसार होता रहता है, अपान को धकेलते ही वह कंद में प्रविष्ट हो जाता है। इसे हृत्कर्णिका का भेदन कहते हैं। साधक को भेदन होते ही तीव्रगति से शक्ति के स्पर्श का अतीन्द्रिय अनुभव होता है और उसके अंदर (स् मात्रा) की सिसकार उत्पन्न होती है। इस स्थिति में साधक को बार-बार अपान वायु को हतकर्णिका में प्रवेश कराने और निकालने का प्रयास करना चाहिए। इसका तात्पर्य अपान-प्राण को नासिका से बाहर निकालने का नहीं है। हृत्कर्णिका का भेदन होने के बाद ही श्वास शांत होने लगती है। यह 'सूर्यकला' अर्थात् प्राणवृत्ति के ऊर्ध्वगति की प्रारम्भिक स्थिति है। 'स् मात्रा' पर रोमांच,

सिहरन, पुलकन आदि नवचेतना का अनुभव करते हुए इस अभ्यास को तब तक दोहराना चाहिए, जब तक कि वह स्वभाव न बन जाए।

शाम्भव उपाय क्रम–(अपान) ली जाने वाली श्वास को ओऽम, तथा छोड़े जाने वाली श्वास (प्राण) को सोऽम कहा जाता है।

जिस प्रकार किसी पोली नली को मुंह में लगाकर पानी सुड़का या ऊपर खींचा जाता है, उसी तरह अपान वायु को पहले चलन या कम्पन के मंदगति के अभ्यास द्वारा मध्य गति से और फिर स्पन्दन के द्वारा तीव्र गति देकर, हृत्कर्णिका की छः मुद्राओं का भेदन करते हुए ऊर्ध्वगामी किया जाये। प्राण अपान मिलकर ही उदान बनकर उसे ऊर्ध्वगामी बनाने में स्वयं सहायक होते हैं। यहां उदान का तात्पर्य कुण्डलिनी के ऊर्ध्वगामी होने से है।

अनुपाय, जिसमें सद्गुरु का अनुग्रह और शक्तिपात सम्मलित है, आनन्दोपाय भी कहा जाता है। इसमें पूर्व जन्मों के संस्कारों के कारण ही बहुत थोड़े से लोग तीव्र शक्तिपात के द्वारा बहुत कुछ अनायास पा जाते हैं। अन्य साधकों को अनुग्रह प्राप्त करने के लिए प्रयास करना होता है।

आणव उपाय

हृदय-पद्म से लेकर बाह्य द्वादशांत तक प्राण-संचार का आयाम छत्तीस अंगुल कहा जाता है। एक स्वस्थ व्यक्ति की श्वास प्रश्वास प्रक्रिया में जितनी समयाविधि में वायु सवा दो अंगुल यात्रा करती है उसको एक 'तुटि' कहा जाता है।

अंतरस्थ द्वादशांत या हृदय-पद्म से जब प्राण वायु बाह्य द्वादशांत पर पहुंचे तब वहां आधी तुटि अर्थात लगभग क्षण भर को रुकना चाहिए। वहां से उदय होने वाली अपान वायु को जो चन्द्रमा जैसी शीतल है उसके साथ सजगता से यात्रा करते हुए अंतः द्वादशांत तक आकर आधी तुटि विश्राम करना चाहिए। सवा दो अंगुल के आयाम वाली प्रत्येक तुटि पर एक-एक चन्द्रकला बढ़ती जाती है और पन्द्रह तुटियां पूरी होने पर (1/2+1/2 त्रुटि मिलाकर) अपान ही सोलह कला वाला चन्द्रमा बन जाता है।

इस योगक्रम का निरन्तर अभ्यास अंतः द्वादशांत और बाह्य द्वादशांत पर निरंतर करना होता है, क्योंकि इन्हीं दो क्षणों में अमृतमय हृदयबीज का साक्षात अनुभव हो सकता है। यही दो स्थान ऐसे हैं जहां से प्राण वायु का उदय और अपान का विलय तथा प्राणवायु का विलय तथा अपान का उदय होता है।

अकार (वर्णमाला के अ, आ, इ, ई, उ, ऊ, ऐ, ऐ, ओ, औ, बिंदु

(.), विसर्ग (:) का मन ही मन मौन उच्चारण जब तक स्वर नहीं बनता, तब तक कला कहलाता है।

अपान वायु (शीतल) बाह्य द्वादशांत से अंत: द्वादशांत की यात्रा करते हुए अकार वर्ण के मौन जाप से सोलह कला वाला शीतल पूर्ण चन्द्र बन जाता है।

मध्य विकास और प्राण-कुण्डलिनी

आणव उपाय के अंतर्गत प्राण कुण्डलिनी का भी उल्लेख किया गया है। मूलाधार स्थित कुण्डलिनी में प्राणशक्ति का ही निवास है, पर हृदय कमल में स्पष्ट अभिव्यक्त होने से इसका पृथक उल्लेख किया गया है। यहां हृदय का अर्थ रक्त पम्प करने वाले हृदय से न होकर उस स्थान से है जहां बाहर से ली जाने वाली श्वास अर्थात् अपना वायु प्रविष्ट होकर विलीन हो जाती है और प्राण वायु का उदय होता है जो नासिका द्वारा द्वादशांत के बाह्य शून्याकाश में खो जाती है।

हृदय कमल के मुख का संकोच विकास निरन्तर होता रहता है। जब अचानक एक क्षण के लिए भी प्राण वायु हृदय कमल से बाह्य द्वादशांत की ओर गति नहीं करती और बाहर से अपान वायु भी अंदर प्रविष्ट नहीं करती अर्थात जब प्राण और अपान दोनों विलीन हो जाते हैं तो उसी को मध्यदशा कहते हैं। प्राण और अपान की गति मध्य नाड़ी सुषुम्ना में लीन हो जाती है।

योग की शुद्ध भाषा में, जब एक क्षण के लिए भी हृदय कमल और बाह्य द्वादशांत में प्राण के अस्त हो जाने और अपान के उदय न होने पर बिना प्रयत्न के बाह्य और अंत: कुम्भक की प्राप्ति होती है, मध्य दशा या परम पद प्राप्त हो जाता है। इसी को अनच्क कला भी कहते हैं।

'प्रतिभिज्ञाहृदयम' के अठाहरवें सूत्र के अनुसार 'मध्यशक्ति' (सुषुम्ना) के विकास का पंच कृत्यों द्वारा विकल्प क्षय आदि के उपायों के अतिरिक्त एक सरल उपाय भी है जिसके द्वारा प्राणायाम, मुद्रा, बंध इत्यादि कष्टकर साधनाओं से छुटकारा पाया जा सकता है।

यह उपाय है कि साधक द्वारा चित्त को अपनी केन्द्रीय चेतना या हृदय में स्थापित अर्थात् एकाग्र करना। इन्द्रियों की बाहर फैली हुई शक्ति को चारों ओर से बटोर कर भीतर की ओर पलटना। इससे भीतर छिपी हुई शक्तियों का एक साथ सभी इन्द्रियों के द्वारा प्रसार होता है। गीता में कृष्ण कहते हैं कि जैसे कछुआ भय के समय अपने सभी अंगों को सिकोड़ कर भीतर की ओर पलट लेता है। इसके लिए सहयोगी है-भैरवी मुद्रा।

भैरवी मुद्रा द्वारा शक्ति विकास–यह मुद्रा बहुत सरल है। दोनों नेत्र आधे खुले और आधे बंद रहें। अर्द्ध निमीलित नेत्र। अधिकांश बुद्ध महावीर आदि की मूर्तियां इसी मुद्रा में बनाई गईं है। यह ध्यान-मुद्रा है। इस मुद्रा से अंदर की शक्ति बाहर जाना बंद हो जाती है, पर यह तभी होता है जब रूप, रस, गंध तथा ध्वनि के अनुभव के समय जो चेतना बाहर की ओर जाती हुई प्रतीत होती है उसके विषय में निरन्तर यह बोध बनाये रखना है कि यह वही आंतरिक चेतना है जो यह अनुभव कर रही है। इस स्थिति में आंतरिक चेतना सुवर्ण स्तम्भ के समान बाहर के विषयों में चारों ओर जाने पर भी अचल बनी रहती है।

इसके लिए विज्ञान-भैरव-तंत्र का निम्न प्रयोग सहयोगी है।

प्रथम प्रयोग तंत्र-सूत्र भाग-1 पृष्ठ 217, सोलहवीं विधि-में ओशो कहते हैं–"हे भगवती! जब इन्द्रियां हृदय में विलीन हो, कमल के केन्द्र पर पंहुचों।

'हृदय ही कमल है और इन्द्रियां ही कमल की पंखड़ियां या द्वार हैं–ऐसा भाव करते हुए इन्द्रियों को हृदय के साथ जोड़ो और दूसरा भाव करो कि इन्द्रियां सीधे अंदर हृदय में गहरे उतर कर उसमें घुल मिल गई हैं। तभी इन्द्रियां अंर्तमुखी होगीं।

यही हृदय-कमल तुम्हें तुम्हारा केन्द्र देगा। तभी बुद्धि गिरेगी, तभी तुम निर्विचार होकर नाभि-केन्द्र पर पंहुचोगे।"

भट्ट कल्लट की अभिव्यक्ति कुछ भिन्न है। वह कहते हैं–

"हृदय कमल के भीतर जिसका चित्त थिर हो गया है और जिसकी इडा व पिंगला नाड़ियां बिना स्वर के उच्चरित के नियंत्रण द्वारा निरुद्ध हो गई हैं, जिसका अंधकारकारक तम विदारित हो गया है, तभी ज्ञान का उपजा अंकुर पशु में भी परमेश्वर उत्पन्न करने की क्षमता रखता है।

❑❑❑

18. शब्द ब्रह्म द्वारा समाधि

शैव तंत्र की त्रिक मान्यता के अनुसार विश्व की सभी तरह के विचार, वर्णमाला (मातृका) से ही उत्पन्न हुए हैं। वर्ण माला के अक्षरों के ध्वनिगत उच्चारण में पारमेश्वरी-शक्ति ही व्यक्त होती है।

वर्ण जब तक उच्चारण के द्वारा ध्वनि नहीं बनता और मन में विचार रूप में ही रहता है, वह मंत्र कहलाता है। कहा जाता है कि चौरासी लाख जीव योनियां अपने कायिक आकार-प्रकार के अनुकूल श्रुतिवाले वर्णों के द्वारा अपने मानसिक भावों का आदान-प्रदान करते हैं।

'श्री मालिनी विजय' तंत्र-ग्रंथ के अनुसार भगवान शंकर ने साढ़े तीन करोड़ मंत्रों और उतने ही उनके परिवारों को मिलाकर सात करोड़ वर्णमयी ध्वनियों की सृष्टि की।

प्रत्येक मंत्र (वर्ण) का अपना विस्तृत परिवार होता है जिसमें उस मंत्र से विकसित स्वर व व्यंजनों का समूह होता है। 'अ' से लेकर 'क्ष' तक का स्वर व्यंजन-समुदाय, 'अ' मंत्र का ही परिवार है।

शैव मान्यता के अनुसार संसार का प्रत्येक पदार्थ आकार-प्रकारात्मक स्वरूप को प्रकट करने अर्थ की दृष्टि से प्रकाशमय शिव स्वरूप है और वर्णमय शब्द की दृष्टि से विमर्शमयी शक्ति होता हुआ दोनों का सम्मलित रूप अंहभाव है।

सभी पदार्थों के स्वरूप का बोध भेदाभेद और भेदरूप में इन्द्रियों के द्वारा ही होता है। जिसे पदार्थ स्वरूप (संसार) का ज्ञान अभेदरूप में हो जाये वह संवेदन, प्रमाण या 'प्रतिभ ज्ञान', शिव-विद्या कहलाता है।

यह अंहभाव ही वर्णमाला या मातृका के रूप में तरल और सघन दो रूपों में प्रकट हुआ। मातृका के रूप में शिव रूप, बीजात्मक या तरल कहा जाता है। वीर्य तरल होता है और उसमें बीज होता है। बीज से ही व्यजंनों की उत्पत्ति होती है। अतः व्यजंनों को योन्यात्मक शक्ति रूप कहा जाता है।

अ, आ, इ, ई, उ, ऊ, ए, ऐ, ओ, औ, ऋ, ॠ, ऌ, और ॡ तक की चौदह कलाओं के साथ बिन्दु (.) और विसर्ग (:) अर्थात् अं तथा अ: को मिलाकर सोलह कलाएं हो जाती है। विसर्ग (अ:) की सोलहवीं कला, पन्द्रह कलाओं की अधिष्ठात्री होने के कारण पन्द्रह कलाओं की अधिष्ठात्री कही जाती है। इसे तिथीश भी कहते हैं क्योंकि यह सत्रहवीं अनुत्तर कला और उससे युक्त अमृतबीज सौ: को जन्म देती है।

परात्रिशिंका शास्त्र को बहुत स्थूल रूप से समझने के लिए सांख्य दर्शन में वर्णित सृष्टि क्रम को समझना आवश्यक है। परमात्मा लीलावश अपने को अभिव्यक्त करने के लिए एक से तीन, तीन से नौ और नौ से इक्यासी आदि विस्तार लेता ही गया। प्रकृति और पुरुष कहीं दो नहीं थे। उस एक में ही शक्ति निहित थी। परमात्मा अर्द्धनारीश्वर था। अपने को अभिव्यक्त करने के लिए ही वह शक्ति रूप में प्रकट हुआ। जैसे योनि में बीज के संयोग से अरूप रूप बनता है उसी स्वर बीज से ही योनि (शक्ति) के सहयोग से व्यंजनों की उत्पत्ति होती है।

अपने को अभिव्यक्त करने के लिए शिव एक से तीन हुआ। क्रिया, ज्ञान और इच्छा के रूप में। इसी का स्वरूपगत भेद पर भैरव, परापर भैरव तथा अपर भैरव हैं, जिन्हें, परापराशक्ति और अपरा शक्ति भी कहते हैं। विशुद्ध भैरव को मिलाकर चतुदर्श शब्द से चारगुणा दश अर्थात् 40 तत्वों का बोध होता है (36 व्यंजन व स्वर तथा चार उपरोक्त तत्व)।

अमृतेश्वर मृत्युजय शिव की प्रथमत: अनुत्तर (अ), इच्छा (इ) और उन्मेष (उ) स्वरूप तीन ह्रस्व स्वरों के रूप में और बाद में आनन्द (आ) ईशना (ई), ऊर्मि (ऊ) तथा षण्ढ या नपुंसक स्वर (ऋ, ॠ, ऌ,) स्वरूप सात स्वरों के रूप में, तब चार सन्ध्याक्षरों (ए, ऐ, ओ, औ) के रूप में और अंतत: अनुस्वार (.) और विसर्ग (:) (अं तथा अ:) इन दो स्वरों के रूप में अर्थात् षोडश कलात्मक पुरुष के स्वभाव में परिणत होता है।

शिव का यह षोडश कलात्मक स्वरूप ही बाद में वर्ण, मंत्र और पद नामक तीन अध्वों में, जो वाचक के रूप में इस संसार के सभी भावों के साथ अभेद, भेदाभेद और भेद दृष्टि से वर्तमान रहते हैं, प्रविष्ट हो जाता है। इस स्थिति में उसका अपनी कला नामक शक्ति की सहायता से तत्व, भुवन और कला नामक तीनों अध्वों में प्रविष्ट हुई शक्ति से साक्षात्कार हो जाता है जो कि वाच्य आध्व कहे जाते हैं।

विज्ञान भैरव-तंत्र का 55वां श्लोक इसे स्पष्ट करते हुए बताता है–

भुवनाध्वादिरूपेण चिन्तयेत् क्रमशोऽखिलम्।

स्थूलसूक्ष्म पर स्थित्या पाषदन्ते मनोलयः ॥55॥

तंत्रशास्त्र में भुवन, नव, कला, मंत्र पद और वर्ण छः अध्व हैं जिन्हें षडध्व कहा जाता है। यह वाच्य और वाचक के रूप में विद्यमान शब्द और अर्थ का विस्तार हैं। शब्द से वर्ण, पद और मंत्र की तथा अर्थ से कला, तत्व और भुवन की उत्पति होती है। स्थूल, सूक्ष्म और पर रूप में विद्यमान इन षडध्वों से क्रमशः यह सारा जगत व्याप्त है। योगी इस भावना का तब तक अभ्यास करता रहे, जब तक उसका मन इसी में लीन नहीं हो जाता।

वस्तुतः यह सारा जगत सूक्ष्म और स्थूल रूप में, वाचक और वाच्य रूप में, शब्द और अर्थ के रूप में प्रतीत हो रहे उस विश्वातीत और विश्वात्मक परब्रह्म की क्रियाशक्ति का ही विस्तार है। शब्द ब्रह्म ही षडध्व के रूप में परिणित होता है। इनमें से वर्ण का इस विश्व के साथ अभेदात्मक, मंत्र का भेदाभेदात्मक और पद का भेदात्मक संबंध रहता है। इसमें पहला अध्व, उसके बाद के अध्व में व्यापक रूप से रहता है और बाद का अध्व अपने पहले अध्व में व्याप्त रूप से रहता है।

ब्रह्म के दो भेद हैं। परब्रह्म और शब्द ब्रह्म। अक्षर शब्द तत्त्व को यहां शब्द ब्रह्म माना गया है।

विज्ञान भैरव तंत्र के अनुसार मनुष्य शरीर में दस प्रकार का अनाहत नाद निरंतर गूंजता रहता है जिसे मात्र कानों से नहीं सुना जा सकता और इसके लिए योगाभ्यास द्वारा पात्रता अर्जित करनी होती है।

ध्यान द्वारा समाधि में ही योगी शब्दब्रह्म के स्वरूप को भली-भांति जान पाता है। वह जान पाता है कि शब्द ब्रह्म से ही परा, पश्यंती, मध्यमा और बैखरी चार वाणियों का विकास होता है। यह नाद तत्व परा और पश्यती के क्रम से विकसित होता हुआ मध्यमा में आकर श्रवणोन्द्रिय के अंतर्मुख होने पर सुनाई देता है और अधिक अंतर्मुखी होते हुए नाद के सूक्ष्मतम स्वरूप का अन्वेषण करता हुआ योगी शब्द ब्रह्म के स्वरूप को भली-भांति समझ कर परब्रह्म को प्राप्त हो जाता है।

वर्णमाला का जन्म ओऽम् (अनाहत नाद) ही से हुआ है। 'अ', 'उ' तथा 'म' अर्थात् अकार, उकार तथा मकार उस परब्रह्म के व्यक्त स्वरूप को अभिव्यक्त करते हैं। ओंकार के उच्चार की विधि को मुर्गे के बांग देने से तुलना की गई है। जैसे मुर्गा पहले धीमी आवाज में, बाद में कुछ तेज आवाज में और अंत में बड़ी तेज आवाज कुछ क्षणों तक निकालता रहता है इसी तरह ओऽम् के ह्रस्व, दीर्घ और प्लुत स्वरों का उच्चारण करना

चाहिए। अंत की चौथी आधी मात्रा विद्युद्वती कही जाती है। गुरु अक्षरों को देर तक बोलते रहने से वह उच्चारण प्लुत कहा जाता है। प्लुत का उच्चारण निष्पन्न हो जाने पर जब बिन्दु, अर्द्धचन्द्र आदि सूक्ष्म ध्वनियों की प्रतीति होने लगे तो साधक को चित्त को शून्य में विलीन कर देना चाहिए और इसी शून्यावस्था का सहारा लेकर साधक अंत में अर्द्धमात्रा वाली अखण्ड-स्वभाव चिन्मात्र-स्वरूपिणी पराशक्ति में प्रविष्ट हो जाता है।

विज्ञान भैरव तंत्र के अनुसार ओंकार का प्रणव मंत्र ही नहीं, अपितु वर्णमाला के किसी भी वर्ण की पूर्व और अपर अवस्था का अर्थात् उच्चारण करने की इच्छा तथा उसकी विराम अवस्था का शून्य से अनुगत रूप में ध्यान करने से ही साधक शून्य में लीन हो जाता है।

शैव तंत्र में प्रणव मंत्र ओंकार की बारह मात्राओं को शिव की अवस्था तक पंहुचने के लिए, उन्हें सीढ़ियां मानकर उन पर चढ़ने का क्रम निम्न प्रकार बतलाया है–

अकार की स्थिति नाभि में, उकार की हृदय में, और मकार की मुख में बतलाई गई हैं। इन्हीं स्थानों में प्रथम तीन मात्राओं का उच्चारण होने से इन्हें स्थूल कहा जाता है। स्थूल वर्णों का उच्चारण-काल ही मात्रा कहा जाता है। ओंकार के बिंदु की भ्रूमध्य में, अर्द्धचन्द्र की ललाट में, निरोधिनी की ललाट के ऊर्ध्व भाग में, नाद की सिर में, नादान्त की ब्रह्मरंध्र में, शक्ति की त्वक् में, व्यापिनी की शिखा के मूल में, समना की शिखा में और उन्मना की स्थिति शिखा के छोर पर होती है।

आती-जाती श्वास से सोऽम् की अजपा ध्वनि निरंतर गूंजती रहती है। सोऽम् में सकार और हकार के हल् का लोप हो जाने से ओम् ही रह जाता है। समस्त साहित्य को अपने पेट में समेटे यह ऊंकार प्रत्येक प्राणी के हृदय में अनाहत नाद के रूप में निरंतर ध्वनित होता रहता है।

बिंदु, अर्द्धचन्द्र, निरोधिनी, नाद, नादांत, शक्ति व्यापिनी, समना और उन्मना (शून्या)) के उच्चार से, योगी स्वयं शिव हो जाता है।

तंत्र सूत्र में 37वें प्रयोग से लेकर 47 प्रयोग तक सभी विधियां शब्द ब्रह्म के द्वारा परब्रह्म की अनुभूति करने की अद्‌भुत विधियां हैं। इनमें से कुछ महत्वपूर्ण विधियों के आंतरिक रहस्यों को मैं अनावृत्त करने का प्रयास कर रहा हूं। श्रद्धापूर्वक, सजगता और संवेदनशीलता से इनका निरन्तर नियमित प्रयोग करने से ही आत्यान्तिक अनुभूति हो सकती है।

कोई भी प्रयोग करने से पूर्व आवश्यक तैयारी– पर एक बार मैं फिर दोहरा दूं- विज्ञान भैरव तंत्र का या ध्यान का कोई भी प्रयोग करने

से पूर्व निम्न उपायों से शरीर और मन को उस प्रयोग के लिय लयबद्ध या संतुलित करने के लिए निम्न उपाय अवश्य करें।

1. दो मिनट श्वास तेजी से बाहर उलीचें जिससे श्वास दोनों नासिका छिद्रों या सुषुम्ना से चलने लगे।
2. दो मिनट होशपूर्ण रेचन करें जिसकी विधि पहले ही दी जा चुकी है।
3. यदि बैठकर ध्यान कर रहे हैं तो बाएं और दाएं नितम्बों पर क्रमश: एक-एक मिनट शरीर का पूरा भार डालकर बैठें और तीसरे मिनट ऐसी स्थिति निर्मित करें जिससे दोनों नितम्बों पर शरीर का समान भार रहे। इस विधि से शरीर के अंदर पुरुष व स्त्रैण ऊर्जा अर्थात् सक्रिय या निष्क्रिय ऊर्जाएं संतुलित हो जाती हैं। मन के द्वंद्व और तनाव मिट जाते हैं। यदि खड़े होकर कोई ध्यान कर रहे हैं तो नितम्बों की ही भांति पहले एक मिनट बांए पैर पर और फिर अगले मिनट दाएं पैर पर शरीर का पूरा भार डालकर खड़े रहें और तीसरे मिनट इस भांति खड़े जिससे दोनों पैरों पर शरीर का समान भार रहे।
4. दोनों आंखों को सौम्यता से बंद कर दृष्टि उल्टी कर अंदर चेतना को थिर करें और भाव करें कि दोनों आंखें पथराती जा रही हैं। जब पुतलियां थिर हो जाती हैं तो मन भी थिर हो जाता है। आंखें मन का द्वार हैं। मन सदा दो अतियों पर डोलता रहता हैं और इसी तरह पुतलियां निरंतर दाएं से बाएं घूमती रहती हैं। जो ऊर्जा पुतलियों को गति देने में खर्च होती थी वही ऊर्जा त्रिनेत्र द्वारा खींच ली जाती है और आज्ञाचक्र सक्रिय हो जाता है। निर्विचार में छलांग लग जाती हैं।

अब आप कोई भी विधि या ध्यान प्रयोग में प्रवेश करें। ध्यान में गहरे उतरेंगे ही।

❑❑❑

19. कुंडलिनी जागरण में सहयोगी विज्ञान-भैरव-तंत्र के प्रयोग

अक्षर को ब्रह्म कहा गया है। सभ्यता का विकास ही भाषा से हुआ। भाषा, शब्दों का समूह है। शब्द ध्वनि हैं। विचार एक विशेष क्रम और ढांचे में बंधे शब्द हैं। ध्वनि से शब्द बनते हैं और शब्दों से विचार। विचार से धर्म और दर्शनशास्त्र और सभी कुछ बनता है। पर मूल में गहराई में मात्र ध्वनि है।

कुछ ध्वनियां हमें प्रीतिकर और मधुर लगती हैं। कुछ ध्वनियों से हम डर जाते हैं और मरण भावना का जन्म होता है। कुछ ध्वनियां जीवेषणा बढ़ाती हैं तो कुछ ध्वनियां मौन और शांति उत्पन्न करने में सहायक होती हैं। फिल्मी संगीत में कथानक के अनुसार भाव उत्पन्न करने के लिए इन्हीं विभिन्न ध्वनियों का संगीत के रूप में प्रयोग किया जाता है।

प्रपात के गिरने, नदी की कलकल, पक्षियों की चहचहाने और बांस वन में टकराती हवा से उत्पन्न ध्वनियां, मौन रहकर गहरे ध्यान में जाने में सहयोगी हैं। तभी योगी ध्यान करने निर्जन वनों, पर्वतों में जाते थे। ओशो ने अपने आश्रम में ही ध्यान कक्ष के चारों और इन्हीं ध्वनियों के लिए सहयोगी वातावरण निर्मित किया। मंत्रों का विकास भी इसी विज्ञान के आधार पर हुआ। मंत्रों से एक विशिष्ट ध्वनि निर्मित कर विशिष्ट भाव और वातावरण उत्पन्न किया जा सकता है।

सातवां प्रयोग

ओशो के तंत्र-सूत्र खण्ड दो का 37वां प्रयोग निम्न है–

"हे देवी! बोध के मधु भरे दृष्टिपथ में संस्कृत वर्णमाला के अक्षरों की कल्पना करो-पहले अक्षरों की भांति, फिर सूक्ष्मतर ध्वनि की भांति, और फिर सूक्ष्मतम भाव की भांति। और तब, उन्हें छोड़कर मुक्त होओ।

ध्वनि का रहस्य उद्घाटित करते हुए ओशो कहते हैं-ध्वनि के ऊपर शब्द और विचार हैं। विचार तभी बनते हैं जब हम ध्वनि और शब्द में आम सहमति से अर्थ डालते हैं। पर भाव ध्वनि के नीचे हैं। जब तक कोई भाव के नीचे नहीं उतरे वह मन के नीचे नहीं उतर सकता। पशु पक्षी भी ध्वनि का प्रयोग करते हैं पर उनका कोई भाषागत अर्थ नहीं होता। वे केवल भाव प्रकट करते हैं। मनुष्य का बच्चा भी जब तक भाषा का प्रयोग नहीं करता, ध्वनियों के द्वारा अपना भाव प्रकट करता है।

ओशो कहते हैं-शिव पार्वती से बोल रहे थे, अतः संस्कृत वर्णमाला के अक्षरों की बात की। साधक, अंग्रेजी, लैटिन और अरबी भाषा के अक्षरों की ध्वनियों और भावों पर भी ध्यान कर सकते हैं।

श्री जयदेवसिंह तथा श्री ब्रजवल्लभ द्विवेदी की विज्ञान भैरव तंत्र की टीका में धारणा 7, में संस्कृत वर्णमाला के विशिष्ट अक्षरों की ध्वनि का उच्चारण कर उन्हें विशिष्ट चक्र पर सुनते हुए अंदर उठने वाले भाव पर ध्यान करने से साधक में सर्वव्यापकता का उद्‌गम होकर वह भैरव स्वरूप में समाविष्ट हो जाता है।

धारणा 7 निम्न है–

क्रम द्वादशकं सम्यग् द्वादशाक्षर भेदितम्

स्थूल सूक्ष्म परस्थित्या मुक्तवा मुक्त्वोऽन्ततः शिवः ।।30।।

अर्थात्–"बारह चक्र जो द्वादश स्थान के नाम से प्रसिद्ध हैं क्रमशः एक दूसरे के ऊर्ध्व स्थान में स्थित हैं। इन चक्रों के स्थान तथा स्वरूप को ठीक तरह से समझकर उनमें अकार ले लेकर विसर्ग पर्यन्त स्वरों का ध्यान करना चाहिए।

योगी जब अपने दृढ़ संकल्प से इन ध्यानों का अभ्यास करता हुआ स्पष्ट स्थूल वस्तु के ध्यान को छोड़कर स्पन्दावस्था में विद्यमान सूक्ष्म वस्तु के भी ध्यान को छोड़कर ज्योतिर्मय पर वस्तु के ध्यान में प्रविष्ट होता है, तो अंततः इस अभ्यास-पद्धति से वह परमार्थ रूप से सर्वत्र प्रकाशित हो रहे कल्याणमय स्वात्म स्वरूप में प्रतिष्ठित हो स्वयं शिव हो जाता है।"

नेत्रतंत्र में इन बारह चक्रों का वर्णन निम्न प्रकार है और प्रत्येक चक्र पर संस्कृत वर्णमाला के अकार के 12 अक्षरों का उक्त धारणा के अनुसार ध्यान करना चाहिए।

स्थान	वर्णमाला के किस अक्षर का ध्यान

1. **जन्माग्र** (जननेन्द्रिय से जन्म होने के कारण
जननेन्द्रिय के अग्र भाग पर ध्यान   'अ'

2. **मूलाधार चक्र** (गुदा एवं अंडकोष के मध्य कंद भाग से
1 1/2 अंगुल ऊपर स्थित)   'इ'

3. **कंद** (त्रिकोण आकृति का जननेन्द्रिय का मूल गद्दी
जैसा भाग जहां नाड़ियों का जाल होता है)   'इ'
(कुछ आचार्य गुदा और जननेन्द्रिय के मध्य कंद मानते हैं)

4. **नाभि**   'ई'

5. **हृदय**   'उ'

6. **कण्ठ**   'ऊ'

7. **तालु**   'ऐ'

8. **भ्रूमध्य**   'ऐ'

9. **ललाट**   'ओ'

10. **ब्रह्मरंध्र** सिर में चोटी का स्थान जो भ्रूमध्य से 12
अंगुल दूर है।)   'औ'

11. **शक्ति** (सिर की चोटी की त्वचा)   अं (बिंदु 'अम्')

12. **व्यापिनी** (शिखा का छोर, जहां से शरीर की
सीमा समाप्त होकर अनंत के विस्तार का प्रारम्भ
होता है।)   अः (विसर्ग 'अह')

जयदेवसिंह की टीका में आणव उपाय से स्थूल रूप में तथा शाक्तोपाय से सूक्ष्म रूप में धारणा करने को कहा गया है। आणव उपाय निर्विकल्प भाव से उत्पन्न होता है।

ओशो द्वारा दी गई सरल और बोधमय विधि

कुछ देर रेचन के बाद या शरीर को तनाव के चरम शिखर पर ले जाकर फिर धीमे-धीमे विश्राम की घाटी में आहिस्ता-आहिस्ता उतर कर विश्राम करने के बाद, जब श्वास दोनों स्वरों से चलने लगे तब सुखासन में बैठकर पूरी चेतना पहले जननेन्द्रिय के मूल पर ले जायें। फिर ओशो द्वारा बताई विधि के अनुसार समग्र चेतना जननेन्द्रिय के मूल पर थिर हो जाने के बाद चेतना के श्याम पट्ट पर 'अ' अक्षर की कल्पना करें। कल्पना में

सचेत होकर 'अ' बार-बार लिखें और देखें। फिर 'अ' का उच्चारण कर केवल उसकी ध्वनि सुनें। सूक्ष्म से सूक्ष्मतर 'अ' की मौन ध्वनि को सुनते हुए अपने अंदर उत्पन्न भावों पर ध्यान दें।

अक्षर से ध्वनि की ओर चलते हुए, अक्षर के द्वारा पहले ध्वनि को उघाड़ो। फिर ध्वनि के द्वारा भाव को उघाड़ो। जो भी भाव उठे उसके प्रति सजग बने रहो।

मनुष्य इतना अधिक संवेदनशून्य हो गया है कि ध्वनि के द्वारा उसमें भाव उत्पन्न नहीं होता। भाव आता है-प्रेममय और संवेदनशील बनने से। प्रकृति सान्निध्य में वृक्षों, प्रपातों, नादियों, सागर, पर्वतों से संवाद स्थापित करने से।

मनुष्य भाव से डरता है क्योंकि भाव पर मन का नियंत्रण नहीं। भाव ठीक मन के नीचे है। अतः ध्यान करते हुए जब तक निर्विचार उपलब्ध न होगा, तुम भाव में प्रवेश नहीं कर सकते।

इस ध्यान को कुण्डलिनी जागरण में प्रयोग करने से पूर्व एक एक अक्षर का एकान्त में नेत्र मूंद कर बार-बार उच्चारण करते हुए उसकी ध्वनि पर चेतना थिर कर उठते भावों का सूक्ष्मता और सजगता से निरीक्षण करने से ध्वनि के पीछे उठने वाले भाव की प्रतीति धीमे-धीमे होने लगेगी। द्वादश यानि बारह स्थानों पर उक्त अकार के बारह अक्षरों (दस अक्षर, एक बिंदु तथा एक विसर्ग) की क्रमानुसार ध्वनि सुनने, ध्यान करने और सजगता से उत्पन्न भावों का निरीक्षण करते-करते प्रत्येक चक्र सक्रिय होकर श्वास-प्रश्वास बिल्कुल शांत हो जाती है। उसी अवस्था में कुण्डलिनी शक्ति का आरोहण होने लगता है।

एक-एक चक्र पर धीमे-धीमे भी उसका आरोहण होता है और कभी -कभी बिजली की कौंध की तरह वह मूलाधार से सीधे सहस्त्रार तक पंहुच जाती है। पर ऐसी अनुभूति बहुत कम लोगों को होती है।

विज्ञान भैरव तंत्र में उल्लिखित 112 धारणाओं में प्रथम चार का क्रम बदले बिना ओशो ने अन्य प्रयोगों के क्रम में भी परिवर्तन कर दिया है।

ध्वनि तथा प्रकाश से संबंधित प्रयोगों को एक साथ रखने के कारण ही ओशो ने इन धारणाओं का क्रम बदल दिया है।

विज्ञान-भैरव-तंत्र की टीकाओं में इस प्रयोग का विस्तार

मातृका में सभी स्वरों का वर्ग ही बीज या महासृष्टि अथवा शिव कहा जाता है और व्यंजन वर्ग योनि अथवा शक्ति स्वरूप। संस्कृत व्याकरण के

अनुसार अ, आ, इ, ई, उ, ऊ, इन छः मूल स्वरों से शेष सभी अवशिष्ट स्वरों और व्यंजनों की उत्पत्ति हुई है।

बारह चक्रों को भेदन करने वाली प्राणशक्ति से द्वादशांत को भरकर मन को निर्विचार निश्चल और थिर बनाकर जब व्यापिनी (ब्रह्मरंध्र या सहस्त्रार से बारह अंगुल ऊपर कुण्डलिनी ऊर्जा की यात्रा के अंत पर अनुभव होने वाली ऊर्जा) के परमाकाश में योगी जाता है तो वह सर्वव्यापक पर-भैरव में समाविष्ट हो जाता है। ऐसा प्राण-अपान (आती, जाती श्वास) की गति सुषुम्ना में लीन होने पर ही होता है और इसी स्थिति में इन्द्रियां अंतर्मुखी होने लगती है।

इन स्वरों पर ध्यान करने की अनूठी विधि ओशो ने ही दी है। शास्त्रों में पूरी विधि को जानबूझ कर गुप्त ही रखा जाता है और गुरु स्वयं ही शिष्य को वह विधि बतलाता है।

आगम शैव तंत्र की श्री श्री परात्रिशिंका पुस्तक से मैं वर्णमाला के सभी व्यंजनों का पूर्ण विवरण नीचे दे रहा हूं जिससे स्पष्ट हो जाता है उसका संबध किन तत्वों से है और किस स्थान पर स्वरों के ध्यान की उपरोक्त विधि के अनुसार उसका प्रयोग किया जाये।

विश्वोत्तीर्ण अवर्ग– अ आ इ ई उ ऊ ऋ ॠ

शिव-भाव अनुत्तर– लृ ल्ध ए ऐ ओ औ अं अः

संख्या	वर्ण	तत्व	टिप्पणी
1.	क	पृंथिवी	
2.	ख	जल	
3.	ग	तेज	पांच महाभूत
4.	घ	वायु	
5.	ङ	आकाश	
6.	च	गंध	
7.	छ	रस	
8.	ज	रूप	पांच तन्मात्राएं
9.	झ	स्पर्श	
10.	ञ	शब्द	
11.	ट	पाद	
12.	ठ	पाणि	पांच कर्मेन्द्रियां

संख्या	वर्ण	तत्व	टिप्पणी
13.	ड	वायु	
14.	ढ	उपस्थ	
15.	ण	वाक्	
16.	त	घ्राण	
17.	थ	रसना	
18.	द	नेत्र	पांच ज्ञानेन्द्रियां
19.	ध	त्वक	
20.	न	श्रोत्र	
21.	प	मनस	
22.	फ	अंहकार	तीन अंत:करण
23.	ब	बुद्धि	
24.	भ	प्रकृति	समूचा जड़ भाग
25.	म	पुरुष	चेतन भाव-जीवा
26.	य	नियति गर्मित राग	अन्तस्थ
27.	र	विद्या	माया परिवार
28.	ल	कालगर्मित कला	(षट्-कंचुक)
29.	व	माया	
30.	श	महामाया	ऊष्म
31.	स	ईश्वर	
32.	ह	सदाशिव	ब्रह्म पंचक
33.	क्ष	शक्ति	

किस दशा में इन स्वरों पर ध्यान किया जाये?

ऋ अस्थिर व्योम समाधि

ॠ कुछ स्थिर व्योम समाधि

ऌ अर्द्ध स्थिर व्योम समाधि

ल पूर्ण स्थिर व्योम समाधि

अमृत बीज या हृदय बीज

स्+औ+अः = सौः (प्राण तथा अपान की गति के साथ सौः का उच्चार सुषुम्ना में थिर कर देता है।

शैव दर्शन के अनुसार देवनागरी लिपि के सभी अक्षर भिन्न-भिन्न शक्तियों के प्रतीक हैं।

अ, इ, उ, ऋ, लृ, ए, ओ, ऐ व 'औ' सभी स्वरों को अनच्क भी कहते हैं। अनच्क उच्चारण का मुख्य भाव है कि ककार से हकार तक के व्यजनों का बिना स्वर के उच्चारण करना। 'क' का उच्चारण 'क्' मंत्र के रूप में उस पर ध्यान करते हुए उसके उद्‌गम पर पंहुच जाना, जहां वह उच्चारण रहित है।

अ–वर्णमाला का पहला अक्षर 'अ' और अंतिम अक्षर 'ह' को मिलाने से 'अह' बनता है जिसका संस्कृत में अर्थ हैं– 'मै', आत्मा'।

परम शिव की 'अह' की अनुभूति में समस्त विश्व अभिन्न रूप से निहित है।

बिंदु–'अ' और 'ह' के अविभाग को व्यक्त करने के लिए उस पर अनुस्वार का बिंदु रखना इस बात का द्योतक है कि शिव अपनी शक्ति के द्वारा पृथ्वी तक में व्यक्त है और वह इस व्यक्तीकरण से विभक्त नहीं हो जाता।

परम शिव के प्रशांत महासागर में क्षोभ या तनाव का उठने वाला कण ही बिंदु है। इस बिंदु को 'घनीभूता शक्ति' भी कहते हैं। इस शक्ति में भावी विश्व अर्थात् भविष्य में उत्पन्न होने वाला विश्व अव्यक्त रूप से निहित रहता है।

विसर्ग(:)–विसर्ग(:) हकार ध्वनि का आधा होता है और बिंदु (.) विसर्ग (:) का भी आधा। विसर्ग कला जब सृष्टि-प्रक्रिया में निरत हो तब विसर्ग (:) और जब विरत हो तब बिंदु कही जाती है। बिंदु का अनुस्वार का उच्चारण शिखा की त्वचा (शक्ति चक्र) पर ऊर्जा को ऊर्ध्वगमन के समय किया जाता है।

स्वर हमेशा मन की आनन्दमयी वृत्ति को अभिव्यक्त करते हैं और प्रसार दशा में अपना ही स्थूल रूपांतरण ककार आदि व्यंजन जगत को देते हैं।

'अः' का स्वर विसर्ग का बहिर्मुखीन रूप होने से मातृका का विकृत रूप है और 'अं' का स्वर अंतर्मुखीन रूप होने के कारण अविकृत रूप है।

त्रिक परिपाटी में अंर्तमुखीन बिंदु कला को परा भगवती का पूर्ण रूप और बहिर्मुखीन विसर्ग को कृश या रिक्त रूप माना जाता है।

तंत्र सूत्र का 45वां प्रयोग है–

'अः' से अंत होने वाले किसी भी शब्द का जैसे 'नमः' का उच्चार

चुपचाप करो और तब हकार में अनायास सहजता को उपलब्ध हो।

'अः' का हकार की ध्वनि प्रयोग करते समय श्वास बाहर जाती है। श्वास का बाहर जाना तुम्हें शांति और विश्राम देता है। अंदर श्वास लेने से तनाव बढ़ता है। तनाव, जीवन का और विश्राम, मृत्यु का अंग है। समाधि भी मृत्यु है, पूर्ण विश्राममय, पर होशपूर्ण। कुंडलिनी ऊर्जा के ऊर्ध्वगामी होने पर शिखा के छोर पर जहां व्यापिनी चक्र है, विसर्ग या हकार का उच्चारण समाधि में ले जाता है।

इस विधि के द्वारा ही शिव ने देवी द्वारा प्रारम्भ में पूछे कई प्रश्नों को एक साथ दे दिया।

देवी ने पूछा था–क्या आप ही शब्द ब्रह्म हैं? क्या आप ही प्रकाश और विमर्श (शक्ति) को प्रकट करने वाले अक्षर 'अ' तथा 'हा' हैं? क्या संस्कृत वर्णमाला के 'अ' से क्ष तक सभी अक्षर अहम् के माध्यम से आपको ही अभिव्यक्त कर रहे हैं?

शिव उत्तर नहीं देते। विधि देते हैं। विधि को करने से अ हा अनुभव स्वयं प्राप्त होता है।

विज्ञान-भैरव-तंत्र की विधियां ही देवी द्वारा पूंछे गये सभी प्रश्नों के उत्तर हैं। तुम उस प्रयोग में उतरो। उसमें प्रेम, संवेदनशीलता और सजगता से उतरो तुम्हें शिवत्व की अनुभूति होगी। शिव के वास्तविक स्वरूप का अनुभव तुम्हें स्वयं शिव होकर ही मिल सकता है। सभी शास्त्रीय उत्तर व्यर्थ हैं। वे केवल जानकारी बढ़ाकर अहंकार उत्पन्न करते हैं।

सातवें प्रश्न में देवी ने पूछा था–क्या भैरव ही वह रहस्यमय शक्ति हैं जो कुंडलिनी जागरण के समय चक्रों में स्वरों की ध्वनि, भाव और अनुभव में व्याप्त हैं अथवा वह प्राणकुण्डलिनी, प्राणशक्ति और सुषुम्ना में अनच्क रूप में अनाहत राग की तरह गुंजरित हो रहे हैं।

उक्त प्रयोग के अतिरिक्त ध्वनि संबंधी तथा अंतर्ध्वनि संबंधी तथा को सुनने के बारे में कई प्रयोग हैं जिनसे उक्त प्रश्नों का स्वानुभव से उत्तर स्वयं मिल जाता है।

इन अर्थों में विज्ञान-भैरव-तंत्र अनूठा और एकमात्र एक ऐसा रहस्यमय कोष है, जो छोटे से आणविक प्रयोग द्वारा प्रत्यक्ष अनुभूति द्वारा उत्तर देते हुए तुम्हें रूपांतरित करता है।

पर अनुभवजन्य उत्तर पाने के लिए वही विज्ञान-भैरव-तंत्र के प्रयोग में सफलतापूर्वक उतर सकता है जिसमें देवी जैसी श्रद्धा, प्रेम और समर्पण हो। स्त्रैण ऊर्जा जाग्रत होकर जिसमें ग्राहकता हो। जो सजग और संवेदनशील हो। जो मिटने को तैयार हो। जो गुरु में पूरी तरह डूब जाये।

❑❑❑

20. ओम् ध्वनि पर ध्यान

ओशो के विज्ञान-भैरव-तंत्र की 44वीं विधि

'अ' और 'म' के बिना ओम् ध्वनि पर मन को एकाग्र करो।

ओऽम् का उच्चारण करने में अ, उ, तथा म् की तीनों ध्वनियों का अनुभव करना है। संगीतज्ञ या कवि ही अथवा जिनके कान बहुत संवेदनशील है इन तीनों ध्वनियों को अलग-अलग सुन सकते हैं। यदि तुम इन तीनों ध्वनियों को अलग-अलग नहीं सुन सकते तो यह विधि तुम्हारे लिए नहीं है।

ओम् की ध्वनि पर इस प्रकार एग्राग्रता साधना है कि 'अ' और 'म' न रहें केवल 'उ' रहे।

ठाकुर जयदेवसिंह के विज्ञान-भैरव-तंत्र के अंग्रेजी अनुवाद में धारणा नं 67

अबिन्दुम विसर्ग च अकारं जपतो महान्।
उदेति देवि सहसा ज्ञानौधः परमेश्वरः ॥90॥

If one recites the letter 'अ' without 'bindu' or 'visarga', then O goddess, Parmeshvara- a magnificant torrent of wisdom appears suddenly.

इसे अनुवाद में वह स्पष्ट करते हुए लिखते हैं कि अनुस्वार के साथ 'अ' का उच्चारण अर्थात् 'अ' का उच्चारण करने में श्वास अंदर लेनी होती है (पूरक) और विसर्ग के साथ 'अ' का अर्थात् 'आ' का उच्चारण करने में श्वास बाहर छोड़नी होती है अर्थात् रेचक करना होता है।

लेकिन धारणा के अनुसार 'अ' का उच्चारण बिना अनुस्वार या विसर्ग के करना है, जिसका तात्पर्य है कि 'अ' के उच्चारण के समय न तो श्वास लेनी है और न छोड़नी है। इसका अर्थ है कि इसका उच्चारण रुकी हुई श्वास (कुम्भक) के समय ही करना है। यह उच्चारण चकित मुद्रा में खुले

मुंह और जीभ को लौटा कर ही किया जा सकता है। इसी तरह 'उ' का उच्चारण बिना जीभ को लौटे होठों को सिकोड़ते हुए गोलाकार बनाकर किया जा सकता है।

'अ' अक्षर ही सभी अक्षरों का मूल स्त्रोत है। बिना 'अ' के किसी व्यंजन का उच्चारण ही नहीं किया जा सकता। यही अक्षर अनुत्तर पूर्ण अर्थात् शिव-शक्ति के पूर्ण विलय का भी प्रतीक है। यही 'अहम्' (I consciousness) अर्थात् 'परमशिव' का द्योतक है।

बिना अनुस्वार या विसर्ग 'अ' का उच्चारण करने से निर्विचार, निर्विकल्प स्थिति स्वतः निर्मित होती है और परमेश्वर की दिव्यता से तुम नहा उठते हो।

ओशो के विज्ञान भैरव तंत्र का 45वां प्रयोग

'अः' से अंत होने वाली किसी शब्द का उच्चार चुपचाप करो और तब हकार में अनायास सहजता को उपलब्ध हो।

कोई भी शब्द जिसका अंत 'अः' से हो, जैसे 'नमः', का कंठ जाप (मौन उच्चार) करने से श्वास बाहर जाती है। बाहर जाती श्वास चूंकि मृत्यु है, इसलिए वह शांति तथा परम विश्राम देती है, जब कि अंदर आने श्वास चूंकि जीवन होती है, इसलिए वह तनाव साथ लाती है।

पर विज्ञान-भैरव तंत्र का संस्कृत सूत्र कहता है कि हकार के उच्चारण के साथ तुम जैसे शाश्वत ब्रह्म में ही प्रवेश करते हो।

विज्ञान भैरव तंत्र को टीकाकार शिवोपाध्याय कहते हैं कि विसर्ग के उच्चारण में ह्ः की ध्वनि निकलती है जो रचनात्मक-ऊर्जा का प्रतिनिधित्व करती है। मन के हः ध्वनि पर एकाग्र होते ही वह सभी विषयों से विरत होकर सरलता से शून्य में सरक जाता है। वह परमात्मा के गहन मौन साम्राज्य में प्रविष्ट हो जाता है।

धारणा 68 में ठाकुर जयदेवसिंह उक्त टीका करते हुए कहते हैं-

When one fixes his mind freed of all props on the end of the Visarga of a letter coupled with visarga, then (being completely introvered), he enters the eternal Brahman.

मैं पूर्व ही उल्लेख कर चुका हूं कि थोड़ा-सा मुख खुला रख कर जिह्वा के मध्य ळभाग में चेतना थिर कर बाहर जाती श्वास के साथ हकार (विसर्ग) के अनुभव करने से निर्विचार घटित होता है।

प्राण-ऊर्जा के सुषुम्ना में ऊर्ध्वगमन के समय स्+औ+अः सौः बीज मंत्र का मौन जाप सुषुम्ना में चेतना को थिर कर देता है। कुंडलिनी ऊर्जा जब ब्रह्मरंध्र को पार कर शिखा के छोर पर पंहुचती है जहां व्यापिनी चक्र कहा गया है, तो वहां हकार(:) का मौन जाप गहरी समाधि में ले जाता है।

□□□

21. आज्ञाचक्र से ब्रह्मरंध्र पर छलांग

भ्रूमध्य में अवस्थित ग्रंथि को काटने के लिए योगी अपने इन्द्रिय रूपी हथियारों से काम लेता है, जब कि वह इन आंख कान आदि इन्द्रियों को अंगूठे या तर्जनी उंगुलियों से दबाकर उनके बाहर जाने के मार्ग को रोक देता है। योगशास्त्र में यह क्रिया करण कहते हैं। तिब्बत में बौद्ध लामा भ्रूमध्य का आपरेशन कर वह ग्रंथि काट देते हैं। इस ग्रंथि के हटते ही प्रकाश-बिंदु का दर्शन होने लगता है। इस बिंदु में मन को एकाग्र करने का अभ्यास करते-करते यह बिंदु बोध-गमन में विलीन हो जाता है और उसके ही साथ योगी की इस बोध गगन में, प्रकाशात्मक अवस्था में, स्थिति हो जाती है अर्थात् उसका परम भैरव स्वरूप अभिव्यक्त हो जाता है।

यह कहा जाता है कि ब्रह्मरंध्र तक पंहुचने के रास्ते को यह ग्रंथि ही रोके रहती है अतः जब इस ग्रंथि का भेदन हो जाता है और बिंदु में चित्त एकाग्र हो जाता है तो अनायास ही ब्रह्मरंध्र स्थित बोध-गगन में बिहार करने वाली परासंविद देवी के दर्शन हो जाते है।

दूसरा उपाय-जब ऊर्जा का ऊर्ध्वगमन विशुद्ध चक्र तक हो जाये तो जीभ को उल्टा कर उसके अग्रभाग को गले के छिद्र के निकट ऊपर के तालू से स्पर्श करने पर तथा तालू पर ध्यान एकाग्र करने से ऊर्जा त्रिनेत्र पर आ जाती है।

इसके बाद उल्टी जीभ का अग्र भाग जो कंठ छिद्र से लगा है उस पर ध्यान एकाग्र करने से ऊर्जा ब्रह्मरंध्र तक पंहुच जाती है। जीभ को उलट कर कंठ द्वार के तालू से लगाने की प्रक्रिया को खेचरी मुद्रा भी कहा जाता है।

नेत्रों को कसकर भींचकर बंद करने से सूक्ष्म अग्नि कणों की आकृतियां चमकने लगती हैं और भ्रूमध्य पर श्वेत प्रकाश के वृत्त का आभास होने लगता है। यह नेत्रों के तेज से उत्पन्न सूक्ष्म किरणें हैं। इनमें से किसी एक प्रकाश बिंदु पर ऊर्ध्वद्वादशांत या हृदय में ध्यान करने से योगी के सारे जागतिक विकल्प शांत हो जाते हैं।

"आत्मरूपांतरण की अनूठी विधि" अध्याय में मैं तंत्र के इस प्रयोग का पूर्व ही उल्लेख कर चुका हूं पर उसका प्रयोग भ्रूमध्य की ग्रंथि विसर्जन कर ब्रह्मरंध्र तक पंहुचने का उल्लेख नहीं किया गया था। इस विधि में दोनों हाथों के अंगूठों से दोनों कानों के छिद्र, दोनों तर्जनियों से दोनों नेत्र, मध्यमिका उंगुलियों से दोनों नासिका छिद्र तथा अनामिका से होठों को कसकर बंद कर गुदा भी सिकोड़ लेना चाहिए जिससे वायु कही से प्रवेश न कर ले। संकल्पपूर्वक इस स्थिति में तब तक रहा जाये, जब तक कि मृत्युभय ये अचेतन स्वयं इन्द्रियों के द्वार न खोले।

❑❑❑

22. प्राणशक्ति का विस्तार तथा "दीर्घ-सूक्ष्म" होने अथवा केन्द्रित होने की अद्भुत विधि

आंख, कान, नासिका छिद्र, मुख, गुदा और जननेन्द्रिय सिकोड़ कर वायु निकलने के सभी मार्गों को रोक देने पर, वायु की गति ऊर्ध्वगामी होने लगती है। प्राणशक्ति के द्वादशांत में प्रवेश होने से चीटीं के रेंगने जैसी अनुभूति होने लगती है। यह अनुभूति सिहरन, पुलकन और कम्पन के रूप में भी होती है जिससे साधक को ज्ञात हो जाता है कि उसकी कुण्डलिनी प्राणशक्ति का ऊर्ध्वगमन कहां तक़ हुआ।

प्राण और अपान की गति को रोकने की कुम्भक प्रक्रिया ही योग में प्राणायाम कही जाती है। प्राणायाम में पूरक और रेचक होता है। देश, काल और संख्या के अनुसार क्रमशः प्राणायाम का अभ्यास बढ़ाने से वह विस्तृत और सूक्ष्म होता जाता है और इसे दीर्घ-सूक्ष्म कहते हैं।

प्राण की गति का विस्तार- हृदय से निकल कर नाक के सामने बारह अंगुल तक जाकर श्वास (प्राण), शून्य में (बाह्य-द्वादशांत में विलीन हो जाता है। पर प्राणायाम का अभ्यास करने से अथवा 'तानदेन विधि से नाभि से गहरी धीमी व लयबद्ध श्वास लेने का अभ्यास करने से, अथवा सक्रिय ध्यान में धौंकनी की तरह श्वास उलीचने (कपालभाति प्राणायाम), अपान वायु, नाक के बाहर 12 अंगुल के स्थान पर 24 या 36 अंगुल नीचे नाभि या मूलाधार के निकट पंहुच कर शून्य में विलीन होने लगती है। यह श्वास कहां तक पंहुची है, इसकी परीक्षा एक तिनके में रूई लपेट कर नासिका के सामने रखने से रूई के स्पन्दन से प्राण की गति कितनी दूर तक पंहुची, जाना जा सकता है।

प्राण के सूक्ष्म और विस्तीर्ण होने से विकल्प नाश होकर चित्त शांत होने लगता है।

शिवोपाध्याय तथा वाचस्पति की टीका के आधाार पर श्री बृजवल्लभ द्विवेदी की टीका में उक्त विज्ञान-भैरव-तंत्र की धारणा नं 43 को स्पष्ट करते हुए धारणा के संस्कृत श्लोक का अनुवाद निम्न हैं–

"सभी इन्द्रियों के द्वारों को बंद करने पर प्राण की गति भीतर की ओर होने पर शरीर पर चींटी के चलने जैसे स्पर्श की अनुभूति होती है। उसमें देश, काल और संख्या की परीक्षा करने पर योगी के चित्त में परम आनन्द की अनुभूति होती है।

श्री जयदेवसिंह की अंग्रेजी टीका में उक्त धारणा का अनुवाद निम्न है–

When by stopping the opening of all the senses, the current of all sensory activity is stopped, the pransakti moves slowly upward (in the middle of sushumna nadi from muladhara towards (Brahmarandhra) then in the upward movement of pransakti, there is a felt of tingling sensation like the one created by the movement of an ant (over the body). At the moment of that sensation, there ensures supreme delight.

इसे स्पष्ट करते हुए श्री जयदेवसिंह लिखते हैं कि जब प्राणशक्ति का ऊर्ध्वगमन होता है, कुण्डलिनी शक्ति जागृत होकर ब्रह्मरंध्र की ओर धीमे-धीमे ऊर्ध्वगामी होती है और मेरुदण्ड पर चींटी के रेंगने जैसी अनुभूति होती है जो बहुत सुखद और आनन्दप्रद होती है। वह शिवोपाध्याय के मत का उल्लेख करते हुए कहते हैं कि उनकी टीका के अनुसार प्राणशक्ति का ऊर्ध्वगमन कुम्भक प्राणायाम द्वारा 'दीर्घ सूक्ष्म' किया जा सकता है। वह इसे आणव उपाय कहते हैं।

ओशो ने इस प्रयोग को केन्द्रित होने की विधि के रूप में क्रम संख्या 13 पर दिया है– जब चीटीं के रेंगने की अनुभूति हो तो इन्द्रियों के द्वार बंद कर दो।

ओशो कहते हैं–इंद्रियां तभी कार्य करती हैं जब श्वास चल रही हो। आंखे बंद कर श्वास लेना बंद कर दो, सभी इंद्रियां स्वत: बंद हो जायेंगी। आंखे बंद कर भाव करो-मैं अंधा हूं और देख नहीं सकता। कान बंद कर सोचो-मैं बहरा हूं सुन नहीं सकता।

इस तरह इन्द्रियों के द्वार बंद कर श्वास न लेते हुए पत्थर की तरह हो जाओ। तुम शरीर के प्रति बंद होकर संसार के लिए भी बंद हो जाते हो।

शिव कहते हैं–इसी स्थिति में घटना घटेगी। ओशो कहते हैं–चींटी हर बार नहीं रेंगती शरीर पर। इसलिए जब बिस्तर पर लेटे हो और ठंडी चादर का स्पर्श महसूस हो रहा है तो उसी क्षण इन्द्रियों के द्वार बंद कर पत्थर की तरह हो जाओ। अचानक चादर विलीन हो जाएगी। अब तुम हिल भी नहीं सकते। इसी दशा में तुम अपने केन्द्र पर फेंक दिए जाते हो। एक बार तुमने अपने को केन्द्र से देख लिया, तो फिर तुम वही व्यक्ति नहीं रह जाओगे।

तंत्र की इस धारणा को ओशो ने एक नया आयाम दिया है। चूंकि वह विज्ञान-भैरव-तंत्र को योग से भिन्न मानते हैं अत: उन्होंने प्राण, अपान, द्वादशांत, प्राणशक्ति के विकास और संकोच का उल्लेख न करते हुए एक नूतन दृष्टि दी है।

योग में क्रिया पर जोर है। इससे संघर्ष है। क्रिया से कर्त्ता भाव उत्पन्न होता है। तंत्र प्रयोगों के द्वारा ओशो कम से कम क्रिया द्वारा तुरंत अक्रिया पर ले जाते हैं।

जिन लोगों को कुण्डलिनी जागरण में उत्सुकता हो, या उनकी ऊर्जा ऊर्ध्वगामी हो रही हो, उनके लिए योग की दृष्टि से भी उनका प्रयोग उतना ही रूपांतरणकारी है।

जो चक्र, कुण्डलिनी, प्राणायाम नहीं जानते वे ओशो की दृष्टि से ही विज्ञान भैरव तंत्र के प्रयोगों द्वारा रूपांतरण करने में सक्षम है।

मल्टी यूनिवर्सटी के रहस्य विद्यालय में निश्चित ही तंत्र के सभी आयामों पर प्रशिक्षण दिया जाता होगा। यह निश्चित ही बहुआयामी प्रयोग है। शैव आचार्यों के अनुभव भी साधकों के लिए मूल्यवान है।

☐☐☐

23. एक अद्भुत प्रयोग : कैसे हो आत्मजागरण? अभी और यहीं।

सभी ध्यान करने वाले चाहते हैं कि वह आत्मोपलब्ध हो जायें। उन्हें परमात्मा मिल जाये। उन्होंने ध्यान करना शुरू ही इसलिए किया है जिससे उन्हें शांति मिले, आनन्द मिले, समाधि मिले। उनकी ध्यान से कुछ पाने की, मिलने की कामना है, इसलिए गल्ती पहले ही चरण से शुरू हो गई है। ध्यान घटता ही तभी है, जब कुछ पाने की कामना ही न हो। कामना भले ही शुभ हो, पर जब तक कामना करने वाला मन मौजूद है, वह एक कामना पूरी होते ही दूसरी बड़ी कामना करने लगेगा। कामना या तृष्णा दुष्पूर हैं। वह कभी तृप्त होती ही नहीं। जन्म-जन्मों से अपनी अतृप्त वासनाओं को पूरा करने के लिए ही हम जन्म लेते हैं और पुनः अतृप्त कामनाओं को लेकर एक शरीर से मुक्त होने पर दूसरा शरीर ग्रहण कर लेते हैं।

दक्षिण के एक महाराजा ने स्वामी विवेकानंद ने प्रश्न किया-"इस बात का क्या प्रमाण है कि परमात्मा है?"

स्वामी विवेकानंद ने महाराजा के ड्राइंगरूम में सामने लगे चित्र की ओर इंगित कर महाराजा से पूछा-"यह सामने किसका चित्र लगा है?"

महाराजा ने उत्तर दिया-यह चित्र मेरे पिताजी का है। फिर स्वामी जी ने उसके बगल वाले चित्र की ओर उंगली उठाकर पूंछा-

-"और उसके बगल में किसका चित्र है?"

-महाराज ने उत्तर दिया-"वह मेरे बाबा का चित्र है।"

-और उसकी बगल में?

-वह मेरे दादा के पिता अर्थात बड़े दादा का चित्र है?

-उसकी और बाई ओर, वह किसका चित्र टंगा है?

महाराजा ने उत्तर दिया-"वह मेरे उनसे बड़े दादा का चित्र है।

आखिर सबसे कोने में लगे चित्र का नंबर आने पर स्वामी विवेकानंद ने कहा-वह कोने में लगा चित्र मुझे ठीक से दिखाई नहीं देता।

जरा उसे उतार कर मेरे सामने तो लाओ।"

महाराज की आज्ञा पर वह चित्र उतार कर जब स्वामीजी के सामने लाया गया तो स्वामीजी ने उस पर थूक दिया।

महाराज स्तब्ध रह गये। उनका चेहरा अपमान से लाल हो गया। उन्होंने दबे स्वर में कहा-"स्वामीजी। यह मेरे आदि पितामह का चित्र है। आपने इस पर थूक क्यों दिया?

स्वामी जी ने कहा-यह तो मात्र लकड़ी का एक टुकड़ा है। इस पर कुछ रंग बार्निश पुता हुआ है। आप कहते हैं कि आपके पूर्व पितामह का चित्र है। पर क्या आपने उन्हें कभी देखा है? क्या प्रमाण कि यह आपके पूर्व पितामह का ही चित्र है? फिर उनसे पूर्व पूर्वजों के चित्र कहां हैं? आखिर वे भी तो कहीं से आये होंगे। पीछे और पीछे लौटते जायें तो अंत परमात्मा या परमपिता पर ही होता है। वही आप हैं। यही परमात्मा के होने का प्रमाण है। आप इससे बढ़कर और क्या प्रमाण चाहते हैं?

कुछ इसी तरह का प्रश्न बायजीद से उसके एक नये शिष्य ने किया था-"उस तक पंहुचने का क्या उपाय हैं? क्या आप मुझे उसकी झलक अभी और यहीं दे सकते हैं?"

बायजीद ने पूछा-"तू तैयार है?

शिष्य ने उत्तर दिया-मैं तैयार हूं। तभी तो आपके पास आया हूं।

बायजीद ने कहा-"उसे महसूस करने के लिए गहरी प्यास चाहिए। रोयां रोयां उसकी पुकार से भर जाये।"

शिष्य ने पूछा-"यह प्यास कैसे जाग सकती है?

बायजीद ने कहा-सामने नदी है। तू नदी में कूद जा।

बायजीद की वाणी में, उसकी आंखों में कुछ ऐसा जादू था कि वह शिष्य तुरंत नदी में कूद गया। उसके पीछे बायजीद भी नदी में कूद गया और उस व्यक्ति की गर्दन पकड़ कर उसे पानी के अंदर डुबोने लगा।

उस व्यक्ति के अंदर पानी भरने लगा। उसकी सांस घुटने लगी। वह ज्यों-त्यों संघर्ष कर बायजीद की पकड़ से छूट कर किनारे पर आया और जमीन पर औंधा लेट गया। जब शरीर से पानी निकल जाने पर वह कुछ स्वस्थ हुआ तो उसने हैरानी से पूछा-

-आप तो मुझे डुबो कर ही छोड़ते। मैं संघर्ष न करता तो मैं तो डूब ही गया होता।"

बायजीद हंसकर बोला-"तू डूबने को तैयार होता और संघर्ष न करता तो तूने उसे पा लिया होता। तुझे मुझ पर पूर्ण भरोसा न था। पर फिर भी तूने उसकी झलक तो पा ही ली। डूबते हुए तेरा रोयां-रोयां सांस के लिए तड़प रहा था। तू जी जान से संघर्ष कर रहा था। तूने पानी से ऊपर आकर सांस के लिए क्या कुछ नहीं किया? इसी तरह परमात्मा को पाने के लिए तुझे रोएं-रोएं से ऐसा ही अथक प्रयास करना होगा। अज्ञात में छलांग लगाने के लिए प्राणों की बाजी लगानी होगी।"

इसी से मिलता-जुलता प्रयोग गुरुजियेफ ने किया था। उसने दस शिष्यों को एक नहर में खड़ा किया जिसमें कुछ ही देर बाद बांध से पानी छोड़ा जाना था। उसका आदेश था कि जब तक वह पानी से बाहर आने के लिए न कहे, नहर में ही खड़े रहना है। बांध से पानी छोड़े जाने पर जब पानी शिष्यों की छाती तक आया तो पांच शिष्य घबड़ाने लगे। वे तैरना भी नहीं जानते थे। उन्होंने देखा-गुरुजियेफ बेपरवाह आधी आंखे बंद किए खामोश खड़ा है। जैसे ही पानी कुछ और चढ़ा, पांच शिष्य नहर के बाहर आ गये।

जब पानी गर्दन तक आ गया तो तीन शिष्य डूबते उतरते तैर कर किनारे आ लगे। कुछ देर में एक और शिष्य इसी तरह गुरुजियेफ को पागल समझ किनारे आ लगा। केवल एक शिष्य अडिग खड़ा डूबता रहा। गुरु-जियेफ ने पानी से कूदकर उसे बाहर निकाला और उसके शरीर से पानी निकालकर उसे स्वस्थ किया। केवल वही व्यक्ति उसकी कसौटी पर खरा उतरा और ध्यान को उपलब्ध हुआ।

विज्ञान भैरव तंत्र की भी विधि ठीक इसी प्रकार की है। पर यह सभी से सरल और बिना किसी खतरे के पूर्ण सुरक्षित हैं।

- सिर के सात द्वारों को अपने हाथों से बंद करने पर आंखों के बीच का स्थान सर्वग्राही हो जाता है।

यह बहुत पुरानी और सरलतम विधि है। इन्द्रियों के सभी द्वार बंद हो जाने पर, चेतना जो सतत बाहर बह रही है, एकाएक अंदर ठहर जाती है। यदि हम श्वास लेना बंद कर दें तो तत्क्षण विचार रुक जाते हैं। मन ठहर जाता है।

दोनों हाथों को माथे पर रखकर दोनों हाथों के दोनों अंगूठों से कान बंद करो। दोनों तर्जनी उंगुलियों से दोनों आंखें, दोनों हाथों की मध्यमिका उंगलियों से दोनों नासिका-छिद्र और अनामिका उंगलियों से मुंह बंद करो।

सातों छिद्र बंद होने पर, चेतना भीतर थिर हो जाती है। उसका भीतर थिर होना दोनों नेत्रों के बीच त्रिनेत्र में स्थान बना देता है। चेतना, त्रिनेत्र

पर केन्द्रित हो जाती है। यह स्थान सर्वग्राही, सर्वव्यापक हो जाता है क्योंकि तीसरी आंख में सारा अस्तित्व समाया है। तीसरी आंख असीम अस्तित्व को देखती है।

त्रिनेत्र पर केन्द्रित होते ही ज्ञात होता है कि पूरा संसार मेरे भीतर है। मेरे भीतर ही पूरा आकाश, चांद और सितारे घूम रहे हैं। पहली बार त्रिनेत्र पर केन्द्रित होकर तुम अभय को उपलब्ध होते हो।

श्वास बंद होने पर, दम भी घुटने लगे-फिर भी इसे जारी रखो। जब यह असह्य हो जायेगा, आंतरिक शक्ति स्वयं द्वारों को खोल देगी।

इस प्रयोग को अभ्यास न बनाकर कभी-कभी अकस्मात करो। अभ्यास से कोई लाभ न होगा।

इन्द्रिय के द्वार बंद होते ही, बाह्य संसार से तुम्हारा संबंध विच्छेद हो जाता है। न केवल संसार से तुम्हारा संबंध शरीर से भी टूट जाता है। तुम अचानक अपने केन्द्र पर थिर हो जाते है।

स्टाप मेडीटेशन

यह विज्ञान-भैरव-तंत्र का ही पच्चीसवां प्रयोग है। इसे विज्ञान-भैरव-तंत्र से ही सूफियों और तिब्बत के बौद्ध लामाओं ने लिया। तिब्बत में ही लामाओं से इसे गुरु जियेफ ने लिया। पर गुरु जियेफ की विधि से यह विधि मूल रूप में कहीं अधिक प्रभावी और रूपान्तरण में सहायक है।

यह विधि कहती है-जैसे ही कुछ करने की वृत्ति हो, तुरंत रुक जाओ। श्वास रोककर फ्रीज हो जाओ।

इस विधि में चलते हुए, भोजन करते हुए, स्नान करते या बात करते हुए भी सांस रोककर 'फ्रीज' होते ही तुम अपने केन्द्र पर पंहुच जाते हो।

नकारात्मक भावों जैसे क्रोध, घृणा या कामवासना को उत्पन्न कर उनका रेचन करते हुए अचानक सांस रोककर 'फ्रीज' होते ही तुम उनके तटस्थ द्रष्टा हो जाते हो। होशपूर्ण रेचन के लिए यह विधि अद्‌भुत रूप से प्रभावी है। यह तुम्हें सीधे तुम्हारे केन्द्र पर पहुंचा देती है। इसी तरह सूफी नृत्य का विकास भी विज्ञान-भैरव-तंत्र के ही एक अन्य प्रयोग से हुआ है।

तंत्र सूत्र की 27वीं विधि है-पूरी तरह थकने तक गोल-गोल घूमते रहो और तब जमीन पर गिरकर, इस गिरने में पूर्ण हो।

इस विधि में छोटे बच्चों के छाईं-माईं खेल की तरह गोल-गोल घूमना मात्र है। यह तुम्हें बच्चों की तरह सहज सरल और निर्दोष बनाकर तुम्हें तुम्हारे केन्द्र तक पंहुचा देती है।

❑❑❑

24. केवल मुद्राओं द्वारा समाधि में प्रवेश

विज्ञान-भैरव-तंत्र की निम्न धारणाओं या प्रयोगों में केवल मुद्रा बनाकर बैठने से ही समाधि में प्रवेश हो जाता है।

करङ्किण्या क्रोधनया भैरव्या लेलिहानया।

खेचर्या दृष्टिकाले च परावान्तिः प्रकाशते।।66।।

(धारणा-54)

At the moment of the **(intrintive)** perception **(of the Universe)** there is manfifested the supreme attainment through the "Karankani", **(कंरकणी)**, Krodhana **(क्रोधना)** Bhairavi **(भैरवी)**, Lelihana **(लेलिहाना)** and Khechri **(खेचरी)** mudras.

प्रत्यभिज्ञा शैव दर्शन के अंतर्गत क्रमदर्शन के ग्रंथ महार्थमंजरी में उक्त पांचों मुद्राओं का विस्तार से विवेचन है।

सारे जगत को संज्ञाशून्य अर्थात् कंकाल या अस्थिपंजर के समान देखने वाली मुद्रा 'करंकिणी' कहलाती है।

आध्यात्मिक अंतर्दृष्टि से परिपक्व हो जाने पर यह सहज मुद्रा ज्ञानसिद्धों को उपलब्ध होती है। इस मुद्रा में केवल भाव करने से ही पंच भौतिक शरीर पिघल कर परम आकाश में विलीन हो जाता है।

क्रोधना या क्रोधनी मुद्रा (पूरे शरीर की परम तनाव से भरी स्थिति में) पृथ्वी से लेकर प्रकृति पर्यन्त चौबीस तत्त्व मंत्रमय शरीर में इकट्ठा कर देती है और इसके साधक मंत्रसिद्ध कहलाते हैं।

साधारण साधक यदि दोनों हाथों की दसों उंगलियों को एक दूसरे में फंसाकर, दांत भींचकर पूरे शरीर को क्रोध और तनाव के गौरी शंकर शिखर तक ले जायें और निष्क्रिय सजगता से जब तक श्वास रोक सकें उस तनाव के दृष्टा बने रहें और फिर धीमे-धीमे तनाव शिथिल करते हुए अंदर उत्पन्न निर्विचार स्थिति, शून्यता और विश्राम का निष्क्रिय सजगता से निरीक्षण

करते रहें तो समाधि की स्थिति स्वतः लग जाती है।

भैरवी मुद्रा में अर्द्धनिमीलित नेत्रों से अपलक बाहर देखते हुए भी दृष्टि अंतर्मुखी होकर सारे जगत को अपने में ही विलीन कर लेती है। विभिन्न अंगों स्थित अति भौतिक शक्तियां, इस मुद्रा में स्वयं मिल कर एक हो जाती हैं और उसे मेलापसिद्धि कहते हैं।

लेलिहाना मुद्रा में साधक सकल विश्व को अपनी अहम् चेतना में समेट या लील लेता है।

'खेचरी मुद्रा' शैव तंत्र में सर्वाधिक महत्त्वपूर्ण मुद्रा है। इसके संबंध में कुछ धारणाएं पृथक से भी हैं। 'खा' का अर्थ है 'शून्यता' जो चेतना का प्रतीक है। हठयोग प्रदीपका के अनुसार जीभ को पीछे मोड़कर ऊपर के जबड़े तालू से सटाकर कंठ मूल तक ले जाना ही खेचरी मुद्रा है। इसके हो साथ दृष्टि को भ्रूमध्य में थिर किया जाता है।

निर्विचार के लिए यह मुद्रा परम सहयोगी है।

मध्य जिह्वे स्फरितास्ये मध्ये निक्षिप्य चेतनाम्
हाच्चारं मनसा कुर्वस्ततः शांते प्रलीयते॥

(धारणा 58 डा. जयदेवसिंह द्वारा अंग्रेजी में टीका विज्ञान भैरव तंत्र)

If one maintains the mouth widely open, keeping the inverted tongue at the centre and fixing the mind in the middle of the open mouth, and voices vowel less 'he' mentally, he will be dissolved in peace.

विज्ञान भैरव-तंत्र के 43वें प्रयोग में ओशो कहते हैं- मुंह को उतना खोलो जितना बोलते समय खोलते हो और इसी स्थिति में चेतना को जीभ के मध्य भाग में थिर करने से निर्विचार का अनुभव होता है। ओशो कहते हैं-बोलते समय ही नहीं, विचार करते समय भी जीभ के मध्य भाग में कंपन होने लगते है और उसी स्थिति में जब श्वास चुपचाप अंदर आए तो मानसिक रूप से हकार ध्वनि का अनुभव करते हुए भी निर्विचार में छलांग लग जाती है।

उपविश्यासने सम्यक् बाहू कृत्वार्ध कुचिंतौ।
कक्षव्योम्नि मनः कुर्वन् शममायाति तलययात्॥

धारणा-56

Sitting comfortably on his seat and placing the two arms in the form of an arch overhead, the aspirant should fix his gaze in the arm-pit. As the mind gets absorbed in that posture of repose, it will experience great peace.

सुखासन में बैठकर दोनों बाहों को धनुष के आकार में सिर के ऊपर इस तरह अधर में रखते हुए दोनों हथेलियों को ऊपर देखते हुए ही परम शांति का अनुभव होता है।

श्री बृजवल्लभ द्विवेदी ने अपनी टीका में दोनों बाहुओं को सिर के ऊपर धनुषाकार न टिकाकर उन्हें थोड़ा तिरछा कर समेटते हुए कांख के पास सुविधापूर्वक आराम से टिकाने की ही बात कही है।

❏❏❏

25. क्रिया से तुरंत क्रिया में प्रवेश अथवा क्रियात्मक प्रयोगों में मात्रा कृत्य हो जाना

ध्यान है-कुछ भी न करना अर्थात् अक्रिया। क्रिया में कर्त्ता भाव, अंहकार आ जाता है।

विज्ञान-भैरव-तंत्र के अधिकांश प्रयोगों में क्रिया केवल शुरू के एक दो मिनटों की ही होती है, वह भी केवल अक्रिया की स्थिति निर्मित करने के लिए। काला ब्लैक बोर्ड हो तभी खड़िया के सफेद अक्षर चमकते हैं। काले बादलों के बीच ही दमकती विद्युत दिखाई देती है। तनाव के शिखर अनुभव के बाद ही विश्राम की गहरी घाटी उपलब्ध होती है।

क्रिया भी इन प्रयोगों में नाम मात्र की ही होती है। इन प्रयोगों में सर्वाधिक आवश्यकता है निष्क्रिय, सजगता, संवेदनशीलता, श्रद्धा और समझ की। धारणा या भावना के सम्यक प्रयोग की। सम्यक निरीक्षण और द्रष्टा भाव की।

श्वास के प्रयोगों में जिसने अंर्त और बाह्य द्वादशांत पर चेतना थिर कर हृदय कमल में अपान-प्राण को समाहित कर प्राणऊर्जा जागृत करने की सहज कला जान ली, त्रिनेत्र साधना और कुंडलिनी जागरण उसके लिए सहज और सुगम हैं। यह चेतना के विस्फोट के आणविक प्रयोग है।

जिन प्रयोगों में बच्चों की तरह गोल-गोल चक्कर खाना है, भोजन करते हुए स्वाद और रस की परम अनुभूति करना है, या संभोग में ऊर्जा का वर्त्तुल निर्मित करना है, अथवा जिन प्रयोगों में क्रिया है, उनमें कृत्य में इतना डूब जाना है कि कर्त्ता न बचे। नृत्य करते हुए नृत्य ही हो जाना है। भोजन का स्वाद लेते हुए भोजन और स्वाद ही हो जाना है। संभोग के क्षणों में भी स्वयं पिघलकर मात्र ऊर्जा का वर्त्तुल मात्र हो जाना है।

बौद्धों ने, सूफियों, ज़ेन, पाइथागोरस और गुरुजियेफ ने, नाथ पंथी सिद्धों और बज्रयानियों ने बहुत कुछ शैव-अद्वैत-तंत्र तथा विज्ञान-भैरव-तंत्र से ही लिया।

When one experiences the expansion of joy of savour arising from the pleasure of eating and drinking, one should meditate on the perfect condition of this joy, then there will be supreme delight, (V. Bhairav or Divine Consciousness.

(धारणा-49)

भूख और प्यास लगने के बाद जब कोई भोजन करने या जल अथवा कोई भी मधुर तरल पदार्थ पीने के बाद जिस स्वाद रस और तृप्ति के आनन्द का अनुभव करता है, तो उस ब्रह्मानंद-सहोदर आनन्द पर ध्यान करने अथवा उस आनन्द पर ही पूरी चेतना थिर करने से दिव्य आध्यात्मिक स्पन्दन और परमानन्द की अनुभूति होती है।

When the yogi mentally becomes one with the incomparable joy of song and other objects, then of such a yogi, there is because of the expansion of his mind, identity with incomparable joy, because he becomes one with it.

(धारणा-50)

जब योगी साधक मधुर गीत के अतुलनीय आनन्द में डूब कर उसके साथ एकाकार हो जाता है तो इसका कारण है उसके चित्त का वह प्रसार जो संगीत के आनन्द के साथ एक हो जाता है।

तंत्र सूत्र के 52 वें प्रयोग में ओशो कहते हैं–

भोजन करते हुए या पानी पीते हुए भोजन या पानी का स्वाद ही बन जाओ और उससे भर जाओ।

भोजन यंत्रपूर्वक बेहोशी में जल्दी-जल्दी न कर धीमे-धीमे खूब चबा-चबा कर स्वाद लेते हुए सजगता से करो। जब मिठास का अनुभव हो तो मिठास ही बन जाओ। भोजन करते समय न किसी से बात करो और न कुछ सोच-विचार करो। मिठास बनने का अर्थ है कि मिठास का अनुभव केवल मात्र जिह्वा पर न होकर वह मिठास लहर की तरह पूरे शरीर में फैल जाये।

इसी तरह घूंट-घूंट पानी पीते हुए उसका आनन्द लो और उस आनन्द और तृप्ति को पूरे शरीर के रोम-रोम से अनुभव करो।

भोजन को इतना चबाओ कि वह रस बन जाये। परमात्मा रस स्वरूप है। उस रस के सागर में डूबो। भोजन करते हुए भोजन और जल पीते हुए जल ही बन जाओ।

इसी तरह तंत्र सूत्र के 41वें प्रयोग में ओशो कहते हैं–तार वाले वाद्यों को सुनते हुए उनकी संयुक्त केन्द्रीय ध्वनि को सुनो और इस प्रकार सर्वव्यापकता को उपलब्ध होओ।

तंत्र की दृष्टि में सभी इंन्द्रिय-सुखों का मूल स्त्रोत ब्रह्मानंद ही है। स्पर्श तथा रूप का सुख प्रेमपूर्ण संभोग में, स्वाद व रस का आनन्द भोजन करने व पानी पीने में तथा शब्द का सुख संगीत से जो प्राप्त होता लगता है, उस पर सजगता से ध्यान देने से, तुम आत्मिक सौंदर्य बोध और उसके मूल स्त्रोत ब्रह्मानंद ही में डूब जाते हो।

❑❑❑

द्वितीय खंड

त्रिनेत्र-अंदर केन्द्र की ओर जाने का प्रवेश द्वार

One seed makes the whole Earth Green प्रवचन माला में दि. 16.1.1989 को ओशो कहते हैं–

तुम्हारी तीसरी आंख ही केन्द्र की ओर जाने का प्रवेश द्वार है। इसके सक्रिय होने पर इसी बिंदु को देखते हुए दो तीन इंच गहराई में शनै: शनै: निरीक्षण करते हुए भीतर उतरना है। यही द्वार केन्द्र पर पंहुचने का मार्ग प्रशस्त करता है।

तीसरी आंख पर चेतना थिर होते ही तुम साक्षी हो जाते हो।

26. त्रिनेत्र को सक्रिय करने और साक्षी होने की विधियां

विज्ञान भैरव तंत्र की पांचवीं विधि

इस पहले पांच मिनट सौम्यता से बिना तनाव नासाग्र पर ध्यान करने के बाद करें–

भृकुटियों के बीच अवधान को स्थिर कर विचार को मन के सामने लाओ। फिर सहस्त्रार तक रूप को श्वास-तत्त्व से प्राण से भरने दो। वहां वह प्रकाश की तरह बरसेगा।

पहले श्वास के चार प्रयोगों में से कोई भी एक प्रयोग जब सधने लगे तब ही यह प्रयोग करने की योग्यता तुम प्राप्त कर सकोगे।

यह विधि पैथागोरस ने मिस्र के रहस्यदर्शियों से सीखी। मिस्त्र ने यह विधि भारत के तंत्र से ली थी।

पैथागोरस को यह विधि तभी दी गई जब चालीस दिन के उपवास में उसने हारा चक्र से धीमी व गहरी श्वास लेने का अभ्यास कर लिया। उसे यह विधि तभी दी गई जब वह बुद्धि के तल से हृदय तल पर उतर आया। यह विधियां कारगर इसीलिए नहीं होती क्योंकि उन्हें करने की हम पात्रता अर्जित नहीं करते।

यह ठीक है कि तंत्र कोई नीति, नियम या अनुशासन नहीं देता और जो जैसा है वह उसे स्वीकार है। पर इसके ही साथ यह जरूरी है कि तुम अंदर से खाली और प्रेमपूर्ण बनो। अंदर कचरा भरा है तो अमृत भी कचरे में गिरकर विष बन जायेगा। पात्र खाली हो, साफ हो तभी वह अमृत से भर सकता है।

इसलिए ओशो द्वारा बताये शरीर शुद्धि, भाव शुद्धि और विचार शुद्धि के सूत्रों के अनुसार अपनी जीवन शैली बदलने के बाद ही जब तुम सहज, सरल और निर्दोष हो जाओ, यह सूत्र रूपांतरण में सहयोगी है।

पहले आती-जाती श्वास के प्रति होशपूर्ण होना सध जाये। फिर दोनों के क्षणिक अंतराल पर अवधान केन्द्रित हो। दोनों श्वासों के मध्य संक्राति बिंदु का बोध होने लगे अथवा दो श्वासों का विलय बिंदु पकड़ में आ जाये, तभी यह प्रयोग करना उचित होगा।

यह प्रयोग साक्षी साधने का और त्रिनेत्र के बोध का है जो जीवन को पूर्णतय: रूपांतरित कर देता है।

दो भृकुटियों के मध्य आज्ञाचक्र है। विज्ञान की भाषा में यह पाइनिअल ग्रंथि, तिब्बतियों की भाषा में तीसरी आंख और तंत्र की भाषा में शिव-नेत्र या त्रिनेत्र है। यह स्वाभाविक रूप में सक्रिय नहीं है, बंद है। यह विधि तीसरी आंख को खोलने की विधि है।

यह अवधान को प्रशिक्षित करने की विधि है। अवधान, पाइनिअल ग्रंथि का भोजन है। यह अवधान को बलपूर्वक अपनी ओर खींच लेती है। इसमें अवधान के लिए चेष्टा नहीं करनी पड़ती। अवधान पाते ही तीसरी आंख सक्रिय हो उठती है।

इसलिए आंखे बंद कर लो और अवधान या चेतना को दोनों आंखों के बीच घूमने दो और उस बिंदु के निकट पहुंचते ही, अचानक तुम्हारी आंखों की दोनों पुतलियां थिर हो जायेगीं और जब उन्हें हिलाना कठिन हो जाए तो समझो सही बिंदु मिल गया।

यही चेतना का भौहों के बीच थिर करने का, अवधान का बिंदु है। इसे ओशो चेतना की एकाग्रता नहीं कहते, क्योंकि एकाग्रता साधने में एक तनाव होता है। सौम्यता से बंद आंखों से देखते हुए चेतना को भौंहों के बीच उस बिंदु पर थिर करना है, जहां पुतलियां स्वत: थिर और अचल हो जायें।

अर्द्धनिमीलित नेत्रों से नासाग्र पर सौम्यता से चेतना दो मिनट भी थिर करने से भौंहों के बीच त्रिनेत्र का बिंदु सक्रिय हो जाता है। उस स्थान विशेष में सिहरन, कम्पन, ऊष्मा या खुजली जैसी अनुभव होने लगती है। एक बार उस बिंदु का पता चल जाये तो अवधान को दो आंखों के बीच बिना इधर-उधर घुमाये सरलता से वह बिंदु मिल जाता है।

भृकुटियों के बीच अवधान को स्थिर कर विचार को मन के सामने करो। (विचारों का द्रष्टा होने की विधि)

जैसे ही त्रिनेत्र का बिंदु मिल जाये और अवधान वहां थिर हो जाये तो तुम देखोगे कि तुम्हारे विचार सामने चल रहे हैं। तुम तटस्थ द्रष्टा बन उन्हें देखते रहो, जैसे सिनेमा के पर्दे पर दृश्य देखते हो। यह निर्णय मत लो कि वे अच्छे या बुरे है। शुभ या अशुभ हैं। तटस्थता से उन्हें मात्र देखते

जाओ। उनके साथ तादत्म्य मत जोड़ो। इस शिवनेत्र के द्वारा तुम विचारों को वैसे ही चलते देख सकते हो जैसे आसमान पर तैरते बादलों को या राह पर चलते लोगों को।

भावों का द्रष्टा–विचारों की ही भांति, जब कामवासना घिरे या क्रोध आये, तो त्रिनेत्र पर अवधान थिर कर क्रोध या कामवासना से घिरे विचारों के उड़ते बादलों को तटस्थता से देखते हुए वे भी विलीन हो जाते हैं।

अनुभवों का द्रष्टा–गहरे ध्यान में यदि अचेतन की गहराई पर पंहुचने पर अतीन्द्रिय इंद्रधनुषी रंगों का अद्‌भुत तिलिस्म दिखाई दे, सुगंध का अनुभव हो, अद्‌भुत स्वाद या स्पर्श की अकल्पनीय अनुभूति हो, सिर में आकाश सिमटता दिखाई दे अथवा घूमता तारामंडल दिखाई दे तो उन अनुभवों का भी तटस्थ द्रष्टा ही बने रहना है। वहीं तक रुक नहीं जाना है। उनमें उलझना नहीं हैं, क्योंकि सभी अनुभव मन और इन्द्रियों के ही अनुभव हैं। यहां तक कि शून्यता के भी अनुभव के पार जाना है। जब तक अनुभव करने वाला मन शेष है, वास्तविक शून्यता कहां? दृश्य के साथ जब द्रष्टा भी खो जाये, मात्र बोध रह जाये वही साक्षी है।

अब यदि तुम बीमार हो, शरीर में पीड़ा है, तुमको दुख और संताप है, तुम उससे तादात्म्य न जोड़कर उसके भी साक्षी हो सकते हो। तुम्हें भूख लगी है, उसके साक्षी हो जाओ। तब अनुभव होगा–भोजन की शरीर को जरूरत है। शरीर को भूख लगी है। वह भोजन मांग रहा है और तुम शरीर से अलग खड़े उसे देख रहे हो।

तुम जब साक्षी होते हो तो तीसरी आंख पर थिर हो जाते हो और इससे उल्टा यह भी होता है कि जब तुम तीसरी आंख पर थिर होते हो तो साक्षी हो जाते हो। तीसरी आंख पर केन्द्रित होते ही साक्षी आत्मा का उदय होता है।

अब तुम विचारों, भावों के साथ श्वास प्रश्वास की कोमल तरंगों को भी अनुभव कर सकते हो। अब श्वसन के रूप को ही नहीं, उसके तत्त्व को, सार या प्राण को भी समझ सकते हो।

तंत्र के अनुसार वायु, प्राण का वाहन मात्र है। हवा का सार तत्व प्राण है। वह जैविक ऊर्जा है। हवा भौतिक है पर प्राण सूक्ष्म है। इसके प्रभाव को अनुभव किया जा सकता है। जब तुम किसी प्राणवान व्यक्ति, किसी सिद्ध संत के निकट बैठते हो तो अपने अंदर किसी शक्ति या ऊर्जा का अनुभव करते हो और जब तुम किसी रोगी के निकट बैठते हो तो लगता है तुम

अंदर की ऊर्जा खोकर शक्तिहीन हो रहे हो। एक उदासी और थकावट का अनुभव होता है। रोगी तुम्हारी प्राण ऊर्जा चूस रहा होता है। इसलिए अस्पताल के वातावरण या भीड़ में तुम्हें घुटन का अनुभव होता है और प्रात:काल वृक्षों के नीचे ऊर्जा का अनुभव होता है।

त्रिनेत्र पर केन्द्रित होकर श्वास के सार तत्व प्राण का अनुभव करने के बाद ही क्रांति घटित होना शुरू होती है। यही अंतर्यात्रा का प्रवेश द्वार है।

जब तुम्हें प्राण तत्त्व का एहसास हो तो कल्पना करो कि तुम्हारा सिर प्राण से भर गया है। यह अनुभव होते ही मस्तिष्क, विशेष रूप से सहस्त्रार के आस-पास स्पन्दन, पुलपन, सिहरन और कम्पन के साथ एक अद्‌भुत शीतलता का अनुभव होता है।

कल्पना करो वह प्राण सहस्त्रार से प्रकाश की तरह बरसे और वह बरसने लगेगा।

तीसरी आंख पर कल्पना पुंसत्व को शुद्धि को उपलब्ध हो जाती है। पर मन का शुद्ध होना परमावश्यक है।

तीसरी आंख पर थिर रहकर तुम कल्पना करो कि तुम्हारा शरीर शांत निष्क्रिय और मुर्दा जैसा होता जा रहा है, तुम तुरन्त शवासन में जाकर तटस्थ द्रष्टा बन सकते हो।

6. छठी विधि-ललाट के मध्य में सूक्ष्म श्वास (प्राण) को टिकाओ। जब वह सोने के क्षण हृदय तक पंहुचेगा तब स्वप्न और मृत्यु पर अधिकार हो जायेगा।

जब तुम नींद में उतर रहे हो, सोने जा रहे हो-तभी यह विधि साधना है। अन्य समय नहीं। नींद आने से पूर्व त्रिनेत्र पर अवधान थिर कर तुम सूक्ष्म प्राण के प्रति सजग हो जाओ और उसे हृदय तक जाता अनुभव करो। इस अनुभव के बीच ही नींद आने दो।

यदि यह संभव हो जाए तो तुम सपनों के प्रति भी सजग हो जाओगे। तब तुमको बोध रहेगा कि तुम सपना देख रहे हो। तब तुम स्वप्नों के मालिक बन जाओगे। तुम जैसा चाहो-वैसा स्वप्न देख सकते हो। स्वप्न बंद हो जाते हैं। तुम सोते हुए भी सजग बने रहते हो। फिर सुषुति में भी तुम होशपूर्ण रह सकते हो और यही समाधि है। यही तुरीयावस्था का द्वार है।

अब तुम स्वप्नों की तरह मृत्यु पर भी अधिकार पा लेते हो। तब तुम चुनाव कर सकते हो-कहां पैदा हों, कब पैदा हो, किससे पैदा हों और किस रूप में पैदा हों। तब तुम जन्म के भी मालिक हो जाते हो।

मृत्यु के छ: मास पूर्व इस विधि को करने वाले को अपनी मृत्यु का पता चल जाता है। तब श्वास लेने पर प्राण ऊर्जा नहीं आती। शरीर उसके ग्रहण करने की ऊर्जा खो देता है और इसके विपरीत बाहर जाने वाली श्वास के साथ शरीर में इकट्ठी प्राण ऊर्जा धीमे-धीमे बाहर जाने लगती है।

7. सातवीं विधि–कार्य में व्यस्तता के बीच ध्यान को अंतराल पर एकाग्र करो। (करना कैसे अभिनय बन जाये?)

काम काज मन को डांवाडोल करता है। अवधान को बार-बार बुलाना होता है। काम काज भी करते रहें और अंतराल में थिर रहें। तब तुम्हारे अस्तित्व के दो तल हो जाएंगें–एक करने का जगत और दूसरा होने का जगत। बाहर परिधि है जिस पर काम में लगे रहना है और दूसरा केन्द्र है जिस पर एकाग्रता बनाये रखनी है। सांसों को भूलकर उनके अंतराल में अवधान को टिकाएं रखना है।

यदि विधि का अभ्यास हो जाये तो पूरा जीवन उक नाटक हो जायेगा। घटनाओं में सुख दुख के अनुभव के तुम तटस्थ साक्षी हो जाओगे।

तुम्हारा पूरा जीवन ऐसे हो जायेगा जैसे वह तुमको घटित न होकर किसी दूसरे व्यक्ति को घटित हो रहा है।

8. आठवीं विधि–आत्यांतिक भक्तिपूर्वक श्वास के दो संधि स्थलों पर केन्द्रित होकर ज्ञाता को जान लो।

अभी तक श्वास की सात विधियां शुद्ध वैज्ञानिक थीं। इस विधि में 'भक्तिपूर्वक' शब्द अर्थपूर्ण है। यह विधि उनके लिए प्रभावी है जो भक्ति जगत के हैं। भावों के हृदय तल पर रहते हैं। अथवा उनके लिए प्रभावी है जो शरीर को अपवित्र मानकर उसके प्रति निंदा के भाव से भरे हैं।

तंत्र के अनुसार शरीर परमात्मा का मंदिर है। धार्मिक है। जब तुम श्वास ले रहे हो तो तुम ही श्वास नहीं ले रहे, तुम्हारे भीतर परमात्मा श्वास ले रहा है। तुम चल फिर रहे हो-तो अपने को इस तरह देखो तुम नहीं स्वयं परमात्मा ही चल रहा है। इस भाव मात्र से तुम्हारी चर्या ब्रह्म की चर्या हो जाती है। भक्तिपूर्वक विधि करने से प्रयोग का गुण-धर्म ही बदल जाता है।

जहां अंदर आने वाली श्वास और बाहर जाने वाली श्वास जिन दो बिंदुओं पर मुड़ती है उनके संधि स्थलों पर अवधान को थिर करना है।

9. नवीं विधि–मृतवत लेटो रहो। अपलक घूरो। कुछ चूसो और चूसना ही बन जाओ। क्रोध से क्षुब्ध होकर उसमें ठहरे रहो।

महर्षि रमण की विधि–

(अ) भाव करो तुम मर गए हो। न शरीर को हिला सकते हो, न चीख सकते हो, न खुजा सकते हो। भाव करो शरीर तख्ते की तरह अकड़ गया है। लेकिन अपने को धोखा मत दो।

महर्षि रमण इसी विधि से ज्ञान को उपलब्ध हो गए। कभी-कभी किसी दुःस्वप्न में ऐसा होता है जब न तुम चिल्ला पाते हो, न हिल पाते हो। जागने पर भी कुछ क्षणों तक तुम कुछ नहीं कर पाते हो।

चौदह पन्द्रह वर्ष की अवस्था में महर्षि रमण को अचानक रात ऐसा लगा कि वे मर रहे हैं। उनकी हृदय गति बंद होने लगी। न वह चिल्ला सकते थे न हिल सकते थे। लेकिन उन्हें बोध था कि शरीर भले ही मर गया हो पर वे तो हैं। उनका चैतन्य तो है।

जब वे उस स्थिति से वापस आये तो मृत्यु का रहस्य जानकर लौटे।

लेकिन यह घटना कभी भी जीवन में सहज रूप से घटित होती है। बीज अंदर पड़ा रहे तो विशेष स्थिति में वह अंकुरित होता है।

मौन व शांत रहने का उपाय

(ब) अपलक घूरो (मेहर बाबा की विधि) पुतलियों को घुमाये बिना एकटक घूरते रहो।

मेहर बाबा वर्षों जमीन पर मृतवत पड़े पुतलियों को घुमाये बिना कमरे की छत देखते रहते थे। ओशो ने भी उल्लेख किया है कि बुद्धत्व से पूर्व वह भी कमरे की धन्नों को पुतलियां हिलाये बिना मृतवत लेटे घूरते रहते थे। आंखों से घूरने पर तुम तीसरी आंख में थिर हो जाते हो। लगता है-समय ठहर गया।

▢▢▢

27. त्रिनेत्र साधना में सहायक अन्य कुछ प्रयोग

त्रितीय नेत्र, दोनों भौहों के मध्य, स्थूल शरीर में न होकर सूक्ष्म शरीर में स्थित है। भृकुटि के बीच सक्रिय हुए केन्द्र से लगभग 1½ इंच भीतर जो बिंदु है वही अंतर्जगत का प्रवेश-द्वार है।

जब कामऊर्जा का ऊर्ध्वगमन होकर, ऊर्जा आज्ञा चक्र पर पंहुचती है तो त्रितीय नेत्र वहां होश थिर करने से सक्रिय होने लगता है। होश ही त्रितीय नेत्र का भोजन है।

ध्यान करते हुए जब दोनों नेत्रों की पुतलियां थिर हो जायें, उनकी गति पूरी तरह रुक जाये, तो वही ऊर्जा जो विचार करने में, मन को संचालित करने में खर्च होती थी, उसे पाकर निर्विचार में तृतीय नेत्र सक्रिय होने लगता है।

द्रष्टा भाव साधना, तृतीय नेत्र को सक्रिय करने का सहज उपाय है। होश या चेतना को दोनों भौंहों के मध्य लाकर मन और विचारों को उसके समक्ष आने दो। तृतीय नेत्र पर होश लाकर विचारों के उड़ते बादलों को तटस्थता व सरलता से देखा जा सकता है। विचारों से तादात्म्य न कर तटस्थता से देखते ही वह विलीन होने लगते हैं।

जब विचारों के प्रति द्रष्टा भाव सध जाये तो कामवासना, क्रोध, घृणा और हिंसा आदि वृत्तियों और भावों को भी श्वास शांत कर तृतीय नेत्र से तटस्थता से देखते हुए उनके प्रति भी द्रष्टा-भाव सधने लगता हैं। तीसरा पड़ाव है-साधना करते हुए जो भी अनुभव हों, उन अनुभवों का भी द्रष्टा जाना है। सभी अनुभव इंन्द्रियों और मन के हैं। अतीन्द्रिय रंगों के, सुगंध के, प्रकाश के, नाद के, स्पर्श के सभी अनुभवों को भी तटस्थता से देखते हुए उन सभी के पार जाने की साधना ही साक्षी साधना है। साक्षी सभी को देखता है, पर जो दिखाई देता है-स्पष्ट है-वह तुम नहीं हो। नेति-नेति... सबको नकारते जाना है। स्पष्ट है-वह तुम नहीं हो। नेति-नेति ... सबको नकारते जाना है।

त्रितीय नेत्र पर होश को केन्द्रित कर, श्वास के सूक्ष्म कोमल स्पन्दनों का अनुभव करते हुए, श्वास के सारतत्त्व प्राण को देखो।

त्रिनेत्र साधना के लिए निम्न ध्यान प्रयोग सहयोगी हैं–

1. गौरी शंकर ध्यान
2. मंडल ध्यान
3. लूत्सू का तुला ध्यान
4. दोनों नेत्रों को बंद कर उन पर आहिस्ते से दोनों हथेलियां रखकर पलक खोलकर हथेलियों से इस प्रकार स्पर्श करायें जैसे कोई पंख से छूता है।

त्रिनेत्र साधना पर मैं बुद्धत्व खड़ा बाजार में 'ग्रंथ में सारे सूत्र विस्तार से दे चुका हूं। प्रस्तुत अध्याय में अधिकांश नये सूत्र हैं जो द्रष्टा भाव साधने और केन्द्र तक पंहुचने में सहायक हैं।

इसी ग्रंथ में विज्ञान भैरव तंत्र के प्रयोगों में पांचवा प्रयोग त्रिनेत्र को सक्रिय कर विचारों तथा भावों का द्रष्टा बनने में सहयोगी है।

इसी के साथ-साथ इसी अध्याय में "कैसे हो जागरण? अभी और यहीं" अध्याय में वर्णित विज्ञान भैरव तंत्र का प्रयोग तुम्हारी चेतना को आज्ञाचक्र पर थिर कर देता है।

हजारों वर्ष पूर्व सांख्य द्वारा सृष्टि के रहस्य की उद्घोषणा की गई थी कि जड़ प्रकृति और चेतन-पुरुष के संयोग से सृष्टि हुई। प्रकृति के, तमस, रजस और सत तीन गुण हैं। तमस ऊर्जा निष्क्रिय ऊर्जा, स्त्रैण है। आलस्य मूर्च्छा, अकर्म और गतिशून्यता उसके लक्षण हैं। शिशु मां के गर्भ में नौ मास तक घोर तमस में डूबा रहता है। वह भोजन श्वास भी मां के द्वारा ही लेता है। यह अकर्म की स्थिति, सुषुप्ति और समाधि जैसी है। अपने अचेतन में प्रत्येक व्यक्ति गर्भ की स्थिति में समाधि के महासुख की चूंकि अनुभूति कर चुका होता है, इसीलिए उस महासुख की अचेतन स्मृति ही उसे पुनः उस खोज के लिए प्रेरित करती है।

पृथ्वी की गुरुत्वाकर्षण शक्ति, तमस ऊर्जा का ही एक रूप है। यदि तमस गुण प्रकृति में न हो तो मनुष्य नींद में जाकर विश्राम नहीं कर सकता। रजस के कारण ही गति और क्रियाशीलता है। रजस प्रधान व्यक्ति बिना कुछ किए खाली बैठ ही नहीं सकता।

तमस और रजस के संतुलन के कारण ही जीवन गतिशील है। इन तीनों गुणों से शरीर और मन का निर्माण होता है। इस समान भुजी त्रिभुज

की आधार रेखा तमस है क्योंकि तमस के अंधेरे का अक्रियाशील गर्भ से ही जन्म होता है। तीन वर्ष तक बच्चा बिस्तर पर लेटे हुए ही मलमूत्र का विसर्जन करता है या अधिक समय तक सोता रहता है। इस विश्राम से ही वह विकसित होकर धीमे-धीमे क्रियाशील बनता है। रजस और सत्व त्रिभुज की अन्य दो भुजाएं है।

साधना के द्वारा रजस और तमस ऊर्जाओं का संतुलन सधने पर ही सत् प्रकट होता है। गीतादर्शन में ओशो कहते हैं कि त्रिनेत्र साधना में दाईं और बाईं भौंह के ऊपर सक्रिय और निष्क्रिय (रजस और तमस) ऊर्जाएं सक्रिय होकर एक त्रिभुज के दो कर्णों की तरह मस्तक पर मिलकर त्रिभुज सा बनाती है। जिसके मध्य में तृतीय नेत्र के केन्द्र पर आना होता है। इस बिंदु पर तमस या रजस से भी सीधे छलांग ली जा सकती है, पर यह बहुत कठिन है और अपवाद स्वरूप ही कभी-कभी संभव हो पाता है।

यह साधना सरलतम है। अन्यथा कुछ लोग तमस या रजस से सीधे भी बिना संतुलन साधे इस बिंदु पर पंहुच सकते हैं पर यह बहुत अधिक श्रम साध्य है। बाल्मीकि, लाओत्से और मेहरबाबा तमस गुण को विकसित कर ही सीधे बुद्धत्व को उपलब्ध हुए। बाल्मीकि डाकू से क्षण भर में रूपांतरित होकर संत बने। लाओत्से की साधना कुछ भी न करने, अकर्म की विश्राममय रहने की है।

बुद्ध और महावीर की साधना तमस और रजस का संतुलन साधकर सत्व गुण की साधना है।

कृष्ण ऐसे विचणक्ष बुद्ध हैं जिन्होंने तमस, रजस और सत्व तीनों को एक साथ प्रयुक्त किया है। इसीलिए उनके जीवन में संगति और निश्चितता नहीं है। वह कई विरोधाभासों का संगम हैं। वह झूठ भी बोल सकते हैं। छल का प्रयोग करने में भी उन्हें कोई झिझक नहीं। स्वयं परम सामर्थ्यवान और शक्तिवान होते हुए भी उन्होंने युद्ध कर स्वयं का कोई साम्राज्य खड़ा नहीं किया। यह सभी तमस गुण की अभिव्यक्तियां हैं।

वह रास रचैया, परम भोगी भी हैं। उनका रनिवास बहुत बड़ा है। वह कूटनीति के विशारद हैं। यह उनके रजस गुण की अभिव्यक्ति है।

उन्होंने गीता के द्वारा परमात्मा या सत्य के उपलब्ध होने के सभी मार्ग बतलाये। उनमें कर्म, ज्ञान, भक्ति सभी का संगम है। इसलिए कृष्ण को समग्र रूप से स्वीकार करना लोगों को कठिन लगता है। प्राय: लोग उनके एक ही रूप को लेकर उनको मानते हैं।

प्रथम प्रयोग–दोनों नितम्बों पर शरीर का समान भार डालकर संतुलन साध कर तीन मिनट बैठे रहें। फिर अगले दो मिनट भारहीनता का अनुभव करें। बंद आंखों की पुतलियां थिर रहें। ऊर्जा के ऊर्ध्वगमन में सहयोग देते रहें। पूरे ध्यान में दोनों हथेलियां घुटनों में रखें और अंगूठे तथा तर्जनी उंगुली के पोर आपस में मिले रहें।

अब कुछ समय तक बंद आंखों से नासाग्र को देखते रहें। थिर पुतलियां स्वतः दोनों भौंहों के मध्य उस बिंदु पर केन्द्रित हो जायेगीं, जो तृतीय नेत्र का सही बिंदु है। पर नासिका के अग्रभाग को तनाव से नहीं, सौम्यता से ही देखना चाहिए।

दो आंखें द्वैत उत्पन्न करती हैं। तृतीय नेत्र सक्रिय होते ही द्वैतता नष्ट होकर मन के चुनाव करने की वृत्ति विसर्जित होने लगती है। आती-जाती सांस के साक्षी होने पर स्थूल शरीर, पारदर्शी सूक्ष्म शरीर की ओर गति शील नहीं हो पाता है। पर जब तक वासना के कभी न पूरा होने की वृत्ति का अनुभव द्वारा बोध द्वारा नहीं हो जाता, मन विसर्जित नहीं होता और वह सुख-दुख, बुद्धि-हृदय, परमात्मा-संसार आदि सभी द्वैतता में से किसी एक का चुनाव कर लेता है। सुख चुनते ही दुःख उसके साथ ही आता है और तब मन दुखी होकर नये विकल्प चुनने लगता है।

फिर एक बार यह दोहराना आवश्यक है कि नासाग्र पर चेतना एकाग्र करते समय जरा भी तनाव न हो। इस विधि से त्रिनेत्र का बिंदु मिल जाने पर त्राटक नहीं करना। त्राटक में तनाव है। ध्यान एकाग्रता साधना नहीं है। चेतना एकाग्र कर, उसे साधन बनाकर ध्यान तक पंहुचा जा सकता है। बिना तनाव के सौम्यता से चेतना को उस बिंदु पर केन्द्रित भर करना है। इसी बिंदु के लगभग डेढ़ इंच नीचे वह बिंदु है जो अंतर्यात्रा का प्रवेश द्वार है।

प्राण त्रिनेत्र में थिर कर तीन इंच गहराई वाले बिंदु से ही प्राण अनाहत चक्र और फिर नाभि द्वारा हारा केन्द्र पर अमृत बूंद की तरह टपकते हैं। कुण्डलिनी साधना सत् चित् और आनन्द की साधना है। यह पिघलने, वाष्पीकृत होने और फिर बरसने की साधना है। त्रिनेत्र साधना से ही आप मन के मालिक बनते हैं।

□□□

28. मन विसर्जित करने की विधि

मृतवत अवस्था में लेटे हुए क्रोध घेरे तो उसी भाव में डूब जाओ। जो भी भाव हो उसमें डटे रहो। ठहरे रहो।

तुम मर ही गये हो तो न तो भिंचे दांत खोल सकते हो और न बंधी मुट्ठी खोल सकते हो। न शरीर हिला सकते हो। आवेगों को शरीर हिलाने की अनुमति मत दो। बस ठहरे रहो।

अचानक आये क्रोध में भी यदि तुम हिले डुले बिना ठहरे रहो, हिलो नहीं और यदि तुम आंदोलित हुए बिना क्रोध को देख लो तो घटना घट जाती है।

कुछ चूसो तो चूसना ही बन जाओ–

(बिना श्वास लिए प्राण लेने की विधि)

गर्भ में बच्चा बिना श्वास लिए मां से शुद्ध प्राण ही ग्रहण करता है। बच्चा पैदा होते ही रोता है। वह रोता इसलिए मालूम होता है क्योंकि वह हवा को पी रहा है, चूस रहा है। प्राण ले रहा है।

विधि कहती है-किसी भी चीज को चूसो। हवा को ही चूसो लेकिन तब हवा को भूल जाओ। चूसना ही बन जाओ।

एक विषय है जिसे तुम चूसते हो। जैसे हवा या सिगरेट। एक विषयी है-चूसने वाला और उन दोनों के बीच चूसने या सिगरेट पीने का कृत्य है-पोषण की प्रक्रिया। विधि के अनुसार विषय, विषयी को भूल कृत्य ही बन जाता है।

यदि दौड़ रहे हो तो दौड़ना ही बन जाओ। भोजन कर रहे हो तो चबाना ही बन जाओ। कर्त्ता खो जाये। विषय खो जाये। मात्र कृत्य रह जाये।

यह विधि तुम्हें शिशु की तरह निर्दोष बना देती है। जो लोग स्त्रियों के स्तन में अटके हैं उनके लिए यह विधि बहुत रूपांतरणकारी हैं।

समाधि में जाने से पूर्व योगी पोषण बनकर ही प्राणऊर्जा प्राप्त करते हैं। यदि यह चूसना महीनों तक कोई साधना बना ले तो उसके अंदर इतनी प्राण ऊर्जा एकत्रित हो जायेगी कि उसे भोजन करने की भी जरूरत नहीं रह जायेगी।

महावीर के हफ्तों, महीनों भोजन न करने का यही राज है। वह प्राण ऊर्जा और जैविक ऊर्जा पंचतत्वों से प्रकृति से लेते थे।

मन को विसर्जित करने की प्रत्येक विधि में आंखों की पुतलियां को थिर कर त्रिनेत्र पर अवधान केन्द्रित करना परमावश्यक है। पुतलियां थिर होते ही विचार थम जाते हैं।

नितम्बों के दाएं-बाएं झुकाकर संतुलित आसन से बैठने पर और प्रमुदित भाव से भारहीन होने का अनुभव होता है।

फिर भी विचार आते हैं तो त्रिनेत्र पर अवधान होने पर वह बादलों से तैरते दिखाई देते हैं और तटस्थता से देखते रहने पर विलीन हो जाते हैं।

मन भूतकाल के चिंतन और भविष्य के हवाई स्वप्न जाल में उलझता रहता है। भूत-भविष्य के विसर्जन और वर्तमान में क्षण-क्षण जीने की कला ही मन को स्वत: विसर्जित कर देती है।

पांच ग्रंथियों का विसर्जन ही मन का विसर्जन है।

29. तमोगुण प्रधान व्यक्तियों के लिए कुछ निष्क्रिय ध्यान प्रयोग

जिनमें तमोगुण अधिक हैं, जो आलस्य, उदासी और अवसाद से घिरे रहते हैं, जिन्हें सोने में ही आनन्द मिलता है, जो निराशा से ग्रस्त थके-थके से रहते हैं उन्हें जागरूक बनाने के लिए उपयोगी ध्यान प्रयोग।

1. बिना किसी हीन भावना उत्पन्न किए बिना अपने आलस्य और अवसाद को भी स्वीकार कर लें। नींद का पूरा आनन्द लें। 16-16 घंटे बिस्तरे पर लेटे या सोते रहें और यदि आंख खुल जाये तो बिना पलक झपकाये कमरे की छत घूरते रहें। विचार आयें तो त्रिनेत्र पर अवधान क्रेन्द्रित कर उठते विचारों-भावों को तटस्थता से देखते रहें और जब वह तिरोहित हो जायें तो फिर कमरे की छत या लटके बिजली पंखे को ही एकटक घूरते रहें।

   लेटे-लेटे ही जीभ को दोनों तालुओं और होठों पर घुमाते हुए हवा चूसते रहें और चूसना ही बन जाये। चूसना या चोषण बन जाने पर अपने अंदर प्राण-ऊर्जा का अनुभव होने लगेगा। सर्वस्वीकार भाव और अंहकार-शून्यता स्वयं घटित होगी।

2. **अंधकार को पीयें और अपने अंदर के झूठे अंधकार को बाहर निकालें।**

   यह प्रयोग अमावस या उससे दो तीन दिन पूर्व या बाद में और सबसे उत्तम है काले मेघों से घिरी वर्षा की किसी भी अंधेरी रात में छत पर लेटे हुए अथवा अपने कमरे में काले रंग के पर्दे डालकर पूर्ण अंधकार में किया जा सकता है।

   प्रथम चरण–बाहर के अंधकार में खुली आंखों से एकटक देखते हुए झांको। जब अंधकार आंखों में प्रवेश करे तो इसका अर्थ है, तुम अंधकार में प्रवेश कर रहे हो। उजाले में आंखें बंद कर जो अंधेरा

दिखाई देता है वह प्रकाश का नेगेटिव झूठा अंधकार है। घोर अंधेरे में झांकने पर विधायक अंधकार दिखाई देता है। अंधकार पर त्राटक करते, उसे पीते आंखों से आंसू गिरें, वे दु:खने लगे तो भी संकल्पपूर्वक अंधेरे में झांकते ही रहो। वास्तविक अंधकार अंदर प्रवेश कर सुख की अनूभूति से भर देता है। याद रहे-निगेटिव अंधकार नहीं। वास्तविक अंधकार अंदर प्रविष्ट होने पर तुम्हें नेगेटिव अंधकार से रिक्त कर देगा।

एक घंटे तीन माह तक प्रयोग करने पर अंदर का सारा पागलपन पिघल कर बाहर के अंधकार में विसर्जित हो जायेगा।

द्वितीय चरण-लेट जाओ। भाव करो जैसे तुम अपनी मां के अंधेरे गर्भ में निश्चल लेटो हो और घना अंधकार तुम्हें चारों ओर से घेरे है, और तुम उसके भीतर हो। देर-सवेर भाव करते-करते यह यथार्थ लगने लगेगा।

तीसरा चरण-जो अंधकार का टुकड़ा तुम्हारे अंदर प्रवेश कर गया है, उसे चलते -फिरते, खाते-पीते, बोलते या कुछ भी कार्य करते हुए अपने साथ लेकर चलो। इससे पूरा शरीर शिथिल, शांत और शीतल हो जायेगा। इससे चाल बहुत धीमी हो जाएगी, जैसे तुम कुछ साथ लेकर चल रहे हो।

3. **कामवासना, क्रोध और अपमान को आत्मसात करने की अद्‌भुत विधि। पूर्ण अंधेरी रात में या अंधेरे कमरे में आंखें बद कर अपने आंतरिक अंधकार को खोजो और फिर आंखे खोलकर बाहर के अंधकार में उसे विसर्जित कर दो। दोष सदा के लिए विलीन हो जायेंगें।**

इस विधि से अंदर के झूठे अंधकार को बाहर उलीच दिया जाता है। धीमे-धीमे अभ्यास करते हुए जब आंतरिक अंधकार का अनुभव होने लगता है, तो अंदर की सारी उत्तेजनाएं शांत होने लगती हैं। आंखें बंद कर अंदर की सारी मूर्च्छा, अवसाद, निराशा उत्तेजना, घृणा, क्रोध और वासना के गुच्छों के रूप में आंखों के पीछे एकत्रित हो जाती है और बाहर अंधेरे में आंखें खोलने पर वह बाहर के अंधकार में विलीन हो जाती है। फिर बाहर का अंधकार पीकर जब तुम आंखें बंद करते हो तो वास्तविक अंधकार में ही अंदर का झूठा अंधकार पिघलकर, घुलकर गुच्छों के रूप में इकट्ठा हो जाता है जिसे तुम आंखें खोलकर फिर बाहर उलीचे देते हो।

यह आंतरिक अंधकार ही हरदम साथ लिए चलने से यह क्रोध, घृणा, कामवासना और उत्तेजना को आत्मसात कर लेता है। जब भी यह नकारात्मक भाव उठें, आंतरिक अंधकार के स्मरण और अनुभव से उत्तेजना तुरंत शांत हो जाती है। तुम अनंत शून्य की अंतहीन खाई बन जाते हो।

अपने भय से साक्षात्कार करो–रात अंधेरे कमरे में बैठकर सभी भयानक चीजों भूत, चुड़ैल, पिशाच, दैत्य, दानव, जिन, हड्डियां, खड़खड़ाते नृत्य करते हुए भूतों आदि दुष्ट शक्तियों के बारे में सोचते हुए भय की प्रतिमूर्ति बन जाओ। डेक्रूला या भूत प्रेत की कहानियां पढ़ने या इसी से संबधित टी. वी. सीरियल देखने के बाद यह ध्यान करो। अपनी कल्पना इस सीमा तक ले जाओ कि तुम्हें लगने लगे कि तुम्हारा दम घुटा जा रहा है और बस-मृत्यु ही होने वाली है।

भय को स्वीकारो। भय की समग्र अनुभूति से गुजर कर उस भय को जीयो। एक सप्ताह के ध्यान से बहुत कुछ बदलने लगेगा।

(आरेंज बुक का ध्यान)

5. **जीवन और मृत्यु का ध्यान**–अंधेरे कमरे में चटाई पर लेटकर शवासन में चले जाओ। अनुभव करो-जैसे तुम्हारी मृत्यु ही हो गई है। शरीर बेजान और निष्क्रिय है। तुम्हारे परिवार के लोग तुम्हारा शव घेरे मातम मना रहे हैं।

10-15 मिनट के प्रयोग में यदि सो भी जाओ तो फिक्र मत करो।

सुबह जब जागो तब बिना आंखे खोले बिस्तरे पर लेटे हुए जीवन-ध्यान करो। अनुभव करो-रात मरने के बाद तुम नया प्राणवान जीवन लेकर लौटे हो और जीवन ऊर्जा तुम्हारे शरीर में प्रवाहित हो रही है।

❑❑❑

30. सभी पीड़ाओं का उपचार : अपनी अंतर्ध्वनि को सुनना

ऋषि बताते हैं कि 'ओऽम्' में ढाई अक्षर हैं। ठीक 'प्रेम' या 'प्यार' की तरह। इसी तरह 'आत्मा' तथा 'ब्रह्म' में भी ढाई अक्षर हैं। आधा अक्षर अधूरे होने की खबर देता है। प्रेम में प्रेमी प्रेमिका कभी तृप्त नहीं होते। एक होने पर भी कुछ न कुछ दूरी रह ही जाती है। ब्रह्म निरन्तर फैल रहा है, विकसित हो रहा है। पूर्णता मृत्यु है। वह निरंतर पूर्ण से पूर्णतर हो रहा है। परमात्मा यदि कभी पूरा हो जाये तो जगत समाप्त हो जायेगा। उसकी सीमा निश्चित हो जायेगी। उसकी पूर्णता गहन अपूर्णता जैसी है। पूर्ण में से पूर्ण निकालने पर भी वह उतने का उतना ही रहता है। आत्मा का भी प्रेम, ब्रह्म, और ओम् की तरह कोई अंत नहीं है। शरीर मिटता है, मन मिटता है पर आत्मा नहीं मिटती। उसकी यात्रा अनन्त है। ओम् सृष्टि के पूर्व भी था, सृष्टि का अंत होने पर भी रहेगा वह। वह एक हाथ की ताली और बिना आहत की शाश्वत ध्वनि है। उस ध्वनि की तंरग से ही सब कुछ उत्पन्न हुआ और सब कुछ उसी में विलीन हो जाता है। वैज्ञानिक भी मानते हैं कि ध्वनि विद्युत का ही एक रूप है। शरीर और मन दो मिट जाते हैं, आत्मा रह जाती है। ज्ञाता और ज्ञेय मिट जाता हैं केवल ज्ञान मात्र रह जाता है। वस्तुतः अपनी अंतर्ध्वनि को सुनना प्रणव (ओऽम्) का अजपाजाप ही है।

उपनिषद कहते हैं कि मनुष्य का शरीर या पिंड, पूरे ब्रह्माण्ड का लघु संस्करण है। जो ब्रह्माण्ड में घट रहा है वही पिंड में। ब्रह्माण्ड में व्याप्त वायु, शरीर में श्वास या प्राण के रूप में विद्यमान है। नेत्रों की ज्योति सूर्य का प्रकाश है।

ऋषि कहता है-'ओम्' कोई शब्द नहीं। जब वह कोई शब्द नहीं तो उसका अर्थ होने का प्रश्न ही नहीं उठता। वह मात्र एक ध्वनि की तरंग है। वह अक्षर है, जिसका कभी क्षर या नाश नहीं होता। आकाश भी जिससे ओतप्रोत हो रहा है, यह वही अक्षर ब्रह्म है। शून्य, अनन्त, असीम, यह शब्द

भी उसे पारिभाषित करने के प्रयास में उसकी एक सीमा बांध देते हैं। आकाश तत्त्व में ही वायु, जल, अग्नि (सूर्य) और पृथ्वी सभी तत्व समाहित हैं। आकाश ही सभी तत्त्वों को स्थान देता है। आकाश न हो तो किसी भी तत्व की प्रतीति होना सम्भव ही नहीं है। स्तब्ध शून्य आकाश में ओम् ही जीवन की तरंग है। वह प्राणों का प्राण है। आकाश, अवकाश या स्थान देता है सभी वस्तुओं को और ओंकार त्रिकालातीत है। वर्तमान भूत और भविष्य से बाहर जो कुछ भी बचा रहता है वही आत्मा है।

तुम सोते जागते जो श्वास ले रहे हो वह ओम् का ही अजपाजाप है। तुम श्वास ऊपर खींचते हो तो ओऽम् और जब तुम श्वास बाहर फेंकते हो तो सो की बहुत सूक्ष्म ध्वनि होती है। तुम चौबीसों घंटे ओम् का अनजाने में अजपाजाप कर रहे हो। यही नाद अंदर बाहर चतुर्दिक गूंज रहा है।

अपनी अंर्त-ध्वनि (अनाहत-नाद) को कैसे सुने?

तंत्र-सूत्र खण्ड 2 के प्रवचन 31 में ओशो कहते हैं–

"यदि तुम एक बार भी एक आंतरिक ध्वनि सुन लो, तो यह सदा तुम्हारे साथ रहेगी। तब तुम इसे दिन भर सुन सकते हो। तब बाजार के शोरगुल में भी यह तुम्हारे साथ रहेगी। फिर कोई भी उपद्रव तुम्हें अशांत नहीं कर सकेगा। तब तुम शांत रहोगे और जो भी आस-पास घटेगा, उससे तुम्हें कोई अंतर नहीं पड़ेगा।

इससे मन में विचारों का सतत चलने वाला प्रवाह बिदा हो जाता है और मन ठहर जाता है।

विधि बहुत सरल है–

"दोनों आंखें बंद कर अपने दोनों कानों को अच्छी तरह बंद कर लो अपनी दोनों हाथों की तर्जनी उंगलियों से। अब गुदा ऊपर सिकोड़ लो। यदि यह न खींची जाये तो ध्वनि गुदा मार्ग से बाहर निकल जाती है। यह ध्वनि बहुत सूक्ष्म है। इस विधि से तुम्हारे भीतर ध्वनि का एक स्तम्भ निर्मित होगा और यह मौन की ध्वनि होगी।

इस स्थिति में तुम्हें अनुभव होगा कि विचार थम गये हैं। मन ही नहीं ठहरा, समय भी ठहर गया है। पूरा संसार ठहर गया है।

ध्वनि के अंदर भरने से गहन संतोष और अभय का अनुभव होता है। जो भी भीतर घटे उसके साथ रहो।

जब तुम गुदा ऊपर की ओर सिकोड़ोगे तो श्वास स्वाभाविक रूप से ठहर जायेगी। जितनी देर श्वास सुखपूर्वक रोक कर गुदा को सिकोड़े और

कानों को बंद किये रह सको, उसे अनुभव करो। कानों को बंद किये रहने के साथ श्वास छोड़कर और पुनः श्वास लेकर गुदा ऊपर सिकोड़ कर उस अंतर्ध्वनि को सजगता और संवेदनशीलता से अनुभव करो। कम से कम पांच छः मिनट का यह प्रयोग दिन में कम से कम दो बार करें और नियमित रूप से कम से कम एक सप्ताह करें।

दो-तीन दिनों के प्रयोग करने के बाद ही तुम अपनी अंतर्ध्वनि को बाजार के शोरगुल में भी सुन सकोगे। यह सांस और हृदय की धड़कनों से भी सूक्ष्म ध्वनि अनाहत नाद ही है जो सहज समाधि में निरन्तर गूंजती रहती है।

प्रारम्भ में जब कभी भयभीत या अशांत हों, तनावग्रस्त या बैचेन हों, इस ध्यान प्रयोग को करें। एक बार अपनी अंतर्ध्वनि से पहचान होने पर, उसे सुनते ही भय, बैचेनी, पीड़ा समाप्त होकर गहन संतोष और शांति स्वतः उतरने लगेगी।

ओम् ध्यान से उत्पन्न अंतर्नाद—यह अंतर्नाद सर्वव्यापी है। यह अंदर बाहर सभी ओर गूंज रहा है। अपना कान वृक्ष से लगा दो या चट्टान से लगा दो यह वहां भी गूंजता सुनाई देगा। लेकिन यह तभी सुनाई देता है जब तुम्हारा शरीर और मन से तादात्म्य टूट जाये। तुम उनका अतिक्रमण कर जाओ। सूक्ष्म को सुन पाने के लिए विराट-ऊर्जा की आवश्यकता होती है।

पहले चरण के साथ जब तुम खाली गुबंद वाले कक्ष में ओम का मुंह से जाप करते हो, कामवासना तिरोहित हो जाती है।

दूसरे चरण में जब कंठ मौन जाप करता है, तो प्रेम आदि सभी भाव भी तिरोहित हो जाता है। फिर हृदय में और शरीर के रोम-रोम में गूंजती अंतर्ध्वनि के साथ, जो तीसरे चरण में घटित होती है–सब कुछ तिरोहित हो जाता है। न तुम्हारा ज्ञान बचता है और न ध्यान। तुम मिट ही जाते हो। **मृत्यु** घटित होती है। तुम घबड़ा उठते हो। तुम्हें लगता है तुम शून्य की अतल खाई में गिरते जा रहे हो। बड़ी घबड़ाहट होती है। ऐसे में ओम् का पुनः मंत्रजाप पलायन है। अंतर्ध्वनि सुनने के बाद मंत्रजाप करना ही नहीं चाहिए। यदि दोनों चरण परिपूर्णता से हुए हैं तो मन आपूरित हो जाता है और मंत्र जाप से चिपके रहना व्यर्थ है। यदि पलायन न हो, तभी उस अनाहत को सुनना सम्भव है।

31. शरीर और मन से तादात्म्य तोड़कर साक्षी होने के कुछ प्रभावी प्रयोग

जन्म जन्मों की धारणा और संस्कारों से हम अपने को मात्र शरीर और मन ही समझते है।

हम शरीर और मन हैं-यह हमारी हिप्नोसिस है। आत्मसम्मोहन है। मैं चरवाहे की कथा का विस्तार से उल्लेख कर चुका हूं जिसमें उसने नागार्जुन से शरीर और मन से तादात्मय तोड़ने का उपाय पूंछा। नागार्जुन से उससे कहा तू जिससे सर्वाधिक प्रेम करता है उसी का गुफा में बैठकर ध्यान कर। और ठीक वैसा ही होने का भाव कर और गुफा से निकलना तभी है जब मैं आवाज दूं। रामू अपनी भैंस को ही सर्वाधिक प्रेम करता था। वह भैंस के ही ध्यान में खो गया। तीसरे दिन गुफा से भैंस की अर्राने की आवाज सुन नागार्जुन ने उसे बाहर आने को कहा। उसने कहा-निकलूं कैसे, दरवाजे में मेरे सींग अड़ रहे हैं। नागार्जुन ने अंदर जाकर उसकी आंखे खोलीं और दरवाजे को पकड़े उसके हाथ नीचे किये। बोध होने पर रामू ने स्नान भोजन कर दो दिन और गुफा में ध्यान करने की अनुमति मांगी। वह ध्यान की कुंजी पा चुका था। उसने दो दिन यही ध्यान किया कि वह न मन है और न शरीर। वह शुद्ध चैतन्य है। कहा जाता है-दो ही दिनों में वह बोध को उपलब्ध हो गया।

पहला प्रयोग—आंखे बंद कर बिना हिले डुले अंदर शरीर में हाड़ मांस मज्जा मल मूत्र सब देखें पर निंदा के भाव से नहीं-उसे स्वीकारते, जो जैसा है यथावत देखें। हड्डियों के ढांचे को देखें। अपने शरीर को भीतर के केन्द्र से देखें।

शरीर की वस्तुस्थिति जानकर चेतना और शरीर के बीच फासला दिखाई देने लगता है। चेतना का बोध होता है। शुरू में कुछ न दिखाई देगा। गहन भाव कर निरन्तर एक घंटा दस पन्द्रह दिन ध्यान करने से ही परिणाम मिलेगा।

दूसरा प्रयोग-निरभ्र आकाश पर त्राटक करें व भाव करें कि सर्वत्र तुम्हीं हो। अंदर भी वैसा आकाश आंखें बंद कर देखें। उससे हृदय का द्वार खुलता है। आकाश में एकटक झांकते हुए उसमें प्रवेश करें। उसके साथ एक हो जायें। आकाश के बारे में सोचो मत- आकाश ही हो जाओ। तीस मिनट तक त्राटक करो फिर आंखें बंद कर जब मन मिट जाये अंतर्आकाश को देखो।

तीसरा प्रयोग-(अ) पांच मिनट रेचन और कम्पन ध्यान

(ब) दस मिनट खाली कमरे में अर्द्धनिमीलित नेत्रों से नासाग्र देखते हुए ओम् का जोर से उच्चार, जिससे प्रतिध्वनि तुम पर गिरे ओम् overlap करे। ध्वनि क्रमशः धीमी और संगीतमय होती जाये।

(स) दस मिनट मुंह बंद कर जीभ तालू से लगाकर ओम् का मौन जाप आंखे बंद कर। मौन जाप में भी ओम् overlap होता रहे जिससे विचार न आयें।

(द) गर्दन छाती से लगाकर मौन हो साक्षी होकर अंदर गूंजने वाले ओम् का सुनना। अनाहत को सुनना।

(च) शवासन में चले जायें। ओम् की गूंज, अनाहद को पूरे शरीर में अनुभव करें।

चौथा तंत्र प्रयोग आंखे बंद कर अपने भीतर सविस्तार से देखो। अपने वास्तविक स्वरूप को देखो। आंखों की सारी गति रोककर उन्हें पाषाणवत कर लो। पुतलियां थिर हो जायें। दो मिनट उसी पाषाणवत दशा में बने रहो।

अचानक तुम्हें स्वयं बोध होगा कि तुम स्वयं के भीतर देख रहो हो। पैर के अंगूठे पर भीतर से दृष्टि ले जाओ। उसकी हड्डी मांस मज्जा देखो और शेष शरीर को भूल जाओ। भीतर मध्य में खड़े होकर अपने चारों ओर सभी अंगों को देखो। तुम शरीर से अलग हो जाओगे।

देखने वाला कभी देखी गई वस्तु नहीं रह जाता। शरीर के तादात्म्य से मुक्त होकर अब मन की अंतर्गुफा में प्रवेश करो। जो मन को देख रहा है वह मन से भिन्न साक्षी है।

पांचवां प्रयोग-शिव ने कहा-भाव करो कि आग तुम्हारे पांव के अंगूठे से ऊपर शरीर में उठ रही है और धीमे-धीमे तुम्हारा एक-एक अंग जल रहा है। शरीर जलकर राख हो जाता है, लेकिन तुम नहीं।

यह प्रयोग पूर्ण शवासन में जाने के बाद ही किया जाये। पैर के अंगूठे से इसलिए शुरू किया जाये क्योंकि अंगूठा तुम्हारे 'मैं' से सिर के अंहकार से सर्वाधिक दूर है।

शरीर को जलता देखते हुए तुम उसके द्रष्टा रहोगे। साक्षी रहोगे। यह प्रयोग करते समय आंख की पुतलियां थिर रहें और चेतना दोनों भृकुटियों के मध्य रहे।

प्रथम चरण इस प्रयोग को करने से पूर्व पांच मिनट श्वास बाहर उलीचो (सक्रिय ध्यान का प्रथम चरण)

श्वास छोड़ने से तुम शांत, विश्राममय होते हो। श्वास छोड़ना मृत्यु है, इसलिए लोग श्वास उलीचने से डरते हैं।

कुछ देर बैठ कर केवल श्वास छोड़ो, श्वास भीतर मत लो। श्वास तुम्हारा रोम-रोम ले रहा है। श्वास उलीचने से अंहकार शून्यता आती है। मृत्यु का यदि भय है-तो उसके प्रति सजग रहो तभी उससे मुक्त हो सकोगे।

द्वितीय चरण-बैठ कर आंखे बंद कर जब श्वास बाहर छोड़ो, तो तुम भीतर चले आओ। जब हवा भीतर जाये और तुम श्वास लो तो आंखे खोलकर बाहर चले जाओ। बिल्कुल विपरीत।

श्वास बाहर जाए तुम भीतर सरक जाओ अपने खालीपन में, मृत्यु में।

श्वास अंदर आये तो आंखें खोलकर तुम बाहर आ जाओ।

तीसरा चरण- श्वासन में, लाश की तरह लेट जाओ।

शरीर में शून्यता आने दो और अब ध्यान शुरू करो।

छठवां प्रयोग

झा-झेन Sit Silently doing Nothing

श्वास शांत कर खाली दीवार की ओर मुंह करके बैठ जाएं लगभग एक हाथ दूर।

सुखासन में थिर होकर बैठ जायें। पीठ सीधी रहे। बाईं हथेली पर दाईं हथेली रख अंगूठे मिलाकर अंडाकृति बना लें हाथों की।

अब अर्द्धनिमीलित नेत्रों से दीवाल की शून्यता में प्रवेश करें। खुले और सचेत रहें। एक चुनाव रहित जागरूकता घटने दें। दोनों पैरों पर सन्तुलन साधकर खड़े होकर भी यह ध्यान किया जा सकता है। चीन में बोधिधर्म खाली दीवार के सामने ही खड़े होकर देखते हुए वर्षों अपने लेवन हार की प्रतीक्षा करता रहा था। पृष्ठभूमि में धीमा कोमल वाद्य-संगीत भी ध्यान में सहयोगी होगा।

स्वप्न सुषुप्ति में जागने तथा शरीर से तादात्मय तोड़ने के उपाय जो जागती दशा में ही करने हैं।

1. भूख लगे तो जानना-भूख शरीर को लगी है। भूख पर ध्यान करना-कहां से उठ रही है? उसका उद्‌गम क्या है?

2. चोट लगे-जानना-चोट शरीर को लगी है।
3. भोजन करो या चलो तो जानना शरीर चल रहा हैं मैं नहीं, भोजन शरीर कर रहा है-मैं नहीं
4. सोने से पहले-अपने जागने को भी सपना समझो। अपने बेडरूम, बिस्तरे या कमरे को भी सपना समझते-समझते ही सो जाओ। शंकराचार्य का कहना कि संसार माया है-एक विधि थी कि संसार को स्वप्नवत देखते-देखते सोते में सपना देखते हुए भी यही भाव रहे कि हम सपना ही देख रहे हैं-वह यथार्थ नहीं है-सपना टूट जाता है।
5. चारों ओर जो भी हो रहा है-उसे नाटक समझो और अपने को उसका पात्र। कर्त्ता-भोक्ता न होकर तटस्थ द्रष्टा बने रहो। फिर संसार स्वप्नवत ही हो जायेगा। कर्त्ता-भाव टूट जायेगा। मन की विक्षिप्तता मिटेगी।
6. शवासन में जलने बहने मिटने का प्रयोग।

एक ओंकार सतनाम प्रवचनमाला में बताया एक अद्‌भुत प्रयोग

तंत्र की एक पुरानी प्रक्रिया है कि तुम जब तक सपने में यह न जान लो कि यह झूठा है, तब तक तुम संसार को झूठा न जान सकोगे।

सोने से पूर्व संकल्प करो कि जब मुझे रात सपना आएगा मैं अपना बायां हाथ जोर से ऊपर उठा दूंगा या सपने में ही अपनी हथेली को आंख के सामने ले आऊंगा।

रोज यही भाव लगातार तीन माह किया जाये तो यह याद अचेतन में इतनी गहरे उतर जाती है कि सपना शुरू होते ही हथेली आंख के सामने आ जाती है या तुम अपना बायां हाथ ऊपर उठा देते हो। हाथ उठते ही बोध हो जाता है कि मैं सपना देख रहा हूं।

यह संकल्प करने पर भी कि मैं सपने में जो भी देखूंगा, पूरे होश, ध्यान और समग्रता से देखूंगा। यह संकल्प भी तीन माह में अचेतन में उतरने पर जैसे ही तुम सपने को ध्यान और होश से देखते हो, वह सपना खो जाता है। नींद में भी ध्यान लग जाता है।

गुरुजिऐफ कहा करता था कि किसी को देखते हुए साथ में स्वयं को भी, देखने वाले को भी देखते रहो। चेतना का तीर दोतरफा रहे। इससे एक का अतिक्रमण हो जाता है।

❑❑❑

32. अपने केन्द्र पर पंहुचने की चार प्रभावी विधियां

1. जब इन्द्रियां हृदय में विलय हो जायें, तब कमल के केन्द्र पर पंहुचो। (हृदय का केन्द्रीयकरण)

(अ) अपनी प्रत्येक इन्द्रिय को हृदय से जोड़ो-बुद्धि से नहीं।

(ब) अनुभव करो हर इन्द्रिय हृदय पर पंहुच रही है और उसमें विलीनहो रही है।

अपने को सिर विहीन होने का अनुभव कर हृदय को देखते रहो।

स्पर्श– आंखे बंद कर अपनी प्रेमी, प्रेमिका, बच्चे, मां या मित्र का हाथ छुओ। जिसे स्पर्श कर रहे हो उसके और अपने हृदय के बीच आदान-प्रदान अनुभव करो।

अंतर्तरंगों की ऊर्जा का दान

यदि किसी वृक्ष या पृथ्वी को ही स्पर्श कर रहे हो तो अनुभव करो कि पृथ्वी को छूने बढ़ा हुआ तुम्हारा हाथ, तुम्हारा हृदय ही है।

स्पर्श की अनुभूमि को हृदय से संबंधित हो जाने दो।

स्पर्श में प्रेम की ऊष्मा हृदय से आती है। बुद्धिवादी का हाथ ठंडा होगा और प्रेम से भरे व्यक्ति का ऊष्म।

श्रवण–संगीत को सिर या कानों से न सुनकर हृदय से सुनो। महसूस करो तुम सिर विहीन हो। अनुभव करो-संगीत सीधे तुम्हारे हृदय पर पंहुच रहा है।

इसी प्रकार हृदय से देखो, हृदय से स्वाद लो। हृदय से सूंघो। पूरी तरह हृदय में लीन हो जाओ। जब बुद्धि कार्य करना बंद कर देगी तो तुम हृदय चक्र पर आ जाओगे। फिर हृदय से नाभि की ओर जाने का द्वार खुल जाता है और अपने केन्द्र पर आकर तुम हृदय के भी पार चले जाते हो।

2. अतीशा की हृदय विधि

रेचन की भी विधि–जब श्वास लो तो सोचो तुम अपने और संसार

के सभी लोगों के दु:खों को बाहर के सारे अंधकार और नर्क को पी रहे हो। पहले शुरुआत अपने ही दु:खों को पीने से करो और हृदय में लीन हो जाने दो।

जब श्वास बाहर छोड़ो तो सोचो तुम अपने सारे सुख, आनंद प्रेम और धन्यता पूरे अस्तित्व में उड़ेल रहे हो।

करुणा की यही विधि है- सभी दुख पी लो और आशीष उड़ेल दो।

अंदर श्वास के साथ दु:खों को पीते हुए, हृदय तत्क्षण उन्हें सुख आनन्द में रूपांतरित कर देता है।

पहले अपनी सारी पीड़ाएं, दुख, अवसाद, निराशा, तनाव सभी इन्द्रियों के द्वार बंद कर सघनता से अनुभव करो। धरती पर लोटो, सिसको।

जिन्होंने तुम्हें कभी गाली दी, अपमान किया, उसे याद कर उसके प्रति आभार से भर जाओ कि उसने तुम्हें गहरे घाव को महसूस करने का अवसर दिया। उस व्यक्ति के प्रति क्रोध न कर सजग बने देखते रहो।

अब गहरी श्वास लेकर, उन दुखों और पीड़ा का अपमान का हृदय में रूपांतरण अनुभव करते हुए श्वास बाहर छोड़ो यह भाव करते हुए कि तुम अपना आनन्द व सुख पूरे अस्तित्व में उलीच रहे हो। यह ग्रंथि विसर्जन (प्राइमल थेरेपी) की विधि है। इस विधि में दुख उलीचना नहीं, पीना है।

3. जैसे ही कुछ करने की वृत्ति हो, रूक जाओ

स्टाप मेडीटेशन के अंतर्गत यह विधि पूर्व में दी जा चुकी है। कोई भी कार्य करते हुए अचानक श्वास रोककर फ्रीज हो जाता है।

इस विधि को किसी पार्क में चलते, नहाते, भोजन करते दिन में चार-पांच बार करें। यह केन्द्र पर पहुंचने की अचूक विधि है।

4. छींकने की वृत्ति उत्पन्न होते ही ठहर जाओ। या कोई भी वृत्ति खाने-पीने, चलने फिरने, स्नान करने की कोई भी वृत्ति उत्पन्न हो अचानक ठहर जाओ।

तुम ही न रुको-सांस भी रुक जाए। मृतवत हो जाओ। ऊर्जा सदा गतिशील है। वह या तो अंदर आती है या बाहर जाती है। यही वृत्ति ऊर्जा को मुक्त कर तुम्हें तुम्हारे केन्द्र पर पंहुचा देगी। जब ऊर्जा को बाहर जाने का मार्ग नहीं मिलता वह भीतर मुड़ जाती है। पर वृत्ति प्रामाणिक हो झूठी न हो।

❑❑❑

33. जीवन ऊर्जा का आरोहण और समाधि

शिव ने कहा-अपनी प्राण शक्ति को मेरुदंड पर केन्द्र से केन्द की ओर गति करती हुए प्रकाश किरण समझो और इस प्रकार तुममें जीवतंता का उदय होता है।

यदि मेरुदंड युवा है, जीवंत है तो तुम वृद्ध नहीं हो सकते। तुम्हारी मेघा प्रखर होगी। (योग व्यायाम)

मेरूदंड के दो छोर हैं-कामकेन्द्र मूलाधार चक्र और अंत में सहस्त्रार। यही अस्तित्व के दो ध्रुव हैं।

मेरुदंड के आंरभिक मूलाधार चक्र से तुम पृथ्वी या पदार्थ के सम्पर्क में आते हो और उसके दूसरे छोर सहस्त्रार के द्वारा तुम आकाश, परमात्मा के सम्पर्क में आते हो। सहस्त्रार से तुम ब्रह्म में, परम अस्तित्व में प्रवाहित होते हो।

जीवन ऊर्जा पृथ्वी से, भोजन से आती है अत: वह तुम्हारी कामऊर्जा या जीवनऊर्जा अपनी ओर गुरुत्वाकर्षण द्वारा खींचती है। जन्म जन्म से यही चक्र चल रहा है।

ऊर्जा का आरोहण इसी चक्र को तोड़ने की विधि है। कैसे तुम गुरुत्वाकर्षण से मुक्त होकर, भारहीन होकर दिव्य हो सको।

किसी सदगुरु के सान्निध्य में, प्रकृति सान्निध्य में या उन्मनी दशा में ऊर्जा का स्वयं ऊर्ध्वगमन होने लगता है। उसकी शक्ति, गुरुत्वाकर्षण से भी बड़ी है।

चूंकि कामऊर्जा कल्पना से गति करती है, सक्रिय होती है, इसीलिए सपने में भी उत्तेजना के साथ स्खलन हो जाता है। प्रेम के साथ किसी के प्रति प्रेमपूर्ण होते हुए कल्पना प्रवेश कर जाती है और कामऊर्जा सक्रिय हो जाती है।

कल्पना ही कामऊर्जा को गतिमान होने में सहयोग देती है। सूत्र कहता है-अपनी प्राणशक्ति को प्रकाश किरण मानो। वैज्ञानिक भी कहते हैं-सृष्टि की मूल इकाई विद्युत तरंग है। प्रकाश है।

स्वयं को, अपने अस्तित्व को प्रकाश किरण की भांति सोचो। पूरा शरीर अनंत कोषों से बना है और प्रत्येक कोष अनेक विद्युत तरंगों का जोड़ है। तंत्र की कल्पना पदार्थ की ही कल्पना है। कल्पना करो-शरीर के रोम-रोम से प्रकाश की किरणें निकल रही हैं और तुम प्रकाश-पुंज बन गये हो। अब कल्पना को कामकेन्द्र पर लाओ और कल्पना करो कामकेन्द्र से प्रकाश की किरणें नाभि केन्द्र की ओर ऊपर उठ रही हैं।

पर कल्पना के साथ भावपूर्ण होना, संवेदनशील होना आवश्यक है। यदि मैं आपका हाथ अपने हाथ में लेकर पूंछू कि आपको क्या अनुभव हो रहा है? आप यदि भावपूर्ण नहीं है तो कहेंगें-आपके हाथ का अनुभव हो रहा है। पर यह अनुभूति नहीं विचार है। मैं फिर पूंछू कि आपको कैसी अनुभूति हो रही है? तुम कहोगे-मैं आपके हाथ ही नहीं, उंगलियों के दबाव का भी अनुभव कर रहा हूं। अभी भी आप पूरे भावपूर्ण नहीं है। भावपूर्ण होने पर आप कहेंगे-मैं आपके हाथ की उष्णता महसूस कर रहा हूं।

संवेदनशीलता का भाव विकसित करने पर ही यह विधि काम करती है।

दूसरी चीज आवश्यक है-तुम्हारी प्रमुदित भाव दशा। ध्यान कभी गंभीर होकर मत करो। उदासी, गम्भीरता, दुःख, अवसाद में तुम बोझिल होने की दशा में भारहीनता हल्का होने का अनुभव नहीं करते हो। ऊर्जा का ऊर्ध्वगमन प्रमुदित भाव दशा में ही संभव है।

तीसरी चीज आवश्यक हैं-तुम्हारा निर्विचार होना जिससे मन बाधक न बने। यदि आंखों की पुतलियां थिर रहें तो विचार स्वतः रुक जाते हैं। जीभ तालू से सटी रहे और रीढ़ की हड्डी सीधी रहे। जिनके विचार फिर भी शांत न हो वह प्रयोग से पूर्व 1/4 से.मी. मुंह खोलकर उसकी सीध में जीभ तैरने दें और पांच मिनट पूरी चेतना जीभ के मध्य भाग पर केन्द्रित करें।

हाथ एक दूसरे के ऊपर रहे और दोनों अंगूठे एक दूसरे का स्पर्श करते रहें जिससे विद्युत का एक सर्किट बन जाये और ऊर्जा बाहर न निकल सके।

ध्यान मैं संगीत का महत्त्व विशिष्ट संगीत (ध्वनि ऊर्जा) भी ऊर्जा के ऊर्ध्वगमन में सहायक है। ओशो कहते हैं-वाद्य संगीत की मधुर और कोमल ट्यून व्यक्ति को निर्भार कर उसकी ऊर्जा को ऊर्ध्वगामी करने में सहायक है। कुंडलिनी ध्यान के तृतीय चरण में जो संगीत कम्पोज किया गया है वह ऊर्जा को ऊर्ध्वगामी बनाता है। हृदय को प्रफुल्लित और आनंदित करता है।

विज्ञान-भैरव-तंत्र में संगीत सुनने को भी रूपांतरण की एक विधि माना गया है।

भारतीय संगीत और नृत्य का विकास तो ध्यान की विधि के रूप में ही हुआ। संगीत और नृत्य संगीतज्ञ या नर्तक के लिए ही नहीं, श्रोता और दर्शकों के लिए भी वे ध्यान के उपाय थे।

यह दुर्भाग्य है कि लोग संगीत का उपयोग मनोरंजन या शराब के नशे की तरह करते हैं।

विज्ञान-भैरव-तंत्र का प्रयोग निम्न भांति है—

शिव ने कहा—तार वाले वाद्यों की ध्वनि सुनते हुए उसकी संयुक्त केन्द्रीय ध्वनि को सुनो और इस प्रकार सर्वव्यापकता को उपलब्ध होओ।

तुम सितार, वीणा, सरोद या किसी वाद्य को सुन रहे हो। उसमें कई स्वर हैं। पर उसके केन्द्रीय स्वर, उसके मेरूदंड या प्रधान स्वर के चारों ओर ही सभी स्वर घूमते हैं। सजग होकर उस संगीत के केन्द्रीय स्वर उसकी आत्मा को सुनकर जो सारे संगीत को सम्हाले है— आनन्द घटता है। वही आनन्द समाधि में ले जाता है।

ओशो ने सभी प्रमुख ध्यान-प्रयोगों में संगीत का सहयोग लिया है। संगीत के सात स्वर, शरीर के सात तलों को प्रभावित करते हैं। विसंगीत, मन के विचारों को गड्डमड्ड कर निर्विचार में ले जाता है। मधुर और कोमल संगीत शरीर को पिघला कर तरल और फिर मात्र ऊर्जा में बदल देता है।

34. तंत्र द्वारा उद्घाटित प्रेम का रहस्य

सबको प्रेम की प्यास

क्या धरती क्या आकाश

ओशो कहते हैं—मनुष्य जन्म लेते समय सहज, सरल निर्दोष और प्रेममय होता है। पालने में लेटा वह स्वयं से प्रेम करता है। जब कुछ बड़ा होता है तो मां से प्रेम करने लगता है कि किशोरावस्था में 14 या 16 वर्ष तक वह समलिंगी अर्थात् अपने ही सेक्स में किसी मित्र या सहेली से प्रेम करता है। फिर युवा होने पर विपरीत सेक्स में किसी से प्रेम करता है।

पर समाज और परिवार इस सहज स्वाभाविक चक्र को तोड़कर बच्चे को आसामान्य बनाने में लग जाते हैं। उनकी टोंकाटोंकी और वर्जना उसे पाखंड और दमन करना सिखाते हैं। छोटा बच्चा अपनी जननेन्द्रिय से खेल कर प्रसन्न होता है। पर मां-बाप टोंकाटोंकी कर उसे गंदी बात, बुरी आदत और पाप बताते हुए उसके अंदर अपराध भाव भर देते हैं। सोलह वर्ष की आयु के आसपास लड़के-लड़कियों के स्वतंत्रता से मिलने पर रोक लगा दी जाती है।

तंत्र कहता है-समाज और परिवार बच्चे के व्यक्तित्व को खंडित कर देते हैं। उसका सोचना और अनुभव करना, विचार और भावनाएं दो पृथक-पृथक इकाइयां बन जाती हैं। बच्चा एक संवेदनशील हृदय लेकर जन्मता है, पर जीवन में सफल होने के लिए परिवार-समाज उसे अंसवेदनशील और विचारशील बनाने में लग जाते हैं।

वह सहज स्वाभाविक भावनाओं का दमन करने लग जाता है। उसे सिखाया जाता है-बिना बात चीखना चिल्लाना, रोना हंसना असभ्यता है। जरा मैनर्स सीखो। सभ्य बनो। पागलों की तरह असभ्य लोगों की तरह बात-बेबात पर खीसें मत निपोरो। जब भी वह सहज स्वाभाविक रूप में अपनी भावनाओं को प्रकट करता है वह निदिंत किया जाता है। उसकी उपेक्षा की जाती है। उसे प्रेम नहीं दिया जाता।

धीमे-धीमे वह थोपे गये नियमों, आदेशों का अभ्यस्त होने लगता है। वह भावनाओं का दमन कर पाखण्ड ओढ़ लेता है। उसके अनुभव करने और विचार प्रक्रिया में जो एक सहज तालमेल या समन्वय था उसके बीच खाई बढ़ती जाती है और एक दिन उसका मूल चेहरा खो जाता है और वह अपने स्वभाव के विरुद्ध एक नकली सभ्यता का आवरण ओढ़ लेता है। वह आसामान्य होने लगता है। उसके अंदर एक विक्षिप्तता आ जाती है।

अब वह खाना शुरू करता है तो खाता ही जाता है। वह अपनी स्वाभाविक आवश्यकता की अनुभूति खो चुका है। वह अंदर से चाहता है प्रेम। पर प्रेम को पाप और निदिंत बताकर उसने कामवासना का दमन किया है इसलिए उसकी प्रतिपूर्ति वह भोजन से कर रहा है।

दूसरों का ध्यान तुम्हारी ओर आकर्षित हो इसीलिए प्रेम की भावना को दबाकर लोग दूसरों का ध्यान अपनी ओर मोड़ने के लिए कलाकार बन जाते हैं, राजनेता बन जाते हैं। प्रतियोगिता में बैठते हुए डॉक्टर, इंजीनियर या अफसर बन जाते हैं। भले ही दूसरों का ध्यान उनकी ओर आकर्षित हो जाये पर प्रेम पाने की चाह बनी ही रहती है। किसी एक से पूरा प्रेम पाने की चाह बनी ही रहती है। यह न मिलने पर ही व्यक्ति अर्द्धविक्षिप्त हो जाता है।

व्यक्ति कितना ही पढ़े, विचार करे, ध्यान करे, लेकिन जब तक वह भावानात्मक तल पर, हृदय तल पर वापस न लौटे वह सामान्य नहीं हो सकता। वह तृप्त, संतुष्ट और आनंदित नहीं हो सकता। वह अभी अपूर्ण है। उसके मस्तिष्क और हृदय के बीच एक पुल बनना अनिवार्य है। अन्यथा जीवन तनावपूर्ण, व्यर्थ, उबाऊ और बोझ लगेगा। उसमें भावनाओं का ज्वार, सिहरन, पुलकन, कम्पन भी मानसिक होगा। उसमें भावनाओं का ज्वार, सिहरन, पुलकन, कम्पन और आनन्द न होगा। वह एक रस्म अदायगी होगा। शरीर का मिलन तो होगा पर वह औपचारिक या मशीनी होगा। कारण स्पष्ट है वह खण्डित व्यक्तित्व है। उसकी विचार और अनुभव करने की प्रक्रियाओं में लयबद्धता नहीं है।

तंत्र कहता है-संभोग प्रारम्भ करने से पूर्व शुरू में ही प्रेम की ज्वाला में उतप्त होकर कंपो, भावनाओं के ज्वार में डूबो। प्रारम्भ में ही बने रहो। यह आग उद्दीप्त होती जाये पर अंत में अंगार होने से बचो।

सेक्स एक गहरी संतुष्टि और तृप्ति देता है। वह तुम्हें जन्म के समय की सहज स्वाभाविक स्थिति में खींच ले जाता है, जब तुम्हारा व्यक्तित्त खंडित न था। तुम्हारी भावनाएं जीवन्त थीं, तुमने दमन न कर कोई नकली मुखौटा ओढ़ा न था। सेक्स के समय सारे ओढ़े मुखौटे पृथक हो जाते हैं।

मनुष्य पशु तुल्य हो जाता है। वह विचार प्रक्रिया से मुक्त हो जाता है। सेक्स का कृत्य तुम्हें निर्विचार में ले जाता है। मस्तिष्क तल से हृदय तल पर ले जाता है।

आज पूरी सम्यता कामुक बन गई है। वह सेक्स के बारे में विचार और चिंतन करती है। पर गहरे में उसके प्रति तीव्र उत्कंठा नहीं है। वह एक मशीनरी प्रक्रिया औपचारिकता भर रह गई है। शरीर मिलते हैं पर भवनाएं सुप्त रहती हैं। इसीलिए कोई प्रेम के शिखर बिंदु पर नहीं पंहुचता। सेक्स का कृत्य अब मस्तिष्क के नियंत्रण में है। उसमें वह आग, उत्त्पृता नहीं रही।

सभी चाहते हैं-लोग उन्हें प्रेम करें। उनकी ओर ध्यान दें। बाहर की दौड़ धूप से थक कर जब वह घर लौटें तो दो प्रतीक्षा करती आतुर आंखें उनकी आगवानी करें। अपने प्रेमपूर्ण स्पर्श, आलिंगन और चुम्बन से उनकी सारी थकान दूर कर दें।

घर की चहारदीवारी में कैद आर्थिक रूप से परतंत्र नारी भी घर के यांत्रिक कार्यों से थकी ऊबी, पति की बाट जोहती है कि रात उसके पति उसे इतना प्रेम दें कि उसमें नई जीवन ऊर्जा का संचार हो। वह आनन्द के सागर में डूब जायें। दोनों ही जीवन में थके हारे हैं। दोनों के जीवन में मन और हृदय के बीच लयबद्धता नहीं हैं। प्रेम का रहस्य न जानते हुए पति शीघ्रताशीघ्र संभोग द्वारा अपनी कामऊर्जा बाहर उलीच कर, गहरी नींद में चला जाता है। संभोग उसके लिए ऊर्जा का निष्कासन मात्र है। स्त्री उसके लिए जैसे नींद की एक गोली है। स्त्री आनन्द के शिखर पर पंहुचे बिना अतृप्त करवटें बदलती रहती है और फिर नया दिन उसी तरह फिर शुरू होता है। दोनों के बीच तनाव, असंतोष, कलह और झगड़ों का जन्म होता है। स्त्री के हृदय का सारा प्रेम, उत्साह और रस जैसे सूख जाता है। पति किसी और स्त्री में रस ढूंढने लग जाता है। स्त्री किसी अन्य तरह लोगों का ध्यान अपनी ओर आकर्षित करने में लग जाती है।

आज के युग की यही समस्या है कि लोग सेक्स पत्रिकाओं में लेख, उत्तेजित दृश्य देखकर, अश्लील कामुक फिल्में देखकर उसके बारे में बातचीत कर आनन्द तो लेते हैं पर जब सेक्स कृत्य में उतरते हैं तो अपने का या तो अक्षम महसूस करते हैं अथ्वा महसूस करते हैं-सेक्स करने की जैसे उनमें ऊर्जा ही नहीं है। जैसे वे नंपुसक हो गये हैं।

केवल तांत्रिक दृष्टि ही मनुष्य को तृप्त, संतुष्ट और आनंदित कर सकती है। संभोग को ध्यान बनाये बिना ऐसा होना सम्भव नहीं है।

पहले तुम्हें सेक्स के संबंध में वह सारे विचार और मान्यताएं पूरी तरह भुलाने होंगे जो तुमने अभी तक पढ़ीं है। चित्रों में देखी हैं। उनके बारे में जो कुछ तुमने दूसरों से सुना है, वह तुम्हें सब कुछ भूलाना होगा। तुम्हें दमन, नियंत्रण के बारे में सब कुछ भुलाना होगा। सेक्स के प्रति निंदा या अपराध-भाव से मुक्त होना होगा। सेक्स की भूख, भोजन की मांग की तरह सहज सरल और स्वाभाविक है। तुम्हें संवेदनशील बनना होगा। पागल बनकर भावनाओं के ज्वार में डूबना होगा।

एक अकेले कमरे में आंखों में पट्टी बांधकर या कहीं एकांत में किसी वृक्ष के नीचे आंखें बंद कर चीखो, चिल्लाओ, हंसो, रोओ, उछलो कूदो। पूरी तरह पागल बन जाओ। अपनी दमित भावनाओं को खुलकर बाहर उलीचो। ऐसा कम से कम एक सप्ताह तक दस-दस मिनट का रेचन तुम्हें सहज सरल और सामान्य बनाने में सहायक होगा।

संभोग में कभी जल्दबाजी मत करो। ऊर्जा को शीघ्र उलीचकर उससे छुटकारा पाकर सोने की सोचो ही मत। संभोग को एक पूजा मानकर शयनकक्ष में ऐसे प्रवेश करो जैसे कोई मंदिर में प्रवेश करता है। मधुर संगीत सुनो। नाचो-गाओ उत्सव मनाओ। एक दूसरे को छूकर अनुभव करो। आंखों से रूप रस, नासिका से सुवास, चुम्बन द्वारा एक दूसरे का स्वाद, मधुर बातचीत द्वारा वाणी का रस और अंग-अंग में स्पर्श का सुख, घूंट-घूंट कर पियो। मस्तिष्क के बारे में पूरी तरह भूलकर केवल शरीर की सुनो। रोएं रोएं में सुप्त ऊर्जा को जगने दो। सेक्स में उतरने से पूर्व की प्रक्रिया को लम्बा करते जाओ। शीघ्रता करो ही मत। रूप रस की शराब का घूंट-घूंट कर स्वाद ले-लेकर चखो। सेक्स क्रिया आरम्भ करने के बाद भी उफनती ऊर्जा में कांपों। दो शरीर मिलकर एक हो जाओ। श्वास शांत कर जरा ठहर कर, उस आनन्द में डूबो। अब भी शीघ्रता नहीं करनी है। स्त्री कोमल है। अच्छा है उसे ऊपर आने दो। विपरीत रति का आनन्द लो। स्त्री में निष्क्रिय ऊर्जा है। उसे सक्रिय होने दो। पुरुष में सक्रिय ऊर्जा है। वह आक्रामक है। पुरुष की निष्क्रिय ऊर्जा तभी जागेगी जब वह अपनी सक्रियता कम करे।

यह संभोग दो शरीरों का ही नहीं, दो हृदयों का, दो आत्माओं का पूर्ण मिलन है। पूरी तरह दो शरीर पिघलकर एक हो जायें। ओशो कहते हैं-गर्भ में शिशु खारे जल के सागर में तैरता समाधि के आनन्द में डूबा रहता है। उसे कोई कृत्य करना ही नहीं होता। वह अकर्त्ता और द्रष्टा बन परम सुख में डूबा रहता है। व्यस्क होकर संभोग द्वारा स्त्री की योनि में लिंग प्रविष्ट करना उसकी स्त्री के गर्भ में प्रवेश करने की इच्छा का द्योतक है।

तंत्र स्खलन रहित संभोग की बात कहता है। संभोग तभी समाधि बन सकता है जब श्वास शांत रहे। संभोग के क्षणों में दोनों का ध्यान आज्ञाचक्र पर हो। जब जननेन्द्रिय शिथिल होने लगे तो दो चार धक्के देकर फिर शांत लेटे एक दूसरे को महसूस करते रहें।

इस प्रकार संभोग एक घंटे तक लम्बा हो जाता है। इसमें स्खलन नहीं होता पर शिथिल होकर शरीर स्वयं एक दूसरे से पृथक हो जाते हैं। शरीर पृथक हो जाने पर भी करवट बदल कर तुरंत सोने का भाव नहीं होता। दोनों एक दूसरे के प्रति कृतज्ञता और अहोभाव से भरे रहते हैं कि दोनों ने एक दूसरे को आनन्द के चरम शिखर तक पंहुचने में सहयोग दिया। दोनों ने निर्विचार, निरंहकार होकर समयशून्यता अथवा समाधि का अनुभव किया।

इस प्रकार के संभोग के बाद फिर पंद्रह दिन या एक माह तक संभोग की कामना ही नहीं उठती। तंत्र सम्मत संभोग, ब्रह्मचर्य की यात्रा है। पर यह उन्हीं लोगों के लिए सम्भव है जो ध्यान करते रहे हों। रेचन कर जो सहज सरल हो गये हों। जो मस्तिष्क से हृदय तल पर उतर आये हों। जिन्हें ऊर्जा के ऊर्ध्वगमन का अनुभव हो।

पर किसी-किसी को बिना कुछ किए अचानक सब कुछ अनायास घट जाता है। किसकी पिछले जन्मों की कितनी अंतर्यात्रा है, यह कौन जाने? अस्तित्व अत्यन्त करुणामय है।

तंत्र कहता है कि यदि तुमने संभोग को समाप्त करने की जल्दी न की और ऊपर दी विधि से एक दूसरे में पिघले लेटे रहे, कामुकता कम होती जाती है। जननेन्द्रियां एक दूसरे में पिघलती हुई एक ऊर्जा का वर्त्तुल निर्मित कर देती हैं और तुम इस स्थिति में घंटों बने रह सकते हो। इस विधि से कामुक मन शांत हो जाता है। एक नये ब्रह्मचर्य का उदय होता है।

तंत्र का दूसरा सूत्र कहता है-- प्रेमलिंगन में जब सभी इंन्द्रियां और कर्मेन्द्रियां पत्तों की तरह कांपने लगें तो इस कम्पन में प्रवेश करो।

आमतौर से लोग इन कंपनों को पूरे शरीर में फैलने नहीं देते। उसे जननेन्द्रिय तक सीमित रखते हैं। वह डरते हैं कि यदि कम्पन पूरे शरीर में फैल गये तो बात उनके मस्तिष्क के नियंत्रण के बाहर चली जायेगी।

हम शरीर के कंपने और उसकी गति पर नियंत्रण रखते हैं। दो प्रेमी निष्क्रिय पार्टनर बने रहते हैं। स्त्री से अपेक्षा की जाती है कि वह काम कृत्य में सक्रिय न बन कर निष्क्रिय बनी रहे क्योंकि यदि एक बार वह सक्रिय हुई तो पुरुष का उसे संतुष्ट करना कठिन हो जायेगा। स्त्री उत्तेजित होने पर

तीन संभोगों का आनन्द ले सकती है पर पुरुष केवल एक सम्भोग में ही थक जाता है।

पर तंत्र तो स्खलन रहित संभोग की बात कह रहा है। सामान्य तौर से भारतीय समाज में स्त्री संभोग के शिखर अनुभव तक पंहुच ही नहीं पाती। स्त्री प्रायः सेक्स में असंतुष्ट ही रह जाती है और उनकी चिड़चिड़ाहट, उदासी, कटुता और कुंठा का यही कारण है।

तंत्र के अनुसार जब इन्द्रियां पत्ते की तरह कांपने लगें तो पूरे शरीर को आंधी में हिलते वृक्ष की तरह बन जाने दो। पूरे शरीर का कोष-कोष कंपे, नाचे।

दो कांपते शरीर, दो कम्पन करती ऊर्जाएं दो न रहकर एक हो जायें। एक वर्त्तुल निर्मित हो जाये ऊर्जा का। प्रेमी-प्रेमिका के कंपते शरीरों की ऊर्जा, पूरे अस्तित्व की ऊर्जा में मिलकर अस्तित्वगत ऊर्जा ही हो जाये। दोनों के शरीर पिघलकर दोनों तरल होकर एक दूसरे में प्रवाहित होने लगें। मन पूरी तरह विसर्जित हो जाये। अद्वैत की अनुभूति होने लगे।

इस स्थिति में न तो कोई तनाव रह जाता है और न पीड़ा या संघर्ष। शरीर को प्रत्येक कोष जीवन्त हो उठता है।

एक बार यह कुंजी हाथ आ जाये तो बिना प्रेमी या प्रेमिका के भी अकेला साधक प्रेम के इन क्षणों की स्मृति मात्र से ऊर्जा का यह वर्त्तुल उत्पन्न कर सकता है।

प्रेमपूर्ण और ध्यानपूर्ण साथी मिलना सामान्य जीवन में कठिन है। पर ऐसा कदाचित ही कोई व्यक्ति हो जिसे प्रेम का अनुभव न हो। विवाह के प्रारम्भ के दिनों में प्रेमी प्रेमिका के प्रारम्भिक मिलन में ऐसा वर्त्तुल निर्मित होता ही है। केवल स्मरण और कल्पना से कि तुम अपने प्रेमी या प्रेमिका को ही आंलिगन में लेकर उसे चूम रहे हो यह वर्त्तुल निर्मित हो सकता है।

इसके लिए संवेदनशीलता और प्रेम का भाव ही पर्याप्त है। यह थोड़ा कठिन अवश्य है पर प्रयास से सम्भव हो जाता है। प्रत्येक पुरुष या स्त्री अर्द्धनारीश्वर है। उसके ही अंदर ही पुरुष और स्त्री की सक्रिय और निष्क्रिय दोनों ऊर्जाएं हैं। स्त्री पुरुष में प्रेमपूर्ण संभोग में पुरुष का अपने अंदर की स्त्री से और स्त्री का अपने अंदर के पुरुष से मिलन होता है। इस प्रक्रिया में नेत्र निरन्तर बंद होना चाहिए। इससे कल्पना करना सरल होगा। लेकिन यह स्मरण मात्र मानसिक न हो। मन तो विसर्जित होना ही चाहिए। केवल प्रारम्भ में स्मृति या कल्पना में मन सहयोगी होगा पर शरीर के कोष-कोष के कंपने से, भावना का तूफान आने पर मन विसर्जित होना ही चाहिए।

अकेले भी ठीक उसी तरह शरीर को प्रेम कृत्य में संलग्न करो जैसे प्रेमिका के साथ करते हो। शीघ्र ही यह प्रेम का वर्त्तुल बन ही जायेगा।

प्रेम कृत्य में दूसरा साथी केवल एक द्वार है। दूसरा पूरे अस्तित्व का एक भाग है।

अकेले प्रेम का वर्त्तुल निर्मित करते समय तुम दूसरे के बंधन से भी मुक्त हो जाते हो और एक नई स्वतंत्रता का अनुभव होता है। पूरा अस्तित्व ही तुम्हारा प्रेमी या प्रेमिका बन जाता है।

सेक्स, तंत्र के लिए एक वाहन मात्र है। तंत्र कहता है प्रेम कृत्य में पूरी तरह डूबो। पूरी तरह डूबना सम्भव तभी है जब प्रेम या कामकृत्य के प्रति समाज ने अचेतन मन में जो पाप या निंदा का भाव उत्पन्न कर दिया है वह पूरी तरह गिरे। सेक्स का मानसिक चिंतन समाप्त हो। कामुकता नष्ट हो।

तंत्र, प्रेम में पिघलने की, बहने की कला सिखाता है। यह पिघलना, बहना, अस्तित्वगत ऊर्जा का एक भाग बन जाना ही तुम्हारा रूपांतरण कर देता है।

एक अन्य प्रभावी प्रयोग

(While being carressed, sweet Princess, enter the caressing as everlasting life.)

शिव, देवी के साथ प्रगाढ़ प्रेम के आलिंगन में आबद्ध हैं। इस मुद्रा में समाधिस्थ, परम आनन्द में हैं।

प्रेम ही परम विश्राम में ले जाता है। प्रेम ही जीवन के सभी अनुभवों में सबसे निकट का अनुभव है। तनाव से भरा व्यक्ति प्रेम कर ही नहीं सकता। प्रेम में कोई समय सीमा नहीं होती। एक घंटा भी एक क्षण जैसा लगता है। प्रेम में मस्तिष्क और विचार मिट ही जाते हैं। अहंकार रहता ही नहीं।

प्रेम में कोई अतीत या भविष्य नहीं रह जाता। प्रेमी वर्तमान में ही प्रतिक्षण जीते हैं।

अपने अंदर डूबने या उतरने का प्रेम प्रथम द्वार है। प्रेम में ही डूबकर 5000 वर्षों के बाद कृष्ण प्रेम में दीवानी होकर मीरा कृष्ण में समाहित हो गई।

प्रेम में चुम्बन लेते समय, चुम्बन ही बन जाओ। प्रेम में पिघलकर प्रेमी और प्रेमिका दोनों का अस्तित्व खो जाता है। केवल प्रेम ही रह जाता है।

यदि प्रेम में तुम्हारा अंहकार विसर्जित नहीं होता तो भोजन करने, चलने आदि क्रियाओं में उसका नष्ट होना असम्भव है।

जब चुम्बन के लिए आलिंगन में बंधो, तो आलिंगन ही बन जाओ। इन क्षणों में हृदय नहीं, प्रेम ही धड़कता है। आंखें नहीं देखतीं प्रेम ही देखता है।

प्रेम के क्षणों में ही गहरा ध्यान घटता है। तभी सदियों से हिन्दू योनि में स्थित शिवलिंग की पूजा करते हैं।

तंत्र इसीलिये कहता है-सेक्स बीज है और प्रेम उसकी खिलावट। यदि तुम बीज की निंदा करते हो तो फूल की निंदा भी उसके ही साथ हो जाती है।

पर सेक्स, सेक्स ही रहे यह तंत्र की देशना नहीं। तंत्र सेक्स को प्रेम में रूपांतरित करता है। कर्त्ता खोकर केवल कृत्य बचता है।

सेक्स की ऊर्जा तटस्थ और अनजान है। वही जीवन ऊर्जा है। उसे ऊपर की ओर बहने दो। निंदनीय है कामुकता। मन में सेक्स का चिंतन अस्वाभाविक और निंदनीय है।

❑❑❑

35. प्रेम का आत्मवर्तुल अथवा आत्म रति का प्रयोग

ध्यान मंदिर में ध्यान करते समय केवल गाउन पहनें। उसके नीचे कोई अंतर्वस्त्र (अंडरवियर या चोली) न पहने। इससे ऊर्जा का ऊर्ध्वगमन बाधित हो जाता है।

अकेले क़मरे में नग्न होकर या केवल नग्न शरीर पर चादर ओढ़कर यह प्रयोग करें।

स्त्रियों के लिए प्रेम वर्त्तुल निर्मित करना—स्त्रियां अपने स्तनों पर चित्त एकाग्र कर उनके साथ एक हो जायें। शेष शरीर को भूल ही जायें। मुग्ध होकर, प्रेमपूर्ण होकर मात्र स्तनों को देखें।

इससे पूरा शरीर भारमुक्त हो जाएगा और एक मधुर भाव या गहन माधुर्य तुम्हें चारों ओर से घेर लेगा। यह भाव अंदर-बाहर, ऊपर नीचे सभी ओर स्पंदित होने लगेगा।

कुछ ही देर में गुरुत्वाकर्षण से मुक्त होकर शरीर पिघलकर ऊर्जा का वर्त्तुल बन कर उड़ने लगेगा। करुणा, प्रेम और मातृत्व का भाव जागृत होगा।

लेकिन स्तनों पर ध्यान तनाव के साथ नहीं अंदर से शिथिल होकर करें और भाव करें कि तुम स्तनों में ही विलीन होती जा रही हो। यह प्रयोग कम से कम दस मिनट करें।

पुरुषों के लिए प्रेम-वर्त्तुल निर्मित करना— पुरुष साधक ऐसा ही प्रयोग इसी प्रकार अपनी जननेन्द्रिय की जड़ पर चित्त एकाग्र कर करें। शेष शरीर को भूलकर उनकी चेतना अपनी जननेन्द्रिय की जड़ पर केन्द्रित रहे। उसके साथ एक हो जायें। मुग्ध होकर प्रेम से उसे बंद नेत्रों से देखते रहें।

भाव करें कि शरीर के रोम-रोम से प्रकाश की किरणें निकल रही हैं और मूलाधार चक्र पर केन्द्रित होती जा रही हैं। अंदर से कम्पन आने लगें तो कम्पन ही बन जाएं।

स्त्री पुरुष दोनों के लिए दूसरा चरण—पांच मिनट तक यह प्रयोग

करने के बाद आंखे बंद कर लेट जायें, जैसे तुम अपने प्रेमी या प्रेमिका के साथ हो। बस स्मरण करो और अनुभव करने लगो। तुम्हारा शरीर कंपने और तरंगायित होने लगेगा। इसे होने दो। बिल्कुल भूल जाओ कि दूसरा व्यक्ति साथ नहीं है। ऐसे गति करो जैसे कि दूसरा मौजूद हो। बस शुरू में ही यह 'जैसे कि' होता है। एक बार तुम जान जाओ तो यह 'जैसे कि' नहीं रहता। फिर दूसरा मौजूद होता है।

कंपो! तरंगायित होओ! अपने शरीर के अणु-अणु को नाचने दो, कंपना बिल्कुल अद्भुत है क्योंकि जब अपने संभोग में तुम कंपते हो तो ऊर्जा पूरे शरीर में बहने लगती है, ऊर्जा पूरे शरीर में तरंगायित होती है। तब शरीर की हर कोशिका उसमें भाग लेती है। हर कोशिका जीवित हो जाती है क्योंकि हर कोशिका काम-कोशिका है।

जब तुम पैदा हुए थे, जो दो यौन कोशिकाओं का मिलन हुआ और तुम्हारा होना घटित हुआ। तुम्हारे शरीर का निर्माण हुआ। वे दो काम-कोशिकाएं तुम्हारे शरीर में सब ओर हैं। वे प्रतिगुणित होती गईं और प्रतिगुणित होती गईं, लेकिन तुम्हारी बुनियादी इकाई यौन-कोशिका ही रहती है। जब तुम पूरे शरीर में कंपते हो तो यह तुम्हारा और तुम्हारी प्रेमिका का ही मिलन नहीं रह जाता। तुम्हारे भीतर भी हर कोशिका अपनी विपरीत कोशिका से मिल रही है। कंपन से इसका पता चलता है। यह कंपन पाशविक लगेगा, लेकिन मनुष्य एक पशु ही तो है, और इसमें कोई गलत बात नहीं है।

इस कंपन में प्रवेश करो और कंपते समय अलग मत रहे। दर्शक मत बने रहो, क्योंकि मन दर्शक है। अलग मत खड़े रहो। कंपन ही हो जाओ, कंपन ही बन जाओ। ऐसा नहीं कि तुम्हारा शरीर कांप रहा है: तुम कांप रहे हो, तुम्हारे पूरे प्राण कांप रहे है। तुम कंपन मात्र ही बन जाओ। फिर दो शरीर, दो मन नहीं रहते। शुरू-शुरू में दो कंपती हुई ऊर्जाएं होती है, लेकिन अंत में बस एक वर्तुल बचता है–दो नहीं।

इस वर्तुल में क्या होगा? एक: तुम एक अस्तित्वगत शक्ति के हिस्से हो जाओगे–सामाजिक मन के नहीं वरन अस्तित्वगत शक्ति के। तुम पूरे ब्रह्मांड के हिस्से हो जाओगे। उस कंपन में तुम पूरे ब्रह्मांड के हिस्से हो जाओगे। वह क्षण विराट सृजन का है। ठोस शरीरों की भांति तुम विलीन हो गए। तुम तरल हो गए–एक-दूसरे में बहने लगे। मन खो गया, भेद खो गया। तुम एकरूपता को पा गए।

यह अद्वैत है और यदि तुम इस अद्वैत को अनुभव न कर पाओ तो अद्वैत के सभी दर्शनाशास्त्र व्यर्थ हैं। वे शब्द मात्र है। जब तुम अद्वैत के इस अस्तित्वगत क्षण को जान जाओ, तभी उपनिषदों को समझ सकते हो।

तभी तुम ऋषियों को समझ सकते हो-कि जब वे ब्रह्मांडीय अद्वैत की, पूर्णता की बात करते हैं तो क्या कह रहे हैं। फिर तुम जगत से भिन्न नहीं होते, विजातीय नहीं होते। फिर अस्तित्व तुम्हारा घर बन जाता है और जब यह भाव पैदा हो जाए कि "अब अस्तित्व मेरा घर है," फिर सब चिंताएं खो जाती हैं। फिर कोई दुख, कोई संघर्ष, कोई द्वंद्व नहीं रहता। इसी को लाओत्से ताओ कहता है, शंकर अद्वैत कहते हैं। इसके लिए तुम अपना शब्द चुन ले सकते हो, लेकिन गहन आलिंगन के द्वारा इसे अनुभव करना सरल है। जीवंत होओ, कंपो, और कंपन मात्र ही बन जाओ।

ऐसे गति करो, जैसे कि तुम सच ही संभोग कृत्य में उतर रहे हो। वह सब कुछ करो जो तुमने अपने साथी के साथ किया होता। चीखो, हिलो, कंपो। जल्दी ही ऊर्जा का वर्त्तुल बन जाएगा और यह वर्तुल चमत्कारी है। जल्द ही तुम्हें लगेगा कि वर्तुल बन गया, लेकिन अब यह वर्तुल किसी पुरुष या स्त्री के साथ नहीं बना। तुम पुरुष हो तो पूरा जगत स्त्री बन जाएगा; यदि तुम स्त्री हो तो पूरा जगत पुरुष बन जाएगा। अब तुम स्वयं अस्तित्व के साथ एक गहन मिलन में हो, और दूसरा, जो द्वार है, अब मौजूद नहीं है।

दूसरा बस एक द्वार है। किसी स्त्री से संभोग करते हुए, वास्तव में तुम अस्तित्व से ही संभोग कर रहे हो। स्त्री बस एक द्वार है, पुरुष बस एक द्वार है। दूसरा व्यक्ति समग्र के लिए एक द्वार ही है, लेकिन तुम इतनी जल्दी में हो कि तुम्हें कभी इसका बोध ही नहीं होता। यदि तुम मिलन में बने रहो, घंटों तक गहन आलिंगन में आबद्ध रहो, तो तुम दूसरे को भूल जाओगे और वह बस समग्र का ही विस्तार बन जाएगा। एक बार इस विधि का पता चल जाए तो तुम अकेले भी इसका उपयोग कर सकते हो और यदि अकेले इसका उपयोग कर सकते हो तो यह तुम्हें एक नई स्वतंत्रता दे देती है—दूसरे से स्वतंत्रता।

वास्तव में, ऐसा होता है कि पूरा अस्तित्व ही तुम्हारी प्रेमिका या तुम्हारा प्रेमी बन जाता है—और तब इस विधि का उपयोग लगातार किया जा सकता है और व्यक्ति अस्तित्व के साथ सतत मिलन में रह सकता है। फिर तुम इस प्रयोग को दूसरे आयामों में भी कर सकते हो। सुबह टहलते हुए तुम इसे कर सकते हो। फिर तुम्हारा हवा से, और उगते हुए सूरज से, और सितारों से, और वृक्षों से मिलन होता है। रात सितारों को एक टक देखते हुए तुम यह प्रयोग कर सकते हो। चांद की ओर देखते हुए तुम यह प्रयोग कर सकते हो। एक बार तुम जान जाओ कि कैसे यह होता है तो तुम पूरे अस्तित्व के साथ संभोग में उतर सकते हो।

लेकिन मनुष्यों के साथ शुरू करना अच्छा है क्योंकि वे तुम्हारे निकटतम हैं—ब्रह्मांड के निकटतम अंश हैं। लेकिन वे परिहार्य हैं। तुम एक छलांग लगा सकते

हो और द्वार को बिलकुल भूल सकते हो। "मिलन का स्मरण करने से भी रूपांतरण होता है।" और तुम रूपांतरित हो जाओगे। तुम नए हो जाओगे।

तंत्र कहता है: इसमें समग्रता से प्रवेश करो। अपने को, अपनी सभ्यता को, अपने धर्म को, अपनी संस्कृति को, अपनी धारणाओं को बस भूल जाओ; सब कुछ भूल जाओ। बस संभोग में उतर जाओ: उसमें समग्रता से चले जाओ; कुछ भी बाहर मत छोड़ो। बिल्कुल निर्विचार हो जाओ। तभी यह बोध होता है कि तुम किसी के साथ एक हो गए हो। और तब एकरूपता का यह भाव साथी से मुक्त किया जा सकता है और पूरे अस्तित्व के साथ उपयोग में लाया जा सकता है। तुम किसी वृक्ष के साथ, चांद के साथ, किसी भी चीज के साथ काम-कृत्य में हो सकते हो। एक बार तुम जान जाओ कि इस वर्तुल को कैसे निर्मित करना है, तो यह किसी भी चीज के साथ निर्मित किया जा सकता है–बिना किसी चीज के भी निर्मित किया जा सकता है।

यह वर्तुल तुम अपने ही भीतर निर्मित कर सकते हो क्योंकि पुरुष पुरुष और स्त्री दोनों है और स्त्री भी स्त्री व पुरुष दोनों है। तुम दोनों ही हो, क्योंकि तुम दो के द्वारा पैदा हुए थे। तुम पुरुष और स्त्री दोनों के द्वारा निर्मित हुए थे, इसलिए तुम्हारा आधा हिस्सा विपरीत ध्रुव का रहता है। तुम सब कुछ पूरी तरह से भूल सकते हो, और वर्तुल तुम्हारे भीतर निर्मित किया जा सकता है। एक बार वर्तुल तुम्हारे भीतर निर्मित हो जाए–तुम्हारा पुरुष तुम्हारी स्त्री के साथ मिले, भीतर की स्त्री भीतर के पुरुष के साथ मिले–तो तुम अपने भीतर ही आलिंगनबद्ध हो गए और जब यह वर्तुल निर्मित होता है तभी वास्तविक ब्रह्मचर्य उपलब्ध होता है। वरना तो सब ब्रह्मचर्य केवल विकृतियां है और वे अपनी स्वयं को समस्याएं निर्मित कर लेते हैं। जब भीतर यह वर्तुल निर्मित होता है, तो तुम मुक्त हो जाते हो।

यदि कभी कोई पुस्तक पढ़ते हुए, टी.वी. देखते हुए या स्मरण मात्र से कामवासना का तूफान उठे तो मुंह से गहरी श्वास बाहर फेंककर पहले श्वास शांत करे लें फिर अपनी जन्नेन्द्रिय की जड़ पर तथा स्त्री साधिका अपने स्तनों पर चेतना केन्द्रित कर बिस्तर पर लेटकर ठीक उसी तरह कंपना हिलना शुरू कर दे जैसे वह प्रेमी या प्रेमिका के साथ संभोग कर रहे हों। भाव करें शरीर के रोम-रोम से कामवासना की किरणें निकल रही हैं और शरीर का रोम-रोम रोमांचित और कंपित हो रहा है। कम्पन का वर्तुल बनने दें। शेष विधि ऊपर दी गई है।

काम की ऊर्जा को राम की ऊर्जा में रूपांतरित करने की यह अदभुत विधि है।

□□□

36. प्रेम की ऊर्जा में अनन्त रहस्य और जीवन शक्ति है।

प्रेम पूर्ण संभोग में, जहां दो शरीर पिघल कर एक हो जाते हैं, जहां मन भी विसर्जित हो जाता है, जहां दो शून्यताएं मिलकर अद्वैत घटित होता है, ऐसे प्रेमपूर्ण मिलन में अनन्त रहस्यमय जीवन्त ऊर्जा का जन्म होता है।

ओशो कहते हैं-आज से दो हजार वर्ष पूर्व तंत्र की एक शाखा के लगभग दो लाख ऐसे उपासक और उपासिकाएं थीं जिनमें साधक युगल केवल रेशम का एक ढीला ढीला ऐसा गाउन पहनते थे जिसके द्वारा उनके अंदर उत्पन्न कोई भी ऊर्जा न तो बाहर जा सकती थी और न बाहर की कोई नकारात्मक ऊर्जा उनके अंदर प्रवेश कर सकती थी। गाउन के नीचे युगल साधक पूर्ण नग्न रहते थे। उन्हें भैरव-भैरवी कहते थे। वे गुफाओं में भैरवी चक्र के समय नग्न साधनाएं करते थे। वे अपने ही अंदर शरीर और मन के पिघलने और स्त्री व पुरुष ऊर्जा की विद्युत उत्पन्न होकर उसे संरक्षित रखने का प्रयोग कर रहे थे जिससे वे सीधे समाधि में प्रवेश कर सकें और ध्यान में गहरे उतरने के लिए दूसरों की सहायता कर सकें।

राजा भोज ने उन एक लाख युगल साधकों अर्थात् दो लाख लोगों को मरवा दिया। उन्हें जीवित जला दिया गया। उनके उपासना-स्थल नष्ट कर दिए गये। उनके ग्रंथों को जला दिया गया।

आधुनिक युग में जर्मनी के मनोवैज्ञानिक विलियम रेक ने भी अनजाने ही ऐसे ही प्रयोग किए। हालांकि वह तंत्र के प्रयोगों से परिचित न था। उसने कामऊर्जा के अंदर छिपी शक्ति के रहस्य को जाना। वह कहता था कि प्रेमपूर्ण संभोग में या केवल प्रेमी-प्रेमिका के आलिंगन और चुम्बन के समय एक चुम्बकीय-विद्युत-ऊर्जा उत्पन्न होती है और यदि इस ऊर्जा को किसी तरह सुरक्षित रखा जाये तो यह जीवन ऊर्जा नपुंसकों को पुंसत्व और मृत व्यक्ति को थोड़ा-सा जीवन दे सकती है। उसने एक ऐसा बड़ा बक्सा बनवाया था जिसमें लेट कर प्रेमी प्रेमिका प्रेम कर सकते थे। उस बक्से में

ऊर्जा सरंक्षित व संग्रहीत कर उसने सैकड़ों का इलाज किया। अनेक असाध्य रोगियों को ठीक किया। वह संरक्षित ऊर्जा के बक्से में दस-पन्द्रह मिनट रोगी को लिटाकर ही उसका उपचार करता था। पर चर्च ने उस पर मुकद्मा चलाकर उसे अपराधी सिद्ध किया। उसे कारावास का दंड मिला। जेल से छूटने पर भी परिवार और समाज ने उसका बहिष्कार कर उसे पागल होकर मर जाने के लिए विवश किया।

ओशो ने कहा था कि मेरे कुछ संन्यासी विलियम रेक के प्रयोगों को निश्चित रूप से तंत्र के दृष्टिकोण से विकसित करेगें। यदि संन्यासी युगल रेशमी गाउन पहन कर और नीचे पूर्ण नग्न होकर ध्यान करें तो दोनों की ऊर्जा एक दूसरे को गहरे ध्यान में ले जाने के लिए निश्चित ही सहायक होगी।

❑❑❑

37. इन्द्रियजनित सुखों को साधन बनाकर ब्रह्मानंद के प्रयोग

ठाकुर जयदेवसिंह की टीका में धारणा नं 46 से लेकर धारणा नं 50 तक की पांच धारणाओं के प्रयोग, स्पर्श, रूप, रस, और ध्वनि के इन्द्रियगत सुखों को साधन बनाकर किए गये अद्‌भुत प्रयोग हैं।

योग सहज स्वाभाविक वृत्तियों का दमन या निरोध सिखाता है। तंत्र कहता है–तुम जहां जिस स्थिति में हो, संभोग कर रहे हो, अथवा किसी के रूप को देख विमुग्ध हो रहे हो अथवा स्वादिष्ट भोजन का आनन्द ले रहे हो या मधुर संगीत सुन रहे हो, उनके द्वारा भी तुम ब्रह्मानंद की अनुभूति कर सकते हो।

At the time of sexual intercourse with a woman, an absorption into her is brought about by excitment and the final delight that ensures at orgasm beokens the delight of Brahman. This delight is (in reality) that of one's own self.

(धारणा–46)

प्रगाढ़ प्रेम में जब स्त्री और पुरुष एक दूसरे को गाढ़ आलिंगन में बांधते हैं तो दो शरीर मिटकर वे एक ही हो जाते हैं। दोनों शरीर पूरी तरह पिघलकर मात्र ऊर्जा का एक वर्त्तुल रह जो हैं। दिव्य आनन्द की अनुभूति ही परमानन्द है।

स्त्री के सहवास से संक्षुब्ध या उत्तेजित हुई आनन्द शक्ति के शिथिल होने के समय घनघनाहट की सी अलौकिक अनुभूति को ही ब्रह्मानंद सहोदर माना गया है। इस अनुभूति के ध्यान करने मात्र से यह आनन्द प्राप्त हो सकता है।

(तंत्र के संभोग में श्वास शांत रहती है और यह स्खलनरहित संभोग होता है, जिसका पूर्व में विस्तार से उल्लेख किया गया है)

O goddess, even in the absence of a woman, there is a flood of delight, simply by the intensity of the memory of sexual pleasure in the form of kissing, embracing pressing etc.

बिना स्त्री की उपस्थिति के भी उसके साथ रमण किए क्षणों की स्मृति मात्र पर ध्यान करने से भी ब्रह्मानंद में लीन हुआ जा सकता है। यह तंत्र की अनूठी अभिव्यक्ति है। हर पुरुष और स्त्री अर्द्धनारीश्वर है। उसमें पुरुष को सक्रिय व आक्रामक ऊर्जा तथा स्त्री की भी निष्क्रिय, सृजनात्मक व संवेदनशील ऊर्जा भी सम्मिलित है। दोनों ऊर्जाओं के असंतुलन के कारण ही वह बैचेन और उद्विग्न है। यदि दोनों ऊर्जाएं लयबद्ध या संतुलित हो जायें, पुरुष का अपने अंदर की स्त्री से और स्त्री का अपने अंदर के पुरुष से मिलन हो जायें तो संभोग जैसा orgasm उत्पन्न हो सकता है।

संभोग के क्षणों के स्मरण मात्र से यह वर्तुल उत्पन्न हो सकता है। केवल आवश्यकता है-कर्त्ता न रहते हुए तटस्थता से द्रष्टा बनने की।

द्वितीय प्रयोग

शिवोपाध्याय तथा आनन्दभट्ट लिखते हैं–

प्रेमपूर्ण संभोग में स्त्री-पुरुष का द्वैतभाव छूट जाता है, पर इस सुख की सृष्टि लिंग, भग या वीर्य से नहीं होती है। यह सुखमय शक्ति अपनी ही है जो अपने आप अपना विस्तार कर लेती है। स्त्री का सहवास केवल उसकी अभिव्यक्ति करता है।

ओशो कहते हैं–साधारण संभोग दो (स्त्री और पुरुष) के बीच न घटकर दो स्त्रियों और दो पुरुषों के बीच घटता है क्योंकि प्रत्येक स्त्री और पुरुष दो हिस्सों में बंटे हैं। एक भाग विचार करने वाला और दूसरा भावों से भरा है। इस मिलन के चार कोने हैं और यह मिलन झूठा है। दोनों एक दूसरे का साधन की तरह उपयोग कर रहे हैं। वह एक साध्य नहीं है। क्षणिक सुख का साधन हैं। लेकिन जब विचार मिट जाते हैं, कोई अतीत और भविष्य नहीं रहता और दोनों की ऊर्जा का एक वर्तुल निर्मित हो जाता है, तो केवल वर्तमान रह जाता है।"

ऐसे सम्भोग में अर्द्धनिमीलित नेत्रों से रूप (स्त्री) देखते हुए भी यह बोध बना रहे कि यह रसमय अनुभव मेरी आंतरिक चेतना अनुभव कर रही है।

इसके लिए विज्ञान भैरव तंत्र का 48वां प्रयोग (ओशो का तंत्र-सूत्र) तथा अन्य टीकाओं में 45वां प्रयोग संस्कृत श्लोक 68 भी सहयोगी है। जयदेवसिंह की टीका में यह 46वां प्रयोग व 69वां श्लोक है।

ओशो कहते हैं– काम-आलिंगन के आरम्भ में उसकी आंतरिक अग्नि पर अवधान दो और ऐसा करते हुए अंत में उसके अंगारे से बचो। (ओशो-तंत्र सूत्र भाग 3)

ओशो कहते हैं–संभोग करते हुए एक दूसरे में पिघल कर खो जाओ। एक हो जाओ। पर यह सोचो ही मत कि तुम्हें कहीं जाना है या स्खलित होना है। यदि अंदर से प्रेम होता है तो संभोग में जल्दबाजी नहीं होती। फिर कामकृत्य, कामुक कम आध्यात्मिक अधिक हो जाता है। तब दो ऊर्जाओं के बीच एक गहन मौन मिलन होता है। इस समय सोच विचार न कर वर्तमान क्षण में प्रगाढ़ रूप से विलीन होने से संभोग की अवधि बढ़कर घंटों हो जाती है और एक गहन ब्रह्मचर्य उपलब्ध होता है।"

At the time of sexual intercourse with a women, an absorption into her is brought about by exitement and the final delight of Brahman. This delight is (in reality) that of one's self.

— (Vigyan Bhairav Tantra Eng. Translation by Sri Jai Dev Singh)

□□□

38. प्राण की गति के विस्तार और संकोचन द्वारा ब्रह्मानंद सहोदर-कामानंद की परम अनुभूति

सामान्य रूप से श्वास नथुने से बाहर निकल कर बारह अंगुल दूर हृदय के निकट बाह्य द्वादशांत में विलीन हो जाती है और वहीं से लौट कर अपान वायु पुन: हृदय में प्रवेश करती है। यह प्राण व अपान की स्वाभाविक गति है।

प्राणायाम का अभ्यास करने पर प्राण की यह गति क्रमश: नाभि अथवा मूलाधार से निकलने लगती है और नाक से बाहर 24 अंगुल तक अथवा 36 अंगुल तक पंहुच जाती है। इसे प्राण गति का विस्तार कहते हैं।

लाओत्से की तानदेन विधि से यदि नाभि से गहरी, धीमी व लयबद्ध श्वास लेने व छोड़ने का अभ्यास किया जाये तो प्राण की गति का विस्तार होता है और प्राणायाम के विधिपूर्वक अभ्यास की आवश्यकता नहीं रह जाती।

प्रात:काल खुली वायु में गहरी श्वास लेकर उसे सुखपूर्वक अंदर रोककर, और फिर गहरी श्वास छोड़ते हुए बाहर भी सुखपूर्वक बिना श्वास लिए जितनी देर रोका जा सके, का अभ्यास करने से भी प्राण गति का विस्तार होता है। प्राण गति के विस्तार से प्राण सूक्ष्म होकर मन शांत होने लगता है। सभी विकल्पों का नाश होता है।

प्राण की गति के विस्तार की ही भांति उसका संकोचन भी होता है। प्राण की श्वास-प्रश्वास प्रक्रिया में जब वायु ऊर्ध्वमुख अध:सहस्त्रार कमल में प्रविष्ट हो जाता है तो जीव या व्यान की असीम शक्ति संकुचित हो जाती है। योग में इस स्थान को वृद्धि कहते हैं। यही वायु फिर नासिका मार्ग से न निकल कर ऊपर के सहस्त्र दल कमल की ओर बढ़ती हुई सूक्ष्म प्राणशक्ति के रूप में विशुद्ध तथा आज्ञा चक्र का भेधन कर ऊर्ध्व

यही वायु जब नासिका मार्ग से न निकल कर ऊपर के सहस्त्र-दल-कमल की ओर ऊर्ध्वगामी होता हुआ सूक्ष्म प्राणशक्ति के रूप में विशुद्ध व आज्ञाचक्रों का भेदन करता हुआ ऊर्ध्वकुण्डलिनी अर्थात् ऊपर के अधोमुख सहस्त्रार कमल में प्रविष्ट हो कर विश्राम करने लगता है तो उसकी शक्ति का विकास होने लगता है और यह विकास पद (स्थान) योग शास्त्र में विष नाम से जाना जाता है। 'विष' का अर्थ है-व्याप्त हो जाना। प्रारम्भ में जीव या साधक की शक्ति यहां संकुचित अवस्था में रहती है पर योगाभ्यास से उसका विस्तार कर उसे विकासपद कहा जाता है।

इस अवस्था में अधःकुण्डलिनी के मूल, मध्य और अग्र भाग में प्राणशक्ति के स्पर्श की स्पन्दन, सिहरन के रूप में अनुभूति होने लगती है। इन 'बह्नि' और 'विष' स्थानों के बीच सुषुम्णा नाड़ी में आनन्द से ओत प्रोत चेतना को थिर करते ही कामानंद से भी कहीं अधिक परम आनन्द का अनुभव होने लगता है।

एक अन्य स्थान पर मैं पूर्व ही उल्लेख कर चुका हूं कि जननेन्द्रिय के मध्य भाग तथा नाभि से चार अंगुल नीचे भी 'विष' और 'अग्नि' स्थानों के मध्य चित्त को थिर करने से ठीक इसी प्रकार का परम आनन्द का अनुभव होता है। इसके लिए यह भी आवश्यक नहीं कि साधक की कुण्डलिनी ऊर्जा जाग्रत हुई हो अथवा नहीं। चाहे उसने प्राणायाम का भी अभ्यास न किया हो। इस धारणा के अभ्यास से साधक कामुकता से मुक्त हो जाता है।

ओशो के विज्ञान भैरव तंत्र का 17वां प्रयोग है-

"मन को भूलकर मध्य में रहो"। प्रत्येक कार्य करते हुए-चलते, भोजन करते सदा मध्य में रहो। क्रोध, घृणा, प्रेम पश्चाताप आदि विपरीत भावों में भी मध्य में रहने का प्रयास करते हुए देर-सबेर मध्य प्राप्त ही हो जाता है।

ऐसे ही प्रयोगों से यह स्पष्ट होता है कि विज्ञान भैरव तंत्र का अंग्रेजी अनुवाद करते हुए पॉल रेप्स शैव तंत्र को हृदयगंम ही न कर सका।

विज्ञान-भैरव-तंत्र को ओशो ने आज के मनुष्य की आवश्यकताओं के अनुरूप एक नई गरिमा, नया क्षितिज और नया आपाम दिया है। चूंकि आज मनुष्य बहुत व्यस्त है उसके पास धैर्य और समय की कमी है इसलिए उन लोगों के लिए जो संवेदनशील, सजग, प्रेमपूर्ण और समर्पित हैं पांच-पांच मिनट के यह आणविक प्रयोग, जीवन को रूपांतरित करने में सक्षम है।

1972 में विज्ञान भैरव तंत्र पर ओशो की प्रवचन माला के बाद इसके सर्वत्र लोकप्रिय होने के बाद ही काश्मीर के शैव आचार्यों ने 1975 से सभी संस्कृत टीकाओं को हृदयंगम कर हिन्दी और अंग्रेजी में उपयोगी टिप्पणियों के साथ जो अनुवाद प्रकाशित किए हैं, उससे विज्ञान भैरव तंत्र में छिपे नये-नये रहस्य भी उद्घाटित हुए हैं। साधक उनका भी मनन कर अपने रूपांतरण में उनका भी प्रयोग कर लाभान्वित हो सकें, यही मेरा उद्देश्य है। किसी प्रकार की तुलना, आलोचना या विश्लेषण करना मेरा उद्देश्य ही नहीं है।

बहुत कुछ संभव है कि पूना कम्यून में मल्टीयूनीवर्सिटी के अंतर्गत तंत्र के रहस्य विद्यालय में यह सारे प्रयोग विस्तार से करवाये जा रहे हों और 1972 में ओशो ने शायद जानबूझ कर ही विज्ञान-भैरव-तंत्र को साधकों की मन:स्थिति देखते हुए बहुत सरल रूप में अभिव्यक्त किया हो और उसकी रहस्यात्मक जटिलताओं को रहस्य विद्यालय में सरल किया हो।

संभोग से समाधि तभी घटित होती है जब सभी पूर्वाग्रही से मुक्त होकर, ऊपर उल्लखित बातों को बोध पूर्वक समझ कर उसमें समग्रता संवेदनशीलता, सजगता और बिना गंभीरता के खेल-खेल में उतरा जाये। इसके लिए आपस में प्रेमपूर्ण स्त्री और पुरुष चाहिए, जो ध्यानी भी हों।

जब प्रेम में दो शरीर पिघल कर अरूप, निराकार हो जाये, मात्र ऊर्जा के दो वर्तुल रह जायें, तभी श्वासों के अंतराल में ठहर कर अटल मैथुनानंद में भैरव की अवस्था उपलब्ध होती है।

पूना आश्रम बनने से पूर्व, माउण्ट आबू के प्रारम्भिक शिविरों में ओशो ने साधकों से कहा था-जिन लोगों के वस्त्र ध्यान करते समय सहज रूप से छूट जायें, वे नग्न होकर ध्यान करें। स्त्री को नग्न देखने की वासना ही पुरुष को कामुक बनाती है। इस कामुकता से मुक्ति के लिए ही पूना आश्रम में तंत्र के विविध प्रयोग किये गये। बाद में मल्टी यूनीवर्सटी में The School for Osho Tantra अर्थात् तंत्र विद्यालय की स्थापना की गई, जिसके छ: विभाग थे।

1. अपने अंदर के पुरुष और अंदर की स्त्री से साक्षात्कार का प्रशिक्षण
2. तंत्र के सघन प्रयोग
3. पति-पत्नी अथवा एक दूसरे पर विश्वास रखने वाले प्रेमी-प्रेमिकाओं को दिये जाने वाला प्रशिक्षण, जिन्हें प्रेम के नये आयामों को खोजने की प्यास है।

4. तंत्र का शरीर (The Tantra Body) शरीर द्वारा जीवन ऊर्जा की खोज
5. ओशो तंत्र का संसार: एक खोज–व्यक्ति की व्यक्तिगत और सामूहिक दोनों प्रकार की कंडीशनिंग से उसे मुक्त कर उसे अपने ही अंदर के पुरुष और स्त्री दोनों के होने का बोध कराते हुए अर्तसंभोग के प्रयोग
6. अपने ही अंदर की सक्रिय और निष्क्रिय (पुरुष और स्त्रैण) दोनों ऊर्जाओं का मिलन–इन ग्रुप्स में पुरुष की सक्रिय ऊर्जा को जगाकर उसे सृजनात्मक बनाने के प्रयोग।

प्रारम्भ में भारतीय संन्यासियों को भी इन थेरेपी-ग्रुप्स में सम्मिलित होने की छूट थी। पर अत्यधिक दमित कामवासना के कारण या तो वह ऊलजलूल हरकतें कर दूसरों के ध्यान में बाधा उत्पन्न करते थे अथवा मात्र निष्क्रिय दर्शक बने रहते थे अत: बहुत शीघ्र इन प्रयोगों में भारतीयों को भाग लेने से रोक दिया गया। कुछ भारतीय समूह ग्रुप में जाकर वहां से भाग खड़े होते थे अथवा महिला थेरेपिस्ट द्वारा मालिश करवाने में उन्हें झिझक या संकोच होता था।

इन प्रयोगों के लिए सामान्य साधक को प्रेमपूर्ण ध्यानी-संन्यासिन मिलना कठिन क्या असम्भव जैसा है। यह एक दुर्लभ संयोग है। हमारे प्रेम में जब तक अपेक्षाएं, ईर्ष्या और मालकियत की भावना है, देने की अपेक्षा लेने की भावना प्रधान है, तब तक प्रेम का वर्तुल बन ही नहीं सकता।

पर प्रत्येक पुरुष अपने ही अंदर की स्त्री, और स्त्री अपने अंदर के पुरुष को तो खोज सकती है। अपने ही अंदर की सक्रिय और निष्क्रिय ऊर्जाओं का मिलन तो हो सकता है। प्रत्येक अपनी स्वयं शरीर की वैज्ञानिक विधि से मालिश करते हुए अवरूद्ध ऊर्जा को मुक्त कर हलका और निर्भार हो सकता है। (मालिश प्रशिक्षण) के संबंध में ओशो कहते हैं–

"प्रशिक्षणार्थी स्वयं अपने ही हाथों से शरीर के विभिन्न अंगों को स्पर्श करते हुए विश्राममय हो सकते हैं। शरीर के जिन अंगों में तनाव होता है, मालिश के द्वारा उसका उपचार करते हुए इसे तनावमुक्त और विश्राममय दशा में ले जाया जा सकता है।"

तंत्र रूपांतरण की बात कहता है। इसीलिए पूना आश्रम मैं मल्टी यूनीवर्सिटी का पहला विभाग है–रूपांतरण का केन्द्र। तीन माह से अधिक अवधि के लिए आने वाले साधक का आठ विशेषज्ञ, उसका शारीरिक मानसिक, भावनात्मक, हृदय और अचेतन मन का सूक्ष्मता से अध्ययन कर उसके उपचार के लिए अलग-अलग विधियों का चुनाव करते हैं।

पर पांच सप्ताह तक के लिए आने वाले साधकों से निम्न ग्यारह ग्रुप्स में से कोई दो या तीन ग्रुप चुनने को कहा जाता है।

1. साक्षी होना
2. अपने केन्द्र द्वारा पर पंहुचना
3. ऊर्जा ग्रहण करना
4. संवेदनशील बनना
5. हृदय के द्वार खोलना
6. अंतरंग संबंध बनाने की तैयारी
7. ध्यान के लिए तैयार होना
8. बुद्धा-ऊर्जा-क्षेत्र के रहस्य में प्रवेश की तैयारी
9. सृजनात्मक और खेलपूर्ण बनने की तैयारी
10. अपने से ही प्रेम करने की तैयारी
11. स्पर्श के प्रति संवेदनशील होना

इसके अतिरिक्त 16 ग्रुप्स और भी हैं जिनमें अतीत के संस्कारों से मुक्त कराने वाला, श्वास का प्रशिक्षण देने वाला, मृत्यु को स्वीकारने वाला तथा जाति स्मरण के प्रयोगों वाला ग्रुप प्रमुख है।

मल्टी यूनिवर्सटी का दूसरा प्रमुख केन्द है– Interaction Academy of Heading Arts (उपचार कलाओं की अंर्तर्राष्ट्रीय अकादमी)

इस केन्द्र के भी सोलह विभाग हैं जिनमें–संतुलन साधने का प्रशिक्षण, मालिश प्रशिक्षण; बहुआयामी शारीरिक प्रशिक्षण (स्थूल और ऊर्जा शरीर का उपचार तथा भाव, सूक्ष्म, मनस और आत्मशरीरों का अनुभव कराना। तंत्र के उक्त आणविक प्रयोगों से साधक मल्टी यूनिवर्सिटी के विभिन्न ग्रुप्स में कराये जाने वाले प्रयोगों का आंशिक स्वाद लेते हुए स्वयं का रूपांतरण कर सकते हैं।

❑❑❑

39. कामवासना से मुक्त होने के प्रयोग

विज्ञान पदार्थ का और धर्म चेतना का विस्फोट करती है। विज्ञान-भैरव-तंत्र की सभी विधियां चेतना को एक बिंदु पर केन्द्रित करने की हैं। एक बार एक बिंदु पर चेतना केन्द्रित हो जाये, विस्फोट स्वयं होता है। केन्द्रित होने से पूर्व ऊर्जा लक्ष्यहीन छितराई रहती है। एक बिंदु पर चेतना केन्द्रित होने से वह आणुविक हो जाती है। जैसे कनवेक्स लैंस के द्वारा सूर्य किरणें किसी कागज पर केन्द्रित की जायें तो कागज के जिस बिंदु पर किरणें केन्द्रित होती हैं वह जलने लगता है।

केन्द्रित होना-समाधि न होकर, समाधि की एक विधि है।

तुम अपने कामकेन्द्र या हृदय केन्द्र कहीं भी केन्द्रित हो सकते हो पर वहां केन्द्रित होते ही तुम सरक कर नाभि केन्द्र पर ही पंहुच जाओगे। केन्द्रित चेतना अपने मूल उत्स पर वापस पंहुच जाती है।

तंत्र, केन्द्रित होने के लिए कामकेन्द्र का उपयोग करता है। ताओवादी पैर के अंगूठे से केन्द्र का काम लेते हैं। यदि चेतना सहज रूप से कामकेन्द्र की ओर ही प्रवाहित है तो कामकेन्द्र चुनना अच्छा है। पर कामदमन की शिक्षा, नैतिक उपदेशों और सामाजिक संस्कारों ने हम लोगों को कामकेन्द्र से बहुत दूर कर दिया है। हम उसके प्रति निंदा के भाव से भर गये हैं। एक अपराध बोध, कामकृत्य के प्रति हमारे अंदर अचेतन में मौजूद है और यही सबसे बड़ी बाधा है। जो लोग काम ऊर्जा को समग्रता से स्वीकार कर सकें कि आंखें बंद कर भाव करें कि सारी ऊर्जा कामकेन्द्र की ओर बह रही है। अपने को कामकेन्द्र में समग्रता से अनुभव करने पर उसका तटस्थ द्रष्टा बनते ही कामुकता विसर्जित हो जायेगी और कामकेन्द्र ज्योतित और जीवंत हो उठेगा और ऊर्जा कामकेन्द्र से चलकर पूरे शरीर में प्रवाहित होने लगेगी और शरीर के पार जाकर ब्रह्माण्ड में फैल जायेगी।

तुम हृदय या तीसरी आंख में भी केन्द्रित हो सकते हो और नाभि केन्द्र पर स्वत: उतर आओगे।

बुद्धि या हृदय केन्द्र पर केन्द्रित होना कठिन है। बुद्धि-संदेह और नकार पर निर्भर है। समग्रता से नकारात्मक होना, संदेहशील होना कठिन है। ऐसा विरले लोगों को होता है। संदेह इतना तीव्र होता है कि विश्वास करने योग्य कुछ भी नहीं बचता। संदेह करने वाला मन और बुद्धि भी विश्वसनीय नहीं रह जाती। जब संदेह को स्वयं पर संदेह होने लगता है, तो उस दशा में नाभि केन्द्र पर उतरना संभव हो जाता है।

कृष्णमूर्ति और रामकृष्ण भी नाभि केन्द्र पर ही पंहुचे थे, पर कृष्णमूर्ति ने अपने अनुभव की अभिव्यक्ति बुद्धि के द्वारा और रामकृष्ण ने उसकी अभिव्यक्ति हृदय के द्वारा की।

बुद्ध सदा अपने केन्द्र पर ही रहता है। बोलते हुए भी वह वह मन का मालिक की तरह उपयोग करता है पर रहता अपने केन्द्र पर ही है। वह हृदय का उपयोग करता है पर हृदय में नहीं रहता। मस्तिष्क या हृदय उसके लिए उपकरण बने रहते हैं और वह केन्द्रित रहता है। जो व्यक्ति केन्द्रित नहीं हैं वह सदा अतियों में डोलेगा।

पूना आश्रम में वार्षिक उत्सवों के समय मल्टी यूनीवर्सटी की थेरेपी चिकित्सा की कई उपचार विधियां पिरामिड कोर्टयार्ड में सभी के लिए उपलब्ध होती हैं। निर्धारित शुल्क चुकाकर कई तरह की मालिश या अन्य विधियों का पूना आश्रम में 40 दिन रहते हुए मैंने प्रयोग किया अथवा उनका मौन साक्षी बना रहा। जो पुराने भारतीय साधक उनमें से कुछ विधियों को कर चुके थे उनसे भी कुछ सीखने का अवसर मिला। कुछ को ओशो के विभिन्न प्रवचनों से मैंने आत्मसात करने का प्रयास किया।

इनसे शरीर में अवरुद्ध ऊर्जा को मुक्त करने संतुलन साधने एवं अपने ही अंदर सक्रिय व निष्क्रिय ऊर्जाओं को लयबद्ध करने में सहायता मिली। पूर्व में किये गये कुछ विशिष्ट योगासनों एवं व्यायामों के द्वारा सुप्त चक्रों को सक्रिय करने एवं ऊर्जा अवरोधों को मुक्त करने में भी सहायता मिली। ओशो शांति सदन ध्यान केन्द्र जमुनिया छिंदवाड़ा आश्रम में अकेलेपन का आनन्द उठाते हुए इन प्रयोगों के द्वारा अपने को तैयार कर मैंने विज्ञान-भैरव-तंत्र के प्रयोगों से अद्भुत रूपांतरण का अनुभव किया।

उसी आनन्द को बांटने के भाव से ही यह कलम स्वत: कागजों पर फिर से गतिवान हो उठी है।

मेरी क्या, अधिकतर भारतीयों की सबसे बड़ी समस्या कामऊर्जा ही है। कामवासना के दमन से उत्पन्न ग्रंथियां विसर्जित नहीं होती। जब कामवासना पागल बनाती है तो तटस्थ बनने का होश ही नहीं रहता।

ओशो कई बार इस संबंध में सारे सूत्र दे चुके हैं पर हमारी मूर्च्छा का अंत नहीं। हम उनसे बार-बार चूक जाते हैं। बस थोड़ी-सी सजगता आवश्यक है।

पहला प्रयोग-जब भी कामवासना का तूफान उठे, उसे धन्यवाद दें। उसे सादर सप्रेम स्वीकार करें। वह ऊर्जा बिना तुम्हारे प्रयास के ही जाग गई, क्या यह धन्यवाद देने की बात नहीं है?

अब तुरंत मुंह से चार पांच बार गहरी श्वास बाहर फेंकें जिससे सांस शांत हो जाये। फिर गुदा सिकोड़ कर जननेन्द्रिय को भी ऊपर की ओर सिकोड़ें और ध्यान मुद्रा में बैठ जायें। नीचे की ओर बहती ऊर्जा का तुरंत ऊर्ध्वगमन शुरू हो जायेगा। बैठते समय यह ध्यान रहे कि दोनों नितम्बों पर समान भार डालकर बैठें जिससे सक्रिय और निष्क्रिय दोनों ऊर्जाएं लयबद्ध हो जायें। जब तक ऊर्जा सहस्त्रार तक पंहुच कर खोपड़ी के द्वारा ऊपर मुक्त न हो जाये, तटस्थ द्रष्टा बने देखते रहें।

दूसरा प्रयोग-प्रकृति का सान्निध्य, सृजनात्मकता, स्वीकार भाव आनन्दमग्न नाचते-गाते उत्सवमय होकर जीने की कला, सद्गुरु के प्रति श्रद्धा और समर्पण, संवेदनशीलता, सजगता और समझ(बोध) ही वह आधार है जिन्हें होशपूर्ण होकर जीवन-शैली बना लेने से विज्ञान-भैरव-तंत्र की पांच-पांच मिनटों की विधियां आत्मरूपांतरण का द्वार बन जाती हैं।

◼◼◼

40. विज्ञान-भैरव-तंत्र के प्रयोगों में सहायक प्रमुख शिव-सूत्र

काश्मीर का अद्वैत शैव तंत्र चार शाखाओं में विभक्त किया गया है।-

1. प्रत्यभिज्ञा शाखा
2. कुल शाखा
3. स्पन्द शाखा
4. क्रम शाखा

शिवसूत्र, त्रिकशास्त्र की स्पन्द शाखा पर आधारित है जिसका प्रार्दुभाव आठवीं सदी में सिद्ध वसुगुप्त ने किया।

परमतत्त्व की चैतन्य शक्ति के स्फुरण से विश्व में जिस स्पन्दन से विकास हुआ है, वही स्पन्द शास्त्र का मूलाधार है। आधुनिक विज्ञान भी यही मानता है कि जगत की उत्पत्ति एक बड़े विस्फोट के स्पन्दन से हुई है और वह स्पन्दन निरन्तर हो रहा है जिससे सब कुछ विकसित हो रहा है।

शैव मत के अनुसार शिव के संकल्परूप उन्मेष मात्र से जगत की उत्पत्ति हुई है।

शिवसूत्र के विकास क्रम के तीन मोड़ हैं-

1. शाम्भवोपाय
2. शाक्तोपाय
3. आणवोपाय

शाम्भवोपाय केवल उच्चकोटि के साधकों के लिए ही है जो अपने शिवत्व की साधना करते हुए परम शिवभाव को प्राप्त होते हैं।

आणवोपाय के अनुसार भक्त, साधना, अनुशासन तथा गुरु के निर्देशन में आत्मसाक्षात्कार की ओर उन्मुख होता है जब कि शाक्तोपाय में साधक मंत्र द्वारा अपनी आंतरिक वृत्तियों का विकास करता साधना करता है। स्पन्दन शाखा, शाक्तोपाय के ही अंतर्गत आती है।

शिव की पांच शक्तियां हैं–चित्, आनन्द, इच्छा, ज्ञान और क्रिया। शिव के पांच मुखों से प्रवाहित शैव शास्त्र की धाराएं 92 धाराओं में प्रवाहित हैं जिन्हें भिन्न-भिन्न प्रवृत्ति वाले जीवों की आवश्यकताओं के अनुसार तीन श्रेणियों में विभाजित किया गया है।

1. **अभेद या अद्वैत (भैरव शास्त्र)**–जगत के वैविध्य में एकता के अनुभव का प्रत्यभिज्ञान या पहचान।

2. **भेदाभेद**–एकता और अनेकता के दोनों दृष्टिकोणों के अनुसार सिद्धांतों का विवेचन। इसे रुद्र-शास्त्र कहते हैं।

3. **भेद (शिवशास्त्र)**–समस्त सार का अवलोकन।

शिवसूत्र में 77 सूत्र हैं, जिन पर वसुगुप्त के शिष्य भट्ट कल्लट तथा क्षेमराज ने टीकाएं लिखीं। यह सूत्र बीज स्वरूप हैं जिनमें बोध का विशाल वृक्ष छिपा है।

ओशो ने 77 शिवसूत्रों में से 44 सूत्रों पर बोध दिया है। यह सूत्र शाम्भव, शाक्तोपाय व आणव तीनों में से लिए गये हैं। 11 सितम्बर सन् 74 से 20 सितम्बर 74 के मध्य चलने वाली इस प्रवचनमाला में ओशो ने निम्न 10 विषयों पर बोध दिया और प्रत्येक प्रवचन में चार या पांच शिवसूत्रों के बीज में छिपे वृक्ष को प्रकट किया।

1. जीवन सत्य की खोज की दिशा
2. जीवन जागृति के साधना सूत्र
3. योग के सूत्र: विस्मय, वितर्क, विवेक
4. चित्त के अतिक्रमण के उपाय
5. संसार के सम्मोहन और सत्य का आलोक
6. दृष्टि ही सृष्टि है
7. ध्यान अर्थात चिदात्म सरोवर में स्नान
8. जिन जागा तिन मानिक पाइया
9. साधो, सहज समाधि भली
10. साक्षित्व ही शिव है।

इन्हीं प्रवचनों में जाग्रत, स्वप्न, सुषुप्ति और तुरीय का रहस्य छिपा है। जिसने सोने में जागने का रहस्य जान लिया, जिसके स्वप्न समाप्त हो गये फिर उसे न कुंडलिनी जागरण और न अन्य किसी उपाय की आवश्यकता है।

ओम् का प्रणव मंत्र और अजपाजाप के प्रयोगों द्वारा शिवत्व की प्राप्ति का रहस्य इन्हीं सूत्रों में छिपा है। मैंने तो प्रमुख पांच सूत्रों पर भगवान श्री

के प्रवचनों के सार की एक झलक प्रस्तुत की है जिससे उन सभी सूत्रों को हृदयंगम करने की अभीप्सा जाग्रत हो सके।

शक्तिपात या अनुग्रहः–ओशो ने विज्ञान भैरव तंत्र पर अंग्रेजी में अक्तूबर व नवम्बर 72 में अपने अमृत प्रवचनों द्वारा बोध दिया था। शैव परम्परा के अनुसार उन्हीं दिनों माउण्ट आबू में आयोजित ध्यान-साधना-शिविरों में ओशो साधको पर सामूहिक शक्तिपात कर रहे थे जिससे व्यान वायु का सुषुम्ना नाड़ी में सहज प्रवाह होने लगे और वे सरलता से अपने शिवत्व का बोध कर सकें।

78-80 में पूना आश्रम में ऊर्जा दर्शन द्वारा साधकों को विकसित होने का सौभाग्य प्रदान किया। पर जब उन्होंने अनुभव किया कि लोगों ने शक्तिपात पाकर ध्यान करना ही बंद कर दिया है उन्होंने अचानक ऊर्जा-दर्शन कार्यक्रम समाप्त कर दिया।

शक्तिपात–शैव दर्शन के अनुसार सर्वोच्च जगदानंद, सद्गुरु तथा अस्तित्व के अनुग्रह या शक्पिात से प्राप्त होता है।

पूर्व जन्म के संस्कारों से उन्नत अवस्था में पंहुचे हुए लोग तीव्र शक्तिपात के अधिकारी होते हैं।

उनसे कम विकसित जीव गुरु की खोज कर उसके सान्निध्य में मध्यम शक्तिपात के अधिकारी होते हैं। उनसे भी कम विकसित जीव शाम्भवोपाय, शाक्तोपाय व आणवोपाय द्वारा आध्यात्मिक साधना से मन्द शक्तिपात के अधिकारी बनते हैं। अनुग्रह या शक्तिपात से साधना सुगम, सरल और सहज हो जाती है। 'अनुपाय' को उपाय कहना कठिन है, क्योंकि यह साधना गुरु के अनुग्रह और शक्तिपात पर ही आश्रित है। कभी-कभी दर्शन मात्र से, आत्म साक्षात्कार हो जाता है।

अनुपाय होने का अर्थ अल्प प्रयत्न अथवा नाम-मात्र का प्रयास भी है।

विज्ञान भैरव तंत्र की प्रवचनमाला नवम्बर 73 में समाप्त हुई। 11 सितम्बर 74 से भगवान श्री ने शिवसूत्र पर प्रवचनमाला का शुभारम्भ किया। इसका शुभारम्भ सकारण था।

विज्ञान भैरव तंत्र के आणविक प्रयोगों को करने के लिए और भैरव चेतना का शिखर अनुभव प्राप्त करने की दिशा में यह शिवसूत्र सहायक ही नहीं है, यह पात्रता अर्जित करने की सामर्थ्य देते हैं। यह सूत्र, बीज हैं। इन्हें हृदय में बोना है। इन्हें श्रद्धापूर्वक समझना है और धैर्य से प्रतीक्षा करना है।

विज्ञान भैरव तंत्र की विधियों से गुजरते हुए यह बीज-सूत्र अंकुरित होंगे। पल्लवित पुष्पित होकर रूपांतरित करेंगे। इनका अत्यंत संक्षेप में सार स्वरूप समझें।

ॐ स्वप्रकाश आनंद स्वरूप भगवान शिव को नमन।

(अब) शिवसूत्र (प्रारम्भ)

चैतन्य आत्मा है।

ज्ञान बंध है।

योनिवर्ग और कला शरीर है।

उद्यम ही भैरव है।

शक्तिचक्र के संधान से विश्व का संहार हो जाता है।

इन सूत्रों का विभिन्न मनोदशाओं में पाठ करने से, इसके विभिन्न पहलू और आयाम पर्त दर पर्त प्रकट होते हैं। अभीप्सा बढ़ती है। समझ विकसित होती है। समर्पण घटित होता है। नमन से, झुकने से अकड़ समाप्त कर विनम्रता से ही यह अपने भीतर प्रवेश देते हैं।

'चैतन्य आत्मा है, हम सभी चैतन्य स्वरूप हैं, पर हमें इसका बोध नहीं। शरीर और मन से ही हम तादात्म्य जोड़े बैठे है जन्म-जन्मों का सम्मोहन है कि कामनाओं के जाल में आबद्ध हम भोजन, सेक्स और अंहकार की संतुष्टि में ही सुख-दु:खादि द्वंद्वों से ग्रस्त पूरा जीवन यों ही व्यर्थ गंवा देते हैं।

स्त्री, पुत्र, परिजन, मित्र, पद प्रतिष्ठा, धन, यश आदि जिसे हम 'मेरा' या अपना कहते हैं, इन सभी को मृत्यु छीन लेती है। जिसे मृत्यु नहीं छीन पाती वही अपना है।

धर्म पराये से, समाज से छुटकारा है। अपनी चेतना के अतिरिक्त अपना कोई भी नहीं।

हम दूसरों को या स्त्री पुत्र आदि को अपना या मेरा कहकर सम्बोधित करते हैं। इस 'मेरा' कहने का तात्पर्य है कि जिन्हें हम अपना या मेरा कहते हैं, उन पर अपनी मालकियत की घोषणा करते हैं। इसका तात्पर्य है कि वे आश्रित हैं, गुलाम हैं। उन पर अधिकार जमा कर हम उनका शोषण करते हैं। इसलिए सभी संबंधों में कलह, संघर्ष टकराव और तनाव है। हम दूसरों की सेवा भी करते हैं तो अपने अंहकार को तुष्ट करने के लिए। उसके एवज में कुछ पाने की आशा में। वह नाम, पुण्य या मोक्ष पाने की कामना से।

जिसे अपने होने का, अपने चैतन्य का बोध होता है वह सभी के प्रति अकारण, करुणा से भर जाता है। पर यह बोध, यह जागरण, दुख, पीड़ा, और तनाव के नर्क से सचेतन रूप से गुजरने पर ही होता है। इसके लिए सजगता, संवेदनशीलता और प्रतिक्षण होशपूर्ण होना आवश्यक है। जीवन के

सारे कृत्य होशपूर्वक होने लगें, तभी इसकी झलक मिलती है। इसके लिए ही ध्यान सहयोगी है।

दूसरा क्रांतिकारी सूत्र है—ज्ञान बंध है। 'मैं हूं' में 'मैं' मनुष्य की अज्ञान की दशा है। 'मैं' का तात्पर्य नाम, पद सहित इस देह और मन से है, जिसे समाज, परिवार और संस्कारों ने पोषित किया है। जब जीव जन्म लेता है तब वह कोरे कागज की तरह कोरा और शुद्ध होता है। परिवार समाज और संस्कार उसे शिक्षा देकर 'कुछ बनने' का कुछ होने का पाठ पढ़ाते हैं। उसमें प्रतियोगिता और महत्वाकांक्षा उत्पन्न करते हैं।

वह जो कुछ पुस्तकों से, गुरुजनों से ज्ञान या जानकारी अर्जित करता है वह व्यक्ति का दूसरा बंधन है। वह उसके अंदर जानने का अंहकार उत्पन्न करता है। बाहर से बटोरा यह सारा ज्ञान या जानकारी शरीर और मन का भाग है। यह तुम्हें जाति, सम्प्रदाय और देश में विभाजित करता है। मैं हिन्दू, मुसलमान या ईसाई हूं। मैं ब्राह्मण, क्षत्रिय या वैश्य हूं। मैं अमुक देश का वासी हूं। मेरी अपनी जाति, मेरा अपना सम्प्रदाय और मेरा अपना देश ही महान है। यह ज्ञान तुम्हें बांटता है। जीवन में वैमनस्य, घृणा की दीवार खड़ा करता है।

इन झूठे ज्ञान से मुक्त होकर जो अपने अंदर छिपे चैतन्य और स्वभाव की खोज कर लेता है, उसका ही रूपांतरण हो जाता है। यह बोध, यह समझ ही अंहकार से मुक्त होने में सहायक है। यह बीज हृदय में अंकुरित होकर, विज्ञान भैरव तंत्र के प्रयोग करते हुए, अपने निज स्वभाव में प्रतिष्ठित कर देता है।

तीसरा सूत्र है—योनिवर्ग और कलाशरीरम। योनि का अर्थ—स्त्री या प्रकृति जिससे हम जन्मे। जिसने हमें शरीर दिया। कला का अर्थ है जिसने हमें संसार में उतरने की कला सिखाई। 'मैं' निर्मित कर कर्त्ता भाव दिया।

'मैं' अंहकार, कर्त्ताभाव और प्रकृति से मिला शरीर यही बंधन है। हमने जो वासना की, वही घट गया। अपनी वासना की पूर्ति के लिए ही हम शरीर ग्रहण कर जन्म लेते हैं। हम जो हैं, सुंदर-असुंदर, दुःखी-सुखी, वह हमारे ही कृत्यों का संचित कल है। भाग्य या दूसरे व्यक्ति नहीं, हम स्वयं हमारे कृत्य तथा वासना ही हमारे वर्तमान जीवन के दुःखों और पीड़ा के लिए जिम्मेदार हैं। यह बोध या समझ ही रूपांतरण में परम सहयोगी है।

उद्यम ही भैरव है। शिव कहते हैं—जिस दिन तुमने आध्यात्मिक जीवन जीने की चेष्टा शुरू की तुम भैरव होने लगे। मुक्त होने के विचार से ही चेष्टा शुरू हो जाती है। उद्यम भैरव है। जन्म-जन्म की गहरी नींद और

मूर्च्छा तोड़ने के लिए सघन चेष्टा करनी होगी। सब कुछ दांव पर लगाना होगा। प्रत्येक कर्म समग्रता से उसमें डूब कर करना होगा। विज्ञान भैरव तंत्र के आणुविक प्रयोग करते हुए हमें अपनी पूरी ऊर्जा उसमें लगानी होगी। समग्र ऊर्जा से अथक श्रम और उद्यम करने से ही तुम्हारे भीतर शक्ति का चक्र पूर्ण हो जाता है।

विस्मय कभी चुकता नहीं। जितना जानो वह उतना ही बढ़ता है। पूर्ण में से पूर्ण निकाल दो फिर भी पूर्ण ही शेष बचता है। कुंवे से कितना भी जल उलीचो, वह कम नहीं होता। जितना प्रेम बांटो वह उतना ही अधिक बढ़ता है।

बुद्ध जिस दिन परम ज्ञान को उपलब्ध होते हैं उस दिन उनका विस्मय भी परम होता है। सब कुछ जानने के बाद भी उन्हें लगता है कि वे कुछ भी तो नहीं जानते।

शिव कहते हैं–विस्मय, योग में प्रवेश का द्वार है।

एक थाल मोती से भरा
सबके सिर पर औंधा धरा
थाल है चहुं और फिरे
मोती इसका एक न गिरे।

अंधेरी रात में आकाश देखना एक अपार विस्मय है। आकाश रूपी थाल में मोती रूपी अनंत सितारे हैं। सितारों भरा आकाश का थाल औंधा रखा चारों ओर घूम रहा है और एक भी सितारा न तो छिटकता है और गिरता है। सभी ग्रह नक्षत्र और महासूर्य अपनी-अपनी कक्षा में परिभ्रमण कर रहे हैं और टकराते नहीं। ऋतुएं, मौसम जादू के जोर से बदल रहे हैं।

एक नन्हा सा बीज विराट वृक्ष बन जाता है। एक नन्हें से अदृश्य अणु में विराट ऊर्जा छिपी हुई है।

यह क्या कम विस्मय की बात है कि सोते हुए भी शरीर निरन्तर सांस लेता रहता है। हृदय निरंतर धड़कता रहता है। भोजन पचकर रक्त वीर्य और रज बनता है।

कौन फूलों को सौंदर्य, सुवास और कोमलता देता है? कौन मोरों को नाचना और कोयल को कूकना सिखाता है?

वैज्ञानिक का आश्चर्य आक्रामक और हिंसक है। साधक का विस्मय एक विश्राम और आनन्द है।

ज्ञान से विवाद और विस्मय से संवाद उत्पन्न होता है। विस्मय होता ही तभी है जब बुद्धि थक जाती है। अंहकार असमर्थ हो चूर-चूर हो जाता है। तुम असहाय और किंकर्त्तव्यविमूढ़ हो जाते हो।

विस्मय से भीतर की यात्रा शुरू होती है। जब सारा जगत रहस्यपूर्ण लगता है तो 'मैं कौन हूं। विस्मय का यह मौलिक आधार तुम्हें अंतर्यात्रा का पथिक बना देता है।

अभी तुम्हारे अंदर शक्ति का चक्र पूर्ण नहीं है। कटा-बंटा है।

शक्ति चक्र के संधान से विश्व का संहार हो जाता है।

ऊर्जा की तीन पर्तें हैं। दो पर्तें छिपी हुई हैं। जैसे एक व्यक्ति दफ्तर में दिन भर कार्य कर पूरी तरह थक गया। उसने सोचा अब घर जाकर विश्राम करूंगा। पर जब वह घर पंहुचा तो देखा घर जल रहा है। वह आग की लपटों से घिरा है। उसके अंदर छिपी ऊर्जा की दूसरी पर्त प्रकट हुई। वह भाग दौड़ कर आग बुझाने लगा। जब आग बुझी वह बेदम निढाल होकर लेट गया। तभी किसी ने खबर दी कि उसकी पत्नी बहुत अधिक जल गई है। यह सुनते ही वह झटके से उठ बैठा। उसके अंदर छिपी ऊर्जा की तीसरी पर्त प्रकट हुई। वह पत्नी को लेकर भागा हुआ अस्पताल गया। रात भर उसकी देखभाल करता रहा।

वैज्ञानिक कहते हैं–कि बुद्धिमान से बुद्धिमान व्यक्ति भी पन्द्रह प्रतिशत से अधिक ऊर्जा का उपयोग नहीं करते।

शिव की चेतना को वही उपलब्ध हो सकता है जो समग्र ऊर्जा का प्रयोग करे। कृत्य में इतना डूब जाये वह, कि कर्त्ता बचे ही न। वह कृत्य ही हो जाये। भोजन करते हुए वह भोजन ही बन जाये। चलते हुए चलना ही बन जाये। नाचते हुए वह नर्तन में इतना कि खो जाये वह नृत्य ही हो जाये। उसी क्षण उसके लिए फिर संसार रह ही नहीं जाता। वह स्वयं शिव या परमात्मा ही हो जाता है।

इन पांच सूत्रों के अतिरिक्त चार और सूत्र भी अत्यंत महत्त्वपूर्ण और रूपांतरणकारी है। इन्हें सार रूप में अत्यंत संक्षेप में समझें।

विस्मय योग की भूमिका है।

स्वयं में स्थिति ही शक्ति है।

वितर्क अर्थात् विवेक आत्मज्ञान का साधन है।

अस्तित्व का आनन्द भोगना समाधि है।

विस्मय और आश्चर्य– हम विस्मय को आश्चर्य ही समझते हैं। पर दोनों में बहुत भेद है। आश्चर्य बहिर्मुखी है और विस्मय-अंतर्मुखी।

आश्चर्य दूसरे के संबंध में होता है और विस्मय स्वयं के संबंध में। जिसे देखकर हम अवाक्, किंकर्त्तव्यविमूढ़ हो जायें। जिसे देख कर या

सुनकर या अनुभव कर हम मिट ही जायें उससे विस्मय उत्पन्न होता है। यही धारा यदि बहिर्मुखी हो जाये, हम उस पदार्थ या विस्मय उत्पन्न करने वाले कारण की खोज में लग जायें जो कि विज्ञान कर रहा है तो वह आश्चर्य होता है। विज्ञान उस आश्चर्य को मिटाने की कोशिश है।

विज्ञान आश्चर्य से उत्पन्न होता है और उस आश्चर्य को मिटाने, उसकी हत्या करने में लग जाता है। धर्म विस्मय से प्रारम्भ होता है और स्वयं की चेतना की खोज पर अंदर उतर जाता है। विज्ञान है पदार्थ की बाहर खोज और धर्म है चेतना की अपने ही अंदर तलाश।

स्वयं में स्थिति शक्ति है—जो चेतना बाहर दूसरे पर प्रवाहित हो रही है, वही चेतना जब चारों ओर से सिमट कर अपने ही अंदर प्रवाहित होते किसी केन्द्र पर थिर हो जाती है, तभी विस्फोट होता है। बाहर की दौड़ समाप्त होकर जब अंदर परम विश्राम रुकता है, तभी साधक सत् चिद् आनन्द को उपलब्ध होता है।

विस्मय मोड़ेगा स्वयं की तरफ। स्वयं में ठहर कर तुम महाऊर्जा को उपलब्ध हो जाओगे। पर स्वयं में ठहरने की कुंजी है—विवेक, वितर्क।

वितर्क अर्थात् विवेक आत्माज्ञान का साधक है।

तर्क विज्ञान की हाथ में तलवार की भांति है। वह आश्चर्य की हत्या करता है। वह विश्लेषण करता है। तोड़-फोड़ करता है। फूल क्या है? वह उसको कांट-छांट कर, निचोड़ कर विश्लेषण कर बताता है कि उसमें कितना मिनरल, कितना जल, कितना फासफोरस, कितना कैल्शियम और कितने और तत्त्व हैं। वह मसल कर उसके सौंदर्य, सुवास और जीवन को समाप्त कर देता है।

वितर्क, तर्क से ठीक उल्टी दशा है। तर्क का रास्ता है किसी को तोड़कर उसमें प्रवेश। वितर्क तोड़ने की नहीं जोड़ने की कला है। ध्यान को भीतर लाना, धीमे-धीमे परिधि से केन्द्र पर सरकते आने की कला ही वितर्क या विवेक है। स्वयं अपने केन्द्र पर पंहुच कर ही व्यक्ति खण्ड से अखण्ड हो जाता है। सारे भेद मिट जाते हैं। पता चलता है कि नाभि मेरा ही नहीं, पूरे अस्तित्व का केन्द्र है। सारे भेद और भिन्नताएं परिधि पर है।

शिव कहते हैं—उस अस्तित्व को स्वयं में पाकर समाधि का सुख उपलब्ध होता है।

हमने अभी तक सांसरिक सुख ही जाने हैं। सुस्वाद भोजन का सुख, धन का सुख, संभोग का सुख। पर इन सभी को पाने के लिए पहले अनंत दुख झेलने पड़ते हैं और जो सुख मिलता है वह भी बहुत थोड़ी देर का। कभी तृप्ति नहीं होती।

तृप्ति और आनन्द तभी मिलता है जब भूख और प्यास हो। इन सुखों को पाने के लिए दिन रात का चैन और नींद खो जाती है। जब यह सुख भोगने का समय आता है तो दुःख का कोई अंत नहीं होता। इसके साथ कोई तृषा, तृष्णा या दुःख नहीं जुड़ा है। यह केवल होने का आनंद है। अस्तित्व का आनंद है। इसमें श्रम-विश्राम, पाना-खोना कोई द्वंद्व नहीं।

संसार में हर सुख के साथ दुःख जुड़ा है। तृप्ति के साथ अतृप्ति जुड़ी है। मान के साथ अपमान और प्रेम के साथ घृणा जुड़ी है। पर समाधि है–सभी द्वंद्वों के पार की स्थिति जहां कोई दूसरा विपरीत नहीं। केवल आनन्द है।

यह तीन रूपांतरण के अद्भुत सूत्र हैं।

विस्मय से भरो। स्व की ओर स्वयं की ओर मुड़ो। बाहर बिखरी चेतना को समेट कर अपने ही अंदर उतरो। दूसरे के संबंध में जो हजार विचार चल रहे हैं, तर्क चल रहे हैं उन्हें अंदर स्वयं की ओर मोड़ दो। केवल अंदर एक विचार रह जाये। उस परम चेतना को खोज लेना है, उस महाऊर्जा को उपलब्ध हो जाना है, जिसे लेकर हमने जन्म लिया था। वह अपने ही अंदर केन्द्र पर चेतना थिर करने से उपलब्ध होता है। विवेक से आत्मज्ञान मिलता है या परमजागृति होती है। समाधि सुख का आनन्द मिलता है।

यह आनंद तुम्हारी योग्यता-अयोग्यता, शिक्षा-अशिक्षा, परिवार-संबंध, जाति पात, धनी या निर्धन होने पर निर्भर नहीं है। यह बेशर्त है। यह स्त्री-पुरुष, सुंदर-असुंदर युवा-वृद्ध किसी बात पर निर्भर नहीं। यह तुम्हारी अपनी ही सम्पदा है जिसे लेकर तुम उत्पन्न हुए थे। बस, तुमने उसकी ओर ध्यान नहीं दिया था। तुम उसे भूले हुए थे।

जैसे ही शरीर और मन का जो परिधि है, विस्मरण होता है, वैसे ही आत्मा का स्मरण होता है। तुम दोनों एक साथ न देख सकोगे।

एक बार कुंजी हाथ आ जाये तो फिर कोई समाधि-सुख को छीन नहीं सकेगा। तुम भले ही संसार में रहो पर संसार तुम्हारे अंदर नहीं रहेगा। तुम उससे अलिप्त रहोगे। तुम मात्र द्रष्टा रहोगे।

तृतीय खंड

सात चक्र, सात शरीर, उनकी संभावनाएं और
कुंडलिनी-जागरण का विज्ञान

41. कुण्डलिनी जागरण का स्वयं का अनुभव

कुण्डलिनी जागरण के संबंध में कुछ भी लिखने से पूर्व पाठकों की स्वाभाविक जिज्ञासा होगी कि मैं इसके संबंध में जो कुछ लिख रहा हूं वह अनुभव जन्य है या नहीं अथवा केवल मैं शास्त्रीय जानकारी दे रहा हूं।

यदि अनुभव न होता तो इस विषय पर मैं लेखनी उठाता ही नहीं।

पर मेरा अनुभव बड़ा अजीबोगरीब है। इस अनुभव के बाद मैं कह सकता हूं कि प्रत्येक व्यक्ति के कुंडलिनी जागरण के अनुभव भी पृथक-पृथक होते हैं।

किशोरावस्था से ही पिताजी को प्राणायाम करते देख उनसे सीख कर मैं भी कुम्भक, रेचक और पूरक प्राणायाम करते हुए त्रिनेत्र साधना करने लगा। प्राय: शाम मैं मरघट घाट घूमने जाता था और वहां चिता का जलना चुपचाप देखा करता था। साथियों से शर्त बंद कर रात दस बजे श्मशान में पीपल के वृक्ष पर कील गाड़कर मैं अपनी निर्भयता का प्रमाण कई बार दे चुका था। इस बात का जिक्र मैं केवल इसलिए कर रहा हूं जिससे कि पिछले जन्म की अधूरी साधना को पूरा करने के लिए ही मैंने यह जन्म लिया था जिसका अहसास ध्यान की गहराई में मुझे बाद में हुआ।

सन् 89 में ध्यान साधना शिविर में ध्यान सीखने के बाद मैं नियमित रूप सक्रिय और कुंडलिनी ध्यान के साथ रात में ध्वनि ध्यान करते हुए अंतर्ध्वनि के प्रति सजग होने लगा। रविवार या छुट्टी के दिन मैं नादब्रह्म ध्यान और विपस्सना भी करता था। लगभग डेढ़ वर्ष ध्यान करने के बाद मैं अपने एडशीनल कमिश्नर बरूआ साहब के साथ बिठूर में छप्पर घाट के स्वामी चैतन्य के दर्शनों के लिए जाने लगा। वह एक सिद्ध महात्मा थे। उन्होंने ब्रह्मसूत्र पर टीका भी लिखी थी और ओशो का जिक्र आने पर उनकी प्रशंसा भी करते थे। मैं उनके सान्निध्य में बैठा केवल विपस्सना ध्यान या त्रिनेत्र साधना करता था। तभी अचानक एक दिन जो रहस्यमय आत्यांन्तिक अनुभव हुआ, उसे ओशो का साहित्य पढ़कर जाना कि वह

सतोरी का अनुभव था। यह अद्भुत आनन्द का नशा तीन दिन तो शिद्दत से हुआ और इसी मध्य मुझे ऊर्जा के ऊर्ध्वगमन का अद्भुत अनुभव हुआ। ऊर्जा सहस्त्रार से निष्कासित होती हुई जैसे मुझे शून्याकाश की अछोर ऊंचाइयों भरे अस्तित्व के आनन्द सागर में निमज्जित कर रही थी।

उस आनन्दमय अनुभव को अभिव्यक्त करना बहुत कठिन है। जब वह ऊर्जा त्रिनेत्र और हृदयचक्र पर बरसती थी तो उसके ऊर्ध्वगमन के समय का ताप एक शीतल अमृतमय आनन्द के रूप में भिगो देता था। गगन गुफा गम्भीर से जैसे अमृत बरस रहा था।

जैसे ही थिर होकर आंख बंद कर बैठता था, बिना किसी प्रयास, बिना कोई ध्यान या क्रिया के ऊर्जा का ऊर्ध्वगमन होने लगता था। उन दिनों जैसे मेरी भूख प्यास समाप्त हो गई। उन दिनों ठंडे दूध और फलों को आहार के साथ दिन भर में दो चपातियां काफी थीं। वजन भी एक साथ गिरने लगा।

छप्पर घाट बिठूर में होने वाले सटोरी के अनुभव जैसी ही अनुभूति रेणुकूट के एक मंदिर में आरती के समय और कुछ मास पश्चात मगहर में कबीर की मुस्लिम समाधि पर नेत्र बंद कर ध्यान में उतरते ही हुई और नशा कई दिनों तक मुझे मदमस्त किये रहा।

छप्पर घाट की सटोरी के बाद सप्ताह में एक बार जो तीन चार पेग शराब लेता था, वह बिना प्रयास स्वत: छूट गई। काड्र्स व ड्रिंक्स पार्टी से मैं विरत हो गया। मेरा वजन छ: मास में 10-12 किलो गिर गया।

यदि मैंने देवताल की पहाड़ियों में साधना करते हुए ओशो की विलक्षण बीमारी का वर्णन उनकी पुस्तकों में न पढ़ा होता तो मैं भी डाक्टरों के चक्कर लगाकर व्यर्थ परेशान होता। मैंने सभी बातों से श्रीमती जी को अवगत कराते हुए उनसे सहयोग मांगा और वह मिला भी। मेरी कामवासना स्वत: विरोहित हो गई।

अप्रैल 1992 में दक्षिण भारत का भ्रमण करते हुए चिदम्बरम के विशाल शिवमंदिर में आरती के समय ध्यान करते हुए फिर सटोरी या शक्तिपात जैसा अनुभव हुआ।

यह कुण्डलिनी जागरण, सटोरी या शक्तिपात से प्रयास से नहीं प्रसाद से ही हुआ था। अस्तित्व की अदृश्य रहस्यमय शक्तियों और ओशो के चिन्मय स्वरूप ने मुझे चुन लिया था-एक विशेष कार्य के लिए। यह उनका पिछले जन्म में मेरे साथ किया वायदा था जिसका अनुभव मुझे बाद में

हुआ। जबलपुर में एक मास के ध्यान और मौन शिविर में स्वामी आनन्द विजय द्वारा बताई गई आम्र वृक्ष के नीचे बिछी शिला और मां की गोद के नाम से प्रसिद्ध शिला पर बैठ कर ध्यान मुद्रा में बैठते ही ऊर्जा के ऊर्ध्वगमन के साथ असाधारण ऊर्जा का अनुभव होता था, क्योंकि इन्हीं शिलाओं पर बैठकर 1951-52 में ओशो ने साधना की थी। यह ऊर्जा से चार्ज्ड शिलाएं.हैं।

इन शिलाओं के अतिरिक्त भी आश्रम की बगल में बने चिल्ड्रेन पार्क शेषनाग की गुफा और झील के किनारे भी ऊर्जा से चार्ज्ड मैंने कई शिलाएं खोजीं, जिन पर बैठकर ध्यान करने से वैसी ही अनुभूति होती थी। निश्चित ही उन शिलाओं पर बैठकर भी ओशो ने साधना की होगी। देवताल की पहाड़ियों में झरते झरने से ओशो उन दिनों अपनी बीमार बुआ के लिए वह औषधीय जल लाने साइकिल से नित्य देवताल की पहाड़ियों में आते थे और विशेष रूप से संध्या के समय और रात्रि के नीरव सन्नाटे और अंधकार में अंधकार-साधनाएं करते थे। ओशो ने अपने संस्मरणों में स्वयं इसका जिक्र किया है।

सन्यास आश्रम तो मेरे टिकने का स्थान भर था, अन्यथा मौन शिविर की अवधि में मेरा अधिकतर समय आम्र वृक्ष के नीचे वाली शिला, मां की गोद वाली शिला अथवा शेष नाग की गुफा में ही व्यतीत होता था।

मौन शिविर समाप्त होने पर भ्रमर ताल पार्क में जब मैं बोधि वृक्ष के दर्शन के लिए गया तो पार्क के गेट पर मुझे जिस अद्‌भुत शक्तिपात का आत्यान्तिक रहस्यमय अनुभव हुआ, उसका उल्लेख मैं एक फक्कड़ मसीहा ओशो के प्रथम खंड के प्रारंभ में विस्तार से कर चुका हूं। वहीं मुझे ओशो गाथा लिखने की प्रेरणा ही नहीं मिली, अदृश्य शक्तियों ने मुझे उसी क्षण से इस दिशा में गतिशील किया। बोधिवृक्ष के नीचे हुए शक्तिपात से तो मैं कुछ का कुछ हो गया।

ओशो गाथा के पच्चीस अध्याय लिखकर उसे देहरादून जाकर स्वामी नरेन्द्र बोधिसत्व को सुनाना, उनसे प्रोत्साहन और निर्देशन मिलने पर जबलपुर और गाडरवारा जाकर ओशो के संबंधियों मित्रों और जीवन जागृति केन्द्र के कर्मठ सदस्यों से भेंट कर उनसे ओशो के जीवन की रहस्यमय घटनाओं का अद्‌भुत वृतांत जानना, लखनऊ में स्वामी धर्म वेदान्त से भेंट कर उनसे पहली ही मुलाकात में 'युक्रान्त', 'ज्योतिशिखा', 'आनंदिनी', 'रजनीश न्यूज लेटर' तथा 'संन्यास' की सजिल्द सभी फाइलें प्राप्त करना, उनसे ही रजनीश बाइबिल के आठों खण्ड प्राप्त कर एक फक्कड़ मसीहा

ओशो के पांच खण्ड पूरे करना, ओशो संन्यास आश्रम जबलपुर में ओशो गाथा के मुझसे कुछ अंश सुनकर लुधियाना के स्वामी जीवन रसवंत का प्रभावित होकर उन्हें स्वीकृति के लिए पूना आश्रम ले जाना, वहां से चार-छः मास पश्चात पत्र मिलने पर, उसके आधार पर डॉयमण्ड पॉकेट बुक्स के निर्देशक श्री नरेन्द्र कुमार का ओशो कथा के प्रकाशन के लिए तैयार हो जाना-यह सभी संयोग मात्र नहीं है।

इन सभी घटनाओं के पीछे रहस्यमय शक्तियां अदृश्य रूप से स्थितियां निर्मित कर संबधित व्यक्तियों द्वारा सहयोग उपलब्ध करा रही थीं, और उन्हें वैसा करने के लिए प्रेरित कर रही थीं।

मेरी कुंडलिनी जागी जरूर थी पर मूलाधार, स्वाधिष्ठान व मणिपुर चक्र पूरी तरह सक्रिय न होकर अनाहत और विशुद्ध चक्र सक्रिय हुआ।

पर अभी मेरे सभी द्वंद्व दूर नहीं हुए थे, अभी न तो साक्षी का जन्म हुआ था और न अद्वैत का अनुभूति हुई थी।

हां! संकल्प जागृत हुआ। मनस शरीर विकसित होकर मुझे अतीन्द्रिय दर्शन की शक्ति मिली। ओशो कथा लिखते समय मेरे अंतर्पटल पर ओशो का जीवन एक फिल्म की तरह जीवान्त हो उठता था और जैसे आविष्ट होकर एक माध्यम बना मैं पृष्ठ दर पृष्ठ लिखता ही जा रहा था।

Tantra the Supreme Understanding सरहपा व तिलोपा की प्रवचनमाला में ओशो लातिहान ध्यान की चर्चा करते हुए कहते हैं-

"स्वतः स्फूर्त लेखन, लातिहान की तरह है। तुम आंखें बंदकर प्रतीक्षा करते हो। कुछ समय बाद अचानक तुम्हारे हाथ में एक झटका सा लगता है और हाथ आविष्ट हो जाता है, जैसे तुम्हारे अंदर कोई रहस्यमय शक्ति प्रविष्ट हो गई हो। तुम्हें सहज, स्वाभाविक और शिथिल रहते हुए उस ऊर्जा को अपना काम करने देने में कोई प्रतिरोध खड़ा नहीं करता है। तुम्हारा हाथ आविष्ट हो गया है क्योंकि तुम्हारी चेतना के सर्वोच्च केन्द्र ने तुम्हारे अचेतन मन के तल का स्पर्श किया है।"

'आई एम दि गेट' प्रवचनमाला में ओशो, प्रत्येक सद्गुरु द्वारा एक आउटर और एक इनर सर्किल निर्मित करने का उल्लेख करते हैं। आउटर सर्किल आश्रम की व्यवस्था संभालता है और इनर सर्किल में रहस्यमय आध्यात्मिक शक्तियों से युक्त उच्च चेतनाएं होती हैं जो सद्गुरु के शरीर छोड़ने के बाद भी क्रियाशील रहती हैं।

जैसे रामकृष्ण परमहंस ने विवेकानंद को अपने अनुभवों की अभिव्यक्ति के लिए माध्यम बनाकर उन्हें शक्ति तो दी थी पर समाधि का अनुभव मृत्यु से एक सप्ताह पूर्व ही होने का हिप्नोटोनिक सुझाव दिया था। यही शक्ति गुरुजियेफ ने आस्पेंस्की को दी थी।

यदि उन दिनों मेरा पूरा कुंडलिनी जागरण हो जाता तो मैं ध्यान में मौन हो जाता। पर रहस्यमय शक्तियां मेरे मनस शरीर को विकसित कर मुझे बुद्धि तल से हृदयतल पर लाकर मेरे माध्यम से लेखन द्वारा कुछ ऐसा करा रही थीं जो ओशो प्रेमियों को विकसित और प्रेरित कर उन्हें उनकी मूर्च्छा से जगाये। धर्म के नाम पर दूकानें चलाने वालों के विरुद्ध लोगों को चेताए। महत्वाकांक्षा के बुखार से पीड़ित संन्यासियों का विवेक झकझोरे।

ओशो कहते हैं–शास्त्र पढ़कर आध्यात्मिक अनुभव कभी नहीं होते। शास्त्र साधक को शास्ता या सद्गुरु तक पंहुचा देते हैं। उसके सान्निध्य में उसकी करुणा से जो कुछ भी घटता है, शास्त्र उसकी गवाही देते हैं।

'जिन खोजा तिन पाइयां' प्रवचनमाला में ओशो कहते हैं–"मूलाधार चक्र की प्राथमिक संभावना है-वासना या सेक्स का रूपांतरित होकर -ब्रह्मचर्य। पर इस मार्ग में सबसे बड़ा खतरा है कि हम इस प्राकृतिक केन्द्र से लड़कर दमन न करने लगें। कामवासना की समझ और उसके प्रति सजगता से ही रूपांतरण होने लगता है।

स्वाधिष्ठान चक्र की प्राकृतिक संभावना है–भय, घृणा, क्रोध और हिंसा और उसकी रूपातांरित संभावना है–प्रेम, करुणा, अभय और मैत्री। पर यही नकारात्मक भाव उपयोगी भी हैं। भय का बोध सुरक्षा उत्पन्न करता है। क्रोध, संघर्ष में उतारता है और अन्याय के विरुद्ध जूंझने का साहस देता है।

सूक्ष्म शरीर में मणिपूर चक्र की स्वाभाविक संभावना है संदेह और विचार और यही रूपातंरित होकर श्रद्धा और विवेक बन जाते हैं।

मानस शरीर से संबधित अनाहत चक्र की संभावना है-कल्पना और स्वप्न और इसका विकसित रूप है संकल्प और अतीन्द्रिय दर्शन।

दिसम्बर 94 और जनवरी 95 में पूना कम्यून में ओशो टाइम्स में प्रूफरीडर और अनुवादक तथा कम्यून गाइड का काम करने के साथ मैंने वहां 21 दिन सक्रिय ध्यान किया। नियमित रूप से ओशो दर्शन में सम्मलित होकर, ओशो समाधि में गहन मौन में डूबा। मैं पूना, कभी घर न लौटने का निर्णय लेकर गया था। मैं वहां ध्यान की अतल गहराइयों में उतर कर शून्यता का अनुभव करने लगा था। तभी मैं गंभीर रूप से बीमार हुआ। शायद

अस्तित्व नहीं चाहता था कि मैं ओशो गाथा का कार्य अधूरा छोड़कर ध्यान की गहराइयों में खोकर मौन हो जाऊं। अभी तो आधी ओशो-गाथा ही पूर्ण हुई थी।

कानपुर आकर मेरी प्रोस्टेट ग्लैंड का आप्ररेशन हुआ। एक वरिष्ठ ओशो संन्यासी जिनके प्रति मैं श्रद्धा रखता था उन्होंने सभी ध्यान प्रयोग छोड़कर मुझे शांत, मौन बैठकर कुछ न करने का लाओत्से के सूत्र का स्मरण कराया। इसी अवधि में एक फक्कड़ मसीहा ओशो के प्रथम तीन खण्ड प्रकाशित हुए। प्रेमी मित्रों से प्रशंसापत्र तथा फोन मिलने पर कर्त्ताभाव जागा। यश और प्रसिद्धि की चाह उत्पन्न हुई। वर्ष, डेढ़ वर्ष की यह स्थिति पर्वत की चोटी से खाई में फिसलने की स्थिति थी। यह अस्तित्व के द्वारा दी गई चोट थी जिससे मैं अपना आत्मनिरीक्षण कर सकूं। अपनी भूल को महसूस कर मैं पुनः बोधिवृक्ष की शरण गया। वहां मुझे पुनः ऊर्जा और शक्ति मिली। लेखनी पुनः स्वतः गतिशील हुई। 'ओशो ही ओशो' और ओशो कथा के आठ खण्ड पूरे हुए।

इसी अवधि में ओशो आश्रम जमुनिया (छिंदवाड़ा) जाकर मेरा प्रकृति से संवाद स्थापित हुआ। मेरी संवेदनशीलता और सजगता बढ़ी। मैं ध्यान में धीरे-धीरे गहरे उतरने लगा। खण्ड नौ भी समाप्त हुआ। भविष्य में कुछ न लिखने का निर्णय कर मैं सतपुड़ा के वनांचल में स्थित ओशो आश्रम जमुनिया दूसरी बार गया। ओशो संसार में बुद्धत्व और समाधि का सौदा तथा धर्म का व्यापार देखकर लेखनी पुनः गतिशील हो उठी। "बुद्धत्व खड़ा बाजार में," इसी का परिणाम था।

इस ग्रंथ की पाण्डुलिपि प्रकाशक को भेज कर मैं पुनः जमुनिया आश्रम में गया। इस बार वहां पूरे दो महीने अकेलेपन में रस की अनुभूति हुई। परमशून्यता, मौन और अद्वैत की अनुभूति हुई। विचारों और भावों का द्रष्टा बना।

कुंडलिनी जागरण इस बार विज्ञान भैरवतंत्र के प्रयोगों और ओशो दर्शन में स्वतः होने लगा। विशुद्ध और आज्ञाचक्र की संभावनाएं रूपांतरित हुईं।

पहले कुण्डलिनी जागरण शक्तिपात और प्रसाद से हुआ था। कर्त्ताभाव और मूर्च्छा आ जाने पर योगभ्रष्ट होकर ठोकर लगी थी। इस बार प्रयासरहित प्रयास से प्रसाद बरसा।

पर यह बुद्धत्व नहीं है। यह मंजिल भी नहीं है। यह यात्रा अनन्त है। यह कभी समाप्त होती ही नहीं। यह एक विकास है। पर्वत की एक चोटी पर पंहुचने जैसा है। पर आगे और ऊंची चोटियां हैं।

'बेइरादानजर उनसे टकरा गई' अर्थात् जीवनयात्रा बनाम अंतर्यात्रा' के आगामी ग्रंथ में, "कुंडलिनी जागरण, शक्तिपात और ओशो-गाथा के नौ खण्डों का लेखन' अध्याय में मैंनें इस विषय पर विस्तार से प्रकाश डाला है।

इटावा, कानपुर, बाराबंकी, इलाहाबाद और मेरठ में छोटे-छोटे ध्यान साधनों शिविरों में, गहन अभीत्सा से भरे संन्यासियों और ध्यान प्रेमियों को विज्ञान भैरव तंत्र के प्रयोगों द्वारा द्रष्टा भाव साधने, ऊर्जा को ऊर्ध्वगामी बनाने तथा शरीर और मन के पिघलकर शून्यता की अनुभूति कराने संबंधी प्रयोगों को कराते हुए, मुझे अस्तित्व की अनुकम्पा और ओशो करुणा से जो कुछ भी मिला है, उसे बांटते हुए मैं परम आनन्दित हूं। यह ग्रंथ भी उसी को बांटने का ही एक प्रयास है।

शब्द ब्रह्म द्वारा परमब्रह्म की यात्रा, वर्णमाला के अ से अं अ: तक के स्वरों की प्रत्येक चक्र पर साधना और हृदयबीज में अपान वायु के विलीन होकर बिना श्वास लिए और छोड़े हुए सौ: बीज मंत्र का मौन जाप करते हुए कुण्डलिनी जागरण के सूत्र मैं तंत्र के खण्ड में पूर्व ही दे चुका हूं।

कुण्डलिनी शक्ति के जागरण के अनुभव के संबंध में मैंने उसे गूंगे का गुड़ बनाकर अभिव्यक्त करने का प्रयास ही नहीं किया। पर उस अनुभव के बारे में नये साधकों को दिशा निर्देश के लिए मैं संत ज्ञानेश्वर की अभिव्यक्ति को उद्धृत कर रहा हूं।

'ज्ञानेश्वरी' के गीता भाष्य के छठे अध्याय में वह कहते हैं–

"कुण्डलिनी, जब जागती है, तब बड़े वेग से झटका देकर ऊपर की ओर अपना मुंह फैलाती है, तब ऐसा प्रतीत होता है जैसे वह बहुत दिनों की भूखी हो और अब जगाने पर खाने के लिए अधीर हो उठी हो। वह अपने स्थान से नहीं हटती परन्तु शरीर में पृथ्वी तथा जल के जो भाग हैं, उन सबको चट कर जाती है।

उदाहरणार्थ–हथेलियों और पैरों के तलुवों का शोधन कर उनका रक्त, मांसादि खाकर ऊपर के भागों को भेदती है तथा अंग-प्रत्यंग की संधियों को छान डालती है। नखों से सत्त भी निकाल देती है। त्वचा को धोकर तथा पोंछ कर स्वच्छ करती तथा उसे अस्थि पंजर से सटाये रखती है।

पृथ्वी और जल इन दो महाभूतों को खा चुकने पर वह पूर्णतया तृप्त होती है और तब शांत होकर सुषुम्ना के निकट रहती है। तब तृप्तिजन्य

समाधान प्राप्त होने से उसके मुख से जो गरल निकलता है, उसी गरल रूप अमृत को पाकर प्राणवायु ऊर्ध्वगामी होता है।

कुण्डलिनी के सुषुम्णा में प्रवेश करने पर ऊपर की ओर चन्द्रामृत कंठ का सरोवर धीमे-धीमे उलट जाता है और वह चन्द्रामृत कुण्डलिनी के मुख में गिरता है। कुण्डलिनी के द्वारा वह रस सर्वांग में भर जाता है तथा प्राणवायु जहां का तहां स्थिर हो जाता है। उस समय शरीर पर त्वचा की जो सूखी पपड़ी सी रहती है, वह भूसे की तरह निकल जाती है।

तब योगी की देह अद्भुत कांतिमय, कोंपल, जैसी हो जाती है। पृथ्वी और जल का अंश न रहने से योगी का शरीर वायु जैसा हल्का हो जाता है और उसे अनेक सिद्धियां प्राप्त होती हैं।"

जो भी अनुभव होता है, बाद में शास्त्र उसकी गवाही देते हैं। मेरे साथ भी ऐसा बहुत कुछ हुआ और कुछ इससे जुदा अनुभव भी हुए। 83 किलो से मेरा वजन घटकर 63 किलो रह गया। शराब स्वतः छूट गई। त्वचा बहुत रूखी और खुश्क होकर भूसी सी उड़ने लगी। पीठ काली पड़ गई। शरीर इतना हल्का हो गया कि लगता था जैसे मैं वायु में उड़ा जा रहा हूं। कुछ सिद्धियां भी मिलीं।

आज्ञाचक्र पर ध्यान केन्द्रित कर दृष्टि उलटते ही पहले तो घना अंधकार काफी समय तक बना रहा। फिर धुंधलका काफी समय तक बना रहा। फिर धुंधला सा उजास प्रकट हुआ। एक दो बार तो तीव्र प्रकाश की ऐसी अनुभूति हुई कि मैंने घबड़ा कर आंखें खोल दीं।

जमुनिया ओशो आश्रम में कुण्डलिनी जागरण प्रयास् रहित प्रयास और प्रसाद दोनों से हुआ। वहां से कानपुर आकर विज्ञान-भैरव-तंत्र के शब्द-ब्रह्म-विधि द्वारा मैंने प्रथम दो चक्रों की पुरुष स्त्रैण ऊर्जा के अंर्तसंभोग का अनुभव किया। श्वास निरुद्ध होकर सहस्त्रार में थिर प्राणऊर्जा को शीतल प्रकाश के रूप में बरसते अनुभव किया। पर फिर भी साधना करते हुए नित्य नये अनुभवों द्वारा मैं विकसित हो रहा हूं।

इस अध्याय को समाप्त करने से पूर्व मैं जिज्ञासुओं को इस बात का स्मरण कराना आवश्यक समझता हूं कि विज्ञान भैरव तंत्र के प्रयोगों को करने से पूर्व उन्हें बुद्धि तल से हृदय तल पर आकर प्रेमपूर्ण और श्रद्धावान बनना होगा। शरीर शुद्धि, भाव शुद्धि और विचार शुद्धि के बाद हृदय तल पर आकर प्रेमपूर्ण और श्रद्धावान बनना होगा। शरीर शुद्धि, भाव शुद्धि और विचार शुद्धि के ओशो सूत्रों को हृदयगंम कर अपनी जीवन शैली बदलनी होगी। सहज सरल, संवेदनशील और सजग होना होगा।

साधना करने से कुछ पाने की कामना से मुक्त होना होगा। शक्तिपात से जो शक्ति मिलती है वह एक सीमा तक ही कार्य करती है, फिर तो स्वयं ध्यान की एक-एक सीढ़ी चढ़ते हुए धैर्यपूर्वक प्रसाद बरसने की प्रतीक्षा करनी होती है।

ध्यान में संसार, घर, परिवार, धन, यश पद इन सभी पर बिखरी चेतना सिमट कर केवल 'मैं' रह जाता है। कैवल्य की अनुभूति का अर्थ ही है-केवल मात्र अकेला 'मैं' रह जाऊं। पर यह 'मैं' अंहकारी चित्त न होकर शुद्ध चैतन्य की अनुभूति है। और गहरे जाने पर यह अस्तित्वगत चैतन्य में समाहित हो जाता है। केवल होना भर रह जाता है। ध्यानी को भी भक्त बनकर सर्वात्म-समर्पण करना होता है। जो ध्यानी सद्गुरु को समर्पण कर पहले ही गीत संगीत, नृत्य और प्रेम में डूबा है उसके लिए शरीर और मन के 'मैं' से मुक्त हो जाना और सरल हो जाता है। ओशो का मार्ग तो ज्ञान, भक्ति और तंत्र की त्रिवेणी है। ओशो का मार्ग तो सांख्ययोग है। सभी मार्ग ओशो के ही मार्ग हैं और उसका कोई मार्ग है ही नहीं।

शून्य आकाश में उड़ते हुए पक्षी कौन-सा मार्ग छोड़ते हैं?

और मार्ग की बात तो तब उठती है, जब कोई मंजिल या लक्ष्य हो। हम स्वयं को ही भूले हुए हैं। हम स्वयं परमात्मा हैं। केवल मात्र उसे स्मरण भर करना है।

सत्य को पाने को ओशो ने अब तक खोजे सभी मार्गों और उपायों का पथप्रदर्शन किया है। अपने स्वभाव अपनी बीमारी के अनुसार उचित चिकित्सा विधि चुनते ही रूपान्तरण होना प्रारम्भ हो जाता है। यदि नहीं चुन सकते अपना मार्ग, नहीं ज्ञात कर सकते अपना स्वभाव और अपने रोग की औषधि, तो भी फिक्र की कोई बात नहीं।

एक-एक मार्ग पर उत्सवपूर्ण होकर खेल-खेल में चल कर देखो। एक-एक विधि से हफ्ता दस दिन खेलो और फिर दूसरी विधि अपनाओ। सच्चे खोजी के लिए अस्तित्व स्वयं अपना द्वार खोल देता है।

तभी ओशो कहते हैं-जिन खोजां तिन पाइयां।

42. ऊर्जा का ऊर्ध्वगमन

'मेडीटेशन दि आर्ट ऑफ एक्सटेसी' प्रवचनमाला में ओशो कहते हैं कि समाधि के लिए ऊर्जा के ऊर्ध्वगमन द्वारा कुण्डलिनी जागरण सबसे सुगम और सरल उपाय है। वे कहते हैं–

"जो जीवन ऊर्जा हमें भोजन से प्राप्त होती है, वही जीवन ऊर्जा सूर्य के प्रकाश (अग्नि) वायु, जल और पृथ्वी तत्त्वों का ही जोड़ है। भूमि अपने मिनरल, लवण, विटामिन आदि सूक्ष्म रूप में पौधों को उपलब्ध कराती है। सूरज की उष्णता में अनाज पकता है। पौधा या वृक्ष विकसित होता है। वायु और जल तत्त्व भी वृक्ष या पौधों के लिए उतने ही आवश्यक है। अग्नि तत्त्व ही हमारे भोजन को पचाता है। अग्नि मंद होने पर भूख नहीं लगती है तो मंदाग्नि के निदान के लिए ऐसी औषधियां दी जाती है, जो इस अग्नि को प्रदीप्त करें।

कहते हैं–महावीर ने पूरे जीवन में केवल 365 दिन ही भोजन किया। योग की प्रक्रियाओं द्वारा वह सीधे ही जीवन ऊर्जा, सूर्य, वायु, जल और पृथ्वी से प्राप्त कर लेते थे। जंगलों में जो आदिवासी एक समय भोजन करके ही स्वस्थ रहते हैं उसका राज यही है कि वे जीवन ऊर्जा प्रकृति से भी लेते हैं। अधनंगे और अधभूखे किसानों और मजदूरों का भी स्वस्थ रहने का यही राज है। पत्तों और जड़ों को उबाल कर पीते हुए वह अपनी जीवन रक्षा करते हैं। पर ध्यान न जानने से वह उसका पूरा उपयोग नहीं कर पाते।

भोजन पच कर रक्त और वीर्य बनता है। वही वीर्य, कामवासना के निम्न प्रवाह के कारण, काम ऊर्जा के साथ खोकर हम शिथिल होकर सो जाते हैं और फिर अगले दिन भोजन पचाकर वीर्य व ऊर्जा संचित करते हैं।

कामवासना का दमन कर बलपूर्वक बंधों और शीर्षासन द्वारा काम ऊर्जा के ऊर्ध्वगमन का प्रयोग हठयोगियों ने किया। ब्रह्मचर्य का अर्थ स्त्री से दूर रहकर वीर्य को स्खलित होने से रोकने के लिए किया गया। इससे विक्षिप्तता और पाखंड आया।

ओशो का मार्ग-राजयोग है। प्रत्येक कार्य करने में होशपूर्ण सजग और द्रष्टा बने रहो-और इसी सजगता से बिना प्रयास ऊर्जा का ऊर्ध्वगमन होता है। कामवासना को सांस शांत कर तथा फिर एक श्वास ऊपर खींचकर तथा कुछ देर रोककर उसे तटस्थता व सजगता से देखो, वह विलीन होकर ऊर्ध्वगामी होने लगती है।

ओशो के अधिकांश ध्यान-प्रयोग ऊर्जा के ऊर्ध्वगमन के प्रयोग हैं। होश और सजगता जगाने के प्रयोग है पर पुस्तकों में कुंडलिनी जागरण का विवरण पढ़कर मन कुंडलिनी जागरण का प्रक्षेपण कर लेता है पर इससे कोई रूपान्तरण नहीं होता।

चक्रों की स्थिति स्थूल शरीर में न होकर सूक्ष्म शरीर में हैं। काम ऊर्जा के ऊर्ध्वगमन के साथ यह चक्र सक्रिय होकर घूमने लगते हैं और हाइड्रो जेनरेटर की तरह और अधिक ऊर्जा उत्पन्न करते हैं और वह ऊर्जा ऊपर के अन्य चक्रों को उपलब्ध होती है।

सामान्य लोग चूंकि सर्प की गति से भली-भांति परिचित हैं अत: योगियों ने ऊर्जा के ऊर्ध्वगमन के अनुभव को सर्पिणी की गति से अभिव्यक्त किया है।

गौतम बुद्ध ने कुंडलिनी की बात ही नहीं की। राजमहलों में रहते हुए उन्होंने सर्प देखे ही नहीं थे। उन्होंने उद्यान में खिले पुष्प देखे थे। उन्होंने ऊर्जा के ऊर्ध्वगमन के अनुभव को जो सीधे ब्रह्मरंध्र तक पहुंची थी- पुष्पों की खिलावट की भांति अनुभव किया।

कबीर ने गगन गुफा में घुमड़ती घटा और कौंधती विद्युत तथा अमिय झरने के अनुभव की बात की।

किसी की ऊर्जा सीधे ही विद्युत की तरह सहस्त्रार तक पहुंच जाती है। वह चक्रों का अनुभव ही नहीं करते। कुछ लोग केवल चार चक्रों की-मूलाधार, अनाहत, आज्ञाचक्र और सहस्त्रार की ही बात करते हैं। कुछ सात और कुछ आठ नौ चक्रों की बात करते हैं। यह प्रत्येक के अपने-अपने निजी अनुभवों की अभिव्यक्तियां हैं।

तंत्र-इसे स्खलन रहित मैथुन के अनुभव के रूप में व्यक्त करता है। वह कहता है-सर्वोच्च शिखर साधक को तभी प्राप्त होता है जब वह पूर्ण समर्पित भाव से, सक्रिय प्रकृति के साथ मैथुन करते हुए परम चैतन्य के साथ एकात्म हो जाता है। तभी अंहकार शून्यता और समय शून्यता का बोध होता है। स्थूल, सूक्ष्म, आकाश और मनस शरीर के बाद स्त्री और पुरुष का भेद ही मिट जाता है।

स्खलन रहित संभोग के सर्वोच्च शिखर तक चौथे शरीर के बाद पांचवां शरीर ही पंहुच सकता है जहां दो नहीं रह जाते, अद्वैत की अनुभूति होती है।

प्रत्येक साधना, सहस्त्रार अथवा चेतना के सर्वोच्च शिखर तक ले जाती है। अन्य चक्रों का अनुभव हो या न हो पर ब्रह्मरंध्र तक सभी साधनाएं पहुंचाती हैं। कुंडलिनी यात्रा स्थूल से सूक्ष्म शरीर की यात्रा है। कुछ साधनाएं हैं जो आकाश शरीर और मनस शरीर के द्वारा सीधे ही सर्वोच्च शिखर तक पंहुचाती हैं। कुंडलिनी यात्रा सरलतम, सूक्ष्मशरीर से आकाश शरीर आकाश शरीर से मनस शरीर और मनसशरीर से अन्य तीन शरीरों तक क्रमिक रूप से ले जाती हैं।

सभी साधनाएं मन के पार जाने की ही साधनाएं हैं। सभी कहते है-बुद्धि, अंहकार अथवा 'मैं' ही सबसे बड़ी बाधा है। भक्ति, ज्ञान, ध्यान, योग और तंत्र सभी इस संबंध यों एकमत हैं कि साधक बिना सद्‌गुरु को या किसी को भी सर्वात्म समर्पण किए बिना अंतर्यात्रा में गतिशील नहीं हो सकता। भक्ति का प्रारम्भ ही 'मैं' के प्रेमपूर्ण विसर्जन से प्रारम्भ होता है। ज्ञानी योगी या ध्यानी को अंत में अस्मिता छोड़नी होती है। जिस 'मैं', को शून्यता का, अद्वैत का बोध हो रहा है उस 'मैं' को भी गिराने पर ही केवल होना मात्र रह जाये, ज्ञाता और ज्ञेय मिट कर केवल ज्ञान या बोध मात्र रह जाए, उस ओर गतिशील होना होता है।

देखते-देखते, जब देखने वाला ही खो जाता है, खण्ड जब अखण्ड हो जाता है तो वह अगम्य अनुभव गूंगे का गुड़ होता है। लाओत्से कहता है-सत्य कहते ही असत्य होता है। महावीर कहते हैं-"शायद वह है-शायद वह नहीं है। शायद वह है भी और नहीं भी है।" वह उस (आत्मा) के साक्षात्कार की अभिव्यक्ति दस प्रकार से करते हैं और कुछ भी समझ में नहीं आता। ससीम बुद्धि उस असीम को अभिव्यक्त कर ही नहीं सकती। प्रत्येक अभिव्यक्ति उसका एक खण्ड होगा। खण्ड, अखण्ड को न तो देख सकता है और न उसे अभिव्यक्त कर सकता है।

सभी मार्ग-बुद्धि को, विचारों को, मन को गिराने की बात कहते हैं। मीरा कहती हैं-'मेरो मनुआ बड़ो हरामी ज्यों मतमाती हाथी।' मन मदमाते हाथी की तरह अर्द्ध बेहोशी में इधर से उधर डोलता ही रहता है। मन की झील में विचारों की लहरों का ज्वार उसे थिर और दर्पणवत होने ही नहीं देता।

मन और बुद्धि की अपनी विवशता है। परिवार पर समाज में व्यक्ति को उपयोगी बनाने के लिए उसे नीति नियम सिखाये जाते हैं। यह करो-यह

मत करो। यह अच्छा है यह बुरा। बुरा कहने पर समाज ने कानून बनाकर दंड निर्धारित किए हैं। फिर उसे चेतना को सिकोड़ कर, किसी वस्तु या विषय पर केन्द्रित करना होता है, क्योंकि बच्चों की चेतना उस सभी को एक साथ ग्रहण करती है जो उसके चारों ओर एक साथ चल रही है। पर शिक्षा तभी दी जा सकती है जब चेतना को किसी एक विषय पर फोकस किया जाये। ऐसा करना व्यक्ति या समाज के लिए उपयोगी है। पर इसका एक दुष्परिणाम भी है कि दिए गए नीति, नियमों, संस्कारों और शिक्षा के कारण मन में चेतन-अचेतन का, अच्छे बुरे का, गलत या सही का एक द्वंद्व खड़ा हो जाता है। एक संघर्ष निर्मित हो जाता है। मन की एकाग्रता के कारण, दमन के कारण, मन या मस्तिष्क का एक बड़ा भाग अप्रयुक्त और उपेक्षित रह जाता है और वही अचेतन भाग है।

सांख्य उसे रजस और तमस वृत्ति के द्वारा समझाने का प्रयास करता है। रजस ऊर्जा में कुछ करने, कुछ बनने का भाव है। यह परिवार, समाज द्वारा निर्मित किया जाता है। समाज, बच्चे को महत्वाकांक्षा और अनुकरण करना सिखाता है और अपनी अधूरी महत्वाकांक्षाओं को पूरा करने के लिए उसे उकसाता और प्रेरित करता है और फलस्वरूप बच्चा जन्म से जो स्वभाव लेकर उत्पन्न होता है उसके विपरीत वह अन्य दिशा में उन्मुख हो जाता है। बच्चे की रुचि और स्वभाव संगीतज्ञ या चित्रकार बनने की थी। वह संगीतज्ञ या चित्रकार बनकर ही आनन्दमय और उत्सवमय हो सकता था। पर परिवार उसे डॉक्टर या इंजीनियर बना देता है। बच्चा कुछ न करना चाहे तो भी उसे मारकर प्रताड़ित कर कुछ बनने के लिए तैयार किया जाता है। फलस्वरूप बच्चे में रजस प्रबल हो जाता है। इस द्वंद्व के कारण रजस और तमस ऊर्जाओं का संतुलन नहीं सध पाता और द्वंद्व का परिणाम है-तनाव, हिंसा, क्रोध और ईर्ष्या।

तंत्र इसे स्त्री और पुरुष ऊर्जा के रूप में अभिव्यक्त करता है। तंत्र के अनुसार हर व्यक्ति अर्द्धनारीश्वर है। यदि उसमें 50 प्रतिशत से अधिक हारमोन्स पुरुष ऊर्जा के हैं तो वह पुरुष हो जाता है और यदि आधे से अधिक हारमोन्स स्त्री ऊर्जा के हैं तो वह स्त्री बन जाता है। हारमोन्स के असंतुलन के कारण उत्पन्न बैचेनी और तनाव से सेक्स का परिवर्तन भी हो जाता है। पुरुष ऊर्जा सक्रिय और आक्रामक है, जब कि स्त्री-ऊर्जा निष्क्रिय और सृजनात्मक है। स्त्री स्वभाव से इसीलिए कोमल, प्रेममय घर-परिवार संभालने वाली कलाप्रिय चतुर गृहिणी बन जाती है। पुरुष कठोर परिश्रम करता है। खेतों कारखानों में काम करता है। पर दोनों ऊर्जाओं का संतुलन न सध पाने से पुरुष और स्त्री दोनों बैचेन और तनावग्रस्त रहते हैं। तंत्र की

साधना स्त्री और पुरुष ऊर्जाओं का संतुलन साधने और स्खलनरहित संभोग के द्वारा उस सर्वोच्च शिखर पर पंहुचा देने की साधना है जहां दो ऊर्जाएं एक हो जायें। प्रत्येक व्यक्ति साधना के द्वारा अकेले भी स्त्री और पुरुष ऊर्जा के अंतर्संभोग के द्वारा उस सर्वोच्च शिखर तक पहुंचा सकता है।

योग इला-पिंगला चन्द्र और सूर्यनाड़ियों द्वारा प्रवाहित ऊर्जा को संतुलित कर सुषुम्ना के माध्यम से कुंडलिनी जागरण की बात करता है। हठयोग इसे नियम, आसन, प्राणायाम, प्रत्याधार और धारणा द्वारा, तीन बांध बांध कर काम ऊर्जा को मूलाधार चक्र से सहस्त्रार तक की यात्रा कहता है। ध्यान के द्वारा राजयोग केवल होश साधने, सजग रूप से स्वयं होने की बात कहता है। वह विचारों भावों और अनुभवों का निरीक्षणकर्त्ता या द्रष्टा बनने की बात कहता है, जिससे विचार शून्यता और भावशून्यता घटित हो।

राजयोग कहता है-चूंकि मन सदैव सुख और दुख, अच्छा और बुरा, जीवन और मृत्यु सदैव दो में से एक को चुनता है और एक के चुनने पर चूंकि दूसरा छाया की तरह उसके साथ ही आता है अतः वह सदा बैचेन, दु:खी और तनावग्रस्त रहता है। इसीलिए वह अचुनाव की बात कहता है।

इस द्वंद्व से मुक्त होने के लिए अष्टावक्र कहते हैं-जो जैसा है उसे समग्र रूप से स्वीकार कर अर्थात् पूरे द्वंद्व को स्वीकार कर उसके साक्षी हो जाओ। सुख आये तो उसमें डूबते मन-शरीर के तटस्थ द्रष्टा बने रहो, और जब दु:ख आये तो भी यह जानकर कि वह सुख के साथ आयेगा ही, उसके भी तटस्थ द्रष्टा बने रहो। न राग न विराग। न हर्ष न शोक।

कृष्णमूर्ति, झेन फकीरों की तरह Choicelessness अचुनाव की बात करते हैं। वह कहते हैं दो में से किसी एक को भी चुनना ही मत। एक को भी चुना कि फंसें। कुछ करना ही मत। कुछ किया कि कर्त्ता भाव आया। अचुनाव, और चैतन्य की सम्यक स्मृति से ही उस सर्वोच्च शिखर तक पंहुचा जा सकता है।

वेदान्त भले ही अद्वैत की बात कहे-पर उसमें माया और ब्रह्म दो की बात है। संसार के द्वंद्व और संघर्ष को वह माया कहकर स्वभाव के रूप में मिले अपने ब्रह्म के ही साक्षात्कार की बात कहता है। वह कहता है कि जीव अपने शरीर और मन को बंधन मानकर माया से ग्रसित होकर 'मैं' 'मेरा' के भाव से ग्रसित हो जाता है। गुरु-ज्ञान से माया का भ्रम जब दूर हो जाता है, वह अपने शाश्वत चैतन्य स्वरूप को उपलब्ध हो जाता है।

भक्ति मार्ग में भी, भक्त भले ही सर्वात्म-समर्पण कर दे, पर भक्त और भगवान दो बने ही रहते हैं। भक्त ही पूजा अराधना और सेवा करता है, चाहता है उसे आठों पहर अपने इष्टदेव के ही दर्शन होते रहें।

नवधा भक्ति के अंतिम सोपान में जब भक्त, साकार ब्रह्म के निराकार भाव तक पंहुचता है और स्वयं मिटता है तभी अद्वैत की अनुभूति होती है।

'मैं' और 'तू' भी एक द्वंद्व है। भक्ति मार्ग में 'मैं' का विसर्जन कर केवल 'तू' अर्थात् परमात्मा ही रह जाता है। ज्ञान मार्ग में 'तू' अर्थात् ब्राह्य संसार मिट जाता है, माया का आवरण हट जाता है और शुद्ध रूप में केवल 'मैं' ('अहम् ब्रह्मासि') रह जाता है। पर 'मैं' और 'तू' एक ही सिक्के के दो पहलू हैं। 'मैं' मिटते ही फिर कुछ समय बाद 'तू' (ब्रह्म का साकार रूप) भी विलीन हो जाता है और ज्ञानी का तू (संसार) विलीन होने के साथ-साथ 'मैं' भी नहीं बचता। वह 'अद्वै' हो जाता है। उसे एक कहना भी भ्रम माना गया है।

क्षेत्र-क्षेत्रज्ञ, प्रकृति-पुरुष, स्त्री और पुरुष ऊर्जा, रजस-तमस, माया-ब्रह्म, बुद्धि-हृदय यह सभी अलग-अलग मार्गों की भिन्न-भिन्न अभिव्यक्तियां हैं। मंजिल सभी की एक है। जिस मार्ग से पंहुचो, पंहुचना उसी सर्वोच्च शिखर पर है। उसे ब्रह्म-रंध्र कहो, परमात्मा कहो, आत्मदर्शन कहो, शून्य की अनुभूति कहो या साक्षी कहो। पुराणों में देवी और आसुरी शक्तियों का संघर्ष (देवासुर-संग्राम) है तो रामायण में राम और रावण का तथा महाभारत में कौरव-पाण्डवों का। बाईबिल में शैतान और परम पिता, दो का ही उल्लेख है। शैतान ही मनुष्य को परमपिता के विरुद्ध बुरे कर्मों के लिए उकसाता और प्रेरित करता है।

झेन फकीर कहते हैं-भूत और भविष्य में विचरना ही बंधन है। भूतकाल की स्मृतियों से अंहकार पुष्ट होता है और भविष्य की योजनाएं लोभ जगाती हैं। महत्वाकांक्षा और वासनाएं उत्पन्न करती हैं। जो भूत-भविष्य का विसर्जन कर वर्तमान में ठहर कर क्षण-क्षण जीने की कला जान जाता है, जो किसी द्वंद्व का चुनाव न कर केवल निरीक्षक बना रहता है, वही बुद्ध होकर निर्वाण को उपलब्ध हो जाता है।

यह सभी चरण, सहज सरल होने से, ध्यान में डूबने से स्वतः आते हैं। इनकी धैर्यपूर्वक प्रतीक्षा करें।

ऊर्जा के ऊर्ध्वगमन के समय यह भ्रम न पालें कि आपकी कुंडलिनी जागृत हो रही है, और वस्तुतः यह कुंडलिनी का जागरण है भी नहीं। कुंडलिनी के जागृत होने के बाबत कोई पुस्तक आदि न पढ़ें तभी अच्छा है-अन्यथा मन, पुस्तक में लिखे अनुसार ही प्रक्षेपण करने लगता है और वास्तविक अनुभवों से चूक जाता है। कुंडलिनी जागृत होने का अर्थ है तुम्हारा पूरा रूपांतरण हो जाना। कामवासना का करुणा में, क्रोध का क्षमा

में, घृणा का प्रेम में। ऊर्जा का ऊर्ध्वगमन तुम्हें ध्यान में विकसित करता है। काम की ऊर्जा, के ऊर्ध्वगमन से सारे तनाव समाप्त होकर तुम आनंदित होते है। त्रिनेत्र पर चेतना थिर होने से द्रष्टा भाव घटता है।

आगामी अध्यायों से आपको कुंडलिनी जागरण की स्थिति का कुछ बोध हो सकेगा। यदि उसके जागरण से प्रभावी रूपांतरण नहीं हो रहा है तो यह निश्चित है कि वह मन का प्रक्षेपण है। फिर भी प्रयोग बंद न कर उसे जारी रखें, क्योंकि ऊर्जा का ऊर्ध्वगमन होना साधना में बहुत उपयोगी और आवश्यक है। केवल उन व्यर्थ की कल्पनाओं से बचना है जिनका कहीं अस्तित्व है ही नहीं। यदि निरन्तर होश और सजगता बनी रहे, मन विसर्जित हो जाये तभी कुण्डलिनी साधना के प्रयोग प्रारम्भ करना उचित है। जब तक होशपूर्ण रेचन नहीं होता, तुम सहज सरल नहीं बनते, कुण्डलिनी जागरण का प्रयोग करना ही नहीं चाहिए।

❑❑❑

43. ऊर्जा के ऊर्ध्वगमन के समय हाथों की मुद्रा बदलना कितना सहयोगी?

तंत्र के अनुसार प्रत्येक स्त्री और पुरुष, अर्द्धनारीश्वर हैं। दोनों में ही पुरुष और स्त्री ऊर्जा, सक्रिय या निष्क्रिय ऊर्जा, रजस और तमस भिन्न अनुपात में विद्यमान हैं। चुम्बक के दो विपरीत ध्रुवों के अनुसार ही इसी प्रकार स्त्री और पुरुष में खिंचाव और आकर्षण है। चूंकि मन सदा चेतन और अचेतन के द्वंद्व में ग्रस्त रहता है, इसलिए प्रत्येक स्त्री और पुरुष में दोनों ऊर्जाओं का संतुलन गड़बड़ा जाता है। ध्यान, इन्हीं दोनों ऊर्जाओं को संतुलित करने की प्रक्रिया है। तंत्र कहता है कि यदि पुरुष के अंदर पुरुष और स्त्री ऊर्जा का अंतर्संभोग घटित हो जाये तो समाधि तक पंहुचा जा सकता है।

तंत्र के अनुसार पुरुष में मूलाधार चक्र पर पुरुष ऊर्जा और स्वाधिष्ठान चक्र पर स्त्री ऊर्जा और इसी प्रकार मणिपुर तथा अनाहत चक्र पर पुरुष और स्त्री ऊर्जा होती है। विशुद्ध और आज्ञा चक्र पर इसी क्रम में पुरुष और स्त्री ऊर्जा सक्रिय होती है। स्त्री में यह क्रम उल्टा है। उसके मूलाधार चक्र पर स्त्री ऊर्जा होती है।

ऊर्जा के ऊर्ध्वगमन के समय पुरुष की मूलाधार चक्र की पुरुष ऊर्जा का स्वाधिष्ठान चक्र की स्त्री ऊर्जा से अंतर्संभोग होता है और इसी क्रम में अन्य चक्रों की ऊर्जा का भी अंतर्संभोग घटित होता है। यह विस्तार में सरहया तिलोपा पर बोलते हुए ओशो ने "तंत्र विजन" अंग्रेजी प्रवचनमाला में स्पष्ट किया है। इसी को संक्षेप में एक फक्कड़ मसीहा ओशो के खण्ड छः में भी स्पष्ट किया गया है।

विभिन्न चक्रों में स्त्री और पुरुष ऊर्जा की ही भांति हाथों की उंगुलियों के पोर भी विभिन्न चक्रों से जुड़े हैं। हाथ का अंगूठा और उसके नीचे हथेली की गद्दी को ज्योतिष में शुक्र पर्वत अर्थात कामवासना को प्रदर्शित करने वाला अंश बताया गया है।

तर्जनी उंगुली का अग्रभाग आज्ञाचक्र, मध्य बड़ी उंगुली का अग्रभाग सहस्त्रार, कनिष्ठका और उसके बगल वाली सूर्य उंगुली का अग्रभाग क्रमश: स्वाधिष्ठाव: मणिपुर और अनाहत चक्र से जुड़ा है।

ऊर्जा के ऊर्ध्वगमन के समय दोनों हथेलियां दोनों घुटनों पर रखकर यदि हाथ के अंगूठे के अग्रभाग को बीच वाली बड़ी उंगुली के अग्रभाग से स्पर्श करते हुए मुद्रा बनाकर बैठा जाये तो सहस्त्रार चक्र पर ऊर्जा के ऊर्ध्वगमन का बोध तीव्रता से होने लगता है। जब ऊर्जा मणिपुर चक्र की ओर ऊपर बढ़े तो अंगूठे के अग्रभाग को तर्जनी के अग्रभाग से स्पर्श कर बैठने से मणिपुर चक्र पर ऊर्जा के अंतर्संभोग का बोध होता है। प्रथम दो चक्रों पर ऊर्जा के अंतर्संभोग का अनुभव अत्यधिक सजग और संवेदनशील होने पर ही किया जा सकता है, पर अनाहत चक्र और उसके आगे यह अनुभव तीव्रता से होता है।

दोनों हाथों के दोनों अंगूठे मिलाकर बैठने से स्त्री और पुरुष ऊर्जा के अंतर्संभोग का बोध पूरे ध्यान के समय सहजता से होता रहता है।

दोनों हथेलियों के मध्यभाग का संबंध भी सहस्त्रार चक्र से है। अत: यदि बाएं हाथ की बंधी ढीली मुट्ठी में दाएं हाथ का अंगूठा रखकर उसके अग्रभाग को बाएं हाथ की हथेली के मध्य भाग से स्पर्श करते हुए मुद्रा बनाकर बैठा जाये तो ऊर्ध्वगमन होकर सहस्त्रार पर पहुंची ऊर्जा का सहजता से बोध होता है और सहस्त्रार सक्रिय हो जाता है।

योगियों द्वारा प्रयुक्त योग-मुद्राएं

योगियों ने ऊर्जा के ऊर्ध्वगमन के लिए जहां पद्मासन, अर्द्धपद्मासन सिद्धासन तथा ब्रजासन को सहयोगी बतलाया है वहां हाथों की उंगुलियों के स्पर्श से निर्मित कुछ मुद्राओं को भी अत्यंत प्रभावी और लाभदायक बतलाया है।

सिद्धासन, कामऊर्जा के निम्न प्रवाह को रोककर उसे ऊर्ध्वगामी बनाने में सहयोगी है क्योंकि गुदाद्वार और जनेन्द्रिय के मध्य भाग में बाएं पैर की एड़ी लगाकर बैठने से कामऊर्जा का नीचे की ओर मार्गरुद्ध होने से प्रवाह बंद हो जाता है और दाएं पैर की एड़ी का जनेन्द्रिय के ऊपर टिका कर बैठने से स्वाधिष्ठान चक्र सक्रिय होता है। पद्मासन और अर्द्धपद्मासन भी यह कार्य करने के साथ-साथ शरीर की पिरामिड जैसी स्थिति निर्मित कर देते हैं जिससे गुरुत्वाकर्षण शक्ति से मुक्त होकर भारहीनता के अनुभव में सहायता मिलती है। पर यह आसन तभी सहायोगी हैं जब बिना कष्ट, बिना

हिले डुले कम से कम आधा घंटा कोई थिर होकर बैठ सके। जो लोग इन आसनों पर नहीं बैठ सकते, ओशो के अनुसार किसी आसन में सुखपूर्वक बैठे रहने से, जिसमें थिरता की स्थिति बनाई रखी जाये, सहयोगी हैं। शर्त केवल इतनी है कि दोनों पैर एक दूसरे का स्पर्श करते रहें जिससे शरीर की विद्युत या ऊर्जा बाहर नहीं निकले। दोनों पैर कैंची की तरह गुम्फित कर कुर्सी पर बैठने से भी ध्यान हो सकता है, बशर्ते की पीठ कुर्सी से न टेकें और रीढ की हड्डी 90^0 कोण पर सीधी व थिर रहे।

ओशो कहते हैं कि योगियों की समाधिवस्था में हाथों और उंगुलियों की जो मुद्राएं देखी गईं उनके आधार पर उन मुद्राओं को भी ध्यान में सहयोगी माना गया। दोनों पैरों की तरह दोनों हाथों को भी एक दूसरे के ऊपर रखना या गुम्फित कर बैठना सहयोगी है। "ध्यान प्रथम और अंतिम मुक्ति" में ओशो आकाश की ओर उन्मुख बाईं हथेली के ऊपर आकाशान्मुख दाएं हाथ की हथेली को रखकर दोनों अंगूठों का एक दूसरे से स्पर्श करती मुद्रा को ध्यान में सहयोगी मानते हैं।

विज्ञान भैरव तंत्र के एक प्रयोग के अनुसार यदि दोनों नितम्बों पर एक-एक मिनट पूरी चेतना केन्द्रित कर बाएं और दाएं नितम्ब को बाएं और दाएं झुकाकर और फिर दोनों नितम्बों पर शरीर का समान भार डालकर संतुलन साधकर बैठा जाये तो पुरुष और स्त्री ऊर्जा संतुलित होकर ऊर्जा का सहज ऊर्ध्वगमन होने लगता है। हाथों की मुद्रा भी ओशो द्वारा बताई विधि के अनुसार बनाकर बैठ जायें फिर दोनों नेत्र पहले ज़ोर से बंदकर फिर दबाव शिथिल कर सहज रूप में पलकें झपकाये बैठ जायें तो दोनों पुतलियां थिर हो जाती हैं। यदि बंद नेत्रों से नासाग्र को भी देखें तो पुतलियों की हलन, चलन बिल्कुल थिर हो जाती है। नेत्र, मन का द्वार हैं। मन सदा चूंकि दो अतियों पर दाएं से बाएं डोलता ही रहता है, इसी तरह आंखों की पुतलियां भी सदा दाएं बाएं डोलती ही रहती हैं। पुतलियां थिर होते ही मन और विचार भी थिर हो जाते हैं।

अब यह भाव करने पर कि शरीर के रोम-रोम से प्रकाश की किरणें निकल रही हैं, शरीर पिघलने लगता है और निर्विचार, निष्कंप स्थिति में पांच मिनट के प्रयोग से ही भाव करने पर भारहीनता की स्थिति का अनुभव होने लगता है। अधिक समय तक इसी मुद्रा मैं बैठे रहने से, अंदर की गतिविधि और ऊर्जा के ऊर्ध्वगमन का द्रष्टा या निरीक्षण कर्त्ता बने-बने समाधि की पहली झलक मिलती है।

हाथों की विभिन्न मुद्राएं-ऊर्जा के ऊर्ध्वगमन तथा ध्यान में सहयोगी

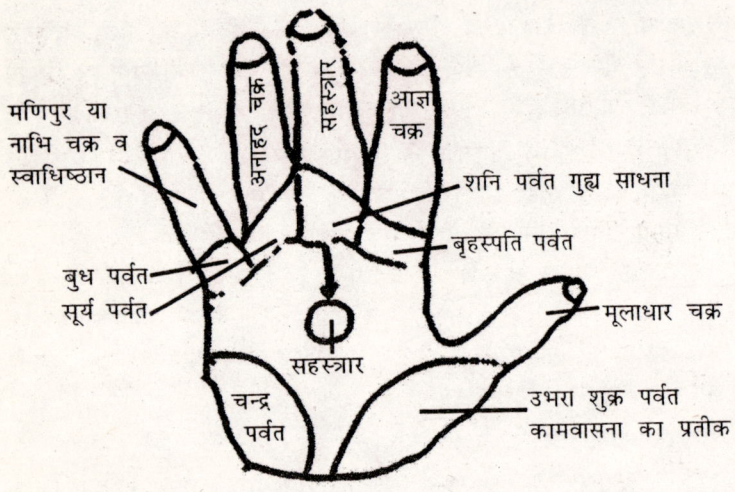

प्रथम मुद्रा—ओशो प्रायः बाईं हथेली को आकाश-मुख रखते हुए उसी के ऊपर आकाश की ओर उठी दाईं हथेली रखकर बैठते थे और दोनों हाथों के अंगूठों का अग्रभाग एक दूसरे को स्पर्श करता रहता था। 'ध्यान-प्रथम और अंतिम मुक्ति' में भी उन्होंने यह मुद्रा ध्यान में सहयोगी बतलाई है। इसमें दोनों हाथों को दोनो पैरों की संधि पर रखना चाहिए।

अंगूठे के अग्रभाग का संबंध चूंकि मूलाधार चक्र से है, और पुरुष तथा स्त्री के मूलाधार चक्र में क्रमशः पुरुष और स्त्री ऊर्जा होती है, इसीलिए दाएं हाथ तथा बाएं हाथ में साधक की पुरुष तथा स्त्री ऊर्जा का प्रवाह होने से दोनों अंगूठों के पोरों के स्पर्श से पुरुष-स्त्री ऊर्जा का अंतर्संभोग घटित होने से सहयोग मिलता है और पूरे ध्यान में निर्विचार की स्थिति सहज रूप से उपलब्ध हो जाती है।

द्वितीय मुद्रा—अंगूठे के बगल में तर्जनी उंगुली की पोर का संबंध आज्ञाचक्र से है अतः दोनों हाथों में अंगूठे तथा तर्जनी उंगुली के पोर मिलाकर हथेलियां दोनों घुटनों पर रखकर यह मुद्रा बनाकर ध्यान करते हुए, विशुद्ध चक्र तक ऊर्जा के ऊर्ध्वगमन होने के बाद, ऊर्जा के आज्ञाचक्र तक ऊर्ध्वगमन के लिए यह मुद्रा बहुत सहयोगी है और आज्ञाचक्र को सक्रिय करती है। त्रिनेत्र साधना के समय यह मुद्रा सर्वाधिक उपयोगी है।

तृतीय मुद्रा—छुगुनी के निकट अनामिका उंगुली के पोर से अंगूठा मिलाकर और दोनों घुटनों पर रखे हुए दोनों हाथों में अनामिका व अंगूठे के पोर के स्पर्श से उत्पन्न स्पन्दन महसूस करते हुए हृदय चक्र पर चेतना केन्द्रित करने में सहायता मिलती है। ज्योतिष के अनुसार अनामिका की जड़ में सूर्य पर्वत स्थित है। हृदय चक्र के नीचे दोनों पसलियों के जोड़ पर सूर्यचक्र स्थित है।

चतुर्थ मुद्रा—सबसे छोटी उंगुली या छुगुनी के पोर से अंगूठे के पोर को स्पर्श करते हुए उक्त विधि से बैठने पर चेतना नाभि और स्वाधिष्ठान चक्र पर थिर हो जाती है।

खेचरी मुद्रा—जब ऊर्जा जाग्रत होकर विशुद्ध चक्र तक आ जाये और आज्ञाचक्र तथा सहस्त्रार तक उसके ऊर्ध्वगमन के लिए जीभ की नोंक को तालू से सटाते हुए उसे उल्टा कर कंठ विवर तक पंहुचा कर उसका स्पर्श करना होता है। यदि चेतना का तालू पर थिर किया जाये तो ऊर्जा का आज्ञाचक्र पर सरलता से ऊर्ध्वगमन हो जाता है।

जीभ की नोंक पर जो कंठ विवर को स्पर्श कर रही है उस पर चेतना थिर करने से ऊर्जा ब्रह्मरंध्र में प्रवेश कर जाती है।

इस मुद्रा के द्वारा सहस्त्रार तक ऊर्जा का ऊर्ध्वगमन सरल हो जाता है।

एक अन्य मुद्रा—दोनों हाथों के अंगूठों के पोर से पोर और इसी भांति बाएं हाथ की तर्जनी की पोर से दाएं हाथ की तर्जनी की पोर, मध्यमिका अनामिका और छुगुनी की पोर से पोर मिलाकर और मिली उंगलियों का स्पंदन महसूस करते हुए बैठकर ध्यान करने से मन निर्विचार में थिर हो जाता है।

▮▮▮

44. श्वास-प्रश्वास की गति के निम्न उपायों में से किसी एक के द्वारा श्वास निरुद्ध होने पर ही ऊर्जा के ऊर्ध्वगमन का प्रयोग करें

प्रथम विधि—प्राणायाम की पांच विधियां हैं। इनमें ओशो ने सरलतम प्रथम विधि का ही प्रयोग किया है। इसमें भस्त्रिका प्राणायाम द्वारा श्वास को बाहर फेंकना और बिना रोके अंदर ले जाना है। बिना अंदर श्वास रोके, श्वास को बाहर उलीचना और अंदर लेना है। प्रारम्भ में ओशो ने यही विधि अपनाई थी पर कालांतर में केवल श्वास उलीचने पर ही जोर दिया क्योंकि शरीर का रोम-रोम स्वत: श्वास ले ही रहा है। देर तक रेचक करने से श्वास प्रश्वास की गतियों का स्वयं अभाव हो जाता है।

श्वास की जैविक ऊर्जा या आत्मा प्राण है। जब श्वास प्रश्वास से प्राणऊर्जा सहस्त्रार और आज्ञाचक्र पर संग्रहीत होकर बिना श्वास लिए निरंतर बरसती रहती है। मन अमन हो जाता है। सत् चित् आनन्द को उपलब्ध होता है।

दूसरी विधि—'ओ३म्' के मानसिक जाप के साथ भावना करें कि 'ओ' से श्वास अंदर आ रहा है और 'अम्' से बाहर निकल रहा है। इस क्रम से श्वास प्रश्वास द्वारा ओउम् का मानसिक अजपाजाप करें, तो श्वास-प्रश्वास दीर्घ और सूक्ष्म होते हुए निरुद्ध हो जाएगा।

'बुद्धत्व खड़ा बाजार में' पुस्तक में, शब्द समाधि चेप्टर के अंतर्गत 'शिव सूत्र' तथा 'कैवल्य उपनिषद' में ओशो ने इस विधि से श्वास के निरोध की विधि समझाई है।

तीसरी विधि—नासिका के अग्र भाग, भृकुटी, ब्रह्मरंध्र अथवा किसी चक्र पर इस भावना से ओउम् का मानसिक जाप करें जिससे वह विशेष स्थान श्वास प्रश्वास का केन्द्र बन जाये और श्वास प्रश्वास की गति दीर्घ और सूक्ष्म होते हुए स्वयं निरुद्ध हो जाये।

ओशो ने नादब्रह्म ध्यान तथा मंडल ध्यान में इस विधि का अपने ढंग से उपयोग किया है। सक्रिय ध्यान के तीसरे चरण में भी मणिपुर चक्र पर 'हू' का घोष करने से श्वास विरुद्ध हो जाती है और चौथे चरण में फ्रीज होने पर उसका अनुभव होता है।

चौथी विधि—ब्रह्मरंध्र में ध्यान करते हुए श्वास प्रश्वास की गति में ऐसी भावना करना कि 'ओ' से श्वास मेरुदण्ड के भीतर सुषुम्ना नाड़ी में होता हुआ मूलाधार तक जा रहा है और अम् के साथ वहां से ब्रह्मरंध्र में लौट रहा है।

पांचवी विधि—निचले चक्रों, मूलाधार, स्वाधिष्ठान और मणिपूरक में ध्यान करते हुए 'ओ' से श्वास और 'अम्' से प्रश्वास की गति की भावना करते हुए उसको ऊपर के चक्रों में आलोचन करना है। आलोचन का अर्थ है-फेंकना, उलीचना, त्यागना अथवा जानना।

आज्ञा चक्र, भृकुटि, नासाग्र या मूलाधार आदि किसी चक्र पर रेचक पूरक की गति बनाते हुए यह भावना करें कि 'ओ' से उस विशेष स्थान पर श्वास आ रही है और 'अम्' ध्वनि के साथ श्वास छूट रहा है। इसके निरन्तर अभ्यास से चक्र भेदन के साथ श्वास प्रश्वास गति निरुद्ध हो जाती है। यदि ओ३म का मानसिक जाप किसी भी ध्यान के समय न करते हुए महीन से महीन अनाहत ध्वनि की ओर ही चेतना सजग रहे तो भी ध्यान के अद्भुत परिणाम होते हैं।

छठी व सर्वाधिक प्रभावी विधि—यह विधि विस्तार से ''विज्ञान भैरव तंत्र'' खण्ड के अंतर्गत 'मध्य विकास और प्राण कुण्डलिनी' के छत्तीसवें अध्याय में दी गई है। पढ़कर अति प्रज्ञावान व्यक्ति तो शरीर, विचार तथा भाव शुद्धि के उपरान्त यह प्रयोग सुगमता से बोधपूर्वक कर सकते हैं। यदि गहरी अभीप्सा हो तो व्यक्तिगत सम्पर्क स्थापित करें।

◻◻◻

45. सात चक्र उनकी संभावनाएं और सात शरीर

जब आज्ञाचक्र पर दो या पांच मिनट ऊर्जा संग्रहीत हो जाये तो अपनी चेतना को त्रिनेत्र द्वारा ही सिर की चोटी पर ले जायें। खोपड़ी में चोटी के स्थान को बंद नेत्रों से इस तरह देखें जैसे कोई मंदिर की गुम्बज के नीचे बैठकर गुम्बज को देखता है। देखने का अर्थ है-चेतना उस ओर ले जाना।

इस स्थिति में दोनों हाथों को घुटनों से हटाकर गोद में रख लें और दांए हाथ के अंगूठे से बाई हथेली के मध्यभाग का तथा बाएं अंगूठे का दाई हथेली के मध्य भाग का स्पर्श करें, जिसका संबंध सहस्त्रार से है।

इन मुद्राओं का ओशो ने कोई उल्लेख नहीं किया है, केवल इतना कहा है कि ध्यान में योगियों की स्वयं बदलती मुद्राओं और उनके अनुभव से यह विकसित हुई। मैंनें योग की कई पुस्तकों से पढ़कर यह प्रयोग किए और उन्हें प्रभावी पाया, तभी उनका उल्लेख किया है। ओशो ने आकाश की ओर उठी बाई हथेली पर दाई हथेली रखकर दोनों अंगूठों को मिलाने की मुद्रा का ही उल्लेख किया है।

वस्तुतः चक्रों की स्थिति स्थूल शरीर में न होकर सूक्ष्म शरीर में स्थित है जो शरीर के विद्युत या जीवन ऊर्जा के केन्द्र है जहां ऊर्जा के ऊर्ध्वगमन के समय इनका अनुभव होता है। जिस तरह हाइड्रो एलेक्ट्रिक प्लांट में तीव्र जलधारा टरबाइन् के निष्क्रिय पंखों को क्रियाशील कर तेजी से घुमाकर विद्युत उत्पन्न करती है, उसी तरह काम ऊर्जा का ऊर्ध्वगमन इन चक्रों को सक्रिय कर अतिरिक्त ऊर्जा निर्मित करता है और उसे अगले चक्र की ओर प्रवाहित करता है।

यह चक्र रीढ़ की हड्डी पर ऊर्जा के ऊर्ध्वगमन के समय अनुभव होते हैं जो नाभि, हृदय आदि के ठीक पीछे हैं।

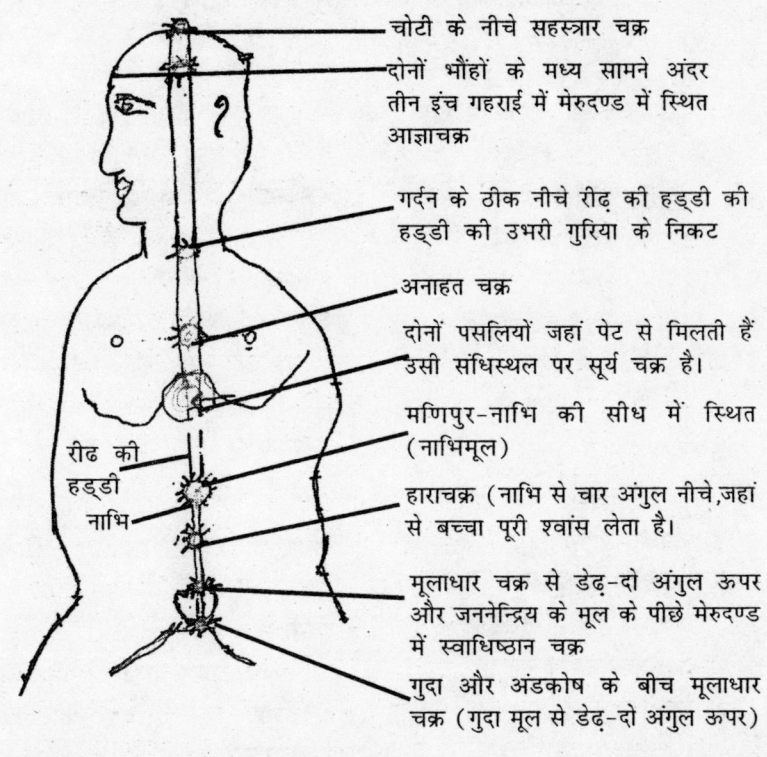

चोटी के नीचे सहस्त्रार चक्र

दोनों भौंहों के मध्य सामने अंदर तीन इंच गहराई में मेरुदण्ड में स्थित आज्ञाचक्र

गर्दन के ठीक नीचे रीढ़ की हड्डी की हड्डी की उभरी गुरिया के निकट

अनाहत चक्र

दोनों पसलियों जहां पेट से मिलती हैं उसी संधिस्थल पर सूर्य चक्र है।

मणिपुर-नाभि की सीध में स्थित (नाभिमूल)

हाराचक्र (नाभि से चार अंगुल नीचे, जहां से बच्चा पूरी श्वांस लेता है।)

मूलाधार चक्र से डेढ़-दो अंगुल ऊपर और जननेन्द्रिय के मूल के पीछे मेरुदण्ड में स्वाधिष्ठान चक्र

गुदा और अंडकोष के बीच मूलाधार चक्र (गुदा मूल से डेढ़-दो अंगुल ऊपर)

रीढ़ की हड्डी

नाभि

सहस्त्रार प्रत्येक व्यक्ति में आज्ञा चक्र से बारह अंगुल पीछे शून्याकाश में होता है। उसी के ठीक नीचे ब्रह्मरंध्र और उसके नीचे अर्द्धचन्द्र होता है जिससे समाधि में अमृत बरसने या सहस्त्रों फूलों की खिलावट जैसा अनुभव होता है।

रीढ़ की हड्डी के अंदर ही सूक्ष्म शरीर में ही सुषुम्णा नाड़ी है जिसके द्वारा ऊर्जा का ऊर्ध्वगमन होता है। इसके मध्य जैसा कि योगी कहते हैं पीत रंग के सूक्ष्म परमाणुओं की अग्नि ऊर्जा और प्रकाश होता है। इस नाड़ी से 3 लाख 75 हजार मील प्रति सैकंड की गति से ऊर्जा बहती है।

कुंडलिनी जगने के बाद हिंसा की वृत्ति विदा हो जाती है। तुम दूसरे को नुकसान नहीं पहुंचा सकते। कुंडलिनी जागरण के बाद कोई शराब नहीं पी सकता। नकारात्मक भावों का विधायक भावों में रूपान्तरण होने लगता है।

सात चक्रों की संभावनाएं और सात शरीर

	शरीर	चक्र	
1.	भौतिक या स्थूल शरीर यह शरीर पहले सात वर्षों में विकसित होता है। इसमें बुद्धि, भावना या कामना विकसित नहीं होती। शिशु आत्मरति में रहता है।	मूलाधार चक्र	मूलाधार चक्र की प्राकृतिक संभावना है कामवासना। साधना से मिली सम्भावना है-ब्रह्मचर्य। कामवासना, साधना से ऊर्ध्वगामी होकर ब्रह्मचर्य बन जाती है-लेकिन तभी, जब उससे संघर्ष न किया जाये। उसका दमन न किया जाये। उसके ऊर्ध्वगमन में सहयोग देते हुए उसे बोधपूर्वक समझा जाये।
2.	आकाश शरीर या भाव शरीर यह 14 वर्ष की आयु तक विकसित होता है। समलैगिंक प्रेम का जन्म होता है।	स्वाधिष्ठान चक्र	प्राकृतिक संभावना है-भय, घृणा, क्रोध और हिंसा। साधना से मिली संभावना है-प्रेम, करूणा, मैत्री और अभय। क्रोध, घृणा, हिंसा और भय का दमन नहीं करना है। यह नकारात्मक भाव भी उपयोगी हैं जीवन में। भय से भागना खतरे से रक्षा करता है। क्रोध, संघर्ष में उतारता है। हिंसा, दूसरे की हिंसा से बचने का साधन बनती है। केवल समझ से ही इन नकारात्मक भावों का रूपांतरण हो जाता है।
3.	सूक्ष्म शरीर तक, विचार और बुद्धि कर विकास 14 वर्ष से 21 वर्ष तक होता है।	मणिपुर	प्राकृतिक संभावना है-संदेह, विचार साधना से मिली संभावना है-श्रद्धा, निर्विचार, विचारवान लोग निश्चयहीन होते हैं। वे द्वंद में संदेह में घिरे रहते हैं। निर्विचार व्यक्ति ही निश्चयात्मक बुद्धि का होता है। उसके संदेह विलुप्त हो जाते हैं।

	शरीर	चक्र	
4.	मनस शरीर 21 से 28 वर्ष के मध्य विकसित होता है।	अनाहत चक्र	प्राकृतिक संभावना है-कल्पना और स्वप्न। संभावना है-संकल्प और अतीन्द्रिय कुंडलिनी जागरण। यह चौथे शरीर की ही दर्शन घटना है। बंद नेत्रों से दूर के दृश्य व घटनाएं देख सकता है। सम्मोहन-टेलीपैथी की शक्तियां।
5.	आत्म शरीर 28 से 35 वर्ष के मध्य विकसित होता है।	विशुद्ध चक्र	प्राकृतिक संभावना है-अंहकार साधनागत संभावना है—अस्मिता/मैं गिरकर सिर्फ होने मात्र की अनुभूति रह जाती है। यहां अद्वैत की तृप्तिदायी आनंदपूर्ण स्थिति घटित होती है। आनंद छोड़ते नहीं बनता
6.	ब्रह्मशरीर 36 से 43 वर्ष के मध्य विकसित होता है।	आज्ञाचक्र	आनन्द छोड़कर 'होना' भी मिटाना होता है। Ishnessk सत का बोध। तृतीय नेत्र सक्रिय होकर साक्षी का अनुभव
7.	निर्वाण शरीर 43 वर्ष की आयु के बाद विकसित शरीर	सहस्त्रार	ब्रह्म का भी अतिक्रमण कर निर्वाण काया में प्रवेश। ज्योति का शून्य में खो जाना। बूंद का सागर में मिल जाना।

जब तक श्वास चल रही है तभी तक जीवन है। तभी तक मन, विचार और भाव हैं। श्वास के ठहरते ही सब ठहर जाता है।

मन सदा दो अतियों में डोलता है। कभी थिर होता ही नहीं। इसी तरह श्वास भी लयबद्ध होकर नहीं चलती। जो लोग रजस प्रधान सक्रिय हैं उनकी दाहिनी नाड़ी पिंगला (जमुना) से श्वास अंदर जाती है। इसे सूर्य नाड़ी भी कहते है।

जो लोग शांत चित्त, स्त्रैण ऊर्जा प्रधान है उनकी श्वास प्रायः बाई नासिका चन्द्र नाड़ी (गंगा) से चलती है।

दिन में जब सूर्य स्वर चल रहा है और रात्रि में जब चन्द्रस्वर चल रहा हो योग साधन भर प्राणायाम करने से मना किया गया है।

सूर्य और चन्द्र दोनों स्वरों का निरोध कर सुषुन्मा के समय (पिंगला और इड़ा रूपी दिन रात दोनों के संधि के समय) ही ध्यान करें।

भस्त्रिका प्राणायाम में केवल श्वास बाहर उलीचने से दोनों स्वर एक साथ चलने लगते हैं। श्वास की गति लयबद्ध हो जाती है और सुषुम्ना गतिशील हो जाती है।

दौड़ने परिश्रम करने और प्राणायाम से भीा स्वर बदल जाता है। जो स्वर चलाना हो, उसके नथुने पर कुछ समय ध्यान करने से वह स्वर चलने लगता है।

अत: ध्यान करने से पूर्व सबसे अधिक आवश्यकता यह देखने की है कि श्वास दोनों नासापुटों से आ जा रही हो। अथवा दिन में श्वास बाएं चन्द्र स्वर से चले (ध्यान के समय) और भोजन शौचादि के समय विपरीत स्वर चले। सूर्यास्त होते ही सूर्य स्वर अर्थात् दाहिने नासापुट से श्वास लें तथा भोजन, या पेय पदार्थ लेने अथवा मलमूत्र विसर्जन के समय चन्द्र स्वर चलायें।

साधारण साधकों के लिए यह सावधानी रखना कठिन है इसीलिए ओशो ने ध्यान प्रारम्भ करने से पूर्व प्रात: दस मिनट धौंकनी की तरह श्वास बाहर उलीचने (सक्रिय ध्यान का प्रथम चरण) को कहा जिससे दोनों स्वर बारी-बारी से चलने लगें अर्थात् सुषुम्ना चलने लगे। सुबह के अलावा कभी भी ध्यान उन्होंने रेचन (विचारों या भावों का रेचन) से शुरू करने से कहा। मनोभावों के रेचन के समय श्वास की उलीचना भी होता है जिससे स्वर बदल जाता है।

	चक्र	ग्रह	स्थान व कर्मेन्द्रिय	तत्त्व	ज्ञानेन्द्रिय व गुण	लोक	चक्र पर ध्यान करने का परिणाम	विशेष	वायु स्थान
1.	मूलाधार	चन्द्र	गुदा व अंडकोष के मध्य तथा गुदा से दो अंगुल ऊपर मलत्याग शक्ति गुदा का स्थान	पृथ्वी तत्व	नासिका तथा गंध की प्रतीति	भूलोक	काव्य और वाक्य प्रबंध दक्षता, आरोग्य व आनंद। पुरूष प्रधान कर्मयोग व साक्षी साधना में सहायक	चक्र के नीचे त्रिकोण की आकृति का सूक्ष्म योनि मंडल है, जिसके मध्य से सुषुम्ना नाड़ी, दाहिनी ओर से पिंगला या सूर्य नाड़ी तथा बाई ओर से इड़ा या चन्द्र नाड़ी निकल कर ऊपर जाती हैं।	अपान वायु का मुख्य स्थान पीत वर्ण तथ बीजाक्षर 'लं' का
2.	स्वाघिष्ठान	बुध	मूलाधार चक्र से दो अंगुल ऊपर पेड़ के पास पेशाब के त्याग की शक्ति प्रोटेस्टेट ग्रंथि	जल तत्व	जिह्वा रस	भुवः	सृजनात्मकता जाग्रत होना जिह्वा पर सरस्वती का वास तंत्र मार्ग की स्त्री साधना में सहायक		सर्व शरीर में गति करने वाले व्यान का स्थान रक्त वर्ण तथा बीजाक्षर 'वं' का अजपाजाप
3.	मणिपुर	शुक्र	नाभि मूल	अग्नि तत्व चलने की शक्ति पैर	नेत्र रुप तन्मात्रा	स्वः	शरीर के अंदर अंगों के संचालन का ज्ञान तथा अजीर्ण रोग दूर होना	तानदेन व हठयोग साधना में सहायक। पुरुष प्रधान-रुप, रस, स्पर्श व गंध की साधना में सहायक	समान वायु का स्थान सिंदुर वर्ण तथा बीजाक्षार 'रं' का अजपाजाप

	चक्र	ग्रह	स्थान व कर्मेन्द्रिय	तत्त्व	ज्ञानेन्द्रिय व गुण	लोक	चक्र पर ध्यान करने का परिणाम	विशेष	वायु स्थान
4.	अनाहत	सूर्य	हृदय के पास दोनों चूचकों के मध्य स्थान की सीध में मेरूदंड में दोनों हाथ	वायु तत्व	अंत:करण का मुख्य स्थान तन्मात्रा त्वचा केन्द्र भक्ति की साधना में सहयोगी	महलौक	कवित्व शक्ति व प्रार्दुभाव शब्द ब्रह्म व अनाहत	दोनों पसलियों तथा पेट की संधि पर सूर्यचक्र। इस स्थन पर प्राण थिर करने से सूर्य चक्र सक्रिय होता है जो अलौकिक सिद्धियां का दाता है।	प्राण वायु का मुख्य स्थान 'यं' बीजाक्षर का अजपाजाप
5.	विशुद्ध	मंगल	कंठ	आकाश तत्व	शब्द तन्मात्रा से उत्पन्न श्रवण शक्ति		वाक्शक्ति/वाणी का स्थान	ज्ञान योग का साक्षी साधना में सहयोगी	उदान वायु का स्थान 'हं' बीजाक्षर का अजपाजाप
6.	आज्ञा	गुरु या बृहस्पति	दोनों भौहों के मध्य लगभग ढाई इंच गहराई में	ओम	विचारों, भावो का द्रष्टा भाव	सम्प्रज्ञान समाधि में जीवात्मा का स्थान	प्राण तथा मन के थिर होने पर समाधि	सभी चक्रों पर ध्यान करने का पूरा फल इसी चक्र पर ध्यान करने से प्राप्त	इला, पिंगला व सुषम्ना नाड़ियों की त्रिवेणी 'ओम' बीजाक्षर का अजपाजाप
7.	सहस्त्रार या शून्य चक्र	शनि	चोटी के नीचे ऊपर मस्तिष्क में	तत्वातीत	असम्प्रज्ञात जीवात्मा का ब्रह्मरंध्र	समाधि में स्थान			'सौ' महामंत्र का अजपाजाप

46. चक्रों की सही स्थिति, उनके बीज मंत्र और कुण्डलिनी का यात्रा पथ

1. मूलाधार चक्र या आधार पद्म

पृथ्वी बीज पीत वर्ण सिद्धि चार दल

गद्य-पद्य वाक् सिद्धि व आरोग्य।

2. स्वाधिष्ठान चक्र वरूण या जल बीज अरुण वर्ण षड् दल छः दलों में छः वृत्तियां हैं।

अवज्ञा, मूर्च्छा, प्रश्रय, अविश्वास, सर्वनाश व क्रूरता भक्ति, आरोग्य प्रभु व त्वापि की सिद्धि राकिनी शक्ति

3. मणिपूर मेघ वर्ण दश दल कमल मातृका वर्ण- डं ढं, णं तं थं दं धं नं पं फं सिंदूर वर्ण त्रिकोण अग्नि आरोग्य ऐश्वर्य लाकिनी शक्ति

4. अनाहत चक्र द्वादश दल-कं, खं, गं, घं, ड़ं, चं, छं, जं, झं, ञं, टं ठं बारह मातृका वर्ण अणिमादि अष्ट सिद्धियां

प्रत्येक दल में- आशा, चिंता, चेष्टा, ममता (मैं, मेरा पन) अंहकार, चंचलता, लोभ, कपट, वितर्क अनुताप आदि वृतियां काकिनी शक्ति

5. विशुद्ध चक्र षोडश दल आकाश

अं आं, इं ईं, उं, ऊं, ऋं, ॠं, ऌं, ॡं, एं, ऐं, ओं, औं, अं, अः प्रत्येक दल में सप्त स्वर तथा हुं फट स्वाहा, नमः, विष व अमृत विद्यमान है।

मृत्यु पारा से मुक्ति शाकिनी शक्ति

6. आज्ञा चक्र या ज्ञान पद्म

संत, रज व तम तीन गुणों वाले ब्रह्मा विष्णु व महेश स्थित हैं। स्वयं शिव विराजमान हैं। त्रिकूट या त्रिवेणी-इड़ा, पिंगला व सुषुम्णा की हाकिनी शक्ति

7. ललना चक्र—तालु के मूल में रक्त वर्ण चौसठ दल वाला ललना चक्र। यह अहं तत्त्व का स्थान है।

इस चक्र पर बारह वृत्तियां विद्यमान हैं– श्रद्धा, संतोष, स्नेह, मान, दम अपराध, शोक, खेद, अरति, सम्भ्रम, ऊर्मि और शुद्धता।

इस पद्म पर ध्यान करने से उन्माद, ज्वर, पित्तादि दाह, शूलादि, वेदना, शिर की पीड़ा तथा शरीर की जड़ता दूर होती है।

8. गुरुचक्र—ब्रह्मरंध्र में शत-दल श्वेत कमल स्थित है। (सौ पांखुरी वाला)

इस पद्म कर्णिका के त्रिकोण में तीन कोनों में हं, लं तथा क्षं तीन वर्ण हैं। इनके सिवा तीनों ओर समस्त मातृका वर्ण विद्यमान है। इस त्रिकोण मंडल को पोत्रिपीठ और शक्तिमंडल भी कहते हैं। इस शक्ति मण्डल के मध्य काल कलामूर्ति तथा मस्तक में तेजोमय बिंदु व नाद भी विद्यमान है।

इस नाद के ऊपर निर्धूम अग्नि शिखा का तेजपुंज है और उसके ऊपर ज्ञानमय शरीर और आगय व निषाम बाहुवाला हंस पक्षी विराजमान है जिसके दो पैर शिव शक्ति मय, चोंच प्रणव स्वरूप एवं आंख तथा कंठ काम कला रूप हैं।

इसी हंस के ऊपर श्वेत वर्ष गुरु बीज 'ए' विद्यमान है। इसी की बगल में गुरु तथा गुरु पत्नी विराजमान है जिनका वरुण या जल बीज करना होता है।

9. सहस्त्रार चक्र—ब्रह्मरंध्र के ऊपर महाशून्य में कैसर-रेणु एक हजार दल वाला सहस्त्रार चक्र स्थित है। सहस्त्र दल कमल के चारों ओर पचास दल हैं और लगातार एक दूसरे पर बीस तहों में सजे हैं। प्रत्येक स्तर के पचास दलों में क्रमश: पचास मातृका वर्ण विद्यमान हैं। इस कमल की कर्णिका के त्रिकोण में चन्द्र मण्डल या शक्ति मण्डल स्थित हैं जिसके तीनों कोणों में हं, सं, व क्षं तीन वर्ण, तथा सभी स्वर और व्यंजन सन्निविष्ट हैं।

शक्ति मण्डल के मध्य विसर्ग आकार के मण्डल में सूर्य स्वरूप तेज पुंज वाले श्वेत वर्ण परमशिव विराजमान हैं। यह बिंदु अमृत कुंड सदृश्य है जिसके मध्य 'अया' नाम की कला या आनन्द भैरवी स्थित है। इसके आगे निराकार महाशून्य है।

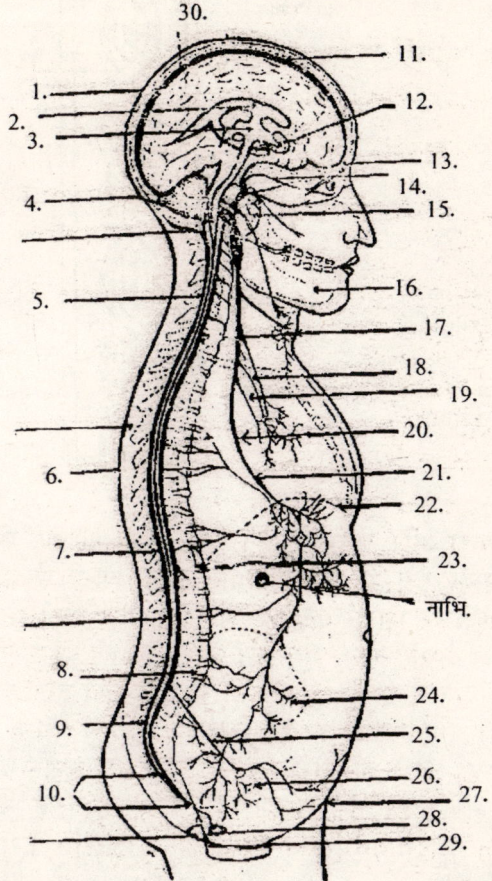

30. महाशून्य में, चोटी के स्थान से 12 अंगुल ऊपर सहस्त्र दल कमल, 11. सूक्ष्म आकाश, 12. अन्तराकाश या ज्ञानचक्र (अहम् तत्व का स्थल), 13. आज्ञाचक्र (पंच तन्यात्रा चित्त या मन का स्थान), 14. हाकिनी की शक्ति, 15. कंठनली का ऊर्ध्व भाग, 16. जबड़े की हड्डी या ठुड्डी, 17. विशुद्ध चक्र (आकाश तत्व व सप्त सुरों का स्थान), 19. काकिनी शक्ति जो अनाहत चक्र को नियंत्रित करती है) 20. अनाहत चक्र (वायु तत्व का स्थान) 21. कुण्डलिनी, 22. डायाफ्राम (वदन व उदर को पृथक करने वाली झिल्ली), 23. मणिपूर-चक्र (अग्नि तत्व का स्थान), 24. स्वाधिष्ठान चक्र (जल तत्व का स्थान), 25. पेड़ू, 26. मूलाचक्र (पृथ्वी तत्व का स्थान) 27. गुदा मूल (वस्ति), 28. गुदा, 29. कंद या योनिमंडल, 4. ध्वनि उत्पन्न करने वाली नलिका, 5. सुषुम्ना, 6. मेरुदण्ड, 7. चित्रानाड़ी।

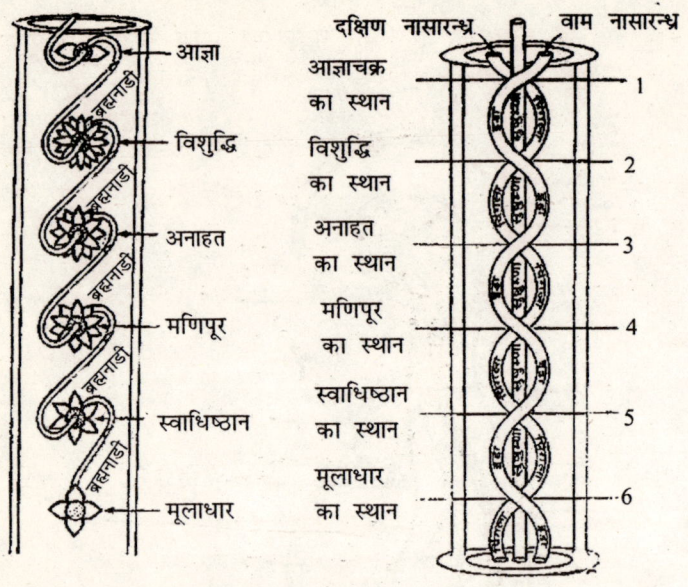

इड़ा, पिङ्गला और सुषुम्णा—इन तीनों प्रधान नाड़ियों में सुषुम्णा सर्व-प्रधान है। इसके गर्भ में वज्राणी नामक एक नाड़ी है। यह नाड़ी शिश्न-देश से निकलकर शिरःस्थान तक जाती है। वज्र नाड़ी के बीच में आद्यन्त प्रणव-युक्ता अर्थात् चन्द्र, सूर्य और अग्नि-स्वरूप ब्रह्मा, विष्णु और शिव से आदि एवं अंत में मिली हुई मकड़ी के जाले की तरह बहुत सूक्ष्म चित्राणी नाम की और एक नाड़ी है। इस चित्राणी नाड़ी में पद्म व चक्र सब गुंथे हुये हैं। चित्राणी नाड़ी के बीच में एक विद्युत के समान वर्ण-वाली (बिजली जैसी) नाड़ी है। उसे ब्रह्म-नाड़ी कहते हैं। यह ब्रह्म-नाड़ी मूलाधार-पद्म-स्थित महादेव के मुख से उत्थित होकर शिर-स्थित सहस्त्र-दल तक फैली हुई है। यथा—

तन्मध्ये चित्राणी सा प्रणव-विलासिता योगिनां योग-गम्यां,
तां तंतूपमेयां सकल-सरसिजान् मेरु-मध्यांतरस्थान्।
भित्वा देदीप्यते तद् ग्रथन-रचनया शुद्ध-बुद्धि प्रबोधा,
तस्यान्तर्ब्रह्म-नाड़ी हर-मुख-कुहरादादि-देवान्त-संस्था॥

(पूर्णानन्द परमहंस कृत 'षट्-चक्र')

इस ब्रह्म-नाड़ी के विषय में रात-दिन योगियों को ध्यान करना चाहिए, क्योंकि योग-साधना का चरम फल इसी ब्रह्म-नाड़ी से प्राप्त होता

है। इसी ब्रह्म-नाड़ी के अन्दर से गमन कर सकने पर आत्म-साक्षात्कार प्राप्त होता है एवं योग का उद्देश्य सिद्ध होकर मुक्ति-लाभ होता है।

वस्तुतः मेरु-दण्ड (पीठ की रीढ़) के दोनों तरफ एक स्नायु-प्रणाली है। बांई स्नायु-प्रणाली को इड़ा और दाहिनी को पिङ्गला कहते हैं। ये प्राण-वाहक नाड़ियां है। इड़ा में चन्द्र का व पिङ्गला में सूर्य का वास है। इसी कारण इड़ा शीतल और पिङ्गला उष्ण है। इड़ा नासिका के वाम और पिङ्गला दाहिने रन्ध्र से चलती है। इनमें से प्रत्येक ढाई-ढाई घड़ी (एक घण्टा) चलती है। उन्हीं के अनुसार स्वर बदलते रहते हैं। उक्त दोनों नाड़ियों के चलते रहने पर मनुष्य सांसरिक कामों में लगा रहता है।

नाड़ी-मण्डल में सुषुम्णा सबसे महत्वपूर्ण है। सारा ब्रह्माण्ड इसी पर स्थित है और यही मोक्ष का मार्ग है। यह गुदा-मार्ग के पिछले भाग में स्थिति और मेरु-दण्ड से लगी हुई सिर में स्थित ब्रह्म-रंध्र तक चली गई है। इसके दाहिने तरफ पिङ्गला और बाईं तरफ इड़ा स्थित है। इसके जाग्रत होते ही योगी का वास्तविक कार्य होने लगता है। उसे समाधि लगने लगती है और वह संसार से विमुख हो जाता है। योगी लोग सुषुम्णा में प्रवेश करके महा-प्रयाण का समय बदल देते हैं। इसीलिये कहते हैं कि सुषुम्णा नाड़ी काल-भक्षक या काल-रोधक है। इसी कारण योगी लोग सदा अपने प्राण को सुषुम्णा में, जिसे ब्रह्म-नाड़ी भी कहते हैं, चलाने का प्रयत्न करते हैं। यह बहत्तर हजार नाड़ियों को भेदकर व्याप्त रहती है।

ये तीनों नाड़ियां प्राण-वाहक नाड़ियां है और चन्द्रमा, सूर्य व अग्नि क्रम से इनके देवता हैं। सुषुम्णा के चलते समय ध्यान अच्छा लगता है। सुषुम्णा के चलते समय ध्यान का अभ्यास करते-करते कुण्डलिनी जाग्रत हो जाती है और वह सुषुम्णा में होती हुई षट्-चक्रों का भेदन करती हुई ऊपर चढ़ने लगती है। उस समय योगी को अनेक प्रकार के अनुभव, शक्तियां और आनन्द प्राप्त होने लगते हैं। इस नाड़ी को स्थिर करके प्राणायाम करने से वह शीघ्र सिद्ध होता है।

कुण्डलिनी व षट्-चक्रों एवं तीन अन्य चक्रों-1. ललना, 2. गुरु, 3. सहस्त्रार का विवरण आगे 'कुण्डलिनी-तत्त्व' प्रकरण में दिया गया है।

कुण्डलिनी

गुह्य-देश से दो अंगुल ऊपर और लिङ्ग-मूल से दो अंगुल नीचे चार अंगुल विस्तृत 'मूलाधार पद्म' विद्यमान है। उसके बीच पूर्वोक्त ब्रह्म-नाड़ी के मुख में 'स्वयम्भू-लिङ्ग' विद्यमान है। उसके गात्र में दक्षिणावर्त से साढ़े तीन फेरे लगाकर 'कुण्डलिनी' शक्ति है। यथा-

पश्चिमाभिमुखी योनिर्गुद-मेढान्तरालगा।
तत्र कन्दं समाख्यातं तत्रास्ते कुण्डली सदा॥
संवेष्टा सकला नाड़ीः सार्ध-त्रि-कुटिलाकृतिः।
मुखे निवेश्य सा पुच्छः सुषुम्णा-विवरे स्थिता॥

-शिव-संहिता

गुह्य और लिङ्ग-इन दोनों के बीच में पीछे का मुंह किये 'योनि-मण्डल' है। उस योनि-मण्डल को 'कन्द' भी कहते हैं। योनि-मण्डल के बीच में कुण्डलिनी-शक्ति सब नाड़ियों को लपेट करके सार्ध-त्रि-कुटिलाकार (साढ़े तीन चक्कर लगाकर) सर्प-रूप से अपनी पूंछ को मुंह में डाल सुषुम्णा-विवर को रोक कर अवस्थान कर रही है।

योग आदि की विभिन्न क्रियाओं द्वारा साधक को इसी सुषुप्त शक्ति को जागृत कर, सुषुम्णा-पथ से जिसे ब्रह्म-नाड़ी भी कहते हैं, ब्रह्म-रंध्र तक पंहुचना पड़ता है। मूलाधार में स्थित इस कुंडलिनी को अधो कुडंलिनी कहते हैं। इसी प्रकार ब्रह्मरंध्र में ऊर्ध्व-कुण्डलिनी कहते हैं। योग साधना द्वारा साधक इन्हीं दोनों कुण्डलनियों का सहस्त्रार या मूलाधार में मिलन करवाते हैं।

यही शिव-शक्ति का मिथुन ही कुंडलिनी जागरण है। कुण्डलिनी की गति प्रकाश की गति से भी तीव्र होती है। यह अग्निमय विद्युत शक्ति वलयाकार व चक्राकार सर्प की तरह ऊपर चढ़ती है।

शरीरस्थ वायु के आधार-स्थल

मानव-शरीर का आधार-दण्ड-'मेरु-दण्ड' अस्थि-खण्डों के द्वारा निर्मित है। ये अस्थि-खण्ड एक दूसरे से सम्बद्ध हैं, जो 'त्रिकास्थि' से सुषुम्णा-शीर्ष' तक दण्डाकार स्थित हैं। ये सब सछिद्र होने के कारण त्रिकास्थि से प्राण-गुहा (फोर्थ वेण्ट्रिकल) के निम्न प्रदेश तक एक पीली नाली-सी बनाते हैं। इस नाली में जीवन-रस (ब्रह्म-वारि-सेरेब्रो स्पाइनल फ्लुइड) भरा हुआ है। यह ब्रह्म-वारि (जीवन-रस) एक पीताभ द्रव पदार्थ है एवं जीवन की समाप्ति के प्रथम क्षण में ही शुष्क होकर अन्तर्हित हो जाता है। स्थूल शरीर-विज्ञान (एनाटोमी) और शरीर-क्रिया-विज्ञान (फिजियोलाजी) का ज्ञान यहीं तक सीमित है, इसके आगे नहीं बढ़ता।

पीले रंग का 'ब्रह्म-वारि' द्रव पदार्थ वास्तव में सूक्ष्म परमाणुओं का संग्रह है। ये सूक्ष्म परमाणु मेरु-दण्ड के पीले भाग में इस प्रकार प्रवहमान

रहते हैं कि इनके द्वारा एक झिल्ली-सी बन जाती है। इस झिल्ली के शीर्ण होने से जीवन समाप्त हो जाता है। यह झिल्ली बाह्य उपकरणों द्वारा देखी नहीं जा सकती है। जीवन अवस्था में मेरु-दण्ड में इसकी स्थिति अदृश्य है। बाहर आकर्षित करने पर इंजेक्शन की सिरींज में पीताभ द्रव-रूप में यह प्राप्त होता है। पोस्टमार्स्टम द्वारा इसके विषय में ज्ञान प्राप्त करना भी असम्भव है क्योंकि मृत्यु के प्रथम क्षण में ही यह अन्तर्हित हो जाता है। इसी से आधुनिक शरीर-वैज्ञानिक की कल्पना है कि यह द्रव-पदार्थ मेरु-दण्ड के पोले स्थान में वैसे ही भरा हुआ है। पर वास्तविकता भिन्न है। वास्तव में यह द्रव मेरु-दण्ड की छिद्र-नाल की दीवार के समानान्तर झिल्ली के रूप में प्रवहमान रहता है, जिससे इस द्रव से बनी हुई एक और नाल भीतर प्रस्तुत हो जाती है। हमारे यहां योग-विज्ञान में इस जीवन-रस की झिल्ली से प्रस्तुत नाल को ही 'मेरु-दण्ड' के नाम से सम्बोधित किया गया है न कि स्थूल अस्थि-खण्डों से निर्मित पृष्ठ-वंश को। देखिये पृष्ठ 242 का चित्र।

मेरु-दण्ड की नलिका के भीतर तीन नलिकाएं-1. इड़ा, 2. पिङ्गला, 3. सुषुम्णा हैं।

मेरु-दण्ड जिन सजीव परमाणुओं (सेल्स) के द्रव द्वारा निर्मित है, उनसे सूक्ष्म-तर परमाणुओं द्वारा इस मेरु-दण्ड की नलिका के भीतर तीन नलिकाएं और हैं। इन तीन नलिकाओं के नाम क्रमशः 1. 'इड़ा', 2. 'पिङ्गला' और 3. 'सुषुम्णा' हैं। इड़ा का ऊर्ध्व-मुख वाम नासा-रन्ध्र की ओर खुलता है। पिङ्गला का दक्षिण नासा-रंध्र में एवं सुषुम्णा सीधी ऊपर सहस्त्रार तक जाती है। इड़ा एवं पिङ्गला वाम एवं दक्षिण नासा-रंध्र से प्रारम्भ होकर नीचे सीधी नहीं जातीं, अपितु सुषुम्णा के आस-पास लिपटी हुई अवस्था में जाती हैं। सुषुम्णा बिल्कुल सीधी नीचे से ऊपर तक जाती है। इड़ा और पिङ्गला के सुषुम्णा पर लिपटने के परिणाम में ये सुषुम्णा पर छः स्थानों पर आपस में एक दूसरे से विपरीत जाती हैं (एक दूसरे को क्रास करती हैं)। देखिये, चित्र सुषुम्णा-पथ, पृष्ठ 242

वज्रा नाड़ी, चित्रिणी और षट्-चक्र

जिन प्रवाहमान सूक्ष्म-तर परमाणुओं से उक्त तीन नाड़ियों (नालिकाओं) का निर्माण होता है, उनसे भी सूक्ष्म वैसे ही प्रवहमान परमाणुओं द्वारा निर्मित एक सबसे सूक्ष्म नलिका सुषुम्णा के मध्य में है। इस नलिका को **'वज्रा'** (वज्रिणी) के नाम से पुकारा जाता है। वज्रा नलिका के मध्य में इससे भी

सूक्ष्म नाड़ी है, जिसे 'चित्रिणी' कहते हैं। सुषुम्णा के ऊपर जिन-जिन स्थलों पर इड़ा और पिङ्गला आपस में लिपटती हुई एक दूसरे को काटती हैं, ठीक उन्हीं स्थलों पर सुषुम्णा के मध्य-स्थित इस सूक्ष्मतम नालिका–'चित्रिणी' के भीतर अद्भुत पद्माकार 'षट्-चक्र' अवस्थित हैं। ये चक्र वास्तव में क्या हैं, यह वाणी-गम्य विषय नहीं है। 'चित्रिणी' की सूक्ष्मता ही कल्पनातीत है। अनुभवी साधकों के शब्दों में हम इन्हें 'चक्र' या 'पद्म' ही कह सकते हैं। ये पद्म 'मूलाधार' में चतुर्दल, 'स्वाधिष्ठान' में षड्-दल, 'मणिपुर' में दश-दल, 'अनाहत' में द्वादश-दल, 'विशुद्ध' में षोडश-दल और 'आज्ञा-चक्र' में त्रि-दल जैसे अनुभूति में आते हैं। ये सभी पद्म अधोमुख हैं।

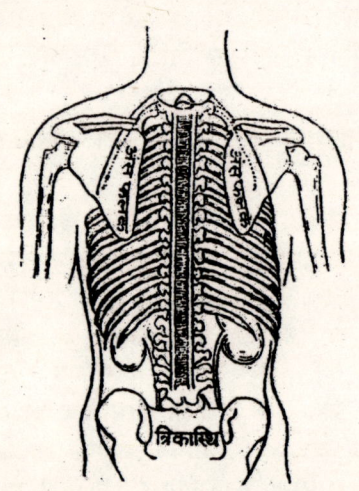

मेरु-दण्डः जीवन-रस से निर्मित नलिका–इस चित्र में मेरु-अस्थि के मध्य में गहरी रेखाओं से मेरु-दण्ड की पोल दिखाई गई है और उसके मध्य हल्के रेखा-जाल से उक्त जीवन-रस द्वारा बनी हुई झिल्ली से प्रस्तुत नलिका। यही नलिका हमारे योग-विज्ञान का 'मेरु-दण्ड' है, जहां भी मेरु-दण्ड का नाम आये, वहां अस्थि-निर्मित पृष्ठ वंश को न समझ कर इस जीवन-रस-निर्मित नलिका को ही समझना चाहिये।

◻◻◻

47. दस प्रकार की प्राण वायु और नाड़ियां

श्वास के द्वारा ली जाने वायु की आत्मा या जैविक तत्त्व प्राण ऊर्जा है। यही दस रूपों में या दस विधियों से शरीर को क्रियाशील या गतिवान रखती है। प्रत्येक स्थिति में इसका नाम पृथक होता हैं।

यह हैं-प्राण, अपान, समान, उदान, व्यान, नाग, कूर्म, कृकर, देवदत्त और धनजंय।

1. प्राणवायु का कार्य है-श्वास का अंदर ले जाना, बाहर निकालना, मुख और नासिका द्वारा गति करना, अन्न जल को पचाना और अलग करना।

प्राण वायु का ही कार्य है-अन्न को पचाकर पुरीष बनाना, पानी को पसीने तथा मूत्र रसादि को वीर्य बनाना।

यह हृदय से लेकर नासिका तक ऊपर के भाग में स्थित है व सभी इन्द्रियां का कार्य उसी के आश्रित है।

2. अपान—अपान वायु का काम गुदा से मल, उपस्थ से मूत्र, अण्डकोष से वीर्य निकालना, तथा गर्भ आदि को नीचे ले जाना है। यह नाभि से लेकर पैरों के तलुवों तक अवस्थित है और निचली इन्द्रियां इसी के आधीन हैं।

3. समान— यह नाभि से हृदय तक देह के मध्य भाग में स्थित है। पचे हुए रस आदि को सभी अंगों और नाड़ियों में बांटना इसका काम है।

4. व्यान—शरीर की स्थूल तथा सूक्ष्म सभी नाड़ियों व शरीर के सभी अंगों में रुधिर या रक्त का संचार करना इसका काम है।

5. उदान—यह कंठ से सिर तक गति करता है और शरीर को उठाये रखना इसका काम है। इसके द्वारा शरीर के प्राण का समष्टि प्राण से संबंध है। मृत्यु के समय सूक्ष्म शरीर का स्थूल शरीर से निकलना तथा सूक्ष्म शरीर का गर्भ में प्रविष्ट होना इसी का काम है।

6. नागवायु छींकने के समय, कूर्म वायु संकोचन के समय, कृकर वायु—भूख प्यास, देवदत्तवायु निद्रा और धनंजय वायु पोषादि का कार्य करता है।

हृदय में प्राण वायु, गुह्यदेश में अपान, नाभिमंडल में समान, कंठ में उदान और सारे शरीर में व्यान व्याप्त है।

प्राणों को अपने अधिकार में या वश में करना ही प्राणायाम है। इससे शरीर,मन और इंन्द्रियों पर मालकियत हो जाती है। पूरक में प्राणवायु को गुदा तक ले जाकर अपान वायु से मिलाते हैं।

रेचक में अपान को प्राण द्वारा ऊपर खींचा जाता है। कुम्भक में प्राण और अपान दोनों की गति को समान के स्थान नाभि में रोक दिया जाता है। इससे रज और मल दग्ध होकर सत्व का प्रकाश बढ़ता है और मन एकाग्र हो जाता है।

नाड़ियां

शरीर में प्राण प्रवाहिनी यों असंख्य नाड़ियां हैं पर इनमें पन्द्रह प्रमुख हैं।

इनमें भी सुषुम्णा, इड़ा और पिंगला तीन नाड़ियां ही महत्वपूर्ण हैं। सुषुम्णा, नाड़ी, गुदा के निकट से मेरुदण्ड के भीतर होती हुई मस्तिष्क के ऊपर तक चली गई है। गुदा के बाएं भाग से इड़ा या चन्द्र नाड़ी तथा दाएं भाग से पिंगला या सूर्य नाड़ी नासिका के मूल तक जाती है।

सुषुम्णा सरस्वती, इड़ा को गंगा और पिंगला को जमुना भी कहा जाता है। भूमध्य या आज्ञाचक्र में जहां यह तीनों नाड़ियां मिलती हैं युक्त त्रिवेणी कहा जाता है।

इड़ा तम प्रधान और पिंगला रजस प्रधान है। श्वास कभी दाहिने नासापुट से और कभी बाएं नासापुट से चलती है। जब बाएं नासापुट से श्वास वेग से चले तो उसे चन्द्रस्वर और जब वह दांए नासापुट से वेग से चले तो उसे सूर्यस्वर कहा जाता है।

जब दोनों नथुनों से समान गति से अथवा एक क्षण एक नथुने से और दूसरे क्षण दूसरे नथुने से प्रवाहित हो तो उसे सुषुम्ना स्वर कहते हैं।

स्वस्थ मनुष्य का स्वर सूर्योदय से ढाई-ढाई घड़ी के हिसाब से एक-एक नासापुट से चला करता है और दिन रात में बारह बार बाएं नथुने से और बारह बार दाएं नथुने से चलता है। रोग या विकार की दशा में स्वर अनियमित चलने लगते हैं।

दिन में सूर्य स्वर चलते समय और रात्रि में चन्द्र स्वर चलते समय ध्यान न करना चाहिए। स्वर साधना से सुषुम्णा स्वर होने पर ही ध्यान करना चाहिए।

सूर्य स्वर चलने के समय कठोर परिश्रम व व्यायाम करना चाहिए। कठिन यात्रा, भोजन, शौच, स्नान और शयन के समय भी सूर्यस्वर चलना लाभदायक है।

जब चन्द्र स्वर चल रहा हो तो अल्प श्रम का काम करना चाहिए। तरल पदार्थों को पीने या पेशाब करते समय भजन, साधन के शांति कार्य करते समय चन्द्र स्वर चलना अच्छा है।

गांधारी और हस्तजिह्वा नाड़ियां बांए और दाएं नेत्रों से बाएं और दाएं पैर के अंगूठों तक जाती हैं। पूषा और यशस्विनी नाड़ियां सुनने के लिए दोनों कानों तथा भूरा नाड़ी नासिका से भौंह तक जाती है। कुछ नाड़ी मुख में तथा सरस्वती जिह्वा के अग्र भाग तक जाती है।

मूलाधार चक्र के द्वार पर बहत्तर हजार नाड़ियों का गुच्छा सा है और यहीं से पूरे शरीर में नाड़ियां जाती हैं। इड़ा, पिंगला नाड़ियों का कार्य श्वास और प्राणवायु देकर शरीर को शक्ति प्रदान करना है। सुषुन्ना राहू रूप होकर सूर्यचन्द्र नाड़ियों का भक्षण कर योगी को समाधि में ले जाती है।

इसमें प्रमुख नाड़ियां सोलह हैं। इनमें भी सुषुम्ना इड़ा, पिङ्गला- तीन प्रधान हैं। (जिनका योग से घनिष्ठ संबंध है) इन तीनों में सुषुम्णा सर्वश्रेष्ठ है। यह नाड़ी अति सूक्ष्म नली के सदृश है, जो गुदा के निकट से मेरुदण्ड के भीतर होती हुई मस्तिष्क के ऊपर तक चली गयी है।

भ्रूमध्य में ये तीनों नाड़ियां परस्पर मिल जाती हैं। सुषुम्णा को सरस्वती, इड़ा को गङ्गा और पिङ्गला को यमुना भी कहते है। गुदा के समीप जहां से ये तीनों नाड़ियां पृथक होती हैं, उसको 'मुक्त त्रिवेणी' और भ्रूमध्य में जहां ये तीनों पुनः मिल गयी हैं, उसको 'युक्त त्रिवेणी' कहते हैं।

स्वस्थ मनुष्य का स्वर प्रतिदिन प्रातः काल सूर्योदय के समय से ढाई-ढाई घड़ी के हिसाब से क्रमशः एक-एक नथुने से चला करता है इस प्रकार अहोरात्र (एक दिन रात) से बारह बार (बारह वक्त) बायें और बारह बार ही दायें नथुने से क्रमानुसार श्वास चलता है। किस दिन किस नथुने से श्वास चलता है, इसका निश्चित नियम है-

शुक्त पक्ष की प्रतिपदा तिथि से तीन दिन की बारी से चन्द्र से (बायें नथुने से) कृष्ण पक्ष की प्रतिपदा से तीन-तीन दिन की बारी से सूर्य नाड़ी

(दायें नथुने) से सूर्योदय के समय श्वास (ढाई घड़ी तक) प्रथम प्रवाहित होता है।

इस रूपक का स्पष्ट अर्थ है कि जब योगी शरीर और मन के पार निर्विचार में पहुंचता है, जब अपनी भृकुटि पर ध्यान करता वह अपने शरीर, विचारों, भावों और अनुभवों का तटस्थ द्रष्टा हो जाता है फिर श्वास नहीं के बराबर अत्यंत धीमी हो जाती है, क्योंकि इस स्थिति में शरीर मन और मन के सभी क्रियाकलाप बंद हो जाते हैं और प्राण वायु की आवश्यकता ही नहीं पड़ती। इसी स्थिति में कुण्डलिनी का मुख खुलता है।

कुण्डलिनी के समीप ही ब्रह्म नाड़ी और चित्रा नाड़ी भी है। चित्रा नाड़ी के अंतर्गत ब्रह्म नाड़ी और ब्रह्म नाड़ी के अंतर्गत कुण्डलिनी है। मूलाधार के पश्चिमी द्वार पर स्थित जागी कुण्डलिनी ब्रह्म नाड़ी के अंदर होती हुई, ब्रह्म रंध्र में प्रवेश कर सहस्त्र दल कंवल पर जा विराजती है और आत्मारूपी शिव से मिलाती है।

योग की एक अन्य पुस्तक में सुषुम्णा के अंतर्गत सूक्ष्म नाड़ियों का उल्लेख करते हुए कहा गया है कि सुषुम्णा के भीतर एक वज्रनाड़ी है। वज्रनाड़ी के अंदर चित्रिणी नाड़ी और उसके मध्य ब्रह्म नाड़ी है। यह नाड़ियां मकड़ी के जाल से भी अति सूक्ष्म हैं। ये नाड़ियां सत्वप्रधान, प्रकाशमय और अद्भुत शक्ति वाली हैं। जो सूक्ष्म शक्तियों के केन्द्रों पर मिलती हैं। इन शक्तियों के केन्द्रों को पद्म व कमल कहते हैं। यही सात चक्र हैं।

ये चक्र पांच तत्त्वों, तन्मात्राओं, पांच ज्ञानेन्द्रियों, पांचों कर्मेन्द्रियों, पांच प्राणों, अंतःकरण, समस्त वर्ण स्वरों और विद्युत से युक्त हैं। साधारण अवस्था में यह चक्र बिना खिले पुष्प की तरह अधोन्मुख होते हैं पर उत्तेजना पाकर ये ऊर्ध्वमय होकर विकसित होते हैं तथा अलौकिक शक्तियों का विकास होता है।

◻◻◻

48. चन्द्र स्वर, सूर्य स्वर और मध्य सुर का बोध ध्यान–साधना तथा कुण्डलिनी जागरण में परमावश्यक

साधकों के लाभ तथा जानकारी के लिए मैं 'स्वर विज्ञान' पुस्तक का कुछ अंश निम्न प्रकार उद्धृत कर रहा हूं।

इड़ा और पिङ्गला का प्रवाह एवं सात वारों के नाम-करण का रहस्य–उपर्युक्त विवरण के अनुसार 'मेरु-दण्ड' के मध्य तीन सूक्ष्म नाड़ियां हैं-सुषुम्णा, इड़ा और पिङ्गला। सुषुम्णा से संलग्न इड़ा वाम नासा-रन्ध्र में खुलती है और पिङ्गला दक्षिण नासा-रंध्र में। इसी से वामा नासा-रंध्र या बायें नथुने से बहने वाले श्वास को इड़ा का प्रवाह कहा जाता है और दक्षिण नासा-रंध्र या दाएं नथुने से बहने वाले श्वास के पिङ्गला का। इड़ा के प्रवाह को 'चन्द्र-स्वर' और पिङ्गला के प्रवाह को 'सूर्य-स्वर' कहते हैं। इड़ा चन्द्र-मयी, पिङ्गला सूर्य-मयी और सुषुम्णा अग्नि-मयी है।

इड़ा और पिङ्गला का प्रवाह ध्यान क्रमशः एक निश्चित समय तक होता है। दूसरे शब्दों में श्वास एक निश्चित समय तक बायें नथुने से चलता है और एक निश्चित समय तक दाएं से। दूसरे शब्दों में श्वास के निश्चित समय को एक 'होरा' (ऑवर-घण्टा) कहते हैं। एक दिन-रात्रि 24 होराओं में विभक्त है अर्थात् एक दिन-रात्रि में चौबीस बार श्वास बदलता है। यह प्राकृतिक नियम है। स्वस्थ शरीर में इसमें कभी व्यतिक्रम नहीं होता। इसी को देखते हुए हमारे पूर्वजों ने दिन-रात्रि को चौबीस भागों में विभक्त किया है। इन चौबीस होराओं पर दूर-वर्ती क्रम से 1. शनि, 2. बृहस्पति, 3. मङ्गल, 4. सूर्य, 5. शुक्र, 6. बुध और फिर 7. चन्द्रमा ग्रहों का प्रभाव पड़ता है।

मैं अपने अनुभव के अनुसार सुषुम्ना नाड़ी चलने के समय ही ध्यान करने की उपयोगिता पर पहले ही प्रकाश डाल चुका हूं। ओशो ने यद्यपि इसका पृथक से उल्लेख नहीं किया है पर उन्होंने हमेशा इस बात पर बल

दिया है कि कोई भी ध्यान करने से सक्रिय ध्यान अवश्य करें जिससे प्रातःकाल सुषुम्ना नाड़ी गतिशील हो जाती है।

दाएं स्वर के कार्य-क्रूर व उग्र कर्म, युद्ध, अस्त्र शस्त्र अभ्यास यंत्र-तंत्र निर्माण, स्नान, भोजन, व्यायाम, वाहन पर चढ़कर यात्रा, नौकरी, शिकार, व्यापार, नौकरी, उग्र मंत्र साधना (कठोर हठयोग) तभी प्रारम्भ करें जब दाहिना स्वर चल रहा है।

उपर्युक्त कार्यों को दाहिने स्वर (सूर्य-स्वर, पिङ्गला नाड़ी) के चलते समय करना श्रेयस्कर रहता है क्योंकि उस समय साधक का स्वर की अनुकूलता से उत्पन्न स्वर-बल की प्रबल शक्ति इन कार्यों की सिद्धि दिलाती है। अतः हमारा पाठकों को यह परामर्श है कि वे दाहिने स्वर से सम्बंधित कार्यों को दाहिने स्वर के चलते समय ही करें। इससे उन्हें आश्चर्य-जनक रूप से सफलता मिलेगी।

दाहिने स्वर से संबंधित महत्वपूर्ण कार्यों को यदि कृष्ण-पक्ष में रवि, मङ्गल या शनिवार को दाहिने स्वर (सूर्य-स्वर, पिङ्गला नाड़ी) के उदय के समय किया जाय, तो सफलता निश्चित है।

अब आइये, इसी तरह बायें स्वर में किये जाने योग्य कार्यों पर भी विचार किया जाए–

बायें स्वर के कार्य

1. सौम्य कर्म, स्थिर कार्य, शान्ति-कर्म
2. किसी से मित्रता करना
3. देव-दर्शन
4. देव-प्रतिष्ठा
5. मन्दिर-निर्माण
6. धर्मानुष्ठान
7. पौष्टिक कार्य
8. विवाह
9. गृह-प्रवेश
11. जलाशय, कुआं, बाग-वाटिका-निर्माण
12. व्यापार-उद्योग-स्थापना
13. ग्राम-नगर बसाना
14. बीज-वपन आदि कृषि-कर्म
15. रसायन-कर्म
16. दूर-गमन
17. प्रेम-निवेदन
18. प्रार्थना
19. बन्धु-मिलन
20. राज-तिलक
21. पद-ग्रहण
22. अन्न-धन-संग्रह
23. नूतन वस्त्र-आभूषण-धारण
24. औषधि-निर्माण
25. नृत्य-गायन

26. तीर्थ-यात्रा

27. सौम्य मन्त्र-जप

28. दीक्षा, दान-दक्षिणा

29. नौकरी के लिए स्वामी से मिलना

30. शीत-पेय-सेवन

31. कष्ट, शोक, मूर्छा आदि का निवारण

32. लघ शङ्का

इन कार्यों को बांएं स्वर (चन्द्र-स्वर, इड़ा नाड़ी) के चलते समय करना ही ठीक है।

मध्य स्वर

मध्य स्वर के चलते समय कोई सांसारिक कार्य नहीं करना चाहिए। इस स्वर के चलते समय यदि किसी कार्य को किया जाय, तो वह कभी ठीक नहीं होगा। उसमें हानि होगी क्योंकि सुषुम्णा नाड़ी विष-रूपिणी है, इसमें काल का वास है, अतः सर्व-कार्यों का नाश करने वाली है। इसलिए इस स्वर में कोई महत्वपूर्ण कार्य नहीं करना चाहिए।

इस स्वर के चलते समय यदि कोई व्यक्ति यात्रा के लिए, प्रस्थान करे, तो यात्रा में हानि या मृत्यु की पूर्ण सम्भावना होगी। यदि किसी अन्य का विवाह हो, तो वह शीघ्र ही विधवा हो जाए। घर की नींव डाली जाय, तो वह विनाश का कारण बन जाय। किसी से मैत्री की जाये, तो वह शत्रुता में परिणत हो जाए। यदि औषधि ली जाय, तो वह निष्फल हो जाए, इत्यादि।

स्वर-साधन—चन्द्र व सूर्य-स्वर बदलने की क्रियाएं तथा उपाय

1. जो स्वर चलाना हो उस नथुने पर कुछ समय तक ध्यान करने से वह स्वर चलने लगता है।
2. जो स्वर चलाना हो उसके विपरीत करवट से लेटकर पसली के निकट तकिया दबाने से कुछ काल में वह स्वर चलने लगता है।
3. जो स्वर चलाना हो उसके विपरीत स्वर में रूई अथवा वस्त्र की गोली रखने से वह चलने लगता है।
4. बंद स्वर को अंगूठे या उंगुली से दबाकर चालू स्वर से श्वास लेकर पुनः उसे दबाकर बंद स्वर से श्वास निकालें। इस प्रकार कई बार करने से बंद स्वर चलने लगता है। योगासानों, भस्त्रिका कपालभाति, प्राणायाम त्राटक और रेचन से भी सुषुम्णा या मध्य नाड़ी चलने लगती है।

5. दौड़ने, परिश्रम करने और प्राणायाम आदि करने से स्वर बदल जाता है। ज्वर और जुकाम आदि रोगों की अवस्था में स्वर-परिवर्तन से रोग की शीघ्र निवृत्ति होती है।

स्वर साधन की सिद्धि से इच्छानुसार सुगमता से स्वर बदला जा सकता है। उसके अभ्यास की एक विधि यह है कि दिन के समय सूर्योदय से चन्द्र स्वर के निश्चित समय से चन्द्र स्वर चलायें। अपने बांये नथुने की ओर ओ३म् का जप करते हुए ध्यान रखने से सूर्य स्वर चलता रहेगा। जल और दूध आदि पीने तथा मूत्र त्यागादि के समय विपरीत नथुने पर ध्यान रखकर चन्द्र स्वर चलायें।

दूसरी विधि—प्रातःकाल सूर्योदय के समय से ढाई-ढाई घड़ी के हिसाब से क्रमशः एक-एक नथुने से स्वाभाविक स्वर चलायें।

इसी प्रकार ध्यान करने से पूर्व रेचन या नृत्य करने से गीत और संगीत में डूबने से या नासिका के अग्रभाग अथवा आज्ञाचक्र पर ध्यान करने से सुषुम्णा स्वर चलने लगता है।

कई बार बहुत प्रयास करने पर भी अनुकूल स्वर का प्रवाह नहीं हो पाता है। लेकिन जो लोग इस विद्या के नित्य अभ्यासी हैं, उन्हें प्रयत्न करने पर स्वर-परिवर्तन में सफलता मिल जाती है और भावी दुर्घटना की तीव्रता व अशुभ फल में बहुत कमी हो जाती है। जिन व्यक्तियों को स्वर का बदलना सम्भव न हो, वे मात्र यही करें कि विपरीत स्वर वाले नासिका-छिद्र को रूई लगाकर बंद कर दें।

◻◻◻

49. स्वर और स्वास्थ्य

दिन में बांया स्वर और रात में दाहिना स्वर चलने से शरीर निरोग रहता है। अजीर्ण व कब्ज की शिकायत वाले दाहिना स्वर चलने पर ही भोजन करें तथा भोजन के एक घंटा बाद बांएं स्वर में जल पिएं तो सभी उदर विकार दूर हो जाते हैं?

शरीर के किसी भी अंग में आकस्मिक दर्द होने या दमा का दौरा पड़ने पर जो स्वर चल रहा हो, उसे बंद कर देने से व दूसरा स्वर चलाने से पीड़ा दूर हो जाती है।

वास्तव में जीवन में मूल-तत्त्व दो ही हैं। एक तो शरीर को स्पन्दित करने के लिए स्वर (श्वास) और शरीर को तरल रखने के लिए जल। स्वर और जल की साधना कर लेने पर जीवन में कभी कोई रोग नहीं आता, शक्ति का ह्रास नहीं होता। यहां तक कि स्वर-साधना से असाध्य-से-असाध्य रोग भी दूर हो जाते हैं।

इन स्वरों के आधार पर जल ग्रहण करने से शरीर में किसी प्रकार के रोग का आक्रमण नहीं होता। चन्द्र-स्वर शीतलता का और सूर्य-स्वर उष्णता का बोधक है। सुषुम्णा का प्रवाह अनर्थकारी होता है। इसके समय सिवा भगवान के भजन व ध्यान के अन्य कार्यों का अनुष्ठान निषिद्ध माना गया है।

बांयें स्वर के प्रवाह के समय गरम चाय पीने, गरम दूध पीने, गरम भोजन करने अथवा दांयें स्वर के प्रवाह के समय ठण्डा पानी पीने, शरबत पीने, ठण्डा भोजन करने या अन्य ठण्डी वस्तुओं का उपयोग करने से सर्दी-जुकाम हो जाने की संभावना रहती है। इससे ज्वर का आक्रमण, सिर-दर्द, शरीर में पीड़ा, सुस्ती, भूख न लगना, मन्दाग्नि, अपच, दम फूलने-जैसी बीमारियों का हो जाना स्वाभाविक है।

अनुकूल स्वर होने पर इस प्रकार का कोई शारीरिक उत्पात नहीं होता। हम पहले बता चुके हैं कि विपरीत स्वरों को कैसे अनुकूल बनाया जाता

है। यदि सहज रूप से स्वर की अनुकूलता सम्भव हो, तो प्यास लगने पर या अन्य गरम या शीतल पेय पदार्थों के ग्रहण करते समय स्वर बंद कर लेना चाहिए, अर्थात् शीतल जल आदि अथवा गरम चाय या दूध आदि पीते समय नाक से श्वास नहीं लेनी चाहिए। आवश्यकता पड़ने पर मुख से श्वास ली जा सकती है। उक्त वस्तुओं के ग्रहण करने के बाद भी दो मिनट तक नाक से श्वास न लेकर मुख से ही श्वास लेनी चाहिये। इससे जीवन भर कभी भी सर्दी-जुकाम या खांसी की बीमारी नहीं होती तथा ज्वर भी कभी नहीं आता और शरीर सदा स्वस्थ और स्फूर्ति-मय बना रहता है। शक्ति का ह्रास नहीं होता तथा कमजोरी-आलस्य का प्रभाव भी शरीर पर कभी नहीं पड़ता।

चाहे खूब मेहनत के बाद, चाहे कड़ी धूप के बाद, चाहे दौड़ने या सोने के बाद प्यास लगने पर, बिना विश्राम किये तुरन्त ही जल ग्रहण करना चाहिए। पर ध्यान रहे, जल पीते समय नाक से श्वास नहीं लेनी चाहिए। इससें कभी किसी बीमारी का आक्रमण नहीं होगा। प्यास लगने पर शीघ्र जल ग्रहण न करने से भी कण्ठ में जलन या अधिक प्यास जैसी बीमारियां हो जाती हैं।

इसी प्रकार ठण्डे जल से स्नान करते समय बांयां स्वर, शौच जाते समय दांयां स्वर चलाना चाहिए। यदि दांयां स्वर चल रहा हो और ठण्डे जल से स्नान कर लिया जाय तो सर्दी-जुकाम, सर्दी-गर्मी-जैसी बीमारियां का हो जाना स्वाभाविक है। शौच जाते समय यदि दायां स्वर नहीं चलता होगा, तो पेट साफ नहीं होगा। इसीलिए शौच जाते समय यदि दायां स्वर न चलता हो, तो या तो स्वर बदल लेना चाहिये अथवा बांई नासिका के छिद्र को रूई के फाहे या रूमाल आदि से बंद कर लेना चाहिये। कुछ दिनों के बाद शौच के समय दायां स्वर स्वाभाविक रूप से चलने लगेगा।

दिल की धड़कन संतुलित रखने के लिए हृदय की गति को पूर्व-वत् बनाये रखने के लिए, वृद्धावस्था में दमा, खांसी आदि से बचने के लिए श्वास-प्रश्वास की क्रिया सर्वोपयोगी है। श्वास-प्रश्वास क्रिया करने से न तो हृदय-गति रुकने का भय होता है और न श्वास की कभी कोई दूसरी बीमारी ही होती है। श्वास-प्रश्वास-क्रिया बैठे-बैठे, लेटे-लेटे या रास्ता चलते-चलते भी किसी भी समय बदली जा सकती है। श्वास-प्रश्वास-क्रिया जीवन के लिए सर्वोपयोगी है। इसका अभ्यास करने से न तो कभी उदर-विकार होता है, न कभी मंदाग्नि होती है और न कभी उदर-शूल जैसी बीमारियां ही होती है।

श्वास-प्रश्वास-क्रिया तीन प्रकार की होती हैं। एक तो नाक के द्वारा जोर से श्वास खींचकर नाक के रास्ते से बाहर निकाल देना, दूसरा-मुख के रास्ते श्वास खींचकर नाक के रास्ते बाहर निकाल देना। तीसरी क्रिया-नाक के द्वारा जोर से श्वास खींचकर मुंह के रास्ते बाहर निकालना। यह क्रिया इच्छानुसार एक या दो मिनट से लेकर ज्यादा-से-ज्यादा दस मिनट तक की जा सकती है। सबसे अच्छा समय तो प्रात: काल का होता है, जब कि पेट साफ हो। किसी आसन पर बैठकर इस क्रिया के करने से अतीव लाभ होता है। रात को सोते समय यह क्रिया लेटकर भी की जा सकती है। सोते समय इस क्रिया के करने से गहरी नींद आ जाती है और रात को एक भी स्वप्न नहीं आता। रात को हमेशा बांयी करवट सोने से कभी अपच नहीं होता और प्रात: काल पेट साफ हो जाता है।

बैठकर श्वास-प्रश्वास क्रिया करने से रीढ़ की हड्डी कभी टेढ़ी नहीं होती, वृद्धावस्था तक कमर सीधी रखने से सिर और हाथों में कभी कम्पन-जैसी बीमारी नहीं होती है। वृद्धावस्था में जब दांत गिर जाते हैं, मुंह का आकार भद्दा हो जाता है, या मुंह पर झुर्रियां पड़ जाती है, आंखों की ज्योति कम हो जाती है, कानों से कम सुनाई पड़ने लगता है, तब प्राण-वायु का स्तम्भन अत्यन्त लाभदायक होता है। नियमित रूप से सुबह-शाम मुंह में प्राण-वायु का स्तम्भन मुंह के आकार को नहीं बिगड़ने देता और न कभी मुंह में झुर्रियां ही पड़ने देता है।

यह अभ्यास बड़ा ही सरल है। प्रात:काल या शाम के समय जमीन या काठ के तख्ते पर किसी आसन पर सीधे बैठकर जोर से नाक के रास्ते मुंह में प्राण-वायु को भरकर उसे दो-चार मिनट जितना हो सके, रोकना चाहिये और जब उत्काहट-सी जान पड़े तब उसे नाक के रास्ते ही बाहर निकाल देना चाहिए। इसी प्रकार कम-से-कम तीन बार और ज्यादा-से-ज्यादा जितनी बार सम्भव हो, इस क्रिया को करते रहने से मुंह की बनावट में अंतर नहीं पड़ता, साथ ही मुख-संबंधी कोई रोग भी नहीं होता। मुंह से भरी हुई वायु अधिक जोर देने पर यदि आंखों के मार्ग से बाहर निकलने लगती है, तो आंखों की ज्योति कभी नहीं घटती। साथ ही कान के रास्ते से निकलने पर कभी बहरापन भी नहीं होता है।

यह अभ्यास नियमित रूप से करते रहने से स्थायी लाभ होता है और कभी किसी औषधि की आवश्यकता नहीं होती। जिस प्रकार साइकिल, बस या ट्रक के ट्यूब में हवा भरकर उससे लम्बी यात्राएं कर ली जाती हैं या भार-वाहन का काम ले लिया जाता है, उसी प्रकार शरीर के भिन्न-भिन्न अंगों में वायु-स्तम्भन से नयी स्फूर्ति आती है और शक्ति का ह्रास नहीं

होता। इससे त्वचा में भी सिकुड़न नहीं आती और शरीर पत्थर की तरह मजबूत हो जाता है। जिस प्रकार नाक से वायु मुंह में भर कर उसका स्तम्भन किया जाता है, उसी प्रकार वायु का स्तम्भन मस्तिष्क में, पेट में और हृदय में भी किया जाता है। मस्तिष्क में वायु-स्तम्भन से स्मरण-शक्ति कभी नष्ट नहीं होती, साथ ही घबराहट या चक्कर जैसी बीमारी भी कभी नहीं होती।

पेट में वायु के स्तम्भन से उदर-विकार कभी नहीं होते। वायु-विकार भी कभी नहीं होता। हृदय में वायु-स्तम्भन से हार्ट फेल (हृदय-गति रुकने) की नौबत नहीं आती और दिल की धड़कन का रोग भी प्रायः शांत हो जाता है फेफड़े, में भी किसी प्रकार का विकार नहीं आने पाता।

इस प्रकार स्वर के उपयोग से जीवन में अनन्त लाभ होते हैं। मानव उसकी जानकारी प्राप्त कर उससे अभय आनन्द का उपभोग करने लगता है।

◻◻◻

50. बिना षट्कर्म नाड़ी शोधन अर्थात् शरीर-शुद्धि

षोडशाधार– शरीर के सोलह आधार हैं।

1. दाहिने पैर का अंगूठा
2. पैर के पाद-मूल,
3. गुह्यदेश,
4. लिंग मूल,
5. नाभिमण्डल,
6. हृदय,
7. कण्ठ कूप (गले का गड्ढा),
8. जीभ की नोंक,
9. दांत का मसूढ़ा,
10. तालू मूल,
11. नाक की नोंक,
12. भौंह का मध्य भाग,
13. आंख का आधार,
14. ललाट,
15. खोपड़ी,
16. सहस्त्रार

षट्कर्म तथा शरीर की आंतरिक शुद्धि (योग के अनुसार)–योग में शरीर की आंतरिक शुद्धि के लिए षट्कर्म, नौलि, नेति, धौति, कपाल भांति और त्राटक है।

नेति में जल नेति के अंतर्गत चुल्लू में जल भर कर सांस बंद कर जल को नाक द्वारा अंदर खींचा जाता है। कुछ लोग टोंटीदार लोटे से आधा सेर जल एक नासापुट से अंदर डालकर दूसरे नासापुट से बाहर निकाल देते हैं।

दस पन्द्रह तारों के महीन सूत की एक हाथ लम्बी बिना बटी डोर को पिछले मोम से चिकना बनाकर जल से भिगोकर जिस छिद्र का सांस का सुर चल रहा हो, उस छिद्र में लगाकर और नासिका का दूसरा छिद्र उंगली से बंद कर, जोर से बार-बार सांस अंदर खींचने पर पूरक करने से सूत का भाग मुंह के अंदर आ जाता है और उसे तर्जनी से व अंगूठे से पकड़ कर बाहर निकाल दिया जाता है।

नौली से पद्मासन में बैठकर दोनों हाथ घुटनों पर रखकर, शरीर को कुछ झुकाते हुए झटके से भीतर की वायु को दोनों नासिका छिद्रों से बाहर

निकाल कर पेट और फेफड़ा वायु शून्य कर नाभि स्थल को अंदर संकुचित कर उड्डियान बंध लगाते हैं।

नाड़ी शोधन बिना षट्कर्म भी सम्भव—योग में नाड़ी शोधन के लिए षट्कर्म, धौति, वस्ति, नेति, नौलि, त्राटक और कपालभाति की छः क्रियाएं बताई गई हैं। पर यह क्रियाएं सर्वसाधारण के लिए कठिन हैं और इन्हें केवल योग प्रशिक्षक की देखरेख में ही करना चाहिए।

सर्वसाधारण के लिए योगासनों द्वारा नाड़ी शोधन के बाद निम्न प्रक्रिया की जाती है।

सुखासन में बैठकर सीधे हाथ के अंगूठे से दाहिने नथुने को कुछ दबाकर बाएं नथुने से वायु अंदर खींचकर, बिना उसे रोके बाएं नथुने को कनिष्ठा या अनामिका उंगली से बंद कर दाहिने से वायु को बाहर निकाल दें।

इसी तरह दाहिने नथुने से वायु खींचकर उक्त विधि से बांएं नथुने से बाहर निकाल दें।

यह अनुलोम-विलोम प्राणायाम है।

ओशो प्रारम्भ में नाड़ी शोधन के लिए ही हर ध्यान सक्रिय ध्यान से प्रारम्भ कराते हैं। पहले सक्रिय ध्यान में वायु अंदर खींचकर ही बाहर निकाली या फेंकी जाती थी। कालान्तर में यह अनुभव कर कि श्वास तो रोम-रोम से अंदर आ ही रही है, ओशो ने पूरे वेग से दोनों नथुनों द्वारा श्वास बाहर उलीचने को कहा।

इस श्वास उलीचने की प्रक्रिया से नेति नौली सभी कुछ अप्रत्यक्ष रूप से सरलता से हो जाती है।

वमन करने और एनीमा न लेकर यदि दो तीन गिलास जल बिस्तर से उठकर लेने के बाद कुछ देर टहल कर शौच करने से पेट साफ हो जाता है। ध्यान करने के लिए यह जरूरी है कि कब्ज न रहे, इसीलिए ओशो ने हल्के सुपाच्य, शाकाहारी व सम्यक भोजन पर बल दिया है।

किसी शारीरिक ब्याधि या हार्ट एटेक आदि के कारण जो लोग खड़े होकर वेग से सांस उलीचते हुए दस मिनट तक सक्रिय ध्यान का पहला चरण न कर सकें वे सुखासन में बैठकर योग विधि के अनुसार उक्त वर्णित भस्त्रिका कपालभाति तथा अनुलोम-प्रतिलोम प्राणायाम भी यदि दो-तीन मिनट भी प्रतिदिन करें तो नाड़ी शोधन के साथ-साथ श्वास भी सुषुम्ना से चलने लगती है।

कुछ योगासन जैसे सर्वांगसन, पश्चिम तानासन और योग के व्यायाम, तथा त्राटक-ध्यान करने से भी नाड़ी शोधन अर्थात् शरीर शुद्धि भली-भांति हो जाती है। ओशो के रेचन ध्यान, जैसे 'नोमाइन्ड' देववाणी या जिबरिश द्वारा दमित मनोभावों से मुक्ति तो मिलती ही हैं, नाड़ी शोधन और स्वर का प्रवाह भी सुषुम्णा से होने लगता है जो ध्यान में गहरे जाने के लिये सर्वाधिक आवश्यक है।

इसीलिए ओशो कहते हैं-नित्य प्रातः ध्यान का प्रारम्भ सक्रिय ध्यान से करें, जिसमें कपालभाति प्राणायाम और रेचन दोनों है। यदि सक्रिय ध्यान न भी कर सकें तो रेचन से ध्यान प्रारम्भ करें।

विज्ञान भैरव तंत्र बारह चक्रों की बात करता है। उनके अनुसार जननेन्द्रिय के अग्र भाग, कंद या योनिमण्डल में भी दो ऊर्जा चक्र हैं।

ब्रह्मरंध्र से बारह अंगुल ऊपर वह सहस्त्र दल कमल (ब्राह्य द्वादशान्त) अर्थात् व्यापिनी की बात करते हैं।

योग के अनुसार चक्र-

1. मूलाधार
2. स्वाधिष्ठान
3. मणिपुर
4. अनाहत चक्र
5. विशुद्ध चक्र
6. आज्ञाचक्र
7. ललना चक्र
8. गुरुचक्र या ब्रह्मरंध्र
9. सहस्त्रार या सहस्त्रदल कमल

नेत्र तंत्र के अनुसार बारह चक्र-

1. जन्माग्र (जननेन्द्रिय के अग्र भाग पर)

2. मूलाधार चक्र

3. कंद या योनि मण्डल (जननेन्द्रिय तथा गुदा के मध्य का स्थान जहां कुण्डलिनी सुप्तावस्था में कुण्डली मारे पड़ी है।

4. नाभि

5. हृदय (ब्राह्य द्वादशांत से बारह अंगुल दूर शरीर के अंदर हृदय कमल, जहां तक श्वास अंदर जाकर विलीन हो जाती है और प्राण प्रकट होकर शरीर के बाहर जाता है)

6. कण्ठ
7. तालू
8. भ्रूमध्य
9. ललाट

10. ब्रह्मरंध्र (भ्रूमध्य से 12 अंगुल दूर सिर में चोटी का स्थान)

11. शक्ति (सिर की चोटी की त्वचा 'अं' बिंदु अम का स्थान)

12. व्यापिनी–जहां शिखर का छोर समाप्त होकर अनन्त (महाशून्य) के विस्तार का प्रारम्भ होता है।

अधिकतर लोग नौ चक्र न मानकर सात चक्र ही मानते हैं। ललना तथा ब्रह्मरंध्र पृथक न मानकर यह आज्ञाचक्र के बाद सीधे सहस्त्रदल कमल की बात कहते हैं। सात चक्रों से वे सात-शरीरों का संबंध स्थापित करते हैं। कुछ लोग स्वाधिष्ठान चक्र की स्थिति न मानकर मूलाधार के बाद सीधे मणिपुर की बात कर केवल षट्चक्र अर्थात् छ: चक्र ही मानते हैं। कुछ लोग स्वाधिष्ठान चक्र का तो उल्लेख करते हैं पर सहस्त्रदल कमल शरीर के बाहर शून्याकाश में होने से उसका उल्लेख नहीं करते।

कुछ दोनों पसलियों के मिलन बिंदु पर सूर्य चक्र की स्थिति मानते हैं। मैं यहां सात चक्र और सात शरीरों का उल्लेख कर रहा हूं।

❑❑❑

51. कुण्डलिनी–जागरण है क्या?

सर्पिणी की तरह लपेटे खाये यह शक्ति मूलाधार चक्र में सुप्त पड़ी रहती है। चक्र पर श्वास या मंत्र की चोट देने से या सतत निरीक्षण से यह जागृत होती है।

यदि यह नाड़ी किसी प्रकार अपने लपेटे खोलकर सीधी खड़ी हो जाये और उसका मुख सुषुम्ना नाड़ी के अंदर चला जाये तो इसी को कुंडलिनी का जागरण कहते हैं। यह हठयोगियों द्वारा यम, नियम, आसन, प्राणायाम, प्रत्याहार द्वारा जगाई जाती है।

सहजयोग या राजयोग में यह प्रयासरहित प्रयास है और गुरु कृपा के प्रसाद से सहज रूप में स्वयं जाग जाती है। अकस्मात् किसी मनुष्य में अलौकिक शक्ति, चमत्कार और आसाधारण ज्ञान का विकास देखने में आये तो समझना चाहिए पूर्व जन्म के सात्विक संस्कारों के उदय होने पर किसी घटना से अचानक कुंडलिनी शक्ति जाग्रत होकर सुषुम्ना के मुंह में चली गई है। अस्तित्व जब किसी व्यक्ति को किसी विशेष कार्य के लिए जो मानवकल्याण का हो, संसार में विशिष्ट गुणों के साथ भेजता है तो ऐसी परिस्थितियां उत्पन्न करता है जिनमें उसकी कुंडलिनी शक्ति सहज रूप से जाग जाती है।

जब किसी कलाकार की कुंडलिनी शक्ति जाग्रत होती है तो वह सृष्टा होकर अलौकिक सृजन करता है। अजन्ता एलौरा की गुफाएं, खुजराहो कोणार्क के मंदिर ऐसे ही कलाकारों द्वारा निर्मित किए गए। जयदेव, विद्यापति, माइकल एंजिलों, पिकासो, वॉन गॉग, बाल्मीकि, आस्पेंस्की, खलीन जिब्रान, मिखाइल नेमी ऐसे ही कलाकार हैं।

जब किसी योगी या सिद्ध की कुंडलिनी शक्ति जागती है तो वह द्रष्टा बन गोरख, कबीर, नानक, रैदास, दादू या रामकृष्ण परमहंस बन जाता है।

जो विशिष्ट प्रतिभासम्पन्न द्रष्टा और सृष्टा दोनों गुण साथ लेकर उत्पन्न होता है वह बुद्ध और ओशो के समान सद्‌गुरु होता है। जो सत्य का साक्षी

बन अनुभव भी करता है और उसकी काव्यात्मक अभिव्यक्ति भी। ज्ञानेश्वरी में से उसका एक अंश मैं ज्यों का त्यों उद्धृत कर रहा हूं, जिससे कुण्डलिनी जागरण के बारे में आपको ज्ञान हो।

कुण्डलिनी शक्ति का जाग्रत होना—यह नाड़ी यदि किसी प्रकार से अपने लपेटों को खोलकर सीधी हो जाये और इसका मुख सुषुम्णा नाड़ी के भीतर चला जाय, तो इसको कुण्डलिनी का जाग्रत होना कहेंगे।

कुण्डलिनी शक्ति के सुषुम्णा के मुख में प्रवेश होने पर नाना प्रकार के अनुभव होते हैं पर उनको प्रकट करना वर्जित है। किन्तु हम कुण्डलिनी जाग्रत करने के कुछ उपाय तथा साधकों के लाभार्थ कुछ चेतावनियां दे देना आवश्यक समझते हैं।

कुण्डलिनी जाग्रत करने के उपाय—विशेषतया कुण्डलिनी शक्ति तो शरीर के शुद्ध और सूक्ष्म होने पर सात्विक विचार शुद्धि, अन्तःकरण, ईश्वर की भक्ति और परिपक्व वैराग्य की अवस्था में एकाग्रता अर्थात् निश्चल ध्यान से जाग्रत होती है। जहां कहीं अकस्मात् किसी मनुष्य में अलौकिक शक्ति, अद्भुत चमत्कार तथा असाधारण ज्ञान का विकास देखने में आवे तो समझना चाहिए कि पूर्व जन्म के किन्हीं सात्विक संस्कारों के उदय होने अथवा हृदय पर सात्विक प्रभाव डालने वाली अन्य किसी घटना से कुण्डलिनी शक्ति जाग्रत होकर सुषुम्णा के मुख में चली गई है।

1. कुण्डलिनी शक्ति जब सुषुम्णा नाड़ी के अंदर प्रविष्ट होती है, तब उसकी पहली टक्कर मूलाधार चक्र पर लगती है, इससे उपस्थ इन्द्रिय पर दबाव पड़ता है। इसलिये मूलबंध सावधानी से लगाये रहें।

2. उस समय स्थूल-जगत् से सूक्ष्म-जगत् में प्रवेश तथा स्थूल शरीर से सारे प्राणों का प्रवाह सुषुम्णा नाड़ी में जाना आरम्भ होने लगता है, सारे बाह्य प्राण हाथ पैर आदि से खिंचाव के साथ अंदर जाने लगते हैं। उस समय भयभीत नहीं होना चाहिए, अन्यथा भय की वृत्ति आने के साथ ही प्राण फिर उतर जायेंगे और पछतावा रह जायगा।

3. विद्युन्मय सूक्ष्म नाड़ियों, चक्रों, तन्मात्राओं तथा तत्त्वों आदि के प्रकाश इतना अलौकिक होते हैं कि साधक को प्रथम अवस्था में उनका सहन करना कठिन हो जाता है। इसी प्रकार सूक्ष्म-जगत के शब्द भी अपरिचित होने के कारण अतिभयानक प्रतीत होते हैं। इसलिए द्रष्टा बनकर देखता रहे, अन्यथा भय की वृत्ति आने के साथ ही कुण्डलिनी शक्ति जहां पहुंचती है, वह वहीं पर पुनः लौट जायेगी।

4. सूक्ष्म-जगत् स्थूल-जगत से अति विलक्षण है। वहां की सूक्ष्मता और विलक्षणता भी प्रथम अवस्था में भय का कारण बन सकती है, उससे भयभीत न हों।

5. कभी-कभी अप्रिय और भयंकर दृश्य भी सम्मुख आते हैं। वह कुछ हानि नहीं पहुंचा सकते, स्वयं हट जाते हैं अतः उनसे भयभीत न हों।

6. भृकुटि अथवा ब्रह्मरंध्र में प्राण रुक जाने के पश्चात् शवासन में लेटकर ध्यान करने से शरीर के सीधे रहने के कारण प्राणों का प्रवाह कुण्डलिनी में खिंच आने और फिर उससे सुषुम्णानाड़ी में प्रविष्ट होने में आसन से बैठने की अपेक्षा सुगमता से होता है परन्तु इस तरह लेट कर क्रिया करना स्वास्थ्य के लिए लाभदायक नहीं है।

   चित्त लेटने की अवस्था में जब मूलाधार-चक्र पर सारे प्राणों के वेग की टक्कर लगती है और इसलिए उपस्थ इन्द्रिय पर अधिक खिंचाव पड़ता है, उस समय मूल-बंध पूरी दृढ़ता के साथ बंधा रहना चाहिए। अन्यथा कमजोर-क्षीण शुक्र वालों के लिए वीर्य अथवा मूत्र निकलने की सम्भावना हो सकती है।

7. ये सब प्रकार के भय उसी समय तक रहते हैं, जब तक कुण्डलिनी भृकुटि तक न पंहुच जाय। आज्ञा चक्र पर स्थिर होने के पश्चात् कोई भय नहीं रहता। उस समय सारे सूक्ष्म जगत् का ज्ञान प्राप्त हो सकता है। जिस ओर वृत्ति जाती है उसी का यथार्थ स्वरूप समक्ष आने लगता है यही वास्तविक समाधि है। जब सहस्त्रार में पहुंचती है तो सारी वृत्तियों का निरोध होकर असम्प्रज्ञात समाधि सिद्ध होती है।

8. एक बार कुण्डलिनी जाग्रत होने पर यह न समझना चाहिए कि सर्वदा ऐसा ही होता रहेगा। मन तथा शरीर की स्वस्थ अवस्था निर्मलता, सूक्ष्मता, विचारों की पवित्रता और वैराग्य का बना रहना अत्यावश्यक है। इनके अभाव में यह कार्य बन्द हो सकता है।

9. भृकुटि, ब्रह्मरन्ध्र आदि स्थानों पर प्राणों के ठहर जाने को कुण्डलिनी जाग्रत् न समझना चाहिए, किन्तु सारे प्राणों का प्रवाह जब स्थूल शरीर से सुषुम्णा नाड़ी से आ जाय और स्थूल शरीर तथा स्थूल जगत से बेसुध होकर सूक्ष्म-शरीर में प्रवेश हो जाय तो कुण्डलिनी शक्ति का जाग्रत होना समझना चाहिये।

10. मांसभक्षण करने वाले योग के अधिकारी ही नहीं हो सकते इसलिए मांस तो सदा अभक्ष्य ही है। मादक पदार्थ, शराब, भंग, सुलफा, सिगरेट, बीड़ी आदि, लाल मिर्च, खटाई, तेल, गरिष्ठ, वादी, कोष्ठबद्धता करने वाले और कफ वर्धक तथा तीक्ष्ण पदार्थों का सेवन न करें। ध्यान तथा प्राण के उत्थान से उत्पन्न होने वाली खुश्की और गर्मी को दूर करने के लिए दही, छांछ और मट्ठे का सेवन कदापि न करें, इससे वायु आदि के कई रोग उत्पन्न हो जाते है। ऐसी अवस्था में घृत बादाम का छोंका तथा मीठे बादाम का तेल और दूध लाभदायक होता है।

इसके ही साथ इन दिनों कुसंग, क्रोध, शोक, भय, मैथुन तथा अधिक शारीरिक श्रम से बचना चाहिए। आहार हल्का, सुपाच्य व शाकाहारी हो। कब्ज न हो। शरीर शोधन होता रहे। संकल्पपूर्वक सुखासन में थिर बैठे निरीक्षणकर्ता बने ऊर्जा के ऊर्ध्वगमन में सहयोग देना चाहिए।

इस प्रकार जब छः मास, एक वर्ष अथवा दो वर्ष में एक चक्र में ध्यान पक्का हो जाये और प्राणोत्थान भली प्रकार होने लगे तो इसी भांति अगले-अगले चक्रों का भेदन करना चाहिये। आज्ञा चक्र और सहस्त्रार में अधिक समय देना चाहिये। प्रथम चक्रों के ठीक-ठीक स्थान निश्चय करने में कठिनाई होगी किन्तु कुछ दिनों के अभ्यास के पश्चात् स्वयं यथा स्थान पर मन स्थिर होने लगेगा।

यह चक्र भेदन का क्रम दीर्घकाल तक धैर्य के साथ करते रहना चाहिये। सुगमता और शीघ्रसिद्धि प्राप्त करने के विचार से आज्ञाचक्र और सहस्त्रार-चक्र ध्यान के लिये पर्याप्त हैं। यहीं पर विधिपूर्वक ध्यान करने से कुण्डलिनी जाग्रत् हो सकती है। यद्यपि निचले चक्रों का विशेष ज्ञान और उनकी विशेष शक्तियां उनके अपने-अपने विशेष स्थान पर ध्यान करने के सदृश नहीं प्राप्त होतीं। डाकगाड़ी से लम्बी यात्रा पर जाने वाले यात्रियों को मार्ग में आने वाले स्टेशनों की भांति इनका सामान्य ही ज्ञान होता है, किन्तु दोनों चक्रों पर ध्यान के परिपक्व होने के पश्चात् निचले चक्रों का भेदन अति सुगमता और शीघ्रता के साथ हो सकता है।

आत्म स्थिति के जिज्ञासु के लिये तो इन चक्रों के चक्र में अधिक न पड़कर अपने अन्तिम ध्येय को लक्ष्य में रखना ही श्रेयस्कर है।

❑❑❑

52. कुंडलिनी न जगाकर कुंड में डूब जाने का प्रयोग

इस प्रयोग में अपनी समग्र चेतना को इस कुंड में डुबो देना है। इस प्रक्रिया में न तो अतीन्द्रिय अनुभव होंगे न आत्मा का अनुभव होगा, वरन् सीधा परमात्मा का अनुभव होगा। तब लगेगा-आत्मा है ही नहीं- परमात्मा ही है। इस कुंड में डुबकी लगाने से तुम अपने ही कुंड में नहीं' समष्टि के कुंड में ही डूबते हो।

कुंडलिनी के जागरण से आत्मा का अनुभव, परमात्मा को एक कोने से छूना है। इस जागरण के बाद अपनी आत्मा के अनुभव के साथ सभी में अलग-अलग आत्मा का अनुभव होता है।

जैसे वृक्ष का एक पत्ता चेतन हो अपने पास के पत्ते को देखे। पर और गहरे देखने पर उसे ज्ञात होगा कि सभी पत्ते, पेड़ से जुड़े हैं, और गहरे जाकर वह पेड़ के मूल पर पहुंचेगा।

कुंडलिनी जागने पर आत्मा अनुभव के बाद, अपने होने के आनन्द को भी छोड़कर न होने को भी जानना होगा। प्रकाश के बाद अंधकार को भी जानना होगा। प्रकाश की अस्तित्व की सीमा हो सकती है पर अनस्तित्व की, अंधकार की कोई सीमा नहीं।

एक मार्ग है सीधा कुंड में डुबकी लगा जाने का बुद्ध का मार्ग। बुद्ध कुंडलिनी जागरण या आत्मा की बात ही नहीं करते। बुद्ध कहते हैं-जब दुःख मिटेगा, वासना मिटेगी तो फिर एक होने का दुःख ही शेष रह जायेगा। जब doing नहीं होगा-कुछ, करने को कामना या वासना ही नहीं रहेगी तो फिर 'होना भी' being भी गड़ने लगेगा। फिर सीधे डूब जाना, खो जाना ही निर्वाण ही शेष रहेगा।

पर यह साधना कठिन है। कुंडलिनी की यात्रा लम्बी है पर सरल लगती है। जिसने अभी दुख नहीं खोया, उससे कहो कि जो आनन्द मिल रहा है उसे छोड़ दो तो वह कहेगा-पागल हो तुम! आनन्द छोड़कर मिलेगा क्या?

धीमे-धीमे स्वयं को, अपने होने को या आनन्द को ही खो देना या छोड़ देना सहज हो जाता है। वासना खोती हैं, वृत्तियां खोती हैं, क्रिया खोती है सिर्फ तुम बचते हो। फिर स्वयं को बचाने का कोई सार रहता ही नहीं। स्वयं का अस्तित्व, क्रिया से, कामना से था।

यह ठीक ऐसा ही है जैसे अपने ही घर पंहुचने के लिए दूसरों के दरवाजे खटखटाने पड़ें। स्वयं की शक्ल पहचानने के लिए जाने कितनी शक्लों को पहचानना होता है। स्वयं को प्रेम करने के लिए जाने कितने लोगों को प्रेम करना होता है।

❑❑❑

53. कुंडलिनी जागरण के प्रयोगों से पूर्व की साधना एवं होशपूर्ण कुंडलिनी-ध्यान

'तंत्र का आत्मरूपान्तरण का विज्ञान' खण्ड के अंतर्गत मैंने सजगता, संवेदनशीलता, होशपूर्ण तथा प्रेमपूर्ण होने की छोटी-छोटी विधियों का उल्लेख किया है। यह पांच पांच मिनट की विधियां आणविक विधियां हैं। सबसे प्रथम आवश्यक है-होशपूर्ण अथवा सचेतन रेचन। अर्थात् ओशो की साधना का प्रथम सूत्र-शरीर शुद्धि।

दूसरा और तीसरा सूत्र है-विचार शुद्धि और भाव शुद्धि। इसके लिए मात्र प्रयोग या विधियां ही पर्याप्त नहीं है। इसके लिए एक विशिष्ट जीवन शैली अपनानी होगी।

प्रकृति का अधिक से अधिक सान्निध्य। सत्संग। मैत्रीभाव। सत् साहित्य का पठन-पाठन। वृक्षों से प्रेम कर संवेदनशील बनना आदि इन सूत्रों का उल्लेख में विस्तार से पूर्व ग्रंथों में कर चुका हूं।

चौथा सूत्र है-ध्वनि ध्यान तथा नाद ब्रह्म ध्यान। नादब्रह्म ध्यान में भी नाक से हमिंग की ध्वनि निकालते हुए चेतना को हृदय चक्र तथा नाभि पर भी पांच-पांच मिनट के लिए केन्द्रित करें। अपनी अंतर्ध्वनि को निरन्तर जब भी खाली बैठे अवश्य सुनते रहें। ओम् ध्यान करें। ओम् का अजपा जाप ही वस्तुत: ओम् ध्यान है।

अपने सभी चक्रों को सक्रिय करने के लिए प्रथम खण्ड में वर्णित जीवन संजीवनी साधन प्रयोग तथा मालिश अवश्य करें जिससे अवरुद्ध ऊर्जा भी निष्कासित हो जाये।

इस तैयारी में भले ही एक दो वर्ष लग जायें। यदि कोई साधक नियमित रूप से सुबह शाम डेढ़ दो घंटे तक साधना करता रहे तो एक-दो वर्ष में भी वह अपने को कुण्डलिनी साधना का पात्र बना सकता है। पर बहुत कुछ साधक के पूर्व जन्मों की साधना, उसके संकल्प, समर्पण और उत्सवपूर्ण भाव दशा पर निर्भर करता है।

कुण्डलिनी ध्यान तभी ध्यान-शिविरों में, सुबह सक्रिय ध्यान कराने के बाद शाम को ही कराया जाता है जिससे होशपूर्ण रेचन हो सके। फिर भी कुण्डलिनी ध्यान प्रारम्भ करने से पूर्व निम्न पांच-पांच मिनट के तीन प्रयोग करें। पर पूरा प्रयोग आंखों पर काली पट्टी बांधकर तथा कान में रूई ठूंस कर किया जाये।

1. अपने दोनों हाथों की उंगलियां एक दूसरे में फंसाकर दांत भींचते हुए पूरे शरीर को तनाव के शिखर तक ले जायें। जब और तनाव न दे सकें तो उसे सांस धीमे-धीमे छोड़ते हुए शिथिल करें। सजगता से अंदर जो रहा है उसके द्रष्टा बने रहें। यह प्रयोग कम से कम तीन बार करें।
2. यदि सुबह सक्रिय ध्यान न किया हो तो दो मिनट से पांच मिनट तेजी से सांस बाहर उलीचें जिससे श्वास सुषुम्ना से चलने लगे।
3. अपने उस प्रथम प्रेम का रस ले लेकर स्मरण करें। जब प्रथम स्पर्श, चुम्बन या आलिंगन में शरीर पत्ते सा कांपने लगा था। यह स्मरण पूरा ध्यान ही है जिससे पांच मिनट में आपके अंदर स्मरण मात्र से पुलकन, सिहरन, कम्पन, और रोमांच हो जाये। यदि जननेन्द्रिय में उत्तेजना भी होने लगे तो न चिंता और न लज्जा करें क्योंकि सभी मित्र आंखें बंदकर यही प्रयोग कर रहे हैं।

दस मिनट के इन दो प्रयोगों के बाद ही कुंडलिनी ध्यान प्रारम्भ करें। पर प्रारम्भ में ध्यान के संगीत कैसेट का स्वर धीमा हो। बाहर बहुत आहिस्ते से हाथों तथा शरीर को हिलायें। केवल आंतरिक कम्पनों को सहयोग देने के लिए। चेतना अंदर के आंतरिक कम्पनों ही पर लगी रहे। यंत्र की तरह या व्यायाम की तरह शरीर को न कंपाकर सजगता, प्रेमपूर्ण तथा उत्सवपूर्ण ढंग से करना है।

कुण्डलिनी ध्यान के दूसरे चरण में नृत्य भी बहुत सौम्यता, आनन्दभाव और उत्सवपूर्ण होते हुए ही प्रारम्भ करना चाहिए। तेजी व शक्ति से नृत्य कर उसे व्यायाम न बनायें। नृत्य में इतने डूब जायें कि केवल नृत्य ही बचे और नर्तक खो जाये। ध्यान के संगीत को नाभि से सुनें।

कुण्डलिनी ध्यान का तीसरे चरण, जिन मित्रों को खड़े रहकर करना है वे दोनों पैरों पर समान भार डालकर, इस तरह खड़े हों कि सक्रिय तथा निष्क्रिय ऊजाओं का संतुलन सध जाये। बिना हिले डुले खड़े संगीत को मूलाधार चक्र से सुनें और मूलाधार से ऊर्जा के ऊर्ध्वगमन में सहयोग करें। कम से कम पांच मिनट तक मूलाधार चक्र से स्वाधिष्ठान और नाभिचक्र तक उसके ऊर्ध्वगमन को बहुत सजग और संवेदनशील होकर उसका

अनुभव करें। ऊर्जा के ऊर्ध्वगमन के साथ अत्यधिक सवेंदनशील होकर उन पर भी गूंजते अनाहत नाद पर भी चेतना थिर रहे। मूलाधार चक्र से मणिपुर चक्र तक ऊर्जा के ऊर्ध्वगमन तथा अनाहत नाद का अहसास अत्यधिक संवेदनशील बनने पर ही होता है। पर मणिपुर से अनाहत तथा इससे ऊपर ऊर्जा के ऊर्ध्वगमन का अनुभव सरलता से होता है। प्रत्येक चक्र पर ऊर्जा का स्पर्श उस चक्र को सक्रिय करता है और उस चक्र द्वारा निष्कासित ऊर्जा को साथ लेकर वह ऊर्जा ऊर्ध्वगामी होती है।

खेचरी मुद्रा से ऊर्जा के आज्ञाचक्र तथा सहस्त्रार तक ऊर्ध्वगमन में सहायता मिलती है।

यदि कुण्डलिनी ध्यान का तीसरा चरण बैठे हुये करना है तो दोनों नितम्बों पर समान भार डालकर बैठें और मूलाधार चक्र से संगीत सुनते हुए उपरोक्त विधि ही अपनाएं।

अधिकतर स्त्रियों तथा कुछ पुरुषों में इसी विधि से ऊर्जा के ऊर्ध्वगमन में सहायता मिलती है। पर कुछ पुरुषों को ऊर्जा के ऊर्ध्वगमन का अनुभव बिजली की कौंध की तरह सीधे मूलाधार से सहस्त्रार चक्र तक होता है। मुख्य बात ऊर्जा के ऊर्ध्वगमन की है। इस समय व्यर्थ की कल्पनाओं में न उलझें। जो भी अनुभव हों उनके तटस्थ दृष्टा बने रहें। उन अनुभवों का जिक्र अपने गुरु के अतिरिक्त अन्य किसी से कभी न करें।

ऊर्जा का सहस्त्रार से ऊपर निष्कासन किए बिना कभी अधूरा ध्यान छोड़कर न उठें। जब ऊर्जा का अवरोह हो तो आज्ञाचक्र पर सहस्त्रार से ऊर्जा के बरसने का अनुभव करें। श्वास की गति इतनी धीमी हो जैसे चल ही न रही हो। सारी चेतना आज्ञा चक्र पर रहे और बंद नेत्रों से दृष्टि उल्टी कर अंदर देखते रहें। अंदर लगभग तीन इंच गहराई तक देखने का अभ्यास करें। यही अन्दर प्रवेश करने का द्वार है। इसी द्वार से चेतना के हृदय चक्र, नाभि चक्र और हारा चक्र तक आने का अनुभव करें।

श्वासन में जाकर भी सारी चेतना नाभि चक्र या आज्ञाचक्र पर बनी रहे और जो भी अनुभव हो उसे द्रष्टा बन देखते रहें। ऊर्जा के ऊर्ध्वगमन के समय प्रत्येक चक्र पर भय, कामवासना, क्रोध, घृणा, आदि विभिन्न भाव भी उठ सकते हैं, उनके तटस्थ द्रष्टा मात्र बने रहना है। उनसे तादात्म्य नहीं जोड़ना है।

कुण्डलिनी जागरण में जाप का महत्व तथा दूसरी विधि

जाप के लिए, योग पहले भस्त्रिका प्राणायाम करने का परामर्श देता है। उगते हुए सूर्य के सम्मुख खुले स्थान में गहरी श्वास लें और तीव्रता से

उसे बाहर फेंके। फिर सक्रिय ध्यान के प्रथम चरण के अंतर्गत लुहार की धौंकनी की तरह पांच मिनट श्वास बाहर उलीचें।

इस विधि में श्वास सुषुम्णा से चलने लगती है। दोनों प्राणायाम सुखासन में बैठे-बैठे ही करें। बंद नेत्रों से पुतलियां थिर कर चेतना का एक तीर आज्ञा चक्र पर तथा दूसरे तीर से मूलाधार चक्र में जागृत कुण्डलिनी ऊर्जा के द्रष्टा बने उसके ऊर्ध्वगमन में सहयोग दें। अब 'ओम्' का मानसिक जाप करें तथा भाव करें कि कुण्डलिनी शक्ति, सुषुम्णा में प्रविष्ट होती हुई मूलाधार को ऊर्ध्वमुख करती हुई ऊपर उठ रही है।

यह अभ्यास छः माह या वर्ष भर करने के बाद ही इसी भांति अन्य चक्रों का भेदन करना चाहिए।

कुछ विज्ञ लोगों का मानना है कि मूलाधार चक्र पर एक दो माह बाद ध्यान करने के बाद आज्ञाचक्र पर सीधे ही ध्यान करना प्रारम्भ कर देना चाहिए जिससे सहस्त्रार पर शीघ्र जा सके। इन दोनों चक्रों पर ध्यान परिपक्व होने पर फिर निचले चक्रों का भेदन सुगम हो जाता है। जब ऊर्जा का ऊध्वर्गमन विशुद्ध चक्र तक हो जोय तब खेचरी मुद्रा का प्रयोग करें।

खेचरी मुद्रा का महत्त्व इसलिए और भी अधिक है क्योंकि यदि तालू पर ध्यान थिर किया जाये तो ध्यान आज्ञाचक्र तक स्वतः पंहुच जाता है और दोनों भौहों के मध्य त्रिनेत्र का बिंदु खोजने के लिए अन्य प्रक्रियाएं नहीं करनी पड़ती।

इसी प्रकार जीभ की नोंक पर जो तालू के निकट कंठ छिद्र से सटी हैं, ध्यान करने से ध्यान स्वयं ब्रह्मरंध्र तक पंहुच जाता है।

शब्द का महत्त्व—यह संसार, शब्द का ही विस्तार है और शब्द द्वारा ही अभिव्यक्त होता है, इसलिए शब्द ही इस संसार से विस्तार या मुक्ति दिला सकता है। अतः शब्द या मंत्र के माध्यम से मुक्ति चाहने वालों को शरीर और मन की शुद्धि करने के बाद नाद का अनुसंधान करना पड़ता है। शरीर शुद्धि, भावशुद्धि और विचार शुद्धि के उपाय ओशो ने विस्तार से बतलाए हैं जिनका पूर्व में उल्लेख किया जा चुका है।

मूल रूप से एक नाद विभिन्न चक्रों के सहयोग से स्वर व्यंजनों के रूप में प्रकट होता है और फिर शब्दों और वाक्यों का विस्तार लेता है। 'क' से लेकर 'म' तक पांच वर्ग पांच तत्त्वों के और य, र, ल तथा व चित्र शक्ति के प्रतीक हैं। प्रत्येक वर्ग, अभिव्यक्ति के लिए जब बैखरी क्षेत्र में आता है तब शिव और शक्ति के सम्मिलित रूप में आता है। षट्चक्र के

स्थानों पर स्वरहीन वर्णों की स्थिति है जिसे साधक संवेदनशील होकर ध्यान में सुन सकते हैं।

मंत्र के शब्द और उनका नाद ही षट्चक्रों का भेदन करता है। वर्णों, अक्षरों, शब्दों और वाक्यों के रूप में विस्मृत शब्द को बीज रूप में सीमित किया जाता है और बीज को भी गलाकर नाद के रूप में परिणित किया जाता है।

ध्यान में मन को अंतर्मुखी करने पर निर्विचार में इन्द्रियों का व्यापार विरुद्ध हो जाता है और मन, नाद के प्रभाव से अलौकिक भूमि में प्रवेश करता है। उस समय नाद का बिंदु में विलय हो जाता है।

वैज्ञानिक मानते हैं कि संसार का जन्म एक विद्युत तंरग से हुआ। ध्वनि की तरंग भी विद्युत तरंग ही है। सृष्टि के पहले भी अनाहत नाद गूंज रहा था। अनाहत नाद को ही प्रणव कहा जाता है।

प्रणव और उसकी शक्ति

प्रणव, जीवन-ऊर्जा को संरक्षित रखने वाला महामंत्र है। इसकी गूंज, साधक को आत्मा का अनुभव करने में सहायक है। प्रणव तीन प्रकार के हैं। वैदिक परम्परा में प्रणव के अंतर्गत 'ओम्' का अजपाजाप, प्राणऊर्जा का ऊर्ध्वगमन करता है।

शैवागम में उल्लेख है अस्तित्वगत चेतना में जब अपने को अभिव्यक्त करना चाहा तो प्रथम जीवन ऊर्जा की अभिव्यक्ति प्रणव के रूप में हुई। सा+हा अथवा 'हा' और 'सा' अर्थात् हुम ('मैं शिव हूं') का प्रणव मंत्र 'सो हम्' 'हुम' है। शक्ति प्रणव 'हम' है।

एकाग्रता से 'ओम्' के शुद्ध उच्चार का अभ्यास इड़ा पिंगला नाड़ियों में संतुलित व लयबद्ध कम्पन उत्पन्न कर मध्य में स्थित सुषुम्ना नाड़ी में कुंडलिनी या हम्स्: के ऊर्ध्वगमन के अनुभव में रूपांतरित हो जाता है।

वैदिक प्रणव ओम् के उच्चार से प्राण ऊर्जा इड़ा पिंगला में लयबद्ध होकर सुषुम्ना में कुंडलिनी को जागृत करती है। कुंडलिनी शक्ति के ऊर्ध्वगमन के समय अत्यंत सजग और संवेदनशील होने पर इस अनाहत प्रणव ध्वनि को सुना जा सकता है।

पहले यह नाद हाथ से बजने वाली घंटी की तरह, फिर बांसुरी की अति सूक्ष्म ध्वनि की भांति, फिर वीणा की सूक्ष्मातिसूक्ष्म ध्वनि की तरह, और फिर मधुमक्खी की भिनभिनाहट की तरह सुनाई देती है। इस नाद पर ध्यान एकाग्र करने पर साधक बाह्य संसार का पूर्ण विस्मरण कर चिदाकाश

में अथवा परम चैतन्य में डूब जाता है।

यह शिवयोग का आणव उपाय, कबीर का सुरति शब्द योग तथा नाथ परम्परा का 'नादानुसंधान' योग है।

सद्‌गुरु द्वारा सिखाये जाने पर ओम् का सही उच्चार आता है। सामान्य रूप से ओम् का ह्रस्व, फिर दीर्घ उच्चारण करते हुए उसे लम्बा करना है। तभी शून्य की स्थिति प्राप्त होती है।

उच्चार का अर्थ है–नाद के सूक्ष्म स्पंदनों का ऊर्ध्वगमन। ओम् के 'अ' अक्षर के उच्चार के समय ध्यान नाभि पर 'उ' के उच्चार के समय ध्यान हृदय पर, बिंदु के उच्चार के समय ध्यान दोनों भौंहों के मध्य, अर्द्धचन्द्र के उच्चार के समय ध्यान मस्तक के अग्र भाग पर होना चाहिए। नाद पूरे सिर में गूंजना चाहिए। नाद का अंत ब्रह्मरंध्र में शक्ति, त्वचा में, व्यापिनी शिखा के मूल में और उन्मना शिखा के छोर पर होना चाहिए। उसके पार भैरव की चेतना का अनन्त विस्तार है।

वाणी के प्रकार होने से पूर्व की आंतरिक प्रक्रिया

यह विधि जटिल और तीव्र है। पहले सूक्ष्म वाणी बुद्धि, ज्ञान या विचार के रूप में प्रकट होती है। बुद्धि से इच्छा-शक्ति जागृत होती है। इससे चेतना प्रोत्साहित होकर प्राण गतिशील होता है और यह नाभि या हृदय से ऊपर उठकर मस्तिष्क को आघात लगाकर नीचे उतर आता है। इसी मध्य मस्तिष्क, चेतना शक्ति के दूसरे विद्युतीय प्रवाह से टकरा कर झंकृत हो उठता है जिसे हमारी स्वरतंत्री ध्वनि का रूप दे देती है और मुख से निकलने वाला श्वास झंकारमय हो उठता है। अग्न से प्रभावित होकर वह स्वयं फैलने लगता है और सभी ग्रथियों को विभिन्न श्रुतियों के सहारे खोल देता है और वर्णों की उत्पत्ति होती है। इसी शब्द ब्रह्म के विद्युतीय धाराप्रवाह से आंतरिक शिराओं की शुद्धि होती है।

अभ्यासवश वाणी के अनवरत प्रवाह में हम यह जानने की चेष्टा नहीं करते कि इस प्रवाह के अव्यक्त और सूक्ष्म तल पर शिव और शक्ति होने वाला प्रत्येक शब्द अक्षर ब्रह्म की अभिव्यक्ति के साथ तांत्रिक दृष्टि से शिव और शिवा के सतत् संभोग की ध्वनिगत अभिव्यक्ति भी है।

सामान्य शब्दावली से हमें परमार्थिक प्रतीति न होकर केवल मानसिक और बौद्धिक प्रतीति होती है क्योंकि मन की वृत्तियां बहिर्मुखी होती हैं। षट्‌चक्र केवल क्रियाशील होते हैं पर व्यक्ति न उनका दर्शन या श्रवण कर पाता है और न उनका भेदन। हमारे शरीर में स्थित कुण्डलिनी, शरीर तंत्र

को व्यवस्थित रखती है और ब्रह्माण्ड में विद्यमान महाकुण्डलिनी महाशक्ति, पूरे ब्रह्माण्ड को परिचालित करती है।

षट्चक्रों के बेधन से ही इन्द्रियां आत्मज्ञान कर साधन बनती हैं। तत्त्वों और उनकी तन्मात्राओं के बंधनों से मुक्ति होती है।

मुक्ति के तीन तल- इस मुक्ति के तीन तल हैं। पहले तल पर व्यक्ति कर्त्तापन के अंहकार से मुक्त होता है। दूसरे तल पर उसका व्यष्टि भाव, समष्टि भाव में परिणित होता है अर्थात् वह अस्तित्व विस्तार में अपने आपको प्रतिबिम्बित देखता है।

तीसरे तल पर समग्र विस्तार उसे अपने अंदर ही अनुभव होता है। यही सोहम् का अनाहत नाद और यही आत्मा में परमात्मा का भाव भी है।

इस मुक्ति को प्राप्त करने के लिए तंत्र में एक सुगम विधि है- किसी सदगुरु को समर्पण कर उससे दीक्षा लेना। दीक्षा के समय ही मंत्र दिया जाता है। मंत्र का अजपाजाप उसका प्राण है। इस जाप से युक्त त्रिवेणी (इड़ा, पिंगला व सुषुम्णा), आज्ञा चक्र में आकर मुक्त त्रिवेणी हो जाती है। प्राण शक्ति की सहायता से शुद्ध हुआ शब्द सुषुम्णा रूप ब्रह्मपथ का अनुसरण करता है और अनाहत नाद प्रकट होता है। इसके बाद यही मंत्र विशुद्ध चक्र में इष्टदेवता (मंत्र का स्वरूप) के रूप में प्रकट होता है और दिव्य प्रकाश भासित होने लगता है और इसी प्रकाश में आज्ञाचक्र तक पंहुचता है। प्राण और शब्द सूक्ष्म होकर यात्रा करते पूरे विस्तार को नाप जाते है। तंत्र का कुण्डलिनी जागरण का महामंत्र 'सौः' है। जिसका विस्तार से उल्लेख विज्ञान भैरव तंत्र के खण्ड में शब्द ब्रह्म द्वारा कुण्डलिनी जागरण के अध्याय में किया गया है।

❑❑❑

54. षट्चक्रों का भेदन और कुण्डलिनी जागरण

तंत्र के अनुसार पृथ्वी, जल, तेज (अग्नि) वायु, आकाश और चित्त यह छः तत्त्व ही संसार के सभी आकर्षणों के कारण हैं।

इनके गुण ही रूप, रस, स्पर्श, गंध और शब्द पंचतन्मात्राओं के रूप में प्रकट होते हैं।

यही छः तत्त्व ब्रह्माण्ड में है और यही पिंड या शरीर में मूलाधार चक्र, स्वाधिष्ठान, मणिपुर, अनाहत, विशुद्ध तथा आज्ञाचक्रों के रूप में स्थित हैं। इनका भेदन ही मोक्ष का प्रशस्त मार्ग है।

पृथ्वी तत्त्व जिस तरह ब्रह्माण्ड का आधारभूत है, उसी भांति मूलाधारचक्र भी ऊपर के चक्रों तथा पूरे नाड़ीमंडल क़ा आधार है। यह पृथ्वी तत्व का प्रतीक है।

स्वाधिष्ठान चक्र जल तत्व का, मणिपुर प्रकाश या अग्नि तत्त्व का, चौथा अनाहत वायु तत्त्व का, पाचवां विशुद्ध चक्र-आकाश के शून्य या शब्द का तथा छठा आज्ञाचक्र चित्त का प्रतिनिधि है। सभी निम्न चक्रों का संचालन इसी आज्ञा चक्र से होता है। इसके भेदन से मन की कामना और सभी संदेहों का विनाश हो जाता है और सहस्त्रार में गुरु कृपा से प्रवेश का द्वार खुल जाता है।

इन तत्त्वों से संबंधित, जो तन्मात्रा जितनी ही भारहीन होती है, उसके भेदन में उतनी ही कठिनाई होती है। आकाश तत्त्व जिसमें केवल शब्द ही रहता है, का भेदन अत्यंत दुरूह है। प्रत्यय के समय इन तत्त्वों का लोप हो जाता है पर व्यक्ति के मोक्ष या मुक्ति में सभी तत्त्व तो अपने स्थान पर ही रहते हैं पर साधक उनका अतिक्रमण करता हुआ उनके रहस्यों को जान लेता है।

सभी चक्रों का स्वरूप यंत्र के आकार का होता है। मंत्र, योग, ज्ञान और कर्म द्वारा भी इन चक्रों का भेदन किया जा सकता है। चक्रों का भेदन करते समय शक्ति के विविध ऐश्वर्य, सिद्धियों के रूप में प्रकट होते हैं।

साधक अपने दृढ़ संकल्प और गुरु कृपा से ही इन चक्रों का बेधन करता है जिनसे आठ सिद्धियां और नौ निधियां प्राप्त होती हैं।

इन चक्रों का बेधन कुण्डलिनी शक्ति के जागरण के माध्यम से होता है। षट्चक्रों के भेदन से तन्मात्राओं के प्रभावों और आकर्षणों से ही मुक्त नहीं हुआ जाता वरन् उनके सूक्ष्म प्रभावों से भी मुक्त हुआ जाता है।

पृथ्वी और जल तत्त्वों से संबंधित तन्मात्राओं की अभिव्यक्ति स्थूल है। पृथ्वी से अस्थि, मांस, चर्म, नख और रोम के रूप में ठोस पदार्थ, जल से—वीर्य, रक्त, मज्जा, मल मूत्र आदि तरल पदार्थ अस्तित्व में आते हैं।

अग्नि से निद्रा, क्षुधा, तृष्णा, क्लान्ति, आलस्य और अनुभूतिगत स्थितियां, और वायु तत्त्व से चालन, धारण, क्षेपण, संकोचन तथा प्रसारण की गतिशील स्थितियां परिचालित होती हैं।

आकाश तत्व से काम, क्रोध, लोभ, मोह, और लज्जा की प्रतीति के विषय उत्पन्न होते हैं।

तत्वों के यह सभी विषय ही माया के प्रतीक है, जो बंधन हैं, इसीलिए उनका आकर्षण तोड़ना ही पहली साधना है। ज्ञान मार्ग, भक्ति मार्ग, योग मार्ग तथा तंत्र ने उन्हें तोड़ने के लिए विविध उपाय बताये हैं।

ज्ञान मार्ग कहता है कि यह बंधन हैं नहीं, माया के कारण ही हमारा मन इन्हें प्रक्षेपित कर लेता है। गुरु के सान्निध्य में बोध जगने पर यह सभी विलीन हो जाते हैं। ज्ञान मार्ग इन बंधनों का तटस्थ द्रष्टा बनने को कहता है।

भक्ति मार्ग सर्वात्म समर्पण कर 'मैं' अर्थात मन को ही विसर्जित कर देता है। सब कुछ परमात्मा को ही समर्पित कर देता है। जब 'मैं' ही नहीं बचता तो 'मैं' से निर्मित सभी बंधन स्वतः नष्ट हो जाते हैं।

योग मार्ग, यम, नियम, आसन, प्राणायाम, प्रत्याहार, ध्यान और धारणा का उपाय बतलाता है जिससे चित्त वृत्तियों का निरोध हो। प्राण ऊर्जा जाग्रत हो।

तंत्र कहता है–यह मन, समाज और परिवार द्वारा दिए संस्कारों ने और थोपे गये नियम, नीति और अनुशासन ने निर्मित किया है। सभी संस्कारों से मुक्त होकर पहले बच्चे की तरह सहज और सरल हो जाओ। सहज स्वाभाविक मनोवृत्तियों का दमन न करो। उन्हें पूरी समग्रता से प्रकट होने दो और श्वास रोककर अचानक ठहर जाओ। जो ऊर्जा बाहर जा रही थी वह इस ठहरने से अंदर केन्द्रित हो जाती है और तुम मुक्त हो जाते हो।

ओशो ने सभी उपायों का एक साथ प्रयोग कर रेचन की प्रक्रिया भी दी है जिससे पहले से दमित मनोवेगों का होशपूर्वक रेचन कर तुम सहज सरल हो सको। उन्होंने तटस्थ द्रष्टा बनने को भी कहा है। उन्होंने समर्पण का मार्ग भी सुझाया है और तंत्र की भी दृष्टि दी है।

कबीर साहब एक पद में कहते हैं–

"संसार रूपी जल में जो तुम्हारी मन रूपी मछली घूम रही है वह सहस्त्रार रूपी जंगल में काम क्रोध रूपी शिकार को खाने लगेगी और तुम्हारे अंदर पंच क्लेशों के उद्भावक तत्त्व ज्ञान रूपी सिंह के प्रहार से नष्ट हो जायेंगे।"

वह अन्य दूसरे पद में षट्चक्रों के बेधन के लिये कहते हैं–

"शुद्ध मुख से जब तुम उसका जाप करोगे, तभी वह अपने संकेतों से तुम्हें अपने पास बुलायेगा और षट्चक्रों के बेधन की कला भी बता देगा। बिना उसकी कृपा के तुम इनका बेधन न कर सकोगे।

वह श्वास रूपी चक्र को मन के द्वारा स्वयं घुमाता रहता है। वैराग्य रूपी अग्नि में मन रूपी होम को ब्रह्मरूपी कुण्ड में वह तुमसे हवन करायेगा। तभी वृत्ति रूपी मछली, विषय रूपी जाल से छुटकारा पाकर गगन में चढ़कर आनन्द लोक में प्रविष्ट हो जायेगी। व नित, अमावस्या होती है और नित्य ग्रहण भी लगता रहता है अर्थात् इड़ा पिंगला और सुषुम्णा नाड़ियों के सम होने पर अमावस्या होती है। (इड़ा चन्द्र स्वर तथा पिंगला सूर्यस्वर है जब श्वास इन दोनों नाड़ियों से न चलकर सुषुम्णा से चलती है तो चन्द्र व सूर्य लुप्त होकर अमावस ही जाती है) जब इड़ा पिंगला को सुषुम्णा ग्रस लेती है तभी ग्रहण लगता है और ज्ञान रूपी राहू अज्ञान रूपी विषय-वासनाओं को ग्रस लेता है।"

एक अन्य स्थान पर कबीर कहते हैं–"जप करते-करते साधक का मन अंतर्मुखी हो जाता है और कुछ दिनों में वह गगन गुफा में पंहुचकर शांत चित्त होकर स्थिर भाव से आरूढ़ हो जाता है। धीमे-धीमे मन की गति श्वास में मिलकर एक हो जाती है। उसके सारे कर्म और भ्रम विनष्ट हो जाते हैं। वह सुरति को निरति में बांधकर श्वास की गति को थिर करके त्रिवेणी (आज्ञाचक्र) में निवास करने लगता है।

तीव्र श्वास की चोट से कुंडलिनी जागरण

1. श्वास का आघात जितना तीव्र और त्वरित गति से हो मूलाधार चक्र पर यह सोई शक्ति जागती है। श्वास की तेज चोट से कामोत्तेजना भी हो सकती है। **श्वास की चोट Body Energy की चोट है।**

   जिस व्यक्ति का जो चक्र सक्रिय है ध्यान करने से पूर्व, प्रभाव पहले उस चक्र पर पड़ता है। श्वास की चोट से पहले वह चक्र सक्रिय होता है। यदि कोई दिन रात मानसिक श्रम करता है तो ध्यान करने से सिर भारी हो जायेगा। भावुक व संवेदनशील व्यक्ति का सेक्स

सेंटर सक्रिय होगा। पर तत्काल श्वास दूसरे केन्द्रों पर भी चोट करेगी।

2. **माइंड एनर्जी से चोट– नग्न** स्त्री की कल्पना करने से सेक्स सेंटर पर भीतरी चोट पड़ती है। सामने नग्न स्त्री खड़ी हो तो वह सेक्स सेंटर को वह भी इतनी जाग्रत नहीं करती जितना उसका विचार।

   "मैं कौन हूं" का घोष भी कुंडलिनी के गहरे से गहरे केन्द्र पर मानसिक चोट करता है। यह प्रयोग तभी करें जब शरीर स्वतः कंपित होने लगे, डोलने लगे या कुछ अजूबा होने लगे।

   कुंडलिनी के साथ तुम्हारे अनन्त जन्मों के योनियों के अनुभव जुड़े हैं। जब तुम चट्टान, वृक्ष या पशु थे। कुंडलिनी के यात्रा पथ की कहानी मनुष्य की चेतना की जन्म जन्मों की कहानी है।

3. **शक्तिपात द्वारा सूक्ष्म चोट**– जिसकी कुंडलिनी शक्ति जाग चुकी है, उसके सान्निध्य में ध्यान करने से स्वतः शक्तिपात का अनुभव होता है। वह व्यक्ति माध्यम या केटेलेटिफ एजेन्ट बन जाता है।

पचास लोग साथ ध्यान कर रहे हों तो उन सभी को सम्मिलित तीव्र आकांक्षाएं, संकल्प, और तीव्र श्वासों का संवेदन एक ऊर्जा फील्ड निर्मित कर देता है।

कुंड और कुंडलिनी का जागरण–जो सोया अचेतन है, जिसमें कोई लहर नहीं उठ रही, वही कुंड है। वह मृत नहीं है। जरा भी चोट लगे आघात हो, श्वास का या मानसिक तो उसमें से जितना भाग चेतन हो सके उसी चेतन भाग की उठी लहर कुंडलिनी है। इस शक्ति के जाग जाने पर तुम शरीर के उन बिंदुओं या अदृश्य द्वारों पर पंहुच जाओगे, जहां से अदृश्य रूपों में आत्मा में प्रवेश आसान है।

जब कुंडलिनी जागती है तो उसे जगाने के श्रम में हमारा शरीर और बाह्य इन्द्रियां इतनी थक जाती हैं कि वे उस जागी ऊर्जा का उपयोग करने में समर्थ नहीं होती और ऊर्जा के नये द्वारों या अंतईंद्रियों पर चोट शुरू हो जाती है और शरीर के सूक्ष्मतम अदृश्य छोर आत्मा की प्रतीति पकड़नी शुरू हो जाती है। थका मन और थकी इंद्रियां, ऊर्जा को वहन करने के लिए तैयार नहीं होती। इंकार कर देती हैं। जागी शक्ति उन द्वारों पर चोट करते हैं जो थके नहीं पर जिन्हें अभी तक अवसर नहीं मिला।

जलते रेगिस्तान में ऊन के वस्त्र पहनना भी अजनबी स्थिति पैदा करने से है। सूफी, प्राणायाम या श्वास के प्रयोगों के बारे में कुछ नहीं जानते।

सांस के प्रयोग उनके लिए खतरनाक हैं।

जैन भी श्वास की चोट न कर उपवास द्वारा अंदर अजनबी स्थिति उत्पन्न करते हैं।

उपवास से जठरग्नि बढ़ जाती है। पेट उतप्त हो जाता है। कोई भी आसन या श्वास का प्रयोग उसे विक्षिप्त भी कर सकता है।

योगासन के लिए घी दूध आदि स्निग्ध पदार्थ जरूरी हैं क्योंकि एक-एक हड्डी, स्नायु व नस को फिसलना या स्थान बदलना है। अगर अंदर रूखापन या खुश्की हुई तो वह टूट सकता है।

झेन फकीर को अचानक किसी साधक को पीछे से डंडा जमा देना या खिड़की से बाहर फेंक देना-अजनबी स्थिति ही पैदा करना है। पर यह विधि चीन और जापान में ही चलेगी। वहां यह व्यवस्था उनके ख्याल में आ गई है।

तीव्र श्वास से प्राण ऊर्जा में वृद्धि

भीतर आक्सीजन या प्राणवायु की मात्रा बढ़ने से भीतर की सोई हुई शक्तियां जागने लग जाती हैं।

कुंडलिनी शक्ति जगाने के लिए सुबह का ध्यान जरूरी है। श्वास की तीव्र चोट जरूरी हैं। अंदर अधिक ओषजन लेना जरूरी है।

गहरे ध्यान में श्वास शांत हो जाती है।

जब गहरे ध्यान में हम प्रवेश करते हैं तो शरीर क्रमशः जड़ होने लगता है। हम शरीर शून्यता की स्थिति में ही गहरे ध्यान में पंहुचते हैं। श्वास बहुत धीमी हो जाती है। धीमी श्वास बहुत कम ऑक्सीजन लेती है।

प्राणवायु शरीर की जरूरत है-आत्मा या चेतना की नहीं। समाधिस्थ व्यक्ति को श्वास की जरूरत होती ही नहीं।

श्वास का अधिक से अधिक शांत हो जाना ही इस बात का प्रमाण है कि अब तुम गहरे ध्यान में प्रवेश कर गये हो। बैठे हुए त्रिनेत्र साधना में या शवासन में सजगता से विचारों, भावनाओं और अनुभवों का द्रष्टा बने रहने से ही ध्यान की गहराइयों उपलब्ध होती हैं। विज्ञान-भैरव तंत्र के प्रयोग से कैसे श्वास-प्रश्वास के बिना ध्यान में गहरे उतरें, यह विधि पहले ही बताई जा चुकी है।

शरीर और इंद्रियों से तादात्म्य होने के कारण थकान

इन्द्रियां थक रही हैं। पर इंद्रियां ऊर्जा नहीं, मात्र उसके बहने के द्वार हैं।

यह इंद्रियां और शरीर थका इसलिए लगता है क्योंकि जन्मों-जन्मों से इनसे तादात्मय स्थापित कर हम समझ बैठे हैं कि हम मात्र शरीर और मन ही हैं।

तुम घोड़े पर बैठे हो। थका घोड़ा है। तुम अपने को घोड़ा मानकर ही थका अनुभव करते हो।

जिस दिन शरीर और मन से तादात्म्य टूट जाता है और तुम्हें अहसाय होने लग जाता है कि इंद्रियां और शरीर थका है-मैं नहीं, उसी दिन एक नई ताजगी सी अनुभव होना शुरू हो जाती है। बहुत सी ऊर्जा जो इन्द्रियों से टकरा कर नष्ट हो जाती थी अब वह संरक्षित होकर ज्योति पुंज बनकर शरीर के रोम-रोम में फैल जाती है। फिर ध्यान में ताजगी और नई जीवंतता का अनुभव होता है।

श्वास परिवर्तन से व्यक्तित्त्व में परिवर्तन

श्वास के परिवर्तन से भीतर बहुत-सी चीजें टूटना और नई चीजें बनना शुरू होती है।

प्रयोगों से यह निश्चित हो गया है कि क्रोध या कामवासना में श्वास तीव्र हो जाती है। यदि क्रोध या कामवासना उठने के समय श्वास धीमी कर ली जाये तो यह वृत्तियां विदा हो जायेंगी।

हम कृत्रिम ब्रीदिंग के आदी हो गये हैं। बच्चा पेट से गहरी, धीमी व लयबद्ध श्वास लेता है। हम दिन में छाती से अधूरी सांस और रात सोते समय पेट से पूरी गहरी श्वास लेते हैं। भीड़ में तनाव के कारण श्वास छोटी हो जाती है। वह गहरे नहीं जा पाती।

तेजी से श्वास प्रक्रिया बदलने से, श्वास लेने की एक निश्चित आदत ने जो शरीर और आत्मा के बीच एक पुल बना दिया है, वह टूट जाता है।

व्यवस्थित संसार में मूर्च्छा नहीं टूटती। मूर्च्छा टूटती है- व्यवस्था भंग करने से। सांस का क्रम बदलने या अराजक बनाने से।

श्वास बदलने से हानि होने की भी संभावना है। पर हानि से अधिक लाभ है। हानि इसीलिए नहीं के बराबर है क्योंकि हम ही श्वास बदल कर नई स्थितियां पैदा कर रहे हैं। हम उन्हें रोक भी सकते हैं। यदि हम शांति और आनन्द की ओर जा रहे हैं तो रोकने का क्या काम?

किसी चीज का अजनबीपन-मूर्च्छा तोड़ता है

श्वास की चोट, मनस ऊर्जा की चोट, अजनबीपन उत्पन्न करती है। यह भाव करें कि मैं मात्र शरीर और इंन्द्रिय न होकर चेतना हूं, यह भी नई अजनबी स्थिति उत्पन्न करता है।

सूफी श्वास के स्थान पर रात्रि जागरण से अजनबी स्थिति उत्पन्न करते हैं। शरीर से अलग होने के लिए उन्होंने नृत्य (गोल-गोल घूमने का) का प्रयोग किया।

चक्र ब्रीदिंग ध्यान द्वारा कुण्डलिनी जागरण

वैसे यह ध्यान खड़ा होकर किया जाता है पर इसे सुखासन में बैठकर करना अधिक प्रभावी है। पांच मिनट रेचन करने के बाद, दोनों नितंबों पर संतुलन साधकर ध्यान मुद्रा में आंख बंद कर तथा त्रिनेत्र जागृत कर बैठ जाएं। जननेन्द्रिय से थोड़ा ऊपर पेट के निम्न भाग पर दोनों हथेलियां रखकर हः हः की ध्वनि के साथ खुले मुंह द्वारा तेजी से श्वास बाहर उलीचें। श्वास की चोट से कुंडलिनी जाग जायेगी। दो मिनट शांत, मौन तथा द्रष्टा बनकर मूलाधार चक्र पर होने वाले स्पन्दों को देखते हुए उनके ऊर्ध्वगमन में सहायक बनें। अब नाभि के नीचे स्वाधिष्ठान चक्र पर दोनों हथेलियां रखकर दो मिनट फिर तेजी से श्वास बाहर उलीचें। दो मिनट द्रष्टा बनकर उस चक्र को देखते रहें।

दो-दो मिनट इसी तरह मणिपुर अनाहत विशुद्ध, आज्ञाचक्र तथा सहस्त्रार पर दोनों हथेलियां रखकर श्वांस उलीचते हुए दो-दो मिनट प्रत्येक चक्र पर शांत मौन होकर कुण्डलिनी ऊर्जा के उर्ध्वगमन तथा चक्रों पर ऊर्जा के अंतर्संभोग का द्रष्टा बने हुए उर्ध्वगमन में सहयोग देना है। विशुद्ध, आज्ञाचक्र तथा सहस्त्रार पर दोनों हथेलियां न रखते हुए गर्दन के दोनों ओर दाएं-बाएं मस्तक (कनपटी) तथा सिर के दाहिनें बाएं रखना है। ऊर्जा सहस्त्रार पर पहुंचने सजगता से निरीक्षण करते हुए इसी ऊर्जा को आधे-आधे मिनट धीमे से श्वास उलीचते हुए 'हू' की ध्वनि के साथ नीचे प्रत्येक चक्र पर नीचे उतारना है। खड़े हुए ध्यान करने में तीन बार ऊर्जा का आरोहण-अवरोहण किया जाता है। दो चक्रों पर ऊर्जा के अंतर्संभोग को सजगता से द्रष्टा बन निरीक्षण करें। यह ध्यान किसी के निर्देशन में कैसेट के संगीत के साथ करना अधिक प्रभावी है।

❑❑❑

55. कुण्डलिनी जागरण में सिद्धियां

कुण्डलिनी का जागरण अंतर्मुखी और ऊर्ध्वगामी होता है और आत्मदर्शन तक पंहुचा देता है। किंतु कुछ लोगों का जागरण बाह्य प्रतीतियों में बंध जाता है और वे मिली सिद्धियों का दुरुपयोग करने लगते हैं। साधक को चाहिए कि इस आकर्षण से मुक्त होकर, इन सिद्धियों का प्रदर्शन किए बिना आगे बढ़ता जाये। अन्य लोगों पर यह सिद्धियां प्रकट करने पर और उनका दुरुपयोग करने से यह सिद्धियां तो नष्ट हो ही जाती हैं, उसका सहज विकास भी रुक जाता है।

कुण्डलिनी-जागरण का प्रभाव

1. साधक की **कामशक्ति** अचानक बढ़ जाती है और उसे रति क्रिया के अतिरिक्त कुछ भी अच्छा नहीं लगता। जिसका तटस्थ द्रष्टा बनना आवश्यक है।

2. **ज्ञानसिद्धि** के रूप में उसकी बुद्धि आसाधारण रूप से तीक्ष्ण हो जाती है। पढ़ने या सुनने मात्र से वह सब कुछ उसकी अमिट स्मृति बन जाता है। वह पास और दूर होने वाली बातें जानकर भूत, और भविष्य उसके सामने स्पष्ट हो जाते हैं।

3. **कार्यसिद्धि** वह दीर्घकाल तक बिना भोजन रह सकता है।

4. **सर्वोषधऋद्धि** वह किसी रोगी को देखकर, छूकर या अपने शरीर का कोई भी पदार्थ देकर या फूंककर उसे रोगमुक्त कर सकता है।

5. **बलवृद्धि** समस्त शास्त्रों का क्षण मात्र में मात्र देखकर उसे पूर्ण ज्ञान हो जाता है। उसके कहने मात्र से कोई मर सकता है। वह किसी भूखे को बिना भोजन दिए स्वादिष्ट आहार जैसी तृप्ति करा सकता है।

6. **अन्नपूर्णा सिद्धि** थोड़े से आहार से वह चाहे जितने व्यक्तियों को भोजन कराकर तृप्त कर सकता है।

7. **विक्रिया ऋद्धि** अपने शरीर को किसी भी रूप में परिवर्तित कर सकता है।

8. **काया सिद्धि** वह अपने शरीर को छोड़ा बड़ा, हल्का या भारी बन सकता है।

9. **क्षेत्र ऋद्धि** शरीर को तेज स्वरूप बना सकता है।

यह सिद्धियां ध्यान और उपासना करते हुए घटती हैं। रात्रि साधना करने पर परकाया प्रवेश, स्तंभन, मोहन वशीकरण, मारण, उच्चाटन एवं औषधि पहचानने की भी सिद्धियां प्राप्त होती हैं। पर इनके चक्कर में कई लोग अपना मानसिक संतुलन भी खो देते हैं। साधना का उद्देश्य जगत कल्याण करते हुए आत्मोपलब्धि होना चाहिए। जगत् कल्याण में भी अपने नाम, यश की कामना न हो और अस्तित्व में जो हो रहा है उसमें बाधा डालने का प्रयास न हो।

जहां जनसाधारण में इन सिद्धियों और चमत्कारों के कारण तंत्र को लोकप्रियता मिली वहीं तांत्रिकों द्वारा स्वार्थवश मारण, उच्चाटन व वशीकरण सिद्धियों द्वारा दुरुपयोग कर जनकल्याण के नाम पर व्यक्तियों की हत्या की गई और उनको गुलाम बनाया गया। ठगों ने तांत्रिकों का वेष धारण कर इनके माध्यम से जनमानस का शोषण कर उनमें भय और आतंक फैला दिया। वामाचार में पंचमकारों का प्रयोग भी दुराचारियों ने भोगलिप्सा और ऐन्द्रिक सुखों के लिए करते हुए समाज में अनैतिकता और भ्रष्टाचार को जन्म दिया, इसीलिए कालान्तर में तंत्र का पराभव हुआ। पर तंत्र का मुख्य उद्देश्य आत्मोपलब्धि ही था।

56. समाधि की मानसिक झलक

रामकृष्ण ने शक्तिपात द्वारा विवेकानंद को समाधि की मानसिक झलक दिखलाई। जहां हमारा मन समाप्त होता है और आत्मा शुरू होती है-उसी परिधि पर यह घटना घटती है।

यह समाधि का आंशिक नहीं, प्राथमिक अनुभव है। अनुभव आध्यात्मिक होता है पर समझ मानसिक।

शरीर के भी 'पीक अनुभव' होते हैं। परिपूर्ण स्वस्थ शरीर में आत्मा की झलक दिखाई देती है।

परिपूर्ण सम्भोग के क्षणों में भी परमानंद का अनुभव होता है। इसी तरह मन की ऊचांइयों में भी यह झलक मिलती है। दो प्रेमियों को भी मिलन या विरह में आत्मा की झलक मिलती है।

कलाकारों को सृजन के तल्लीन क्षणों में भी झलक मिलती है।

यह मन की पूरी अनुभूति है। आत्मा की पूरी अनुभूति हो तो वहां से फिर लौटना नहीं होता।

"कुंडलिनी जागरण और शक्तिपात" पुस्तक के पृष्ठ 146 पर ओशो कहते हैं– समाधि की यह मानसिक झलक है तो प्रामाणिक, लेकिन प्रामाणिकता 'साइकिक' (मनोगत) है। आध्यात्मिक नहीं है। पर यह भी छोटी घटना नहीं है, क्योंकि सभी को वह नहीं हो सकती। उसके लिए मन का बड़ा प्रबल होना जरूरी है। वह भी सबको नहीं होती।

"कुंडलिनी और सात शरीर" पुस्तक के पृष्ठ 47 पर ओशो कहते हैं–

"कुंडलिनी चौथे शरीर की घटना है, इसलिए मैंने कहा-'साइकिक (मानसिक) है। यह मानसिक होना भी दो तरह का हो सकता है– गलत और सही।

गलत तब होगा-''जब तुमने कल्पना की क्योंकि कल्पना भी चौथे शरीर की ही स्थिति है। कल्पना भी सही और मिथ्या होती है। सही का

मतलब सिर्फ यह है कि हमारी संभावना दूर तक देखने की है। जो अभी नहीं है-उसको देखने की संभावना कल्पना की बात है। लेकिन जो होगा ही नहीं, जो है ही नहीं, उसको भी मान लेना कि हो गया है और वह मिथ्या कल्पना है।

कल्पना का यदि ठीक-ठीक उपयोग हो तो विज्ञान पैदा हो जाता है। आकाश में उड़ने की कल्पना का उपयोग विज्ञान ने हवाई जहाज का अविष्कार करके दिया।''

इस चौथे शरीर में जाने से पहले हम अपेक्षाएं लेकर न जायें। कुंडलिनी जागरण से व्यक्तित्त्व में आमूल रूपान्तरण होता है। कुंडलिनी जागे तो शराब नहीं पी जा सकती है।

भीतर यदि कुछ घटा है तो उसकी कसौटी आचरण है। कुंडलिनी जागरण, मानसिक प्रक्षेपण होते हुए भी बहुत बहुमूल्य है। नीचे बहती कामवासना, ऊपर बहने का मार्ग प्रशस्त कर सजग और संवेदनशील बनाती है। इस समय किसी सदगुरु का निर्देशन बहुत आवश्यक है जिससे साधक अपेक्षाएं न करते हुए अवास्तविक कल्पना जाल में न उलझ कर प्रत्येक चक्र को पूर्ण जाग्रत करे और नकारात्मक भावों के रूपांतरित होने का स्वाद ले।

कुण्डलिनी के सबंध में 'जिन खोजां तिन पाइयां' प्रवचन पुस्तक में ओशो ने विस्तार से चर्चा की है। अंग्रेजी प्रवचनमाला 'आइ एम दि गेट' तथा जस्ट लाइक दैट (हिन्दी अनुवाद-'सद्‌गुरु समर्पण') में कुंडलिनी के मानसिक प्रक्षेपण के बारे में भी ओशो ने जो भ्रम निवारण किया है, उसे मैंने संक्षेप में देने का प्रयास किया है।

यह जागरण प्रयास रहित प्रयास तथा प्रसाद से अनायास होने लगता है। उन दिनों हल्का सुपाच्य भोजन लेना चाहिए। दूध, घी व मलाई का भी प्रयोग करना चाहिए। कुण्डलिनी जागरण के समय वजन तेजी से कम होने लगता है और पूरा शरीर खुश्क होने लगता है। खाल पर सफेद भूखी सी उड़ने लगती है। घी दूध का प्रयोग भी थोड़ा-थोड़ा कर अल्प मात्रा में ही लें जिससे वह हजम हो सके। भारी पेट तो रहना ही नहीं है।

कुण्डलनी जागरण यदि प्रभु कृपा से हो जाये तो अस्तित्व के प्रति आभार व्यक्त करें तथा किसी अन्य दूसरे से (सिवाय गुरु) इसकी चर्चा न करें। दूर दृष्टि, टेलीपैथी जैसी यदि कोई सिद्धि मिलती है तो उसमें अटकें या उलझें नहीं। उसका प्रयोग अपनी शक्ति दिखाने या अहंकार के लिए करना ही नहीं है। इस सिद्धि का जिक्र भी दूसरे से करने पर तथा उसका अनुचित प्रयोग करने से सिद्धि तो हाथ से जाती ही है, अंतर्यात्रा में विकास अवरुद्ध हो जाता है।

इन सभी सूत्रों और विधियों का उल्लेख इसीलिए किया जा रहा है जिससे साधक भ्रमित न हों, विशेष कर ऐसे लोगों से जो कुण्डलिनी शक्ति जगाने के बहाने धन बटोरते हुए लोगों को बेवकूफ बना रहे हैं। तीन दिनों या सात दिनों के प्रयोग से सामान्य रूप से किसी की कुण्डलिनी शक्ति जाग ही नहीं सकती, ऊर्जा के ऊर्ध्वगमन का अनुभव अवश्य किया जा सकता है। उस ऊर्जा के ऊर्ध्वगमन मात्र को यह ढोंगी कुंडलिनी जागरण की संज्ञा देकर लोगों को बेवकूफ बनाते हैं। विशिष्ट विधि से मेरुदण्ड की मालिश किये जाने और मेरुदण्ड सीधा रख पर निर्विचार दशा में बैठने मात्र से ऊर्जा का ऊर्ध्वगमन होने जैसा अनुभव होने लगता है।

पर ऊर्जा का ऊर्ध्वगमन होना साधना का प्रथम सोपान है। यदि कुण्डलिनी का जागरण मानसिक प्रक्षेपण है, फिर भी वह इसलिए शुभ है क्योंकि उससे एकाग्रता आती है। यद्यपि एकाग्रता ध्यान नहीं है पर ध्यान के लिए एकाग्रता एक जम्पिंग बोर्ड की भांति है। सभी तरह के विचारों से मुक्ति होकर केवल मात्र एक विचार रह जाता है और कामवासना विकसित होकर प्रार्थना बनने की दिशा में अग्रसरित हो जाती है। केवल मात्र अयथार्थ कल्पनाओं और भ्रमों से मुक्त होने की आवश्यकता है। सजगता, होश और द्रष्टा भाव, इन मानसिक प्रक्षेपण को भी सही दिशा दे देता है। प्रत्येक चक्र पर सजगता और होशपूर्वक चेतना थिर करते हुए नकारात्मक भावों का भी रूपातंरण होने लगता है।

आत्मदर्शन के लिए कुण्डलिनी जागरण एक मार्ग या विधि है। विधियां बहुत सी हैं जिनका उल्लेख मैं पूर्व ही कर चुका हूं। साधक अपने गुणों और स्वभाव के अनुसार अपना मार्ग चुनकर साधना करें, पर प्रमुख बात है—बोध या समझ। संवेदनशील, प्रेमपूर्ण, होशपूर्ण, संतुलित और सजग होकर ही केन्द्र पर पहुंचा जा सकता है।

कुण्डलिनी जागरण के संबंध में अपने अनुभव के साथ मैंने अन्य कई पुस्तकों का शास्त्रीय ज्ञान भी प्रस्तुत करने का प्रयास केवल इसलिए किया है जिससे इस बाबत व्याप्त भ्रम समाप्त हों और जानकारी के साथ सम्यक समझ विकसित हो सके। प्रत्येक के कुण्डलिनी जागरण के अनुभव पुस्तकों के वर्णन से कुछ अलग हटकर होते ही हैं। यदि पुस्तक में लिखे अनुभव जैसे ही अनुभव हो रहे हैं, तो वह गलत मानसिक-प्रक्षेपण हो सकता है। साधक इससे सावधान रहें।

❑❑❑

57. ओशो दर्शनः ऊर्जा के ऊर्ध्वगमन और पुनः केन्द्र पर पहुंचने की अनूठी विधि

व्हाइट रोब ब्रदरहुड अर्थात् ओशोदर्शन कार्यक्रम ऊर्जा के ऊर्ध्वगमन व द्वारा केन्द्र पर पंहुचने की बहुत सूक्ष्म और अनूठी विधि है।

इसके संबंध में अपना संदेश देते हुए ओशो ने कहा है–

"यह कम्यून के ध्यान का सर्वोच्च-शिखर है। अभी हम केवल प्रारम्भ में स्थित हैं। हमें सर्वोच्च ऊचांइयां छूनी हैं। इसलिए अपनी समग्रता इसमें उड़ेल दो। और बहुत गंभीर भी मत बनो-यह एक आनन्द होना चाहिए। यह मौन सत्संग अकथनीय है। उसकी अनुभूति करनी है। अंतर-आकाश के भीतर उतरने की यह गहन-अनुभूति है। पर इसके लिए अत्यधिक संवेदनशीलता और सजगता की आवश्यकता है। इस दर्शन में घटता उन्हीं को है जो सदगुरु के प्रति पूर्ण श्रद्धा से भरे हों। अंदर से खाली और निर्भार हों। जिनमें ग्राह्यता हो। जिन्हें ध्यान की झलकें मिली हों और जो ध्यान घटने की कगार पर हों।''

इसके लिए उत्सवपूर्ण होना परम आवश्यक है। तभी ओशो दर्शन कार्यक्रम में 6.30 बजे से संगीत की धुन पर संन्यासी नृत्य संगीत में खो जाते हैं। नृत्य-संगीत उन्हें पिघला कर निर्भार कर देता है। उनका कर्त्ताभाव, अंहकार और 'मैं' पूरी तरह विसर्जित हो जाता है।

ओशो दर्शन, परम-मौन में डूबने की विधि है। जिस सत्य को शब्दों द्वारा अभिव्यक्त किये जाने का कोई उपाय नहीं था, उसे ओशो मौन द्वारा अभिव्यक्त कर रहे थे। वह अप्रत्यक्ष रूप से संन्यासियों को प्रशिक्षित कर रहे थे कि तुम मेरे शरीर से आसक्ति छोड़कर मेरे चैतन्य से, मेरी ज्योति से जुड़ो, जो पूरे अस्तित्व का चैतन्य है। मेरी देह रहे न रहे पर चैतन्य तो शाश्वत है। देह से मुक्त होने के बाद भी सघन मौन में तुम मेरी ऊर्जा, मेरे

चैतन्य से संबंधित होकर अस्तित्व के और अपने केन्द्र पर पंहुच सकोगे, जहां सघन मौन है।

14 जुलाई 1989 को गुरु पूर्णिमा के अवसर पर बुद्धासभागार पूना में सायं 7 बजे मां प्रेम हास्या ने घोषणा की-"मित्रो! बहुत शीघ्र हमारे प्यारे सदगुरु ओशो रजनीश पधार रहे हैं। **वे हमें नाचते-गाते देखना चाहते हैं। आज हमें उन्हें नहीं देखना है। वे ही हमें भर नजर देखते हुए अपने आशीष और प्रेम की वर्षा करेंगे।"**

ओशो का यह संदेश बहुत सारगर्भित और रहस्यपूर्ण है। पहले प्रवचनों के समय वह कहते थे कि तुम लोग दोनों नेत्र खोलकर मुझे पीयो और मौन सत्संग के अवसर पर इससे विपरीत सुझाव दे रहे हैं- तुम लोगों को मुझे नहीं देखना है। मैं ही तुम्हें भर नजर देखते हुए तुम पर अपना आशीष और प्रेम बरसाऊंगा।

ओशो भली-भांति जानते थे कि वह शीघ्र देह से मुक्त होने जा रहे हैं और उनके शिष्य प्रेम में उनकी देह से अटके हैं और उनके चिन्मय चैतन्य की ज्योति से चूके जा रहे हैं। समाधि में सद्‌गुरु भी बाधा बन जाते हैं इसलिए सद्‌गुरु इन क्षणों में शिष्य से स्वयं दूर चले जाते हैं या धारणा की तलवार से उसको स्वयं काटकर अलग कर देने को कहते हैं।

ओशो-दर्शन-कार्यक्रम में जब नाचते गाते उत्सव मनाते शिष्य सद्‌गुरु की उपस्थिति में उनका स्वागत करने के बाद नेत्र मूंद कर थिर, मौन बैठ जाते हैं, तो संगीत के आरोह के साथ उनकी ऊर्जा का ऊर्ध्वगमन होने लगता है। वह सहस्त्रार को भेद कर विराट ब्रह्म की ऊर्जा से एकाकार हो जाती है। साधक शरीर और मन के पार केवल प्रकाश का ऊर्जा का एक वर्तुल मात्र रह जाता है। एक सघन मौन निर्मित हो जाता है।

ऊर्जा त्रिनेत्र पर जाकर थिर हो जाती है। साधक की ऊर्ध्वगामी ऊर्जा अंतर्यात्रा के द्वार त्रिनेत्र से सहस्त्रार पर पहुंचती है। वह ऊर्जा का एक वर्तुल मात्र रह जाता है। तभी संगीत अचानक रुक जाता है। सब कुछ ठहर जाता है। एक सघन मौन निर्मित हो जाता है।

फिर भारतीय संगीत के अवरोह के स्वर उसकी ऊर्जा को अनाहत अर्थात हृदय चक्र पर लाते हैं। सहस्त्रार से बरसते अमृत का वह हृदय पर अनुभव करता है। एक शीतल आनंददायी सिहरन, पुलकन से वह जैसे किसी अन्य लोक में पहुंच जाता है। हृदय चक्र से अंदर ही अंदर वह ऊर्जा धीमे-धीमे गति करती मणिपुर अर्थात नाभि चक्र पर अमृत बूंदों की तरह

टपकती है और हारा अर्थात् केन्द्र में इस तरह समाहित होती है जैसे बूंद सागर में विलुप्त हो जाती है।

संगीत रुक जाता है। एक सघन मौन व्याप्त हो जाता है। उस क्षण साधक अपने केन्द्र पर पंहुच कर अस्तित्व् के केन्द्र के साथ एकाकार हो जाता है। दुई मिट जाती है।

इसी स्थिति पर पंहुचने के लिए ओशो 1988 से झेन प्रवचन मालाओं के अंत में जिबरिश ध्यान कराने के बाद, दो चार चुटकले सुनाकर सभी को निर्मल हास्य से सराबोर कर एकाएक सुझाव देते थे–

चुपचाप शांत बैठ जाओ
अपनी आंखें मूंद लो।
जरा भी हिलो डुलो मत, जहां हो वहीं ठहर जाओ।
पुतलियां थिर हो जायें।
अब इस क्षण के सौंदर्य का अनुभव करो
अनुभव करो-इस क्षण की ताजगी और यौवन का।
अपने अस्तित्व के गहनतम तल में अनुभव करो
इस उमगते नृत्य और आनन्द का।
प्रत्येक को मृत्यु में ही परम विश्राम मिलता है
श्वास न लेना ही मृत्यु है, और वही शाश्वत जीवन का द्वार है।
अब श्वास लेना ही मत
पूरे शरीर को स्वयं सांस लेने दो
तुम्हें सांस रोकना नहीं है
तुम्हें अपने अस्तित्व को बाहर जाने से रोकना है।
तुम उसे अंदर ही महसूस करो–
और तभी मन से अमन की ओर एक लम्बी छलांग लग जाती है।
अपने अंदर मौन की सुवास का अनुभव करो
यह क्षण एक दिव्य क्षण है
इस क्षण पर अपनी सारी चेतना को केन्द्रित कर दो।
अब न मन रहा
और न रहा हृदय ही
केवल रह जाता है शुद्ध चेतना का निर्मल उजास।

अपने आप में गहरे डूबते ही जाओ।
तुम्हारे पास खोने को अब कुछ भी नहीं है।
न कुछ छोड़ना है तुम्हें
बल्कि बहुत कुछ तुम्हें मिलेगा ही।
तुम्हारे अस्तित्व का केन्द्र ही वह द्वार है
जहां परमात्मा का राज्य है।
तुम्हें वह द्वार खोलना भी नहीं
वह पहले ही से खुला हुआ तुम्हारी ही प्रतीक्षा कर रहा है-
कि तुम आओ, और वह तुम्हारा स्वागत करे।
अब हर संन्यासी मृतवत लेट जाये, लुढ़क जाये
परम विश्राम में चला जाये।
अब शरीर को ही स्वयं श्वास लेने दो
तुम श्वास लेने की चेष्टा करो ही मत
जिससे तुम अपने अस्तित्व के केन्द्र पर अतल गहराई में जा
सको।
इस परम मौन का स्वाद लो।
इस क्षण के परम सौंदर्य को अनुभव करो।
यह वही है-
जिसे मैं कहता हूं-मन से अमन की ओर
एक लम्बी छलांग।

झेन सद्गुरु रिनझाई के प्रवचन के बाद इसी भांति जिबरिश ध्यान के अंत में सुझाव देते हुए ओशो ने कहा है-

शांत, मौन, आंखें मूंदकर निश्चल बैठ जाओ
और अनुभव करो-जैसे तुम्हारा शरीर जम कर पाषाणवत हो गया है।
अब अपने अंदर देखो अपनी पूरी ऊर्जा और चेतना के साथ
ठीक इस तरह, जैसे यह एक अत्यंत आवश्यक और आपातकालीन स्थिति हो।
और यह क्षण जैसे तुम्हारे जीवन का अंतिम क्षण हो।
अपनी पूरी ऊर्जा के साथ

ठीक एक तीर की तरह अपने अस्तित्व के केन्द्र पर पंहुचो
जहां सब कुछ शांत और थिर है।
और यह तुम्हारा ही नहीं, पूरे अस्तित्व का केन्द्र है।
अब तुम एक बुद्ध हो
अपने सभी बुद्धों के तुम समकालीन हो।
इस क्षण....
तुम समय और मन के पार हो।
अब तुम साक्षी हो
क्योंकि साक्षी ही बुद्धत्व का दूसरा नाम है।
जो है-उसके साक्षी बने रहो।
इस क्षण तुम न शरीर हो, न मन हो।
तुम शुद्ध चैतन्य हो।
पूर्ण सजगता से परिपूर्ण।
यही मौन, यही साक्षी
तुम्हें परमानंद की ओर ले जायेगा।
तुम पूरे दिन, फिर जो कुछ भी करो
सतत याद बनी रहे-कि तुम एक बुद्ध हो
और तुम्हें एक बुद्ध की गरिमा और महिमा को बनाए रखना है
और तुम्हारा पूरा जीवन रूपांतरित हो जायेगा।
निवेदनो!
निवेदनों ढोल बजाकर तुम्हें वापस लौट आने का संकेत दे
रहा है।
अब वापस लौट आओ।
लेकिन कभी भी किसी भी क्षण यह भूलना मत
कि तुम एक बुद्ध हो।
मौन और शांत होकर
यही सजगता निरंतर तुम्हारे साथ बनी रहे।
चौबीस घंटे, प्रत्येक क्षण, हर घड़ी।
धीमे-धीमे यह तुम्हारे हृदय की धड़कन बन जायेगी।
फिर तुम्हें इसे याद करने की जरूरत भी नहीं रह जाएगी।

यह ठीक एक अंतर्धारा की तरह बहती रहेगी–
तुम्हारे सभी कृत्यों, भंगिमाओं, शब्दों और मौन में।
अपने इन अनुभव को संग्रहीत कर
उस स्वर्ण पथ को याद, जिस पर तुम चले हो
और चल कर फिर वापस लौटे हो।

प्रत्येक संध्या, प्रत्येक ओशो-दर्शन का कार्यक्रम, प्रत्येक साधक को आंमत्रित करता है कि वह संवेदनशीलता, सजगता और प्रेम श्रद्धा से आपूरित नाचते गाते उत्सव मनाते सत्‌गुरु ओशो की ऊर्जा को महसूस करते हुए अपनी सहस्त्रार पर पहुंची ऊर्जा को पूरे ब्रह्माण्ड में फैला दे और फिर प्रसाद स्वरूप बरसती प्राण-ऊर्जा को त्रिनेत्र पर संग्रहीत कर धीमे-धीमे अपने अचल, थिर और मौन केन्द्र पर पंहुचे और साक्षी का बुद्धत्व का अनुभव करे। यही सहज समाधि है। यही सत्यम् शिवम् और सुन्दरम की अनुभूति है। इसी को ऋषि सत् चित् और आनन्द कहते हैं।

संध्या दर्शन कार्यक्रम, नृत्य और संगीत से प्रारम्भ होता है। धीमे-धीमे इसकी ध्वनि और गति तीव्र होती जाती है। लोग मस्ती और खुमारी में डूबे नाचते गाते रहते हैं।

यह खुमारी जब शिखर पर पंहुचती है तब तीन बार ओशो-ओशो, ओशो की तुमुल ध्वनि की जाती है। ओशो को पुकारा जाता है। उनकी ऊर्जा का मन प्राणों से आह्वान किया जाता है क्योंकि ओशो किसी व्यक्ति का नाम नहीं। यह ओम् की भांति निरर्थक ध्वनि मात्र है। 'ओ' के उच्चारण से ऊर्जा का ऊर्ध्वगमन होता है। वह ऊपर जाकर आकाशीय ऊर्जा से अपना संबंध जोड़ती है, और 'शो' की पुकार से ऊर्ध्वगमन के साथ वही ऊर्जा लौटकर उसी व्यक्ति पर बरसती है।

इस ध्वनि के शिखर के बाद ही आती है मौन की गहराई। तेज संगीत, इसी मौन को उभारता है। ओशो-ओशो के उच्चारण से मन के कितने ही गहरे घाव भर जाते हैं। ओशो का अर्थ है ओ३म और सोऽहम्।

इस कार्यक्रम में संगीत और मौन के तीन आवर्तन होते हैं। संगीत के प्रथम चक्र में सर्वव्यापी ओशो ऊर्जा का सहस्त्रार से आज्ञाचक्र पर प्रकाश की भांति बरसने का अनुभव होता है।

दूसरे आवर्तन के समय इसी ऊर्जा का हृदय चक्र पर और तीसरे चक्र में हृदय चक्र से नाभि और हारा चक्र अर्थात् केन्द्र पर अमृतमय प्रकाश के बरसने का अनुभव होता है, जैसे बूंद सागर में विलुप्त हो रही हो।

इसके पश्चात ओशो के प्रवचन का सम्यक श्रवण भी एक ध्यान है। शब्दों को न सुनकर, दो शब्दों के मध्य, अंतराल की शून्यता या मौन पर

ध्यान देना ही गहरे शून्य में सरक जाना है। ध्यान शब्दों और उनके अर्थ पर नहीं शब्दों के मध्य मौन पर होना चाहिए। अर्थ स्वयं शून्य से जन्मता है।

सम्यक श्रवण वही है जिसमें चेतना के तीर की एक नोंक सुन रही हो और दूसरी नोंक सुनने वाले को देख रही हो। इस भांति साक्षी भाव स्वत: सध जाता है, और श्रवण एक ध्यान बन जाता है।

पर कुछ घटता तभी है जब इसे श्रद्धापूर्वक पूरी तरह डूब कर, उत्सवपूर्ण ढंग से किया जाये। यह मन को अमन बनाने की, केन्द्र तक सरक जाने की अचूक विधि है।

ओशो दर्शन में उत्सव आनन्द मनाते नाचते गाते, ओशो का नाम स्मरण करते जब मस्ती में डूब जाते हो तब ऊर्जा का जाग जाना सहज स्वाभाविक है। संगीत इसमें बहुत सहायक हो जाता है। संगीत के चरम शिखर पर पंहुचकर तुम्हारी ऊर्जा भी सहस्त्र दल कमल का बेधन कर शून्याकाश में ओशो के साथ सभी बुद्ध चेतनाओं से जुड़कर एक हो जाती है। चूंकि तुम ओशो के नाम स्मरण से भरे थे इसलिए ओशो चेतना को अपने अंदर प्रवेश करते सहज ही अनुभव कर सकते हो।

ओशो किसी व्यक्ति का नहीं, उस चेतना का नाम है जो अस्तित्व के महासागर में बूंद की तरह समाकर सागर ही हो गई है। शरीर और मन के पिघलने पर तुम भी मात्र ऊर्जा और चेतना का अनुभव मात्र रह जाते हो। तुम्हारी और ओशो की चेतना एक ही है। तुम स्वयं ओशो ही बन जाते हो।

खुद की खुदा से मुलाकात होती है। बस एक बार समर्पण घटा, श्रद्धा का जन्म हुआ, तुम सृजनात्मक प्रेमपूर्ण सहज सरल और उत्सवमय बने, फिर अनाहत के संगीत में डूबकर, विस्मयविभूत होकर प्रकृति के सौंदर्य को निहारते हुए निर्विचार दशा में कभी भी ऊर्जा का ऊर्ध्वगमन स्वयं होने लगता है।

कुण्डलिनी जागरण के द्वारा तुम्हारा शरीर और मन पिघलकर मात्र ऊर्जा रह जाता है। होशपूर्ण रेचन जहां तुम्हें अचेतन, सामूहिक अचेतन और ब्रह्म अचेतन की गहरी अंधेरी घाटियों में ले जाता है, वहीं ऊर्जा का ऊर्ध्वगमन तुम्हें चेतना के उच्चतम शिखर तक ले जाकर अस्तित्व से एकाकार कर देता है। तुम अमृत से नहा उठते हो तुम्हारी पंखड़ी-पंखड़ी खिल जाती है। तुम त्रिनेत्र द्वारा अपने केन्द्र पर आते हो जहां सघन मौन है। जहां सत् चित और आनन्द है। जहां सत्यम शिवम और सुन्दरम है। जहां अनाहत का शाश्वत संगीत गूंज रहा है।

❏❏❏

58. ध्यान प्रेम की छांव में

ओशो कहते हैं-ध्यान और प्रेम दोनों एक दूसरे के परिपूरक हैं। एक के बिना दूसरा अधूरा है।

ज़ोरबा बन कर होशपूर्वक बाहर संसार का भोग करते हुए जब भोग की व्यर्थता का बोध हो जाता है तो संसार स्वप्नवत अर्थात् माया लगने लगता है और बाहर बिखरी चेतना सिमटकर केन्द्रित हो जाती है। फिर ध्यानी को अपने आत्मस्वरूप का 'मैं' का बोध होने लगता है। इस 'मैं' को मिटाने के लिए ध्यानी को भी भक्त बनकर सर्वात्म समर्पण करना होता है। ध्यान से ही शुद्ध प्रेम का जन्म होता है जो ईर्ष्या और मालकियत से मुक्त अपेक्षा रहित प्रेम होता है। यही प्रेम प्रार्थना बनता है। ध्यानी शरीर और मन से तादात्म्य तोड़कर सजग जागरूकता से सतत निरीक्षण द्वारा ही द्रष्टा और साक्षी बनता है।

भक्त, सर्वात्म समर्पण कर अपने 'मैं' को मिटाकर संसार के कण-कण में परमात्मा के ही दर्शन करता है। वह अपने सभी कर्म परमात्मा को समर्पित कर निमित्त मात्र हो जाता है। वह प्रेम में मग्न होकर नाचते गाते उत्सव मनाते परमात्मा को रिझाता है। उसकी प्रार्थना करता है। पर भक्त और भगवान की दुई बनी रहती है। भक्त अपने भावजगत में लीन होकर केवल उसी दशा में परमात्मा के दर्शन करता है और आंखें खोलने पर उसके दरस के बिना तड़प उठता है। इस स्थिति में भक्त को भी ध्यानी बनना होता है। फिर न 'तू' रहता है और न 'मैं'। मात्र शून्यता रह जाती है।

ओशो एक मनोचिकित्सक या वैद्य हैं। वह थेरेपी विधियों द्वारा मनुष्य के मन का सूक्ष्म निरीक्षण कर उसके रोग की पहचान करते हैं। फिर उसके गुण, स्वभाव और चित्तवृत्ति के अनुसार उसके रूपांतरण की विधियां देते हैं। वह सम्मोहन, प्राइमल थरेपी, बैलेंसिंग, मालिश आदि के द्वारा शरीर और मन से तादात्म्य तोड़ने और द्रष्टा बनने की कला सिखाते हैं। उसे उत्सवपूर्ण और संतुलित होना सिखाते हैं। सजग और संवेदनशील बनने का मंत्र देते हैं। उसके दमित मनोवेगों का रेचन कर उसे सहज सरल बनाते हैं। वह

विज्ञान-भैरव-तंत्र, योग और विविध विधियों से ऊर्जा के ऊर्ध्वगमन का पथ प्रशस्त करते हैं।

ओशो कहते हैं- शुद्ध चेतना से उत्पन्न कर्म ही शुभ और मंगलकारी हैं। जिस कर्म के पीछे कामना है, कर्त्ता-भाव है वह शुभ हो ही नहीं सकता। जीवन भर शोषण कर जिसने धन कमाया है और यदि वह मंदिर भी बनवाता है तो उसके पीछे वह स्वर्ग में भव्य भवनों में रहने का स्वप्न देख रहा है। वह मंदिर के साथ अपने नाम को जोड़कर मरकर भी अमर होने की जुगत भिड़ा रहा है। वह उसके अंहकार की ही घोषणा है।

जो ध्यान करके कुछ पाना चाहता है, वह ध्यान से चूक रहा है। ध्यान क्रिया नहीं, अक्रिया है। ध्यान किया नहीं जाता, ध्यान में हुआ जाता है। ध्यान चित्त की वह निर्विचार दशा है, जहां विचार और भाव की भी तरंग न हो। जहां सब कुछ ठहर गया है। जब चेतना बाहर के सभी विषयों से सिमट कर, अंतर्मुखी होकर केन्द्रित हो जाती है, वही ध्यान है। बाहर के सभी पदार्थ और वस्तुएं (object) ही संसार है। बाहर धन, पद यश और अहंकार है। प्रेम-घृणा, क्रोध, ईर्ष्या, भय आदि भावों का द्वंद्व है। यदि अभी विषय वासना में रस है, क्रोध आता है, भय जकड़ता है तो यह इस बात की सूचना है कि चेतना अभी बाहर भटक रही है। जब चेतना बाहर की सभी वस्तुओं और प्रलोभनों से सिमट कर अंदर सरक कर केन्द्र पर पंहुचती है, तो बाहर के सभी द्वंद्व मिट जाते हैं। क्रोध का क्षमा में, प्रेम का प्रार्थना और करुणा में, भय का अभय में रूपातंरण केवल तभी सम्भव है जब चेतना अंतर्मुखी हो। यह केवल बोध और समझ से होता है। बोध और समझ के लिए आवश्यक है आरोपित उधार ज्ञान से मुक्ति। दमित मनोवेगों का रेचन कर बच्चे सा सहज, सरल और निर्दोष होना। बाहर के वस्तुगत जगत से दूर प्रकृति सान्निध्य में धीमे-धीमे रूप से अरूप की ओर बढ़ना।

झरनों, प्रपातों, नदियों और सागर तट के निकट ध्यान इसीलिए सरलता से घटता है क्योंकि तुम्हें ठोस से तरल होने में सहायता मिलती है। Meet, Melt, Merge that is Meditation मिलो, पिघलो और पूरे अस्तित्व के शून्य में समाहित हो जाओ, यही ध्यान है। इसीलिए ऐसे ही स्थानों में लोगों ने ध्यान के लिए आश्रम बनाये। गुफाएं बनाईं। हिन्दुओं के सभी तीर्थ पर्वतों, नदियों और सागर तट पर ही है। बौद्धों के मठ भी पर्वत शिखरों, झरनों या प्रपातों के ही निकट बने। अजन्ता, एलौरा, राजगृह आदि इसके उदाहरण हैं। जैनों के तीर्थ पर्वतशिखरों पर ही हैं।

जल की निकटता सहायता करती है-पिघलने प्रवाहित होने में तो पर्वत शिखरों या प्रकृति-सान्निध्य में स्वच्छ ताजी प्राणदायिनी वायु सहायता करती है-पूरे अस्तित्व में घुलकर शून्य हो जाने में। यह अंधकार से प्रकाश की

यात्रा है। शून्यता के बाद ही अंदर उजास का अनुभव होता है। निरभ्र आकाश की शून्यता में गूंजती मात्र अनाहत ध्वनि रह जाती है।

सृष्टि का उद्‌गम है-शून्याकाश में गूंजती अनाहत की शाश्वत ध्वनि। ध्वनि की तरंग या चोट से ही प्रकाश या विद्युत का जन्म हुआ। बादलों की गड़गड़ाहट, गर्जन तर्जन से ही विद्युत जन्मती है। यही तेज या अग्नि तत्त्व है। अग्नि से जल और जल से पृथ्वी का जन्म हुआ।

हमें ध्यान में पृथ्वी तत्त्व से, ठोस वस्तुगत संसार से जल के समान पिघलना होता है। पिघलकर वायु की भांति पूरे अस्तित्व में घुलना होता है। तभी अनोखे उजास से भर कर उस अनाहत नाद को सुनता हुआ मौन समाधिस्थ हो जाता है।

पिघलने में सबसे बड़ी बाधा है-मैं, कर्त्ता भाव। हम अपने को मात्र शरीर और मन समझते हैं। जन्म-जन्मों से हमने इन दोनों से इतना गहरा तादात्म्य जोड़ लिया है कि हम अपने चैतन्य को, अपने होने को भूल ही बैठे हैं। इस सम्मोहन को, सम्मोहन द्वारा ही तोड़ना है। हम न शरीर हैं और न मन, मात्र चैतन्य हैं, यही ध्यान और धारणा करती है। जलती चिता के सामने बैठकर ध्यान करना, शवासन में जाना, इसी की विधियां हैं।

कर्त्ता-भाव से मुक्ति केवल समर्पण के द्वारा ही सम्भव है। सभी कर्म परमात्मा को समर्पित कर निमित्त मात्र हो जाने के भाव से ही कर्त्ता-भाव गिरने लगता है। गीता का यही मुख्य संदेश है।

नानक भी कहते हैं–सब कुछ तेरा। मेरा कुछ बचा नहीं।

यही भक्ति कहती है–तेरा तुझको अर्पित, क्या लागे मेरा? प्रकृति के कण-कण में, सर्वत्र परमात्मा को देखने के बाद 'मैं' के लिए स्थान ही कहां रह जाता है?

सभी संत और सद्‌गुरु इसीलिए बुद्धि के तल से हृदय तल पर उतर कर प्रेम और श्रद्धा की बात कहते हैं। सर्वात्म समर्पण के लिए झुकने की, मिटने की कला सिखाते हैं।

वेदान्त कहता है-संसार में जो कुछ भी दिखाई देता है वह तुम्हारे ही मन का प्रक्षेपण है। यह संसार ही माया या एक भ्रम है। ब्रह्म ही एकमात्र सत्य है। इसके लिए सदगुरु के वचनों का सम्यक श्रवण कर उस पर मनन के बाद आचरण करते हुए बोध को उपलब्ध हुआ जा सकता है।

योग अष्टांग मार्ग और चित्त वृत्ति निरोध की बात कहता है। वह कई विधियां या उपाय बतलाता है।

सांख्य, दृश्य से मुक्त होकर, पहले द्रष्टा बनने और फिर द्रष्टा से मुक्त होकर साक्षी की बात करता है।

बुद्ध कहते हैं-एक ही उपाय काफी है-विपस्सना। तटस्थता से होशपूर्वक आती जाती श्वास को देखते रहो। योग चित्तवृति निरोध की बात कहता है। वह कई विधियां या उपाय बतलाता है।

ओशो कहते हैं-चित्त के शून्याकाश में बादलों से उड़ते विचारों और भावों को बिना उनसे तादात्मय जोड़े तटस्थता से देखते रहो। निरीक्षण करते करते वे स्वत: विदा हो जाते हैं। रह जाती है-एक मात्र आकाश जैसी शून्यता। प्रत्येक व्यक्ति की चित्तवृत्ति और स्वभाव पृथक-पृथक हैं। एक ही मार्ग सभी का मार्ग नहीं हो सकता। अपने गुण-धर्म और स्वभाव के अनुसार अपना मार्ग चुनकर अंतर्यात्रा का प्रारम्भ करो। यह मत भूलो कि आकाश में बिना दो पंखों के नहीं उड़ा जा सकता। भक्ति और ज्ञान, प्रेम और ध्यान दो पंख हैं। उन्होंने ध्यान विधियां दी- दमित मनोभावों का रेचन कर सहज सरल होने के लिए। द्रष्टा भाव साधने और शरीर मन से तादात्म्य तोड़ने के लिए। विधि द्वारा अविधि में उतरने के लिए। उनके ध्यान प्रयोगों में क्रिया और अक्रिया, अर्थात् योग और सांख्य दोनों का समावेश है। उनमें गीत संगीत, उत्सव, आनन्द और प्रेम भी है और तटस्थ निरीक्षण भी। वह सजगता, संवेदनशीलता और सृजनात्मकता के सूत्र देते हैं। वह कहते हैं-यात्रा का शुभारम्भ संदेह से करो। जब संदेह करते-करते एक दिन संदेह पर भी संदेह होने लगता है तभी श्रद्धा का जन्म होता है। आरोपित श्रद्धा के नीचे संदेह के बीज पनपते रहते हैं और समर्पण होता ही नहीं। श्रद्धा के क्षितिज पर ही साक्षी का सूरज उगता है और कृत्य से कर्त्ता विदा हो जाता है।

वह प्रवचनों के द्वारा संदेहों का समाधान करते हैं। समझ विकसित करते हैं। श्रद्धावान होकर सजग चेतना के साथ सम्यक श्रवण के द्वारा भी कुछ लोग बोध को उपलब्ध हो सकते हैं।

स्त्रैण चित्त के पुरुष जो प्रेमपूर्ण भावुक और संवेदनशील हैं वे नाचते गाते उत्सव मनाते हुए भक्ति मार्ग के द्वारा भी पहुंच सकते हैं। श्रद्धा और प्रेम से भरे, संस्कारों से मुक्त सजग और संवेदनशील लोग अद्वैत शैव तंत्र के द्वारा थोड़े ही प्रयास से सरलता से मुक्त हो सकते हैं। ओशो कहते हैं-आस्तिक नास्तिक, स्त्री-पुरुष छोटे बड़ों सभी के लिए चाहे वह किसी भी जाति, सम्प्रदाय के हों-मार्ग है। जो जहां है, वहीं से वह अपनी अंतर्यात्रा प्रारम्भ कर सकता है। घोर तमस में पड़े आलसियों के लिए भी मार्ग है।

ओशो में सभी मार्ग और सभी बुद्ध समाहित हैं। मात्र आवश्यकता है-यात्रा के प्रारम्भ करने की।

ओम् शांति: शांति: शांति:।

ओशो का हिंदी साहित्य

उपनिषद
सर्वसार उपनिषद
कैवल्य उपनिषद
अध्यात्म उपनिषद
कठोपनिषद
ईशावास्य उपनिषद
निर्वाण उपनिषद
आत्म-पूजा उपनिषद
केनोपनिषद
मेरा स्वर्णिम भारत (विविध उपनिषद-सूत्र)

कृष्ण
गीता-दर्शन
(आठ भागों में अठारह अध्याय)
कृष्ण-स्मृति

महावीर
महावीर-वाणी (दो भागों में)
जिन-सूत्र (दो भागों में)
महावीर या महाविनाश
महावीर : मेरी दृष्टि में
ज्यों की त्यों धरि दीन्हीं चदरिया

बुद्ध
एस धम्मो सनंतनो (बारह भागों में)

अष्टावक्र
अष्टावक्र महागीता (छह भागों में)

लाओत्से
ताओ उपनिषद (छह भागों में)

कबीर
सुनो भई साधो
कहै कबीर दीवाना
कहै कबीर मैं पूरा पाया
न कानों सुना न आंखों देखा (कबीर व फरीद)

शांडिल्य
अथातो भक्ति जिज्ञासा (दो भागों में)

अन्य रहस्यदर्शी
नाम सुमिर मन बावरे (जगजीवन)
अरी, मैं तो नाम के रंग छकी (जगजीवन)
कानों सुनी सो झूठ सब (दरिया)
अमी झरत बिगसत कंवल (दरिया)
हरि बोलौ हरि बोल (सुंदरदास)
ज्योति से ज्योति जले (सुंदरदास)
अजहूं चेत गंवार (पलटू)
सपना यह संसार (पलटू)
काहे होत अधीर (पलटू)
जस पनिहार धरे सिर गागर (धरमदास)
का सोवै दिन रैन (धरमदास)
सबै सयाने एक मत (दादू)
पिव पिव लागी प्यास (दादू)
कन थोरे कांकर घने (मलूकदास)
रामदुवारे जो मरे (मलूकदास)
भक्ति-सूत्र (नारद)
शिव-सूत्र (शिव)
भजगोविन्दम् मूढ़मते (आदिशंकराचार्य)
एक ओंकार सतनाम (नानक)
जगत तरैया भोर की (दयाबाई)
बिन घन परत फुहार (सहजोबाई)
पद घुंघरू बांध (मीरा)
नहीं सांझ नहीं भोर (चरणदास)
संतो, मगन भया मन मेरा (रज्जब)
कहै वाजिद पुकार (वाजिद)
मरौ हे जोगी मरौ (गोरख)
सहज-योग (सरहपा-तिलोपा)
बिरहिनी मंदिर दियना बार (यारी)
प्रेम-रंग-रस ओढ़ चदरिया (दूलन)

जीवन संगीत
जो घर बारे आपना
प्रेम दर्शन

साधना-शिविर

साधना-पथ
मैं मृत्यु सिखाता हूं
जिन खोजा तिन पाइयां
समाधि के सप्त द्वार (ब्लावट्स्की)
साधना-सूत्र (मेबिल कॉलिन्स)
ध्यान-सूत्र
जीवन ही है प्रभु
रोम-रोम रस पीजिए

राष्ट्रीय और सामाजिक समस्याएं

देख कबीरा रोया
स्वर्ण पाखी था जो कभी और अब है भिखारी जगत का
शिक्षा में क्रांति
नये समाज की खोज
नये भारत की खोज
नये भारत का जन्म
नारी और क्रांति
शिक्षा और धर्म
भारत का भविष्य

विविध

अमृत-कण
मैं कहता आंखन देखी
एक एक कदम
जीवन क्रांति के सूत्र
जीवन रहस्य
करुणा और क्रांति
विज्ञान, धर्म और कला
शून्य के पार
प्रभु मंदिर के द्वार पर
तमसो मा ज्योतिर्गमय
प्रेम है द्वार प्रभु का
अंतर की खोज
अमृत की दिशा
अमृत वर्षा
अमृत द्वार
चित चकमक लागे नाहिं
एक नया द्वार
प्रेम गंगा
समुंद समाना बुंद में
सत्य की प्यास
शून्य समाधि
व्यस्त जीवन में ईश्वर की खोज
अज्ञात की ओर
धर्म और आनंद
जीवन-दर्शन
जीवन की खोज
क्या ईश्वर मर गया है
नये मनुष्य का धर्म
धर्म की यात्रा
स्वयं की सत्ता
सुख और शांति
अनंत की पुकार

ओशो का आलौकिक साहित्य

प्रत्येक वृक्ष 75/-

50/- अष्टावक्र महागीता 12 भाग 60/-

ओशो साहित्य में 250 पुस्तकें प्रकाशित। सूची पत्र के लिए पत्र लिखें

पुस्तकें V.P.P. से मंगवायें। डाक व्यय प्रति पुस्तक 20/- तीन पुस्तकें एक साथ मंगवाने पर डाक व्यय फ्री।

डायमंड बुक्स

X-30, ओखला इंडस्ट्रियल एरिया, फेज-II नई दिल्ली-110020, फोन : 011-51611861-865,

फैक्स : 011-51611866, 26386124, ई-मेल : mverma@diamondpublication.com, वेबसाइट : www.diamondpocketbooks.com

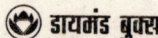